François Lelord • Christophe André

DER GANZ NORMALE WAHNSINN

atb aufbau taschenbuch

Der Psychiater **François Lelord**, geboren 1953, schloss 1996 seine Praxis, um sich und seinen Lesern die wirklich großen Fragen des Lebens zu beantworten. »Hectors Reise oder die Suche nach dem Glück« wurde ein internationaler Erfolg und stand wochenlang ganz oben auf den deutschen Bestsellerlisten.

Christophe André, geboren 1956, studierte Medizin und Psychologie und arbeitete nach seiner Promotion als Psychiater. Er veröffentlichte zahlreiche Bücher zu psychologischen Themen.

Der cholerische, immer überdrehte Donald Duck und der absolut akribische Sherlock Holmes, dem nicht das kleinste Detail entgeht – sie haben eines gemeinsam: Sie verhalten sich extrem. Das macht den Umgang mit ihnen schwierig und anstrengend und manchmal sogar nervtötend. Denn Persönlichkeiten wie sie begegnen uns nicht nur in der Literatur, im Film oder im Comic, sondern vor allem in unserem Alltag. Da sind die Freundin, die sich nie, und zwar wirklich nie, entscheiden kann, der Kollege mit seinem penetranten Ordnungswahn oder der Firmenchef, der als Workaholic seine Angestellten zu jeder Tages- und Nachtzeit arbeiten lassen will, und nicht zu vergessen der eigenbrötlerische Onkel, der seine Umwelt nur anknurrt. Nicht immer ist es leicht, ihre Marotten zu verstehen. Doch wenn man »Der ganz normale Wahnsinn« gelesen hat, kommt man nicht nur mit schwierigen Persönlichkeiten besser zurecht – man hat sich auch prächtig über ihre Schrullen amüsiert.

François Lelord
Christophe André

DER GANZ NORMALE WAHNSINN

Wie wir schwierige Menschen verstehen und besser mit ihnen umgehen können

Aus dem Französischen
von Ralf Pannowitsch

atb aufbau taschenbuch

Die Originalausgabe unter dem Titel
Les nouvelles personnalités difficiles.
Comment les comprendre, les accepter, les gérer
erschien 1996 bei Éditions Odile Jacob, Paris.
Die erweiterte Ausgabe erschien 2021.

MIX
Papier aus verantwortungsvollen Quellen
FSC® C083411

ISBN 978-3-7466-4001-3

Aufbau Taschenbuch ist eine Marke
der Aufbau Verlage GmbH & Co. KG
1. Auflage 2022

Erweiterte Taschenbuchausgabe

Die deutsche Erstausgabe erschien 1998 bei Gustav Kiepenheuer,
einer Marke der Aufbau Verlage GmbH & Co. KG

Umschlaggestaltung zero-media.net, München
unter Verwendung mehrerer Illustrationen von FinePic®, München
Satz LVD GmbH, Berlin
Druck und Binden CPI books GmbH, Leck, Germany
Printed in Germany

www.aufbau-verlage.de

INHALT

VORWORT

Warum erneut ein Buch, das den schwierigen Persönlichkeiten gewidmet ist? Sie haben sich doch kaum verändert, wird man sagen; sie sind Facetten der Vielgestaltigkeit unserer menschlichen Natur, und auf Porträts von ihnen stößt man bereits in so alten Texten wie der Odyssee oder der Bibel. Auch zahlreiche historische Persönlichkeiten würden eine solche Diagnose verdienen.

Aber in den vergangenen beiden Jahrzehnten haben sich das Verständnis dieser Persönlichkeiten und auch unsere Erfahrungen mit ihnen erweitert – man begegnet ihnen ja nicht nur in der Sprechstunde eines Psychiaters.

Im Übrigen wird das Profil bestimmter Persönlichkeiten inzwischen besser erkannt und anerkannt als früher, was vor allem auf die Borderline-Persönlichkeiten und die Persönlichkeiten mit psychopathischen Tendenzen zutrifft (Letztere schaffen es oft in die Nachrichten, wobei sie durchaus mit weißem Kragen und Krawatte auftreten können). Wir haben ihnen deshalb zwei neue Kapitel gewidmet.

Was die narzisstischen Persönlichkeiten angeht, so scheint ihre Häufigkeit zahlreichen Studien zufolge zu steigen. Durch die traditionellen Autoritätsinstanzen, vor allem im Bereich der Bildung, wurden tendenziell alle Naturelle erdrückt, die ein schwaches Selbstwertgefühl hatten und allzu sehr zu Schuldgefühlen neigten. Das Aufweichen der Autoritätsbeziehungen erlaubt es diesen Menschen heute, sich besser zu entfalten. Es hat aber auch solche Personen noch ein wenig mehr entfesselt, die ohnehin schon dazu neigten, die Regeln des Lebens in der Gemeinschaft zu übertreten, sei es im Rahmen der Familie, am Arbeitsplatz, auf der Straße oder in der Notaufnahme.

Und schließlich haben uns neue Filme und eine Fülle großartiger Fernsehserien auch neue Figuren und Gesichter geliefert, mit denen wir unsere Palette der Persönlichkeiten illustrieren können, denn ein gutes Beispiel ist oft mehr wert als eine lange Abhandlung.

Aber für die Justiz sind Persönlichkeitsstörungen, obwohl diese in Handbüchern der Psychiatrie beschrieben werden, keine strafmildernden Umstände, und wenngleich Alkohol das Urteilsvermögen und die Selbstkontrolle beeinträchtigt, wird er sogar als strafverschärfender Umstand angesehen, so dass es zu dieser hohen Haftstrafe kam. (Aus einer utilitaristischen Perspektive kann man letzteren Standpunkt nachvollziehen: Wenn Alkohol strafmildernd wäre, würden zahlreiche Leute vorsichtshalber erst mal eine Flasche leeren, bevor sie ein Verbrechen oder ein Delikt begehen.)

PSYCHOPATHIE UND KRIMINALITÄT

Laut Hare und zahlreichen Studien sind etwa 2 % der männlichen Bevölkerung Psychopathen (unter der weiblichen Bevölkerung findet man nur halb so viele), aber sie machen 15 bis 20 % aller inhaftierten Männer aus. Personen, bei denen Psychopathie diagnostiziert wurde, werden ungefähr acht Mal häufiger rückfällig als die übrigen Gefangenen, und oft verüben sie dann Gewalt- oder Sexualverbrechen.

Dennoch zeigen Folgestudien, dass Psychopathen beim gleichen Verbrechen oder Delikt im Durchschnitt eine geringere Strafe erhalten als die übrigen Straftäter oder dass sie schneller wieder auf freien Fuß kommen. Das liegt vermutlich an ihrer Fähigkeit, andere zu täuschen und zu manipulieren. Selbst Sachverständige und Richter sind nicht immer immun gegen den diskreten Charme von Psychopathen!

Psychopathie ist eine Persönlichkeitsstörung, die etwa ebenso häufig auftritt wie die Krankheiten Schizophrenie und bipolare Störung. Dabei sind die Personen mit psychopathischen Tendenzen (alle, die auf der Checkliste von Hare leicht unter 30 Punkten bleiben würden) noch nicht einmal mitgerechnet.

Die menschlichen und wirtschaftlichen Kosten der Psychopathie sind also beträchtlich, ganz abgesehen von den Schäden, die »erfolgreiche Psychopathen« anrichten können, indem sie Karrieren gefährden und ganze Unternehmen ruinieren.

ERFOLGREICHE PSYCHOPATHEN

Robert D. Hare, der Entwickler jener Skala, die heute von den meisten Psychiatern und Psychologen eingesetzt wird, um Psychopathie zu diagnostizieren, untersuchte zunächst Psychopathen, die im Gefängnis saßen oder eine Bewährungsstrafe verbüßten. Aber dann fiel ihm auf, dass man auch in Firmen und Organisationen auf psychopathische Verhaltensweisen treffen kann. Er widmete ihnen sogar ein eigenes Buch, *Snakes in Suits* (wörtlich »Schlangen in Anzügen«, deutsche Übersetzung unter dem Titel »Menschenschinder oder Manager«).

Intelligenter als ihre weniger begabten Artgenossen, weniger impulsiv, zu strategischem Vorgehen fähig, aber genauso selbstsicher und genauso frei von Schuldbewusstsein und Furcht – das sind die *successful psychopaths*, die erfolgreichen Psychopathen.

Charme, Selbstüberschätzung, fehlende Hemmungen beim Lügen, emotionale Kälte und Verachtung der etablierten Regeln können sich auch auf den obersten Sprossen der Karriereleiter finden und manchmal sogar hilfreich sein, wenn man so hoch hinaufgelangen will.

Hören wir, was Jacques (60) darüber berichtet:

Das Lächeln meines Firmenchefs

Die zweite Hälfte meiner Karriere habe ich in einem großen Unternehmen durchlaufen, wo ich schließlich in den Vorstand aufgerückt bin und mit einem der damaligen Konzernchefs eng zusammengearbeitet habe. Alle Welt erlag zunächst einmal seinem Charme: Er näherte sich anderen Menschen stets mit einem gewinnenden Lächeln und setzte kleine Signale von Aufmerksamkeit und Komplizenschaft, als wären Sie in seinen Augen genau die wertvolle Person, die er gern öfter sehen würde. So vermittelte er jedem den Eindruck, eine ganz besondere Beziehung zu ihm zu haben. Bei Zusammenkünften war er ein exzellenter Redner; er konnte von Ernsthaftigkeit zu Humor überwechseln, hatte stets ein gutes Gespür für die Stimmung unter den Zuhörern und war wirklich charismatisch. Ich glaube, er hätte es auch in der Politik zu etwas bringen können. Viele waren bereit, sich richtig in die Arbeit hineinzuknien, um seine Wertschätzung zu gewinnen. Dazu kam noch, dass er eine beeindruckende Gabe hatte, die komplexesten Dossiers zu verarbeiten und sich selbst noch an Einzelheiten zu erinnern. Aber auf lange Sicht wurde der Umgang mit ihm anstrengend: Er konnte sich auch arrogant zeigen, im Falle von Meinungsverschiedenheiten sogar schroff und schneidend, und manchmal war er ungerecht. Ich habe ihn auf zahlreichen Reisen begleitet und bald begriffen, dass der Eindruck von Nähe, den er erwecken wollte, nur eine Illusion war und dass für ihn einzig seine eigenen Interessen und sein Komfort zählten. Im Ausland drängte er mich nach den offiziellen Abendessen dazu, mit ihm auszugehen, um mal »die Niederungen kennenzulernen und 'ne Runde abzusacken«, wie er es ausdrückte. Ich bin selbst kein Heiliger, aber ich fand, dass wir über das Alter hinaus waren, in dem man an lärmigen Orten herumhängt, wo bedürftige junge Frauen darauf warten, dass man ihnen ein Glas spendiert oder auch mehrere. Mir wäre es lieber gewesen, wenn er seine Freizeit für sich organisiert hätte, aber er mochte nicht allein ausgehen, und so war ich gezwungen, bis spät in die Nacht sein Begleiter zu sein. In diesen Situationen kam es vor, dass er zu viel trank. Und eines Tages habe ich den Fehler gemacht, das auszunutzen, um einen Kollegen zu verteidigen, den mein Chef entlassen wollte. Gewiss, die Ergebnisse seiner Abteilung hatten sich verschlechtert, aber es betraf eine Branche, die ohnehin im Niedergang begriffen war, und mit der Qualität seiner Arbeit hatte es überhaupt nichts zu tun. Der Chef tat so, als würde er mir aufmerksam zuhören, aber dann lachte er und murmelte: »Aber mein lieber Jacques, Ungerechtigkeit ist ein Zeichen wahrer Macht!« Ich verstand, was er damit sagen wollte – unter seiner Herrschaft konnte sich niemand sicher fühlen. Und gleichzeitig spürte ich, dass er es bereits bereute, sein Denken dermaßen offengelegt zu haben. Ich begann zu fürchten, bei ihm in Ungnade zu fallen, was eigentlich jedem widerfuhr, der längere Zeit eng mit ihm zusammenarbeitete. Zum Glück (wenn man das so sagen darf) hatte er bestimmte Betriebsschließungen in Gang gebracht, und auf diesem Gebiet bin ich ziemlich kompetent. Außerdem verfolgte er eine Politik der Aktienrückkäufe. Man konnte geteilter Meinung darüber sein, ob das von langfristigem Interesse für den Konzern war (und angesichts der aktuellen Resultate ist es noch immer fraglich), aber es ließ den Aktienkurs in die Höhe schnellen und damit auch den Wert seiner eigenen Aktienoptionen. Danach ließ er sich sanft von seinem Chefsessel schieben – was er meiner Ansicht nach sowieso schon geplant hatte – und erhielt dafür einen goldenen Handschlag. Hin und wieder begegne ich ihm noch bei Sitzungen, und dann spricht er mich jedes Mal an und schenkt mir jenes strahlende Lächeln, von dem ich heute genau weiß, was es wert ist.

Hier eine kleine Übung in Psychologie, liebe Leser: Finden Sie in Jacques' Beschreibung alle Verhaltensweisen seines Chefs, die in der Definition einer psychopathischen Persönlichkeit vorkommen …

Im Vergleich zu den »Gefängnis-Psychopathen« haben die erfolgreichen Psychopathen im Durchschnitt eine größere Intelligenz und/oder ein höheres Bildungsniveau. Sie können auch ihre Impulsivität besser kontrollieren.

Ihr Hunger nach starken äußeren Reizen kann sich in einer Form äußern, die sozial akzeptabler ist als eine Schlägerei oder ein Diebstahl: festliche Anlässe, zahlreiche Sexualpartner, manchmal auch Risikosportarten. Aber was sie am meisten anstachelt, sind Gewinne oder Siege, und oftmals reizt sie auch die Erniedrigung oder Demütigung ihrer Gegner oder Konkurrenten.

Wenn sie eingestellt werden, gelingt es den erfolgreichen Psychopathen bisweilen, den üblichen Prozeduren zu entgehen, vor allem der Überprüfung ihrer Referenzen. Sie bezaubern und beeindrucken die Personalverantwortlichen im direkten Gespräch. Allerdings hat ihnen das Internet das Leben in dieser Hinsicht schwerer gemacht.

Eine solche »Schlange im Anzug« wird häufig Gefahr laufen, zu weit zu gehen und die Regeln so sehr zu verletzen, dass es ein gerichtliches Nachspiel hat oder sie sich Feinde schafft, die verbissen auf ihren Untergang hinarbeiten.

Auch hier gilt, dass nicht jeder bezaubernde, manipulative und dominante Firmenchef unbedingt ein Psychopath ist, selbst wenn für manch einen der Gedanke verlockend und trostreich sein kann, dass Menschen, die es zu mehr gebracht haben als man selbst, moralisch minderwertig sein müssen. Hare selbst musste von der *Washington Post* fordern, dass sie einen ihrer Beiträge korrigierte. Man hatte ihm nämlich ein falsches Zitat zugeschrieben, laut welchem zehn Prozent aller Führungskräfte in der Finanzbranche auf seiner Skala einen Wert erreichten, der sie als Psychopathen kennzeichnet. Seiner Schätzung nach sind es aber eher drei Prozent. Wenn man es versteht, Psychopathen zu identifizieren, ist das von Nutzen – aber es bringt nichts, überall welche zu sehen!

Dennoch findet man manchmal am Ursprung großer Erfolgsstorys in der Geschäftswelt Verhaltensweisen, die moralisch sehr anfechtbar sind. Mehr als einmal waren sie der Anlass zu Prozessen, die von ehemaligen Teilhabern oder Mitarbeitern beziehungsweise staatlichen Stellen angestrengt wurden. Damit wir eines Tages nicht selbst vor Gericht landen, möchten wir das hier nicht im Detail ausführen, sondern empfehlen Ihnen, sich selbst über die Geschichte einiger großer Weltkonzerne und die Biographien ihrer Gründer zu informieren!

DIAGNOSTISCHER ÜBEREIFER

Die Vielzahl von Artikeln und Büchern über schwierige oder toxische Persönlichkeiten – zu denen auch die psychopathischen gehören – sowie über Mobbing, Gewalt und unwürdige Machtverhältnisse in der Partnerschaft und am Arbeitsplatz hat eine positive Seite: Sie hilft den Lesern, in ihrem Umfeld verräterische Verhaltensweisen einer Person aufzuspüren, vor der man sich in Acht nehmen muss. Aber sie hat auch eine Kehrseite, denn sie kann uns dazu führen, dass wir eine jede Konfliktsituation immer nur damit erklären, dass unser Gegenüber Persönlichkeitsprobleme habe.

Ist Émilies Chef, den Sie gleich kennenlernen werden, ein Psychopath oder ein perverser Narzisst?

Émilie ist Projektleiterin und muss einem Chef Bericht erstatten, der sich um die Kunden in ihrem Geschäftsbereich kümmert. Der frühere Chef, den sie sehr schätzte, hat die Firma verlassen, und nun hat sie einen neuen, der von Anfang an unfreundlich zu ihr war. Er schickt ihr häufig E-Mails, um nach dem Fortgang ihrer Arbeiten zu fragen, während der einstige Chef ihr vertraut hatte. Auf Beratungen unterbricht er sie schroff, wenn er findet, dass sie sich nicht klar genug ausdrückt. Anders als sein Vorgänger gibt er ihr nicht die Chance, ihre Projekte dem Firmenvorstand zu präsentieren, und so fühlt sich Émilie »kaltgestellt«. Um die Kosten in ihrer Abteilung zu senken, will er außerdem, dass die Assistentin, die für Émilie und eine Kollegin tätig ist, nun auch noch für eine dritte Person arbeitet, so dass Émilies Arbeitslast wächst. Gegenüber anderen Mitarbeitern hatte der Chef bereits mehrere Wutausbrüche, die man durch die nicht eben schalldichten Trennwände seines Büros mit anhören konnte. Er arbeitet viel und neigt dazu, alles kontrollieren und nachprüfen zu wollen. Inzwischen fürchtet sich Émilie schon davor, ihm zu begegnen. Sie fragt sich, ob das Verhalten ihres Chefs nicht einer Mobbingstrategie entspricht, denn sie hat gerade einen Artikel zu diesem Thema gelesen. Eine Kollegin sagt ihr, dass dieser Chef in Wahrheit ein perverser Narzisst sei.

Émilies Chef hat gewiss keine angenehme Persönlichkeit. Allerdings findet man bei ihm weder den Hunger nach Bewunderung noch die Behauptung seiner Überlegenheit, die für einen wahren Narzissten charakteristisch sind. Er zeigt Härte, aber oft verbunden mit Zorn;

er ist ziemlich emotiv. Auch mit sich selbst scheint er recht streng und anspruchsvoll zu sein. Seine Ungeduld, seine Neigung, den Terminkalender vollzupacken, und seine Reizbarkeit lassen eher an eine Persönlichkeit vom Typ A in ihrer aggressiven Ausprägung denken (siehe Kapitel IX).

In Wahrheit fürchtet ihr Chef, der nach einer Periode der Arbeitslosigkeit erst kürzlich in das Unternehmen gekommen ist, der Firmenvorstand könnte meinen, er wäre seinen Aufgaben nicht gewachsen. Mit seinem extragroßen Arbeitspensum und seiner Kontrollwut kämpft er dagegen an.

Anders verhält es sich mit dem, was eine Freundin, die in einer anderen Firma arbeitet, Émilie verraten hat: Ihr Chef nämlich gerät niemals in Zorn und legt oft eine beruhigende Herzlichkeit an den Tag. In Sitzungen aber lässt er abwertende Bemerkungen fallen, oft unter dem Deckmantel eines Scherzes. Er schafft es, dass das gesamte Team immer auf der Hut ist, denn jeder fürchtet, das nächste Opfer seiner Ausfälligkeiten zu sein. »Ich glaube, die anderen müssen sich schlecht fühlen, damit er sich gut fühlt«, sagt ihre Freundin. Damit ist Perversion ziemlich gut definiert!

Nicht alle ekligen Chefs mit Mobbingtendenzen sind also Psychopathen, Narzissten oder Perverse; sie können auch ängstlich, neidisch oder Persönlichkeiten vom Typ A sein, und manchmal werden sie von ihren eigenen Vorgesetzten gemobbt.

Ebenso ist der Ehepartner oder Lebensgefährte, von dem Sie sich trennen wollen, nicht zwangsläufig ein perverser Narzisst, auch wenn seine Haltung oder seine Forderungen Ihnen unerträglich geworden sind.

Wir möchten an die beiden grundlegenden Kriterien erinnern, die vor der Diagnose »schwierige Persönlichkeit« zu bedenken sind:

- Stabilität über die Zeit hinweg (»vertikales« Kriterium): Zeigt die Person, seit Sie sie kennen, immer diese Verhaltensweisen? Und wie war es davor?

- Stabilität auch in anderen Beziehungen (»horizontales« Kriterium): Zeigt sie solche Verhaltensweisen auch gegenüber anderen Personen und in anderen Lebensbereichen?

Wenn Sie auf eine dieser Fragen mit »nein« antworten, ist es möglich, dass die Schwierigkeiten, die Sie mit diesem Menschen haben, mit den Umständen und mit der Konfrontation Ihrer beider Persönlichkeiten verbunden sind, aber nicht allein an seinem Persönlichkeitsprofil liegen.

NATUR ODER KULTUR – WIE WIRD MAN ZUM PSYCHOPATHEN?

Das folgende Fallbeispiel veranschaulicht diese Debatte gut:

Unsere Tochter Lara ist 14 Jahre alt. Gerade wurde sie von ihrer Privatschule geworfen; sie hat die Armbanduhr einer Mitschülerin gestohlen, und als diese das meldete, hat Lara sie angegriffen. Wir hatten schon immer Probleme mit ihr, seit wir sie als Dreijährige aus einem Waisenhaus im Ausland geholt und adoptiert haben. Anfangs waren wir richtig glücklich, sie war einfach so reizend, so hübsch. Für ihr Alter schien sie ziemlich weit entwickelt zu sein, und unsere Freunde bewunderten sie. Aber schon in den ersten Wochen spürte ich, dass etwas nicht in Ordnung war. Manchmal suchte sie bei uns Zärtlichkeit, aber ich hatte den Eindruck, dass es wie bei einer Katze war, die sich bei jemandem an den Beinen reibt und dann einfach weitergeht, wenn sie genug hat. Lara mochte es auch nicht, wenn wir sie zu lange in die Arme nahmen, als würde sie sich dabei langweilen oder als bereiteten ihr wiederholte Bekundungen von Zuneigung Unbehagen. Und dann hat sie auch sehr bald begonnen, Dummheiten zu machen, Dinge zu zerstören oder zu beschmutzen, sobald sie unzufrieden war. Wenn wir sie deswegen ausschimpften, hörte sie uns an, ohne mit der Wimper zu zucken, oder sie wurde wütend. Eines Tages zerbrach sie das Spielzeug eines kleinen Jungen, der mit seinen Eltern bei uns zu Besuch war. Vermutlich hat sie es getan, weil sie fand, dass wir ihm zu viel Aufmerksamkeit schenkten. Die Probleme hörten nicht auf, als Lara eingeschult wurde. Wenn sie in eine neue Klasse kommt, ist sie zunächst beliebt; sie ist hübsch und lustig, aber bald kommt es zu den ersten Konflikten. Ich habe den Eindruck, dass sie sehr neidisch ist und rasch versucht, andere Schüler zu bestrafen, weil sie ihr etwas voraushaben, etwa ein schönes Kleid – oder auch Freunde. Sie provoziert Raufereien und leugnet hinterher, dafür verantwortlich gewesen zu sein. Am Ende wird sie eine Art kleine Bandenchefin und hat ein paar Schüler unter sich, die unterwürfig sind oder selbst Probleme haben. Weil ihr Lügen leicht über die Lippen gehen, bekommt man immer nur schwer heraus, was wirklich passiert ist.

Natürlich haben wir sie von einer Reihe von Psychologen betreuen lassen; wir brauchten einfach Rat. Alle haben unsere Aufmerksamkeit auf die Traumata gelenkt, die Lara in ihren ersten beiden Lebensjahren erlitten haben muss. Daran hatten wir schon vorher oft gedacht. Eine Psychologin nannte uns Verhaltensregeln für den Fall, dass unsere Tochter wieder etwas anstellte. Aber Lara schien unsere Bestrafungen oder unseren Tadel nicht zu fürchten. Wenn wir versuchten, etwas strenger zu sein, indem wir ihr Fernseh- oder Ausgehverbot erteilten, machte sie ein solches Theater, dass wir am Ende nachgaben. Mit zehn begann sie, mir Geld aus der Handtasche zu stehlen, und als ich eines Tages wütend auf sie war, zückte sie ein Messer, das sie sich aus der Küche geholt hatte. Ich konnte es ihr leicht entwinden, und ich glaube auch nicht, dass sie mir wirklich etwas antun wollte; eher bezweckte sie damit, mir Angst einzujagen und mich einzuschüchtern. Dennoch hat mich dieser Vorfall traumatisiert. Wir haben auch eine Familientherapie gemacht, aber Lara nutzte sie dazu, uns Vorwürfe zu machen; sie versuchte, den Therapeuten auf ihre Seite zu ziehen und erzählte natürlich Lügengeschichten.

Heute greifen wir auf Anraten ihres nächsten Therapeuten eher zu Belohnungen, wenn sie sich wohlwollend oder gutmütig verhält oder eine Zeit lang keine Dummheiten macht, also weder die Schule schwänzt noch Cannabis konsumiert.

Das scheint schon eher Erfolg zu haben; ganz allmählich wird Lara weniger impulsiv, und sie scheint sich der Folgen ihres Tuns besser bewusst zu sein, auch wenn ich noch immer den Eindruck habe, dass sie nicht wirklich Schuldgefühle verspürt. Die Geschichte mit der gestohlenen Uhr und der Rauferei hat sich ausgerechnet zu einer Zeit ereignet, in der sich das Verhalten unserer Tochter eigentlich zu bessern schien. Angesichts unserer Fassungslosigkeit erklärte sie kürzlich: »Mama, ich weiß, dass ich Probleme habe, es tut mir wirklich leid!«

Das erstaunte mich, denn sonst redete sie sich immer heraus. Aber ich sage mir auch, dass diese Worte vermutlich das beste Mittel waren, um mich weich zu stimmen! Auch wenn sie sich angemessen verhält – jedenfalls unseren Kriterien nach –, weiß ich nie so recht, was ich davon halten soll ...

Aber wir lieben unsere Tochter und geben die Hoffnung nicht auf. Wir haben den Eindruck, dass noch ein langer Weg vor uns liegt.

Lara zeigt das, was Kinderpsychiater und Psychologen als »Störungen des Sozialverhaltens bei Kindern und Jugendlichen« definiert haben:

- aggressives Verhalten gegenüber anderen, Schläge oder Drohungen
- Zerstörung von materiellen Gütern
- Lügen und Betrügereien
- fehlender Respekt vor geltenden Regeln in Familie oder Schule.

Achtung, es geht hier nicht darum, jedem Kind, das irgendwie Unruhe stiftet, diese Diagnose aufzukleben! Mehrere der oben genannten Kriterien müssen erfüllt sein, und das über einige Monate hinweg.

Unterscheiden muss man Störungen des Sozialverhaltens in der aggressiven und dissozialen Ausprägung vor allem von einer Störung mit oppositionellem, aufsässigem Verhalten und einer Aufmerksamkeitsstörung mit Hyperaktivität, die manchmal damit gekoppelt auftreten.

Im Übrigen gibt es so viele Verhaltensstörungen wie Kinder: Lara hatte anfangs eine schwere Störung, die sich im Laufe der Zeit gebessert hat.

Ihre Wutausbrüche und ihre Tränen zeigen, dass sie nicht jene psychischen Merkmale aufweist, die Forscher als *callous unemotional* bezeichnen, was man mit »Härte und Kälte« übersetzen könnte. Diese Kinder sind frei von Empathie und Furcht; sie bilden eine Untergruppe mit ungünstigerer Entwicklungsprognose, denn sie laufen mehr Gefahr als die anderen, sich im Erwachsenenalter zu einer antisozialen oder psychopathischen Persönlichkeit zu entwickeln.

Der frühzeitige Beginn von Laras Verhaltensstörungen ist ein Risikofaktor, der aber teilweise dadurch kompensiert wird, dass sie ein Mädchen ist, denn Mädchen entwickeln sich im Durchschnitt besser als Jungen.

Vor allem aber hat Lara das Glück, jetzt liebevolle und aufmerksame Eltern zu haben, die auch die nötigen Mittel und die erforderliche Verfügbarkeit besitzen, um ihrer Tochter erzieherische und psychologische Hilfe zukommen zu lassen.

Wir wollen an dieser Stelle betonen, dass nicht alle adoptierten Kinder zu Psychopathen werden – bei Weitem nicht! Sehr viele führen später ein ganz normales Leben und gründen Familien; manche feiern sogar große Erfolge. Und längst nicht alle Kinder mit Verhaltensstörungen werden später zu Psychopathen und Soziopathen, wenngleich ihre Störung einen Risikofaktor dafür bildet.

In Laras Fall kann man über den Ursprung ihrer Störung diskutieren.

Lara verbrachte ihre ersten Lebensjahre in einem Waisenhaus, von dem ihre Adoptiveltern später erfuhren, dass dort »das Gesetz des Dschungels« herrschte. Es gab kaum Zuneigung und Betreuung, und inzwischen wurde die Einrichtung geschlossen. Laras Verhältnis zu anderen Menschen hat sich wahrscheinlich in einer Art »Überlebensmodus« entwickelt, bei dem es darum ging, an der Spitze der Hierarchie ihrer Gruppe zu bleiben.

Aber wir wissen nichts über ihre biologischen Eltern: Ist sie fortgegeben worden, weil es die bittere Armut in der Familie unmöglich machte, noch einen hungrigen Mund mehr zu füllen? Entsprang sie einer ungewollten Schwangerschaft, oder hatten ihre Eltern selbst psychopathische oder soziopathische Züge, die unvereinbar mit der Sorge um ein Baby waren?

Wie auch in anderen Bereichen hat die Forschung die ewige Streitfrage »Natur oder Kultur?« hier in »Natur *und* Kultur« umformuliert, denn:

- Studien zu Zwillingen und Adoptionen haben erwiesen, dass Traumata und mangelnde Fürsorge in der Kindheit das Risiko erhöhen, eine Verhaltensstörung zu entwickeln, die einer Psychopathie im Erwachsenenalter vorausgehen kann.
- Aber sie haben auch gezeigt, dass bestimmte Merkmale der Psychopathie stärker genetisch geprägt sind, so die Hartherzigkeit und das Verlangen nach starken äußeren Reizen.
- In Laras Fall könnte man die Hypothese aufstellen, dass eine psychische Anfälligkeit, die sie von einem Elternteil ererbt hat, und eine die Dinge noch verschlimmernde frühkindliche Umgebung gemeinsam dazu geführt haben, dass sich bei ihr eine Störung des Sozialverhaltens entwickelte.

VORBEUGEN GEGEN PSYCHOPATHIE?

Im Jahre 2005 veröffentlichte das Inserm (das Nationale Institut für Gesundheit und medizinische Forschung in Frankreich) einen Expertenbericht, den die staatliche Krankenversicherung angefordert hatte. Es ging darum, wie man mit Störungen des Sozialverhaltens bei Kindern und Jugendlichen besser umgehen könne. Der Bericht schlug ähnliche Maßnahmen vor, wie sie in anderen hochentwickelten Staaten (Kanada, skandinavische Länder) bereits umgesetzt worden waren: rechtzeitige Diagnose der Störung bei Kindern und Jugendlichen, psychologische und soziale Betreuung der Kinder und ihrer Eltern, spezielle Schulungen für alle im Kinder- und Jugendbereich Tätigen.

Aber diese Idee der frühzeitigen Erkennung von Verhaltensstörungen kollidierte mit den Vorstellungen vieler Lehrkräfte und Erzieher. Sie lehnten das vom Inserm empfohlene Vorgehen ab und warfen ihm vor, »deterministisch« und »stigmatisierend« zu sein. Es sei auf eine »Dressur oder Abhobeln von Verhaltensweisen« gerichtet. Dieser Widerstand fand seinen Ausdruck in einer Petition mit dem Titel »Keine Betragensfünf schon im Kindergarten!« Sie hatte am Ende fast 200 000 Unterschriften und führte dazu, dass diese Maßnahmen der Früherkennung und Begleitung nicht umgesetzt oder evaluiert wurden.

Die auf überprüften Beobachtungen beruhende wissenschaftliche Methode (im Englischen nennt man sie *evidence-based*) ist in vielen anderen Bereichen zwar längst Standard, aber in der Kinderbetreuung wird sie noch immer nicht vollständig akzeptiert. Das zeigen übrigens auch der nur langsame Abschied der Franzosen von »psychogenen« Hypothesen zur Entstehung des Autismus (danach sollen diese Störungen dem Verhalten der Eltern geschuldet sein, was aber falsch ist) oder das zähe Festhalten an der Ganzwortmethode beim Lesenlernen (ungeachtet ihrer miserablen Resultate).

MACHT UNS UNSERE GESELLSCHAFT ZU PSYCHOPATHEN?

Binnen wenigen Jahrzehnten erlebten wir den Übergang von einer Kultur, in welcher die Befolgung von Regeln, der Respekt vor der Tradition und die hartnäckige Anstrengung mit Aussicht auf spätere Belohnung hochgehalten wurden, zu einer neuen Ära, in der die

Suche nach persönlicher Entfaltung, die Freiheit des Individuums und eine hedonistische Lebensweise den höchsten Stellenwert haben.

In Frankreich waren die Ereignisse vom Mai 1968 zugleich eine Etappe und ein Symptom dieses Übergangs. Ihre berühmten Schlagworte »Es ist verboten, zu verbieten« und »Genuss ohne Fesseln« hatten sicher zunächst einmal politische Absichten und drückten das legitime Bedürfnis aus, sich von bestimmten patriarchalischen sozialen Zwängen zu befreien, man könnte sie aber auch ziemlich psychopathisch finden!

Die Frustrationsunverträglichkeit und die Suche nach starken Reizen und unmittelbarer Befriedigung werden heute auch durch das Internet gefördert, das diese sofortige Befriedigung im Bereich der Freizeit, der Kontakte und des Konsums (einschließlich des sexuellen) möglich macht.

Andererseits scheint Psychopathie auch schon in den traditionellsten Kulturen präsent zu sein. Die Inuit bezeichnen mit dem Wort *kunlangeta* Individuen, die »wissen, was man tun muss, es aber trotzdem nicht machen« und die lügen, stehlen, schummeln und vergewaltigen. In der traditionellen Inuit-Kultur »hätte sie jemand ins Wasser gestoßen, wenn gerade keiner hinschaut«.[1]

IST PSYCHOPATHIE EIN BESTANDTEIL DER MENSCHLICHEN NATUR?

Für manche Forscher gehört die Psychopathie zum genetischen Gepäck unserer Spezies. Als wir in einer feindlichen Umgebung in kleinen Stämmen lebten, konnte es für das Überleben der Gruppe von Vorteil sein, wenn sie ein paar furchtlose und gewalttätige Individuen in ihren Reihen zählte. Sie waren nützlich für die Großwildjagd

1 J. M. Murphy: »Psychiatric labeling in cross-cultural perspective«, in: *Science*, 1976, 191 (1019), S. 1019–1026.

und kriegerische Auseinandersetzungen, und ihre Gene wurden bis zu uns weitergetragen, denn ihre Neigung zur Untreue und sogar zu Vergewaltigungen hat sicher dazu geführt, dass sie eine größere Nachkommenschaft hatten als Personen, die ruhiger waren oder mehr Respekt vor anderen Menschen und vor den Regeln empfanden. Auch in diesem Fall durfte ihre Psychopathie innerhalb der Gruppe aber nicht so weit gehen, dass sie von ihren erbosten Artgenossen verstoßen oder umgebracht wurden.

DAS GEHIRN DER PSYCHOPATHEN

Die Vorstellung, dass unser Moralempfinden und unsere Achtung der Konventionen eine biologische Grundlage haben, ist nicht neu, wie das Beispiel des unglücklichen Phineas Gage zeigt, dessen Fall Antonio Damasio in seinem Buch *Descartes' Irrtum* schildert. Im Jahre 1848 ist Gage der wegen seiner Kompetenz und Effizienz allgemein geachtete Chef einer Truppe, die im Bundesstaat Vermont am Bau einer Eisenbahnlinie arbeitet. Dann hat er einen schweren Unfall, als durch eine Explosion eine Eisenstange durch die Luft geschleudert wird. Sie durchbohrt ihm den Schädel, wobei sie unter dem linken Auge eintritt und an der Schädeldecke wieder hinauskommt.

Wie durch ein Wunder überlebt Gage den Unfall und gewinnt rasch das Bewusstsein zurück. Er kann wieder sprechen und gehen. Dank einer nach den Maßstäben seiner Epoche guten Behandlung, die vor allem die Desinfektion seiner Wunde und die Öffnung eines Abszesses einschließt, hat er sich nach zwei Monaten wieder erholt. Aber seine Persönlichkeit hat sich verändert: während er früher gewissenhaft, gemeinschaftsorientiert und stabil gewesen war, was ihm in seinem Team und bei den Vorgesetzten große Wertschätzung eingebracht hatte, fängt er nun an, unflätige Reden zu schwingen; er wird unbeständig, launisch und respektiert selbst seine Freunde kaum noch. »Gage ist nicht mehr Gage.« Er wechselt ständig von einem Projekt zum nächsten und hält es nie lange in einem Job aus, auch wenn sich seine Störung mit der Zeit gebessert zu haben scheint.

Nach seinem Tod wurde Gage zwar nicht obduziert, aber durch die Untersuchung seines bis heute erhaltenen Schädels, der den Weg der Eisenstange deutlich zeigt, konnten die Neurobiologen rekonstruieren, welche Bereiche seines Gehirns geschädigt worden waren – nämlich jene, die etwas mit unserer Fähigkeit zur Vorausschau und Planung zu tun haben sowie mit unserem Gefühl der Verantwortlichkeit für das eigene Tun. Das alles sind Fähigkeiten, mit denen Psychopathen offenbar nicht hinreichend ausgestattet sind.

Heute erlauben es die bildgebenden Verfahren, vor allem die Funktionelle Magnetresonanztomographie (fMRT), die Gehirnaktivität direkt zu verfolgen. Wie bei vielen psychiatrischen Krankheitsbildern hat man auch hier feststellen können, dass das Gehirn der untersuchten Psychopathen anders funktioniert als das eines Durchschnittsmenschen. Die Forscher haben ihre Versuchspersonen dort gefunden, wo man leicht auf Psychopathen stößt: im Gefängnis.

In einer Studie sollten normale Testpersonen und Psychopathen Bilder anschauen, von denen manche mehr oder weniger schlimme Moralverstöße zeigten. Wenn man die Testpersonen zu diesem Thema befragte, gab es zwischen den normalen und den psychopathischen keinerlei Unterschiede in der Fähigkeit zu erkennen, was gut und böse ist (oder zumindest im Wissen darum, welche »richtige« Antwort der Versuchsleiter erwartete). Auf neurologischer Ebene hingegen sah es anders aus. Hier beobachtete man Unterschiede in der Funktionsweise des paralimbischen Systems, jener tiefliegenden Hirnzonen, die bei Emotionen und für den Gedächtnisspeicher eine Rolle spielen. Verglichen mit normalen Testpersonen, weisen Psychopathen eine geringere Aktivierung des hinteren Teils des Temporallappens sowie eine Überaktivierung der Amygdala auf.

Zeigt man Psychopathen Listen von Wörtern, von denen manche

einen emotional schmerzlichen Gehalt haben (Elend, Blut, Unfall, Narbe), so reagieren ihre Amygdala und andere Hirnkreisläufe schwächer darauf als bei normalen Versuchspersonen, während andere Zonen stärker aktiviert werden.

Eine andere Aufgabe überprüft die Fähigkeit, sich »zurückzuhalten«, indem man den Versuchspersonen Buchstaben einblendet und sie bei manchen davon einen Knopf drücken sollen. Hier haben Psychopathen unterdurchschnittliche Punktzahlen, und die paralimbischen Systeme, die bei einer Hemmung mitwirken, zeigen bei ihnen nur schwache Aktivität. Das kann man zu ihrer Impulsivität und ihrer chaotischen Lebensweise in Beziehung setzen.

Aber es geht nicht nur um die Funktionsweise dieser Hirnstrukturen – man konnte auch anatomische Veränderungen feststellen. So haben Studien bei den untersuchten Psychopathen eine kleinere Amygdala nachgewiesen, während das Striatum, das bei der geistigen Vorwegnahme von Belohnungen und dem Streben nach sofortiger Befriedigung eine Rolle spielt, vergrößert ist.

Immer mehr Studien versuchen, die beobachteten Anomalien mit den Funktionen in Verbindung zu bringen, die für ein sozial akzeptables Verhalten notwendig sind, nämlich mit der Fähigkeit, ein moralisches Problem zu erkennen (»Ist es wirklich böse, wenn ich das tue?«), der Fähigkeit, sich zurückzuhalten, um eine Lösung für das Problem zu finden (»Nehmen wir uns Zeit zum Überlegen!«), und der Fähigkeit, Lösungen zu finden, die nicht einem plötzlichen Antrieb entspringen (»Gibt es noch einen anderen akzeptablen Weg?«).

All diese Studien sind mit Vorsicht zu genießen, denn sie wurden an relativ wenigen Testpersonen durchgeführt, unter denen Häftlinge überrepräsentiert waren. Außerdem fehlen Informationen darüber, wie sich die beobachteten Phänomene im Laufe der Zeit entwickeln.

Man kann sich unschwer ausmalen, wie in naher Zukunft ein Verteidiger den Geschworenen Bilder vom Gehirn seines Klienten zeigt und dazu Expertengutachten beibringt, welche bestätigen, dass der

Angeklagte funktionelle Anomalien aufweise, wie sie für Psychopathie typisch seien. Soll man deshalb auf jede Form von Bestrafung verzichten (»Es ist ja nicht meine Schuld, sondern es liegt an meinem Gehirn ...«)? Nicht nur Psychiater oder Forscher auf dem Gebiet der Persönlichkeitspsychologie werden diese heikle Frage beantworten müssen, sondern die ganze Gesellschaft muss sich dazu eine Meinung bilden.

PSYCHOPATHEN IN FILM UND LITERATUR

In der Bibel ist Kain ganz offensichtlich der erste Psychopath. Er ist neidisch auf seinen Bruder Abel und tötet ihn. Kurz darauf zeigt er nicht einmal vor Gott persönlich die kleinsten Anzeichen von Schüchternheit. Als ihn der Höchste fragt, wo sein Bruder sei, antwortet ihm Kain mit der Selbstsicherheit des echten Psychopathen: »Ich weiß nicht; soll ich meines Bruders Hüter sein?«

Der US-amerikanische Autor John Steinbeck ließ sich vom Buch Genesis zu seinem meisterhaften Roman *Jenseits von Eden* inspirieren, einer großen Familiensaga, die zu Beginn des 20. Jahrhunderts in der kalifornischen Zentralebene spielt und von Bruderrivalitäten über zwei Generationen hinweg geprägt ist. Aber die eigentliche psychopathische Figur ist Cathy Ames, die junge Ehefrau von Adam, einem der »guten« Brüder. Schon in ihrer Kindheit manipuliert dieses entzückende Mädchen ihre Mitmenschen oder lässt es zu, dass man diese zu Unrecht beschuldigt. Dank ihrer reizenden äußeren Erscheinung und ihrer Fähigkeit, aufrichtige Emotionen zu simulieren, ist Cathy in den Augen der anderen vertrauenswürdig. Kaum hat sie das Jugendalter erreicht, begeht sie ein Verbrechen. Die Liebe und Güte ihres Ehemannes können sie nicht daran hindern, in ein chaotisches Leben abzudriften. Gegen Ende ihres Lebens wird sie ihrem Sohn gestehen, dass es ihr immer Vergnügen bereitet habe, andere zu manipulieren. Verwirrt von Adams Großherzigkeit, vermutet sie dahinter finstere Beweggründe. (Ein Psychopath glaubt nämlich, dass andere Menschen vom gleichen Egoismus angetrieben würden wie er.)

Patricia Highsmith hat die Figur des lässigen Psychopathen Ripley geschaffen, der in mehreren ihrer Bücher auftaucht. Er lebt immer so, wie es ihm seine Wünsche befehlen; er manipuliert, schmarotzt und tötet bisweilen sogar, wenn seine Bedürfnisse es notwendig machen. Auf der Kinoleinwand wurde er in René Cléments Film *Nur die Sonne war Zeuge* (1960) von Alain Delon verkörpert und in Anthony Minghellas *Der talentierte Mr. Ripley* (1999) von Matt Damon.

Die Reihe der Psychopathen im Kino oder auf dem Fernsehbildschirm würde ein ganzes Buch füllen, was davon zeugt, welche Anziehungskraft diese von der Last des Gewissens befreiten Figuren für das Publikum haben. Ganz wie es der Titel eines Buches des Psychiaters Robert Simon sagt – *Bad Men Do What Good Men Dream* (Böse Menschen tun das, wovon gute Menschen träumen, dt. Ausgabe: *Die dunkle Seite der Seele*).

Und doch gibt es im Film eine Schieflage bei der Figurenauswahl. Man sieht dort vor allem kriminelle Psychopathen, aber seltener Persönlichkeiten mit psychopathischen Tendenzen, obgleich diese im wahren Leben viel häufiger sind.

Uhrwerk Orange (1971), der skandalträchtige Film von Stanley Kubrick, zeigt eine Bande von Jugendlichen, die aus purem Vergnügen stehlen und gewalttätig werden. Der Anführer lebt noch bei seinen Eltern, die er tyrannisiert. Am Ende wird er von der Justiz belangt und muss sich in der Haft einer Aversionstherapie unterziehen, die ihm Gewalt für immer verleiden soll. Es ist eine Therapie, wie sie boshafte Kritiker der Verhaltenstherapien ersonnen haben könnten: Man zwingt ihn, sich Abfolgen von Gewaltszenen oder Sexualakten anzuschauen, und verabreicht ihm dabei eine Droge, die schreckliche Übelkeit auslöst. Als er wieder freikommt, ist er unfähig zu Gewalt geworden, selbst dort, wo er sich verteidigen muss.

In Milos Formans Meisterwerk *Einer flog über das Kuckucksnest* (1975) verkörpert Jack Nicholson einen rückfälligen Kleinkriminellen, der es schafft, sich einer Gefängnisstrafe zu entziehen, indem er sich in eine psychiatrische Einrichtung einweisen lässt. (Er hat eine Anklage wegen Vergewaltigung am Hals, weil er einvernehmliche sexuelle Beziehungen mit einer Minderjährigen hatte. Sein Kommentar dazu verrät den echten Psychopathen: »Wie hätte man da widerstehen können?«) Als er entdeckt, dass er durch eine Gerichtsentscheidung auf unbegrenzte Zeit in der Psychiatrie bleiben muss, bereitet er seine Flucht vor und stiftet auch andere Patienten dazu an, ihm zu folgen. Darunter sind sogar welche, die das Krankenhaus eigentlich verlassen dürfen, aber Angst davor haben, sich in der Außenwelt wiederzufinden. Er kapert einen Bus, um mit ihnen eine Exkursion zu machen, und schleust Prostituierte in die Einrichtung ein, um Weihnachten zu feiern. Das ermöglicht einem stotternden und gehemmten Patienten, endlich seine Jungfräulichkeit zu verlieren. Er hat das Charisma, die Impulsivität und die Normverachtung eines wahren Psychopathen, stellt in seinem Umgang mit den anderen Patienten aber auch einen gewissen Altruismus unter Beweis.

Dieser Film hat die Krankenhauspsychiatrie in ein schlechtes Licht gerückt, obwohl Milos Forman klar gesagt hat, dass er seinen (einem Theaterstück entlehnten) Stoff gewählt habe, weil er eine Metapher für die Unterdrückung in den kommunistischen Regimes sei – »Miss Ratched, das ist die kommunistische Partei« –, also auch für die Zustände in der Tschechoslowakei, aus der Forman geflohen war.

In neuerer Zeit verfolgte die großartige Fernsehserie *Die Sopranos* (1999–2007) von David Chase über mehrere Jahre hinweg das Leben einer Mafiafamilie aus New Jersey. Tony, der Boss, führt seine Truppe mit eiserner Hand. Seine Erpressungs- und Unterschlagungsgeschäfte betreibt er vom Hinterzimmer seines Stripclubs Bada Bing aus. Er ist ein geschickter Manipulator, aber manchmal tötet er auch seine Rivalen, damit sie ihm nicht schaden können oder um sich an ihnen zu rächen. Dennoch plagen ihn Schuldgefühle, weil er einen alten Freund, der Informant des FBI geworden war, hatte umlegen müssen. Mehrmals erlebt der Zuschauer mit, wie sich Tony bemüht, Konflikte zwischen Mafiosi zu schlichten, die impulsiver sind als er. Tony ist eindeutig ein Soziopath. Schon in seiner Jugend scherte er sich um die Gesetze nur so weit, wie es nötig war, um nicht im Gefängnis zu landen. Das kennzeichnete bereits die Familie, in der er aufgewachsen ist. Ein Psychopath ist Tony aber nicht: Er bleibt ein guter Familienvater und Ehemann (der allerdings regelmäßig fremdgeht). Er sorgt sich um seine Angehörigen und baut eine echte therapeutische Beziehung zu seiner Psychiaterin, der verwirrenden Dr. Melfi, auf. Andere Figuren dieser Fernsehserie sind freilich pure Psychopathen: sie legen eine impulsive Gewalttätigkeit an den Tag, ohne Reue zu verspüren oder sich um die Folgen zu scheren, und überschätzen sich gleichzeitig selbst. Zu ihnen zählen Tonys Neffe Christopher (Michael Imperioli), der davon träumt, Drehbuchautor zu werden, und Paulie (Tony Sirico), ein schon älterer Mafioso, der es wegen seiner aufbrausenden Art und seiner Angeberei nie bis ganz nach oben in der Hierarchie geschafft hat.

In zwei Filmen von Martin Scorsese, *Good Fellas* (1990) und *Casino* (1995), verkörpert Joe Pesci bemerkenswerte Soziopathen bzw. Psychopathen, deren impulsive und grenzenlose Gewalt am Ende selbst innerhalb der Mafia nicht mehr toleriert wird, denn wie jede Organisation hat auch sie ihre Regeln, die nicht übertreten werden dürfen, und ein Bruch mit den Konventionen ist nicht vorgesehen.

In zahlreichen anderen Filmen stößt man auf erfolgreiche Psychopathen. So ist in Oliver Stones *Wall Street* (1987) Gordon Gekko (Michael Douglas) ein berühmter Banker, der mit seiner Härte und Skrupellosigkeit den Typus des »erfolgreichen Psychopathen« gut illustriert. Er wird es schaffen, seinen Bewunderer, den jungen Budd (Charlie Sheen), in seine betrügerischen Techniken und seine Insiderdelikte mit hineinzuziehen. Am Ende aber ist Budd angewidert von den sozialen Folgen dieser Manöver und wendet sich gegen seinen Meister.

In *Wall Street II: Geld schläft nicht* (2010) vom selben Regisseur hat Gekko (erneut vom inzwischen zwei Jahrzehnte älteren Michael Douglas verkörpert) acht Jahre im Gefängnis zugebracht, ist aber noch genauso arrogant und charismatisch, wenn es darum geht, sein Buch *Ist Gier gut?* zu promoten. Darin sagt er die Finanzkrise von 2008 voraus. Nachdem er im Gefängnis dank eines guten Therapeuten (dessen Methode wir gern kennenlernen würden) Einsicht in sein Tun gewonnen hat, wirft er nun sein ganzes Talent in die Waagschale, um sich mit seiner Tochter zu versöhnen. Ganz nebenbei stürzt er einen Finanzinvestor, der genauso unmoralisch ist, wie er es einst war, in den Ruin.

In Martin Scorseses *The Wolf of Wall Street* (2013), einem von der Autobiographie des Börsenmaklers Jordan Belfort inspirierten Film, stellt Leonardo DiCaprio einen begabten Psychopathen dar: Er hat ein extremes Charisma, das ihn in seinem Team von Verkäufern hochriskanter Finanzprodukte zum umjubelten Star macht, er verachtet die Regeln, ist ständig auf der Suche nach äußeren Reizen durch den Konsum von Kokain und anderen Drogen, zeigt im Auto und auf dem Schiff riskante Verhaltensweisen und lässt sich wegen all der Menschen, die er mit seinen betrügerischen Finanzmanövern ruiniert hat, keine grauen Haare wachsen. Als er wieder aus dem Gefängnis kommt, beginnt er eine Karriere als Motivationstrainer – ganz wie Gordon Gekko in *Wall Street* (und wie Jordan Belfort selbst).

In der ersten Staffel von David Kelleys und Jonathan Shapiros Fernsehserie *Goliath* (2016) spielt William Hurt den Leiter einer großen Anwaltskanzlei in Los Angeles. Er ist das perfekte Beispiel für einen erfolgreichen Psychopathen – ein eiskalter und amoralischer Manipulator, der aber auch zu bezaubern weiß, wenn es darum geht, die Macht zu behalten.

In *Der große Crash – Margin Call* (2011) von J. C. Chandor ist Jeremy Irons der Chef einer Investmentbank, der seine rechte Hand (Kevin Spacey) dazu anstachelt, seinen Kunden eiligst »toxische« Finanzprodukte zu verkaufen, von denen beide wissen, dass ihr Wert in den nächsten Tagen einbrechen wird (die Finanzkrise von 2008 kündigt sich an). Als sein Mitarbeiter es unmoralisch findet, treue Kunden auf diese Art zu betrügen – ganz zu schweigen davon, welche Folgen diese plötzlichen Verkäufe für den Markt haben würden –, antwortet ihm sein Vorgesetzter: »Entschuldige, Sam, aber seit wann bist du so schwach?« Er rechtfertigt sich daraufhin, indem er Finanzkrisen und daraus resultierende Pleiten als naturgegebenen Lauf der Geschäftswelt hinstellt, in der es immer die gleiche Prozentzahl an Gewinnern und Verlierern gebe. (Schon in *Wall Street* hatte Gordon Gekko den Ruin seiner Opfer als gesundes Gesetz der natürlichen Auslese gerechtfertigt: *I don't ruin companies, I liberate them.*)

In David Finchers Film *Fight Club* (1999) spielt Brad Pitt die Figur des Tyler Durden, eines schillernden und kampflustigen jungen Psychopathen, der einen braven jungen Mann (Edward Norton) in seinen Lebensstil mit hineinzieht. Der völlig angstfreie Tyler findet es erregend, Straßenkämpfe zu organisieren und verschiedene Straftaten zu verüben. (Selbst als Kellner in einem schicken Restaurant springt er mit den reichen Gästen grob um und pinkelt heimlich in die Suppe, bevor er sie ihnen aufträgt.) Er verbreitet unter den Mitgliedern seines *fight club* Botschaften über die Sinnleere der Konsumgesellschaft und die Art und Weise, in der sie die Menschen versklavt (*You work in a job you hate, to buy stuff that you don't need, to impress people that you don't like.*). Der Schluss des Films macht Tylers Größenwahn deutlich und hält für den Zuschauer eine faustdicke Überraschung bereit.

In James Mangolds Film *Durchgeknallt* (1999), über den wir im Kapitel über die Borderline-Persönlichkeiten bereits ausführlicher gesprochen haben, ist Lisa (Angelina Jolie) eine junge Frau in einer geschlossenen psychiatrischen Einrichtung. Durch eine Mischung aus Charme und Drohungen hält sie die anderen Patientinnen in ihrem Bann. Dann bringt sie ihre Mitpatientin Susanna (Winona Ryder) dazu, mit ihr zu fliehen. Auf der Flucht wird sie einen jungen Mann verführen – mit dem einzigen Ziel, ihn zu bestehlen. Von Neid gegenüber Daisy (Brittany Murphy) geplagt, einer weiteren Patientin, der ihr Vater eine komfortable Unterkunft verschafft hat, wirft Lisa ihr giftige Bemerkungen an den Kopf.

In *Die letzte Verführung* (1994) von John Dahl ist Bridget (Linda Fiorentino) eine außergewöhnliche Psychopathin, die verführt, manipuliert, lügt und stiehlt und bei alledem eine faszinierende emotionale Kälte an den Tag legt.

Man könnte hier auch den Film *American Psycho* (2000) von Mary Harron nach dem Roman von Bret Easton Ellis sowie die Fernsehserie *Dexter* (2006–2023) von James Manos nach dem Roman von Jeff Lindsay anführen, aber sie rücken Serienmörder ins Rampenlicht, die für Psychopathen nicht repräsentativ sind, selbst wenn sie einige ihrer Merkmale teilen.

VOM UMGANG MIT PERSÖNLICHKEITEN, DIE PSYCHOPATHISCHE TENDENZEN AUFWEISEN

Mehr als bei den anderen Persönlichkeiten muss unser erster Rat hier lauten, diese Menschen zu meiden, denn zwei Charakterzüge machen es schwer, mit ihnen auf konstruktive Weise umzugehen: ihr Mangel an Empathie (der bewirkt, dass sie kaum einmal ein offenes Ohr haben werden, wenn man sich bei ihnen über die Sorgen und Schäden beschwert, die sie einem verursachen) und ihre gering ausgeprägte Furcht vor Strafen (die sie dazu führen wird, ihren momentanen Antrieben zu folgen, obgleich ihnen negative Konsequenzen drohen, welche die intelligentesten Psychopathen auch durchaus vorhersehen können). Wenn man hier das Bild von Zuckerbrot und Peitsche aufgreifen will, so ist der Psychopath nach Zuckerbrot süchtig, hat aber auch kaum Angst vor der Peitsche (und auch nicht vor dem, der sie schwingt).

Wenn Sie jedoch dauerhaft an eine Persönlichkeit mit psychopathischen Tendenzen gebunden sind – sei es am Arbeitsplatz, in der Familie oder sogar im Freundeskreis –, möchten wir Ihnen trotzdem einige Ratschläge erteilen.

Wenn es Ihr Chef ist:

Konsultieren Sie regelmäßig einen Anwalt, um sich beraten zu lassen, wann der Zeitpunkt für einen Absprung gekommen ist.

Wenn es Ihr Lebenspartner ist:

Sagen Sie sich: Das wird mir helfen, beim nächsten Mal eine bessere Wahl zu treffen.

Wenn es Ihr Kollege ist:

Lassen Sie sich von ihm nicht durch ein trügerisches Gefühl von Nähe um den Finger wickeln.

Was Sie tun sollten

Lernen Sie, woran man ihn erkennt.

Eine Person mit psychopathischen Tendenzen ist oftmals charmant, mitreißend und witzig. Sie macht uns Lust darauf, mit ihr Umgang zu pflegen, und flößt uns Vertrauen ein. Hüten Sie sich vor allzu hohen Sympathiewogen und achten Sie auf die kleinen Regelverletzungen, die solch ein Mensch im Alltag begeht. Hören Sie auf die negativen Erfahrungsberichte derer, die ihn in seinem privaten oder beruflichen Umfeld schon länger kennen. Diese Wachsamkeit kann Ihnen viele Enttäuschungen ersparen.

Rufen Sie ihm ins Gedächtnis, was Sie nicht akzeptieren wollen.

Eine Persönlichkeit mit psychopathischen Tendenzen wird immer dazu neigen, die Regeln zu »vergessen«, zu behaupten, es sei ja alles gar nicht so klar gewesen, oder die Folgen ihres Tuns zu bagatellisieren (»Immerhin haben es alle überlebt …«). Wenn man bei einem ersten Regelverstoß keine Reaktion zeigt, wird sie das als Argument nutzen, um ihn zu wiederholen. Machen Sie es ihr nicht unnötig leicht, sondern erinnern Sie sie daran, was Sie von ihr erwarten und was Sie nicht hinnehmen werden.

Geben Sie nur wenig von sich selbst preis.

Neid ist allgemein verbreitet, aber offenbar verspüren Psychopathen (und Narzissten) ihn ganz besonders heftig. Da sie beide außerdem zu Selbstüberschätzung neigen, finden sie, dass ihnen mehr zusteht als den anderen – also auch mehr als Ihnen.

Bleiben Sie so verschwiegen wie möglich, enthüllen Sie von sich selbst nur das, was für eine Berufs- oder Geschäftsbeziehung unbedingt nötig ist. Vermeiden Sie es vor allem, solchen Menschen Zugang zu Ihrem Privatleben zu gewähren, denn das könnte sie neidisch auf Ihre Familie, Ihre Freunde oder Ihre materiellen Vorteile machen.

Reagieren Sie umgehend auf Regelverstöße.

Wir sprechen hier von Persönlichkeiten mit psychopathischen Tendenzen, nicht von kriminellen Psychopathen, um die sich die Sicherheitskräfte kümmern müssen. Reagieren Sie sofort, wenn es zu einer Verletzung grundlegender Regeln der Gegenseitigkeit kommt (unbeglichene Schulden, unerlaubte Nutzung Ihres Eigentums, Schmarotzerei, mehr oder weniger subtiles Anbaggern Ihres Partners, Prahlen mit Leistungen, die in Wahrheit Sie erbracht haben, schamloses Lügen). Machen Sie der Person klar, dass Sie das Vergehen bemerkt haben und es nicht einfach hinnehmen. Wenn sie versucht, sich herauszureden oder Ihr Mitleid zu erwecken, sollten Sie das Gespräch abbrechen.

Bleiben Sie standhaft, wenn er Sie erweichen oder bezirzen will.

Jeder hat so seine Ausreden, aber bei Psychopathen treten sie oftmals gehäuft auf. Es kann sein, dass solch ein Mensch versucht, Ihr Herz zu erweichen, indem er Ihnen seine unglückliche Vergangenheit schildert, die mit Ihrem viel leichteren Leben kontrastiert, oder indem er Ihnen sein inneres Leiden offenbart, das ihn zu seinen Grenzübertretungen getrieben habe. Manchmal gelingt es ihm durch seinen Charme und seine spaßige Art, Nachsicht zu erwirken – ähnlich wie bei manchen Kindern, denen man alles verzeiht.

Zeigen Sie ihm Respekt.

Wie die narzisstischen Menschen wollen auch die Psychopathen ein sehr vorteilhaftes Bild von sich selbst bewahren. Kritisieren Sie ihre Verhaltensweisen, aber setzen Sie die Person nicht herab. Sie können eine »handhabbare« Beziehung zu einer psychopathischen Persönlichkeit aufrechterhalten, indem Sie ihre Stärken würdigen, etwa die Leichtigkeit, mit der sie andere überzeugt, ihren Charme und ihre Pfiffigkeit.

Was Sie lassen sollten

Lassen Sie sich nicht verzaubern.

Überzeugungskraft, Waghalsigkeit, Selbstvertrauen, Verachtung für den Konformismus und die Regeln – das kann einen verführerischen *bad boy* ergeben oder einen charismatischen Firmenchef. Es kann eine Weile dauern, ehe Ihnen seine geringe Empathie und sein Hang, Sie auszunutzen, auffallen.

Halten Sie ihm keine Moralpredigt.

Eine psychopathische Persönlichkeit ist der Ansicht, dass ihr Streben nach persönlichem Vorteil die eigentliche Moral ist. Sie wird meinen, dass Sie trotz all Ihres moraltriefenden Geredes auch nur auf Ihren eigenen Vorteil aus sind und lediglich von Furcht oder Schüchternheit zurückgehalten werden. Ihre Strafpredigt wird bestenfalls dazu führen, dass der andere höhnisch grinst, aber vielleicht wird er sogar in Zorn geraten.

Vertrauen Sie sich ihm nicht allzu offen an.

Jede Offenlegung Ihrer materiellen Vorteile, Ihres glücklichen Familienlebens oder Ihrer interessanten Projekte kann bei ihm eine nachdrückliche Neidreaktion auslösen, deren Folgen Sie fürchten müssen. In *American Psycho* massakriert Patrick Bateman einen Bankerkollegen mit der Axt, weil der mit seinem guten Aussehen, seinen Erfolgen und sogar der Qualität seiner Visitenkarte zu viel Neid beim Psychopathen erweckt hat! Und selbst nachdem er ihn umgebracht hat, packt ihn der Neid noch einmal *post mortem*, als er feststellt, dass die Wohnung des Opfers, von der aus man einen Blick auf den Central Park hat, schicker ist als seine eigene …

Lassen Sie ihm nichts durchgehen, nur weil Sie kein Trara machen möchten.
Psychopathische Persönlichkeiten werden oft versuchen, Sie durch kleine Regelverstöße oder Respektlosigkeiten zu testen. Wenn Sie darauf nicht reagieren, weil Sie einen Konflikt fürchten, zu übertriebener Nachsicht neigen oder nicht selbstsicher genug sind, werden diese Menschen daraus schließen, dass Sie ein Schwächling seien, den man nach Herzenslust manipulieren könne. Dann können Sie sich darauf gefasst machen, dass es immer schlimmer wird.

Vermeiden Sie es, ihn zu missachten oder zu demütigen.
Selbst im Zorn sollten Sie ihm keine Verachtung zeigen und ihn nicht beleidigen, denn das würde in ihm sofort den Wunsch nach Vergeltung auslösen, und die kann bei Psychopathen maßlos ausfallen. Besonders am Lenkrad sollten Sie daran denken, dass der Fahrer, den Sie beschimpfen, womöglich ein Psychopath ist. Auf diese Weise endeten banale Verkehrskonflikte schon im Krankenhaus, wenn nicht gar auf dem Friedhof.

HABEN SIE SELBST ZÜGE

... einer psychopathischen Persönlichkeit?

	eher richtig	eher falsch
1. Wenn ich Lust auf etwas habe, kümmert mich wenig, was die anderen denken.		
2. Ich bin schon Risiken eingegangen, nur, weil es mich amüsierte.		
3. Meine Devise im Leben ist eher: »Man darf sich halt nicht erwischen lassen ...«		
4. Ich neige dazu, mich schnell zu langweilen.		
5. Ich kann andere Leute rasch durchschauen.		
6. Ich finde, ich habe großen Erfolg verdient.		
7. Konflikte sind nichts Schlimmes – wichtig ist, wer die Oberhand behält.		
8. Wer sich über mich beklagt, hat oft sehr wohl verdient, was ihm widerfahren ist.		
9. Mich schüchtert man nicht so leicht ein.		
10. In der Schule hatte ich große Disziplinprobleme.		

KAPITEL III

DIE NARZISSTISCHEN PERSÖNLICHKEITEN

»In Sachen Bescheidenheit
nehme ich es mit allen auf.«

Erik Satie

Camille (29), Werbespezialistin in einer Agentur, berichtet:

Thomas ist einer der drei Begründer der Agentur, und ich arbeite direkt für ihn. Beim ersten Hinsehen ist er voller Charme, brillant, witzig und verführerisch. Es dauerte einige Wochen, bis ich verstand, dass er eine sehr schwierige Persönlichkeit hatte. Als ich ihm das erste Mal begegnete, fand ich ihn jedoch beeindruckend. Freilich, er ließ mich erst einmal mindestens eine Stunde warten, aber weil es mein Einstellungsgespräch war, habe ich nicht protestiert. Er hat ein riesiges Büro mit wunderbarer Aussicht. Später habe ich erfahren, dass dieses Zimmer zunächst als großer Versammlungsraum gedacht gewesen war, aber dass Thomas sich mit seinen Teilhabern so lange herumgezankt hatte, bis er es in Besitz nehmen konnte.
Er zog eine große Charme-Nummer ab: »Wir glauben an junge Menschen wie Sie« usw. Da er sehr herzlich und direkt war und mir das Du anbot, gelang es ihm, in mir den Eindruck hervorzurufen, ich müsste einem so bedeutenden Mann dankbar sein, dass er sich für ein junges Ding wie mich interessierte. Er konnte es sich nicht verkneifen, diverse Anekdoten über seine brillante Karriere und seine Erfolge einzuflechten. Ich spielte die respektvolle und staunende Debütantin, und er war davon entzückt. Hinter seinem Schreibtisch hingen, für jedermann gut sichtbar, mehrere Fotos, die ihn an der Seite berühmter

Künstler zeigten. Auch alle Trophäen, welche die Agentur auf internationalen Festivals gewonnen hatte, standen herum (heute weiß ich, dass er sich um einige der preisgekrönten Werbekampagnen gar nicht persönlich gekümmert hatte).

Die Zusammenarbeit mit Thomas ist nicht einfach. Natürlich versteht er es, seinen Charme zu versprühen und ein Team zu begeistern, vor allem die Neuankömmlinge, die den weniger angenehmen Aspekt seiner Persönlichkeit noch nicht entdeckt haben. In Wahrheit mutet er einem pausenlos Wechselbäder zu. Heute beglückwünscht er dich, und du glaubst, dass er fest an deiner Seite steht, aber morgen kritisiert er deine Arbeit vor anderen Leuten mit ironischen Worten. So sind alle Mitglieder des Werbeteams ganz wild auf seine Anerkennung, bei der leisesten Spur von Zurückweisung hingegen tief gekränkt. Er schafft es, zu einigen seiner Mitarbeiter ein beinahe leidenschaftliches Abhängigkeitsverhältnis aufzubauen, und genau das will er erreichen, denn er möchte sich respektiert und bewundert fühlen. Auf jeden Fall verträgt er es trotz seines »kumpelhaften« Gebarens sehr schlecht, wenn ihm jemand nicht die nötige Ehrerbietung erweist. Und wehe denen, die sich ihm entgegenstellen!

Letztes Jahr hat es Jean, ein schon bekannter Werbefachmann, der von einer anderen Agentur zu uns gekommen war, auf einer Versammlung gewagt, Thomas die Stirn zu bieten, indem er ihm ziemlich unverblümt erklärte, was er von seinem Managementstil hielt. Bleich vor Wut, verließ Thomas auf der Stelle die Sitzung und knallte die Tür hinter sich zu. Am nächsten Morgen fand Jean an der Rezeption in einem Karton alle seine Sachen und dazu die Mitteilung, dass seine Kündigung wegen schweren Fehlverhaltens in die Wege geleitet wurde. Die anderen Teilhaber fürchteten, dass diese Affäre den Ruf der Agentur beflecken könnte, und versuchten, den Konflikt zu entschärfen. Am Ende musste Jean trotzdem gehen, wenn auch mit einer schönen Abfindung.

Man kann sich denken, dass nach einem solchen Exempel niemand mehr wagt, offen zu rebellieren. Solange man Thomas ein wenig schmeichelt und ihm nicht widerspricht, ist die Atmosphäre auch nicht schlecht. Mir missfällt am meisten, dass er es immer schafft, die Ideen aus dem Team als seine eigenen hinzustellen, um am Ende den ganzen Erfolg selbst einzuheimsen. Er schirmt uns von den anderen Teilhabern ab und kann es nicht ausstehen, wenn wir Kontakte zu ihnen haben.

Warum bleibe ich eigentlich bei dieser Agentur? Weil es zurzeit schwer ist, anderswo einen guten Job zu finden. Und dann muss man natürlich zugeben, dass Thomas in seinem Beruf ein Star ist und dass sich das in meinem Lebenslauf gut ausnehmen wird. Wo er auch hinkommt, überall beeindruckt er die Leute mit seinem selbstsicheren Auftreten und seiner Eleganz; er sieht immer fabelhaft aus, hat die angemessene Sonnenbräune und wirkt wie aus dem Ei gepellt.

Ein magerer Trost: seine Sekretärin erzählt, er habe Ärger mit dem Finanzamt. Sein Verdienst ist schwindelerregend hoch, aber darüber hinaus hat er über Jahre verstanden, seinen Lebensstil aus Spesenrechnungen und beruflichen Vergünstigungen zu finanzieren. Und jetzt wollen sie von ihm eine saftige Nachzahlung. Daher hört man von ihm ständig Ausfälligkeiten gegen »diese Sch … gesellschaft, in der die kreativen Leute an ihrer Entfaltung gehindert werden«. Um sich zu trösten, lässt er sich von wichtigen Kunden, mit denen er sich angefreundet hat, zu Traumwochenenden einladen. Montag früh berichtet er dann alles haarklein seinen jungen Mitarbeitern, die zehnmal weniger verdienen als er und dazu noch das ganze Wochenende wie die Verrückten gearbeitet haben, um ein dringendes Projekt zu Ende zu bringen.

WAS SOLL MAN VON THOMAS DENKEN?

Thomas hat offensichtlich eine hohe Meinung von sich selbst, und auch die anderen sollen wissen, was er wert ist: er redet gern von seinen Erfolgen und stellt Fotos und Siegeszeichen zur Schau, damit keinem Besucher entgeht, mit was für einer bedeutenden

Persönlichkeit er es zu tun hat. Achtung, wir wollen damit nicht sagen, dass jeder, der in seinem Büro Pokale oder Trophäen stehen hat, eine narzisstische Persönlichkeit wäre! In manchen Berufen und manchen Ländern kann das zu den Gepflogenheiten gehören. Man muss dieses Detail in seinem Umfeld betrachten. Thomas hat zum Beispiel das schönste Zimmer der Agentur in Besitz genommen, um daraus sein Büro zu machen: er meint, seine Bedürfnisse seien wichtiger als die der anderen, und er verdiene Privilegien. Er erwartet, dass man ihn bewundert und seine Außergewöhnlichkeit anerkennt. Kritik verträgt er sehr schlecht *(Zwischenfall mit dem jungen Werbefachmann)*. Offenbar achtet er auch auf seine äußere Erscheinung, sehr sogar; er möchte, dass man ihn stets in Bestform sieht, und ist entzückt davon, mit renommierten Persönlichkeiten Umgang zu pflegen *(Fotos über seinem Schreibtisch)*.

In seinen Beziehungen zu anderen Menschen versteht es Thomas, mit ihren Emotionen zu spielen, indem er verführerisches Verhalten, Schmeichelei, Kritik und überraschende Lobesworte einander abwechseln lässt. Er weiß seinem Gesprächspartner gegenüber geschickt das Register zu wechseln. Man könnte sagen, dass sein Verhalten manipulatorisch und somit unaufrichtig ist, zielt es doch darauf, den anderen in einen Gefühlszustand zu versetzen, der ihm für die Verwirklichung seiner eigenen Ziele zugutekommt. Thomas scheint den unerfreulichen Emotionen, die er bei anderen auslöst (Furcht, Demütigung, Neid), wenig Beachtung zu schenken; in diesem Sinne kann man sagen, dass er wenig Einfühlungsvermögen an den Tag legt.

Wir wissen nichts über Thomas' Privatleben (außer, dass er es aus Spesen finanziert: einmal mehr meint er, die üblichen Bestimmungen wären nicht für ihn gedacht), aber wir verfügen über genügend Indizien, um annehmen zu dürfen, dass er eine narzisstische Persönlichkeit hat.

DIE NARZISSTISCHE PERSÖNLICHKEIT

Ihr Selbstverständnis:

- Fühlt sich als Ausnahmewesen, das außerhalb der gewöhnlichen Regeln steht und Besseres als die anderen verdient.
- Hat den Kopf voller Ehrgeiz; will in Beruf und Liebesleben rauschende Erfolge verzeichnen.
- Achtet oft sehr auf ihre physische Erscheinung und ihre Kleidung.

Ihre Beziehungen zu anderen Menschen:

- Erwartet, dass man ihr Aufmerksamkeit und Vorrechte gewährt, fühlt sich ihrerseits aber zu nichts verpflichtet.
- Gerät in Rage, wenn man ihr die Privilegien, die ihr angeblich zustehen, streitig macht.
- Nutzt die anderen aus und manipuliert sie, um die eigenen Ziele zu erreichen; legt wenig Wert auf Vertrautheit oder dauerhafte Beziehungen.
- Bekundet wenig Empathie und ist von den Gefühlen der anderen kaum berührt; ist egozentrisch.

WIE THOMAS DIE WELT SIEHT

Alle Verhaltensweisen von Thomas erscheinen sogleich als zusammenpassend, wenn man begreift, dass er eine hohe Meinung von sich selbst hat und meint, dass jeder (seine Mitarbeiter, seine Teilhaber, die Gesellschaft ganz allgemein) diese Ansicht teilen müsse. Seine Grundüberzeugung ist vielleicht: »Ich bin ein Ausnahmewesen; mir steht mehr zu als den anderen. Jedermann schuldet mir Respekt.«

Wie viele narzisstische Persönlichkeiten ist Thomas der Meinung, dass Gesetze und Bestimmungen nur für die gewöhnlichen Leute gemacht sind und für seine Person nicht gelten. Wenn er das Finanzamt betrügt und sich dabei erwischen lässt, ist er nicht bloß bekümmert oder frustriert, sondern empört! Wie kann man einen so außergewöhnlichen Typen wie ihn zwingen wollen, den üblichen Spielregeln zu gehorchen! Dieses Gefühl, ein Ausnahmewesen zu sein, lässt ihn die Gesellschaft berühmter Leute suchen, sind in seinen Augen doch nur sie es wert, dass man sich regelmäßig mit ihnen abgibt. Ist Thomas ein »Snob«? Gewiss enthält der Snobismus, wie man ihn im Alltagsverständnis auffasst, einen Anteil Narzissmus, aber häufig auch das Bedürfnis, ein negatives Selbstbild aufzubessern: man sucht die Gesellschaft von namhafteren Leuten, um sich seinen eigenen Wert zu bestätigen. Thomas hingegen denkt einfach, dass für ihn aufgrund seiner außerordentlichen Verdienste nur ein brillanter sozialer Umgang infrage komme. Der Alptraum eines narzisstischen Menschen: man sieht ihn in einem schicken Pariser Restaurant in Begleitung einer alten, geschmacklos angezogenen Cousine aus der Provinz! (Er würde es übrigens gewiss so einrichten, dass er sie in ein Bistro am anderen Ende der Stadt einlädt …)

Wir haben in Thomas eine ziemlich ausgeprägt narzisstische Persönlichkeit beschrieben, die, gestehen wir es ein, nicht gerade sympathisch ist. Nicht alle narzisstischen Menschen sind jedoch so extrem.

Hören wir Juliette (29), die nach einer Reihe von Fehlschlägen im Privatleben eine Psychotherapie begonnen hat.

Es stimmt schon: selbst in der Grundschule hatte ich immer den Eindruck, größere Aufmerksamkeit zu verdienen als meine Mitschülerinnen. Ich war eine gute Schülerin, ziemlich selbstsicher, und hatte immer einen kleinen Hof von Bewunderinnen um mich, Mädchen, die nicht so gut aussahen oder nicht so selbstbewusst waren wie ich. Schon damals machte es mir Vergnügen, angehimmelt zu werden. Ich merkte bald, dass meine Freundschaft als Privileg betrachtet wurde, und spielte damit; zugleich waren die Jungs in mich verliebt. Mein Vater bewunderte und verwöhnte mich, er ließ mir fast jede Kapriole durch-

gehen. Meine Mutter machte ihm deswegen heftige Vorwürfe, und bald war mein Verhältnis zu ihr schlecht, wie eine Art Rivalität unter Frauen.

Im Beruf habe ich schon viel erreicht, denn ich fand es im Grunde stets natürlich, immer mehr zu verlangen und mehr Geld und Verantwortung zu bekommen. Wenn man etwas mit der nötigen Selbstsicherheit fordert, bekommt man es oft. Natürlich habe ich eine Menge Neid und Konkurrenzdenken geweckt. Ich gestehe, dass ich mir am Anfang meiner Karriere kaum den Kopf zerbrach über solche Empfindlichkeiten, so stark war mein Gefühl, die beste zu sein. Auf Versammlungen fiel es mir leicht, das Wort zu ergreifen, und ich unterbrach Leute, die älter waren als ich, sobald ich dachte, dass meine Idee die bessere wäre. Eines Tages schließlich hat mich einer meiner ersten Chefs zu sich gerufen, um mir zu sagen, dass man allein auf sich gestellt keinen Erfolg haben kann und dass in einer Arbeitsgruppe jeder zählt. Sein vorwurfsvoller Ton ging mir sehr auf die Nerven, und ich verteidigte mich. Weil ich meinen Chef aber sehr verehrte, brachte mich seine Bemerkung zum Nachdenken, und in Zukunft war ich ein wenig rücksichtsvoller.

In meinem Privatleben bin ich dagegen von einem Misserfolg in den nächsten geschlittert. Es gelingt mir sehr schnell, die Männer für mich zu interessieren, aber das Problem ist: sobald sie mich zu sehr lieben, sinkt ihr Wert in meinen Augen, ich finde sie nicht mehr stark oder interessant genug für mich. Zweimal habe ich mich wirklich selbst sehr verliebt, aber auch das ging nicht lange gut, denn ich vertrug es nicht, wenn man mir nicht pausenlos die volle Aufmerksamkeit widmete. Mein letzter Freund hatte einen sehr bedeutenden Posten inne, was mir schmeichelte, aber ich war schrecklich sauer auf ihn, sobald er zu spät zu einem Rendezvous erschien oder ein gemeinsames Wochenende absagte, weil er auf Dienstreise musste. Schnell ging ich zu Racheakten über, indem ich ihn eifersüchtig machte oder mich weigerte, ihn zu treffen. Er hinterließ mir verzweifelte Botschaften auf Voicemail, bis ich ihn schließlich zurückrief. Am Ende hat er mich verlassen und mir noch gesagt, dass er nie zuvor mit einer Frau so glücklich und so unglücklich gewesen sei. Ich wollte ihn zurückhalten, aber es war zu spät. Er heiratete eine junge Frau, die er mir als »nett« beschrieb. Noch heute trauere ich dieser Beziehung Tag für Tag nach, und mir ist jetzt klar, dass ich damals nur an meine eigenen Bedürfnisse gedacht hatte, nie an seine. Aber ich hatte immer das Gefühl, mehr Aufmerksamkeit von ihm zu verdienen. Glauben Sie, dass das alles kommt, weil mein Vater mich so vergöttert hat?

Juliette ist sich eines Merkmals ihrer narzisstischen Persönlichkeit bewusst geworden, nämlich des Gefühls, dass jeder Mann ihr besondere Aufmerksamkeit schulde, weil sie so außergewöhnlich sei. Diese Grundannahme löst bei ihr eine Überempfindlichkeitsreaktion aus, wenn ihr Geliebter verspätet zu einem Rendezvous erscheint, weil er mit Arbeit überlastet ist. Die Psychotherapie hat Juliette geholfen, einige ihrer Grundüberzeugungen selbst zu erkennen (»Ich bin ein Ausnahmewesen«, »Die anderen sind mir Respekt und Beachtung schuldig«) und infrage zu stellen.

Am Anfang testete sie übrigens ihren Psychiater, indem sie häufig nicht pünktlich zum vereinbarten Termin kam, indem sie versuchte, die Sitzungen über die vorgesehene Zeit hinaus zu strecken, oder indem sie abends anrief, um einen Termin für den nächsten Tag auszumachen. Mehr oder weniger bewusst ertrug sie es nicht, denselben Regeln unterworfen zu sein wie die übrigen Patienten und keine besondere Rücksichtnahme vonseiten ihres Psychiaters zu genießen. Dieser nutzte die kleinen Zwischenfälle, um Juliette zu helfen, sich ihrer Grundüberzeugungen bewusst zu werden. Nach und nach gelang es ihr, eine gemäßigtere Sichtweise auf sich selbst und die anderen anzunehmen, weniger aggressiv zu sein und nicht so heftige Gefühlsausbrüche zu zeigen, wenn einmal ein Mann nicht so aufmerksam war, wie sie es sich gewünscht hätte.

EIN TYPISCHES AUSLÖSEMOMENT FÜR NARZISSTISCHE REAKTIONEN

Ein besonders unter den Intellektuellen renommierter Autor, der häufig in Kultursendungen auftrat, die zu später Stunde ausgestrahlt wurden, fand sich eines Tages im Büro eines bedeutenden Verlegers ein, mit dem er einen Gesprächstermin hatte. Unglücklicherweise hatte die frisch eingestellte junge Empfangssekretärin ihn noch nie gesehen, nicht einmal im Fernsehen. Als sich der Schriftsteller mit gewichtiger Miene ihrem Schreibtisch näherte und verlangte, dass der Verleger von seiner Ankunft benachrichtigt würde, fragte sie ganz naiv: »Wen soll ich bitte ankündigen?« Der große Mann erstarrte, wurde rot vor Zorn und schritt, ohne sie einer Antwort zu würdigen, an ihr vorbei direkt ins Büro des Verlegers.

Dieser narzisstische Schriftsteller hält seinen Wert für so hoch, dass alle anderen ihn sofort erkennen müssen. Verlangt man von ihm wie von einem gewöhnlichen Sterblichen, dass er sich vorstellt, beißt sich das mit einer anderen Grundüberzeugung der narzisstischen Persönlichkeiten: »Die üblichen Bestimmungen gelten für Leute wie mich nicht.« Ein Zwischenfall derselben Sorte ereignete sich mit einem großen Wirtschaftsboss anlässlich einer Reise von Ministern und Geschäftsleuten, die das Ziel hatte, französische Produkte im Ausland besser abzusetzen. Unsere narzisstische Persönlichkeit, Chef eines bedeutenden Konzerns, kam zu spät zur Abfertigung und forderte, sofort ins Flugzeug gelassen zu werden, obwohl er die nötigen Tickets vergessen hatte. Schon gestresst von seiner Verspätung, explodierte er vor Wut, als ihn die junge Hostess nach seinem Ausweis fragte.

Auch im Verhalten am Steuer enthüllt sich der Narzissmus mancher Zeitgenossen gut. Es gibt tatsächlich nicht wenige, die sich das Recht nehmen, bestimmte Regeln der Straßenverkehrsordnung zu übertreten, weil sie sich für fähig halten, die Risiken selber abzuschätzen. Diese Leute erklären Ihnen häufig, ihre Reflexe und ihr

Wagen wären so toll, dass sie sich Geschwindigkeitsüberschreitungen ohne Gefahr leisten könnten.

IST EIN BISSCHEN NARZISSMUS NICHT NÜTZLICH?

Denken Sie einmal über die Leute aus Ihrer Bekanntschaft nach, die es »geschafft« haben. Erinnern Sie sich auch an Fernsehinterviews mit Berühmtheiten. Schien es Ihnen nicht so, dass sich etliche dieser Leute besonders selbstzufrieden und selbstsicher gaben, dass sie sich mit schmeichelhaften Worten beschrieben und Komplimente wie einen ihnen zustehenden Tribut entgegennahmen?

Natürlich könnte man glauben, dass es der Erfolg war, der ihnen ihre Selbstsicherheit und Zufriedenheit gegeben hat, aber umgekehrt ist der Satz wahrscheinlich ebenso wahr: dieses Selbstvertrauen, diese Unbekümmertheit, sich in die erste Reihe zu drängen, also die narzisstischen Charakterzüge, sind vielleicht die Komponenten ihres Erfolgs. Man darf annehmen, dass bei gleichen Talenten ein narzisstischer Mensch sehr gute Chancen hat, einen bescheidenen aus dem Rennen zu schlagen, weil er glaubt, dass er fähig ist, seine hohen Ambitionen auch tatsächlich in die Tat umzusetzen. Die narzisstische Persönlichkeit wird sich besser zu »verkaufen« wissen, ist sie doch von ihrer Überlegenheit überzeugt. Sie wird auch weniger Skrupel im Konkurrenzkampf haben, da sie ja glaubt, Platz eins stünde ihr von Rechts wegen zu. Hat sie erst einmal das Sagen, wird sie weniger Angst vor dem Scheitern haben, denn sie schätzt sich selbst als befähigter als die anderen ein. Wo es darum geht, sich auf eine Wettbewerbsatmosphäre einzustellen, kann ein bisschen Narzissmus ein entscheidender Vorteil sein.

Vom stammesgeschichtlichen Standpunkt her gesehen, ist der Narzissmus, verbunden mit anderen Stärken, wahrscheinlich ein Hilfsmittel gewesen, um sich das größte Stück des von der Horde erlegten Wildes zu sichern oder um den Chef abzulösen.

Mehrere Führungskräfte aus Unternehmen haben uns erklärt,

schen Fragen, seine Überzeugungen noch einmal zu überdenken. (Im Beispiel des Patienten, der sich wegen seines Berichts ängstigt, würde diese Grundannahme vielleicht lauten: »Wenn du das, was die anderen von dir erwarten, nicht ganz perfekt tust, werden sie dir eine Abfuhr erteilen.«)

Was Sie lassen sollten

Lassen Sie sich von ihm nicht versklaven.

Ängstliche Personen haben die unerfreuliche Neigung, auch Sie in ihre unaufhörliche Risikoverhütungspolitik mit einzuschließen. Weil man die gute Absicht spürt, lässt man sich leicht darin verstricken. Étienne (64), Rentner, erklärt uns das genauer:

Das Rentenalter bedeutet für mich vor allem, nach Belieben reisen und jedes Jahr ein neues Land entdecken zu können. Zum Glück teilt meine Frau diese Vorlieben, und wir wollen uns noch viele Gegenden ansehen, solange die Gesundheit es gestattet. Ein mit uns befreundetes Ehepaar in unserem Alter ist auch gern im Ausland, und einmal haben wir eine gemeinsame Italienreise organisiert. Von Anfang an fühlte ich, dass Henri, im Übrigen ein charmanter Mann, als Reisegefährte nicht gerade einfach sein würde.

Er begann damit, sich über die bestmögliche Versicherung den Kopf zu zerbrechen, und ließ uns erst in Frieden, als wir diejenige abgeschlossen hatten, die er ausgesucht hatte. Am Abflugtag sollte er uns mit dem Auto abholen; ein Freund würde es dann vom Flughafen wieder heimbringen. Er kam bei uns eine halbe Stunde früher als geplant an, und wir waren noch nicht reisefertig. Wir mussten alles in fliegender Hast erledigen, während er Angst bekam, das Flugzeug zu verpassen, und seine Frau ihn zu beruhigen versuchte. Beim Check-in auf dem Flughafen waren wir die ersten.

Während der Reise wurde er bei jeder Unternehmung unruhig. Er hatte die Route zusammengestellt, sehr gut übrigens, indem er Hotels ausgewählt hatte, die in mehreren Reiseführern empfohlen wurden. Aber sobald wir in eine etwas unternehmungslustigere Stimmung gerieten und Lust hatten, noch etwas anderes zu sehen und einen nicht eingeplanten Abstecher zu machen, begann er sich zu beunruhigen; er fürchtete, dass diese kleine Straße im Nichts enden würde, dass wir in einer Wüstenei Panne hätten, dass uns das Essen in einer kleinen Herberge, die in keinem seiner Führer erwähnt war, krank machen würde und dass wir nicht rechtzeitig beim nächsten gebuchten Hotel wären. Seine Angst war so offensichtlich, dass wir uns zunächst nie trauten, »ungehorsam« zu sein. Nach und nach, mit der Unterstützung seiner Frau, haben wir dennoch begonnen, selbst die Initiative zu ergreifen. Weil alles ziemlich glatt gelaufen ist, hat er sich schließlich ein bisschen entspannt.

Überraschen Sie ihn nicht.

Ängstliche Persönlichkeiten reagieren auf Überraschungen sehr heftig, und das sogar, wenn es sich um gute Nachrichten handelt! Die Psychologen sprechen von einer übersteigerten »Erregungssummierung«. Das Alarmsystem wird von allem Unvorhergesehenen aktiviert und ruft eine starke Gefühlsregung hervor. Es ist also eine große Versuchung, wenn auch nicht sehr menschenfreundlich, mit den Nerven der Ängstlichen zu spielen. Plötzlich aus dem Nichts auftauchen, brüsk eine unerwartete Nachricht verkünden, einen tollen Streich einfädeln – alles Mittel, um ängstliche Leute hochschrecken zu lassen oder sie gar für einen Moment in Panik zu versetzen.

Widerstehen Sie solchen allzu simplen Verlockungen. Wenn es Ihnen Spaß macht, andere zu destabilisieren, widmen Sie sich lieber einem Paranoiker, da hätten Sie einen ebenbürtigen Spielpartner! Fragen Sie sich auch einmal, ob Ihr Vergnügen, wenn Sie ängstliche Leute vor Schreck auffahren lassen, nicht von einem kleinen Minderwertigkeitsgefühl zeugt, das Sie kompensieren möchten, indem Sie Leute unterdrücken, die leichter erregbar sind als Sie. Versuchen Sie, dieses Gefühl durch produktivere Tä-

tigkeiten zu behandeln, oder reden Sie mal mit einem Therapeuten darüber.
Doch auch unfreiwillig läuft man stets Gefahr, einen Ängstlichen unter Druck zu setzen, indem man ihn überrascht. Bemühen Sie sich, daran zu denken, besonders in Ihren geschäftlichen Kontakten. Hören wir dazu Lucie (43), die in einer Bankfiliale arbeitet.

Mein Chef ist ein recht sympathischer Mensch, aber ich glaube, er ist auch ein großer Angsthase. Er schafft es, das zu verbergen, indem er hart arbeitet und bei allen Gelegenheiten ruhig scheint. Aber ich sehe ja, wie er reagiert, wenn man ihn überrascht. Teilt ihm zum Beispiel jemand auf der Versammlung plötzlich eine Neuigkeit mit, ein Kunde, der in Schwierigkeiten steckt, eine Angestellte, die bald in Babyurlaub geht, merke ich, wie er auf seinem Stuhl hochfährt und wie sein Atem schneller geht. Er sagt kein Wort und braucht ein paar Sekunden, ehe er reagieren kann. Manche haben das bemerkt und spielen damit, um ihn aus der Fassung zu bringen. Weil ich aber finde, dass er ein ziemlich guter Chef ist, mache ich das Gegenteil: ich lasse ihm vor der Versammlung eine Liste mit allen Neuigkeiten, die ich bekanntgeben werde, zukommen. Da er die Idee gut fand, hat er es von den anderen ebenso verlangt, und seitdem sind die Sitzungen effizienter.

Teilen Sie ihm nicht unnötig mit, was Sie selbst beunruhigt.
Eine ängstliche Person hat schon an ihren eigenen Sorgen genug zu tragen. Wenn sie Ihnen nicht wirklich helfen kann, sollten Sie es vermeiden, ihr die eigenen Besorgnisse anzuvertrauen. Für sie ist nämlich nichts beängstigender, als zu hören, dass die Welt noch viel unsicherer und gefährlicher ist, als sie ohnehin schon glaubte. Vor allem in der Firma sollten Sie die eigenen Befürchtungen nicht auf den ängstlichen Chef oder Mitarbeiter ableiten. Sie würden ihn beunruhigen, und er würde Sie schnell als neue Quelle der Unruhe betrachten, was Ihre Beziehungen nicht unbedingt verbessern dürfte.

Meiden Sie betrübliche Gesprächsthemen.

Wir Menschen sind fragile Wesen: wandelnde biologische Wunder, aber schrecklich verletzbar. Wir und unsere Nächsten sind am Leben, solange nicht eine Arterie versagt, ein Auto uns überrollt oder eine Zelle von Krebs befallen wird. Zum Glück gelingt es uns, die meiste Zeit nicht daran zu denken. So sind wir unbekümmerte Seiltänzer über einem Abgrund, der auf uns lauert und uns alle einmal verschlingen wird. Die Ängstlichen haben mehr Mühe, den Blick von diesem Schlund, der sich unter unseren Füßen auftun kann, abzuwenden. Häufiger als wir denken sie an die uns bedrohenden Gefahren, und schon der Gedanke daran lässt sie leiden.

Vermeiden Sie es darum, ihnen mehr als nötig aufzubürden. Ihrem ängstlichen Mitmenschen sollten Sie nicht unbedingt erzählen, dass einer Ihrer Kollegen Aids im letzten Stadium hat, dass Ihr Nachbar, der sich wegen vermeintlicher Migräne untersuchen ließ, mit einem Gehirntumor ins Krankenhaus eingeliefert wurde oder dass Sie heute früh ganz nahe an einem furchtbaren Verkehrsunfall vorbeikamen. Auch die aufwühlende Fernsehreportage über den jüngsten Völkermord oder den schrecken erregenden Artikel über Serienmörder sollten Sie nicht nacherzählen.

Übrigens empfehlen manche Ärzte ihren ängstlichen Patienten, sich im Fernsehen nicht die Nachrichten anzuschauen. Es stimmt schon, dass die Katastrophenrevue des Tages oftmals den Eindruck verstärkt, das Schlimmste sei nicht nur möglich, sondern auch wahrscheinlich. Genau das ist aber die Grundannahme der ängstlichen Persönlichkeiten.

HABEN SIE SELBST ZÜGE

… einer ängstlichen Persönlichkeit?

	eher richtig	eher falsch
1. Sorgenvolle Gedanken hindern mich oft am Einschlafen.		
2. Ich habe große Angst davor, einen Zug zu verpassen.		
3. Man wirft mir oft vor, ich würde mir um alles zu viel Sorgen machen.		
4. Alle meine Zahlungsverpflichtungen (Rechnungen, Steuern etc.) erfülle ich so schnell wie möglich.		
5. Wenn jemand, auf den ich warte, sich verspätet, muss ich gleich an einen Unfall denken.		
6. Ich neige dazu, mich lieber zweimal über Abfahrtszeiten, Reservierungen und Verabredungen zu informieren.		
7. Hinterher merke ich oft, dass ich mir wegen einer Belanglosigkeit zu viele Gedanken gemacht habe.		
8. Manchmal spüre ich mitten am Tag, dass ich ein Beruhigungsmittel nehmen muss.		
9. Wenn ich überrascht werde, bekomme ich starkes Herzklopfen.		
10. Manchmal fühle ich mich angespannt, ohne zu wissen, warum.		

KAPITEL V

DIE PARANOIDEN PERSÖNLICHKEITEN

Adrien, 27 Jahre, Handelskaufmann in einer Informatikfirma, erzählt:

Als ich meinen Posten übernahm, hatte ich schon über Philippe, der mein Kollege werden sollte, reden hören. Ich wusste, dass er älter war als ich, aber schon seit Jahren keine Beförderung mehr bekommen hatte. Seit meiner Ankunft wollte ich zu ihm eine freundschaftliche Beziehung aufbauen, denn ich ziehe es vor, mich mit meinen Kollegen gut zu verstehen. Am ersten Morgen ging ich zu ihm, um mich vorzustellen. Er empfing mich eher kühl, ohne aufzustehen und ohne mir einen Platz anzubieten. Er ist ein Mann von ungefähr fünfzig Jahren, ziemlich untersetzt; er hält sich sehr aufrecht und wirkt wie ein Militär in Zivilkleidung. Ich hatte bemerkt, dass er seinen Computer auf »Bildschirmschoner« stellte, kaum dass ich mich dem Schreibtisch genähert hatte. Weil unsere Konversation nicht in Gang kam, fragte ich ihn nach seinen Erfahrungen im Umgang mit den Kunden. Er antwortete in ironischem Ton, dass ich doch wissen sollte, wie man mit Kunden umgeht, schließlich habe man mich ja für diese Stelle ausgewählt! Ich gab es auf und verließ sein Büro.

Am nächsten Tag fand ich in meinem Fach Post von ihm. Es war eine Kopie der offiziellen Empfehlungen des Unternehmens zum Verhalten gegenüber Kunden. Diese Blätter kannte ich natürlich längst. In unserem Gespräch hatte ich ihn ja nach seinen persönlichen Ansichten gefragt. Während der nächsten Wochen verbesserte sich unsere Beziehung ein wenig. Mir gelang es sogar, mich ein paar-

mal mit ihm zu unterhalten, aber sobald er begann, sich ein wenig zu entspannen und von sich selbst zu erzählen, bemerkte ich, wie er sich mit einem Ruck wieder zusammennahm und fortging, weil er noch eine dringende Arbeit zu beenden hätte.

Zwei Wochen nach meiner Ankunft rief mich einer seiner alten Kunden an und erklärte, er wolle in Zukunft lieber mit mir verhandeln. Mir war das unangenehm, ich wollte nicht, dass Philippe davon durch den Buschfunk erfuhr, und so legte ich ihm eine Notiz ins Fach. Den Tag darauf saß ich vor dem Computer, als Philippe wie eine Bombe in mein Büro platzte und mich beschuldigte, ihm die Kunden abspenstig zu machen. Ich versuchte, ihn zu beruhigen, und wiederholte noch einmal, dass es der Kunde selbst gewesen war, der mich angerufen hatte. Er wirkte besänftigt, aber ich hatte den Eindruck, dass ich mir mit meinen Erklärungen den Mund fusselig reden konnte und er mir dennoch nicht glaubte oder vielmehr, dass er sich zwar bemühte, mir Glauben zu schenken, aber dass es ihm nicht wirklich gelang, ganz als ob ein richtiger Kampf zwischen Argwohn und Vertrauen in ihm tobte. Ariane, die Assistentin, die unsere Szene miterlebt hatte, erzählte mir, dass er nicht das erste Mal jemanden ungerechtfertigt beschuldigte und dass er sich schon mit mehreren Personen aus anderen Abteilungen zerstritten habe. Am folgenden Morgen war er ruhiger; ich sprach mit ihm noch einmal über diese Angelegenheit, und ich sah, dass er mir endlich glaubte.

Ich beschloss, einen regelmäßigen Kontakt zu ihm aufrechtzuerhalten, denn wenn er mich täglich sehen würde, käme er nicht so leicht auf die Idee, ich würde Böses gegen ihn im Schilde führen. Wir haben unsere kleinen Gespräche fortgesetzt. An manchen Tagen ist er entspannt und scheint sich zu freuen, wenn er mich sieht. Dann erfahre ich ein bisschen mehr über ihn. Er lebt seit seiner Scheidung allein, ist aber durch zwei Prozesse sehr in Anspruch genommen: einen mit seiner Ex-Frau, die sich anscheinend des gemeinsamen Hauses bemächtigt hat, einen mit einer Versicherungsfirma, die ihm nach einem Autounfall, bei dem er auf dem rechten Auge einen großen Teil der Sehkraft einbüßte, zu wenig gezahlt hat.

Eines Tages zeigte er mir das Dossier über seine Versicherungsaffäre. Beim Durchblättern schien es mir wirklich, dass die Rechtsanwälte der gegnerischen Partei versuchten, eine unbestreitbare Schädigung herunterzuspielen. Aber am meisten beeindruckten mich die Briefe von Philippe: man hätte meinen mögen, dass sie aus der Feder eines Juristen stammten, so glänzend wurde in ihnen Punkt für Punkt argumentiert! Er sagte mir übrigens auch, dass er seine Verteidigung selbst in die Hand genommen und sich dazu in die rechtlichen Bestimmungen für Schadensersatz bei Körperverletzung vertieft habe.

Allem Anschein nach führt er kein furchtbar einsames Leben: er hat zwei alte Freunde, mit denen er an den Wochenenden angeln fährt. Aber an manchen Tagen kommt er angespannt und misstrauisch ins Büro und kriegt die Zähne nicht auseinander. Den Grund dafür verstehe ich nicht immer. Letzte Woche allerdings ausgenommen: ich erinnere mich, dass ich am Tag zuvor mit jungen Kollegen beim Kaffeeautomaten herumstand und dass alle laut loslachten, weil ich einen Witz gemacht hatte. Genau in diesem Moment war Philippe an uns vorbeigegangen, ohne uns weiter zu beachten. Am nächsten Tag verriet mir seine feindselige Haltung, dass er das Gelächter auf sich bezogen hatte. Ich wagte nicht einmal, ihn zu fragen, ob er deswegen wütend auf mich sei, denn er hätte sich nicht anmerken lassen, dass er unrecht hatte. Ich ließ ein paar Tage verstreichen, und er sprach wieder ein wenig mit mir. Weil er mit allen ziemlich schlecht auskommt, kann er wohl nicht widerstehen, wenn er bei mir auf ein bisschen Herzlichkeit trifft. Aber ich spüre, dass ich nie wirklich sein Vertrauen gewonnen habe und dass schon ein kleiner Schnitzer ausreicht, damit er glaubt, ich wolle ihm schaden.

Mit schwierigen Kunden klappt es, oder es klappt nicht. Man muss Philippe zugestehen, dass er eine ungewöhnliche Überzeugungskraft besitzt; ich habe schon erlebt, wie er einem Kunden Punkt für Punkt auseinandersetzte, dass die von ihm aufgegebene Bestellung seinen Bedürfnissen eigentlich gar nicht entsprach, und wie er alle Einwände mit unnachgiebiger Logik zurückwies. Eine solche Verkaufstechnik wird zwar nicht empfohlen, aber er schafft es tatsächlich,

mit manchen Kunden Verträge abzuschließen, die keiner seiner Kollegen so zustande gebracht hätte. Andere Kunden hingegen haben mit der Betriebsleitung telefoniert, um sich über sein Benehmen zu beschweren.
Inzwischen habe ich mich an Philippe gewöhnt. Er ist kein fieser Typ, selbst wenn es manchmal so aussieht. Sein Problem ist, dass er nie jemandem Vertrauen schenkt und dass er überall das Böse lauern sieht. Ich frage mich, wo und wie er zu solch einer Sicht gelangt ist.
Ich glaube, dass es mit uns in Ordnung kommt; er hat mich sogar zu einem Angelwochenende mit seinen Freunden eingeladen! Ich werde hingehen, weiß aber, dass ich sehr aufpassen muss, um nicht ins Fettnäpfchen zu treten!

WAS SOLL MAN VON PHILIPPE DENKEN?

Man kann festhalten, dass Philippe übertrieben misstrauisch ist: obgleich Adrien nichts Böses gegen ihn im Schilde führt, zeigt ihm Philippe schnell, dass er nicht das geringste Zutrauen zu ihm hat. Er gibt nichts Persönliches preis, verbirgt die Arbeit, an der er sitzt, verweigert Auskünfte. Man könnte sagen, dass er Adrien als potenziellen Feind ansieht und ihm angesichts eines möglichen Angriffs keine verletzliche Flanke bieten möchte.

Er ist aber nicht nur misstrauisch, sondern er interpretiert auch ein Ereignis, das sicher unerfreulich für ihn ist (einer seiner Kunden ruft Adrien an), als Ergebnis einer böswilligen Aktion, während das in Wirklichkeit nicht der Fall ist. Schlimmer noch, er deutet ganz neutrale Ereignisse (Adrien lacht mit seinen Kollegen) so, als richteten sie sich direkt gegen ihn.

Als Adrien versucht, mit Philippe vernünftig zu reden, entdeckt er einen anderen Charakterzug seines Kollegen: den Starrsinn. Was man auch immer vorbringen mag, er bleibt bei seinen felsenfesten Überzeugungen. Diese Starrheit, diese Gewissheit, im Recht zu sein, gibt ihm allerdings auch die Kraft, manche seiner Kunden zu überzeugen, und hilft ihm, im Rechtsstreit mit der Versicherung nicht aufzugeben. Wenn es darum geht, seine Rechte einzufordern, ist Philippe unerschütterlich.

Man bemerkt, dass Philippes Misstrauen sich nicht auf Adrien beschränkt, sondern dass er allen Menschen seiner Umgebung misstraut, sowohl auf der Arbeit als auch im Privaten. Sie vermuten daher ganz richtig, dass der gute alte Philippe von einer Persönlichkeitsstörung betroffen ist, denn er zeigt dieselbe unangebrachte Haltung in verschiedenen Situationen und unterschiedlichen Bereichen seines Lebens. Es sieht tatsächlich so aus, als wäre Philippe eine paranoide Persönlichkeit.

DIE PARANOIDE PERSÖNLICHKEIT

1. *Misstrauen*
   - Verdächtigt die anderen, böse Absichten zu hegen.
   - Ist stets auf der Hut und misstrauisch; beobachtet äußerst wachsam, was in seiner Umgebung geschieht.
   - Zweifelt die Loyalität der anderen an, selbst die seiner Nächsten. Häufig eifersüchtig.
   - Sucht eifrig und bis ins kleinste Detail nach Beweisen für seinen Verdacht, ohne dabei die Situation als Ganze zu berücksichtigen.
   - Ist zu maßlosen Gegenschlägen bereit, wenn er sich beleidigt glaubt.
   - Achtet sehr auf seine Rechte und Fragen des Vorrangs; fühlt sich schnell beleidigt.

2. *Unnachgiebigkeit*
   - Zeigt sich rational, kalt, logisch; hat taube Ohren für die Argumente der anderen.
   - Vermag es kaum, Zärtlichkeit oder positive Emotionen auszudrücken. Hat wenig Humor.

WIE PHILIPPE DIE WELT SIEHT

Der Umgang mit Philippe ist gewiss nicht einfach, aber versuchen Sie einmal, seinen Standpunkt zu verstehen. Er glaubt, die Welt stecke voller Gefahren, und er selbst sei verletzlich. Also muss er sich schützen.

Sein Grundaxiom könnte lauten: »Die Welt ist voller Schurken und Betrüger, die mich dazu zwingen, ständig auf der Hut zu sein.« Philippe ähnelt einem Auto mit schlecht eingestellter Alarmanlage, die schon von der leisesten Berührung ausgelöst wird.

Weil man angesichts einer unbekannten oder unsichtbaren Gefahr viel größere Furcht empfindet als bei einer genau identifizierbaren Bedrohung, gegen die man ankämpfen kann, ist Philippe richtiggehend erleichtert, wenn er endlich einen Feind entdeckt hat. Das bestätigt seine Theorie über die Welt. In gewisser Weise könnte man sagen, dass er Feinde finden muss, um sich beruhigt und in seinem Misstrauen gerechtfertigt zu fühlen. Daher rührt auch die Neigung, eifrig nach Feinden auszuspähen und seinen Verdachtsmomenten nachzugehen. Ebenso wird er, wenn ihn die Eifersucht plagt, erst wirklich erleichtert sein, wenn er einen Beweis (oder was er als solchen betrachtet) für die Untreue seiner Gattin in den Händen hält.

Das Tragische an dieser Situation ist, dass Philippe am Ende recht haben wird: durch sein feindseliges und misstrauisches Verhalten gegenüber den Mitmenschen wird er wirklich ihre Feindschaft hervorrufen. Wenn sie von seinem Verhalten genug haben, werden sie vielleicht versuchen, ihm zu schaden, und dann kann er triumphierend ausrufen: »Wie recht ich doch hatte mit meinem Misstrauen!«

Manche Paranoiker ähneln jenen Diktatoren, die sich so sehr davor fürchten, gestürzt zu werden, dass sie ihr ganzes Volk unter polizeiliche Aufsicht stellen, dass sie jeden, den sie politischer Gegnerschaft verdächtigen, internieren lassen, dass sie aus Angst vor einer Verschwörung die Leute aus ihrer näheren Umgebung in regelmäßigen Abständen vor Erschießungskommandos bringen und so am Ende bei allen den Wunsch erzeugen, tatsächlich einen Putsch anzuzetteln. Wenn dieser Typ von Diktator ein wirkliches Komplott aufdeckt, wird ihn das in der Überzeugung bestärken, zu Recht eine Schreckensherrschaft auszuüben, und er wird seine Grausamkeit verdoppeln.

Das Beispiel des Diktators ist nicht zufällig gewählt worden: oft handelt es sich hier wirklich um paranoide Persönlichkeiten, die zudem starke narzisstische Züge aufweisen. Ihr übersteigertes Misstrauen gereicht ihnen zum Vorteil, wenn es unter den gefahrvollen Umständen, die ihnen zur Macht verhalfen (Krieg, Staatsstreich, Revolution), ums Überleben geht. Im Übrigen können sie in den Augen einer desorientierten und verängstigten Bevölkerung durch ihre Strenge und ihre Energie zu vertrauenswürdigen Führern werden. Sie schlagen simple und begeisternde Lösungen vor, deren gemeinsamer Nenner ist, dass Glück und Friede wieder einkehren würden, wenn man nur die Verantwortlichen für das gegenwärtige Unglück ausfindig machte und sie daran hinderte, weiter Schaden anzurichten. Je nach Epoche und politischer Ausrichtung wechseln die »Feinde«, aber der Paranoiker bewahrt unerschütterlich seine Gewissheit, dass mit ihrer Ausrottung eine glücklichere und gerechtere Gesellschaft geboren würde.

Der Leser wird bemerken, dass wir unserem Diktator kein politisches Etikett aufgeklebt haben. Nicht dass wir Angst hätten, den Zorn eines noch in Amt und Würden stehenden Paranoikers, der sich in unserem Buch wiederfinden könnte, auf unser Haupt zu lenken. Vielmehr kann die Paranoia sowohl im Lager der Rechten als auch bei den Linken ihr Betätigungsfeld finden, und zu allen Zeiten gab es hier wie dort jede Menge berühmte Beispiele.

Erinnern Sie sich an den letzten Paranoiker, der Ihnen über den Weg gelaufen ist. Gewiss war er kein Diktator. Dennoch würden Sie riskieren, ihm in einer Zeit der Wirrnisse als Richter am Volkstribunal wiederzubegegnen, wo er die Feinde des Volkes liquidieren soll, oder als Anführer der Bürgerwehr Ihres Stadtviertels, der die Vaterlandsverräter exekutieren will – und zwar Leute wie Sie, verehrter

Leser, die nicht misstrauisch genug waren, um rechtzeitig das Exil zu wählen ...

Es ist aber auch möglich, dass sich der Paranoiker gegen seinen Unterdrücker auflehnt. Sein Starrsinn verwandelt sich dann in Rebellionsgeist, und er wird einer der Führer des Widerstands im Untergrund. Durch sein Misstrauen entgeht er allen Fallen der politischen Polizei, und sein Hass auf den Feind macht ihn zu einem furchteinflößenden Heroen ...

Paranoiker können zu Helden oder zu Verbrechern werden, je nachdem, welchen Feind sie sich suchen. Das beweist, dass auch sie vor den moralischen Wahlsituationen der menschlichen Existenz stehen. Gleich welchem politischen Lager sie angehören, oft sind es Paranoiker, die Geschichte machen.

EIN BEISPIEL AUS DER GESCHICHTE: STALIN

Der stalinistische polnische Politiker Jakub Berman[2] schildert eines jener nicht enden wollenden Abendessen mit Stalin, bei denen die Geladenen, verängstigte Funktionäre, nie wussten, ob sie nicht am nächsten Morgen verhaftet würden. Frauen waren von diesen Runden ausgeschlossen, abgesehen von den Serviererinnen, welche die Gerichte auftrugen. Eines Tages schien es Stalin, als würde sich eine von ihnen etwas länger als nötig neben dem Tisch aufhalten. Sofort tobte er los: »Was hat die zu horchen da hinten?« Ein schönes Beispiel für paranoide Deutungen, vor allem, weil »diese Mädchen alle tausendmal überprüft worden waren«, wie uns Berman berichtet.

Zum Unglück für die Russen war dies nicht die einzige Erscheinungsform von Stalins Paranoia. Sein ganzes Leben lang war er

2 Zitiert in: R. Conquest: *Stalin – der totale Wille zur Macht.* München, Leipzig (List) 1991, S. 359.

damit beschäftigt, Komplotte oder Schatten von Komplotten gegen seine Person auszukundschaften, und er reagierte mit bemerkenswerter Brutalität. Als Lenin starb, zählte das Politbüro, dem Stalin angehörte, ein Dutzend Mitglieder, alles Revolutionäre der ersten Stunde und manche von ihnen, so etwa Trotzki und Bucharin, berühmter und brillanter als Stalin. Zehn Jahre später hatte Stalin nacheinander fast alle seiner Waffengefährten aburteilen und hinrichten lassen, mit Ausnahme von Trotzki, der sich nach Lateinamerika geflüchtet hatte, aber nicht lange darauf dennoch einem befohlenen Mord zum Opfer fiel.

Auch die Bevölkerung blieb von Jossif Wissarionowitschs Paranoia nicht verschont. Im Jahre 1932 hatte die Ukraine nicht die im Wirtschaftsplan vorgesehenen Getreidemengen geliefert. Statt die Tatsachen zu akzeptieren (die Landwirtschaft war durch die Kollektivierung desorganisiert worden, und die Hektarerträge waren gesunken), redete Stalin sich ein, dass die ukrainischen Bauern ein Komplott angezettelt hätten und den Weizen für den eigenen Verbrauch versteckt hielten. Das ist das Mantra des Paranoikers: »Hinter einem Problem verbirgt sich ein Halunke oder ein Komplott.« Also wurde die Rote Armee in die Ukraine entsandt, um auch das letzte Weizenkorn zu beschlagnahmen, wodurch eine Hungersnot hervorgerufen wurde, die zu den schlimmsten des Jahrhunderts zählt, aber dennoch nie in den offiziellen Geschichtsbüchern erwähnt worden ist. Ganze Dörfer gingen unter. Die Menschen aßen Erde. Nach Schätzungen der Historiker starben in zwei Jahren zwischen fünf und sieben Millionen ukrainischer Männer, Frauen und Kinder an Hunger, und das in Friedenszeiten.

Mitte der 1930er Jahre begann Stalin, sich von seiner Armee bedroht zu fühlen, besonders von gewissen Marschällen und Generälen, die angeblich einen Staatsstreich ausheckten. Als Marschall Tuchatschewski, ein von seinen Soldaten verehrter hervorragender Heerführer, es für notwendig hielt, die Armee in schnell bewegliche Panzerdivisionen zu gliedern, erblickte Stalin darin eine Bestätigung für seinen seit Langem gehegten Argwohn: dieser Marschall wollte einen Staatsstreich vorbereiten![3] Und so begann die blutigste Säuberung einer Armee zu Friedenszeiten. 35 000 Offiziere kamen dabei ums Leben. Diese Liquidierung der Führungsspitze sollte der Roten Armee 1941 in den ersten Wochen der deutschen Offensive vernichtende Niederlagen einbringen. Weil die Reihen der Militärärzte ebenfalls »gesäubert« worden waren, erreichte die Sterberate unter den Verletzten traurige Rekorde.

In all diesen Fällen zeigte Stalin ein für Paranoiker typisches Verhalten: er ging erbittert gegen *angebliche* Feinde vor, die er für bedrohlich hielt, obwohl aller Augenschein dagegensprach.

Zu den bekannten paranoiden Persönlichkeiten wird man auch Hitler zählen. Dieser teilte mit Stalin die felsenfeste Gewissheit, immer recht zu haben. Wie die anderen großen Paranoiker der Weltgeschichte waren Stalin und Hitler überzeugt, dass die Welt nur besser werden könne, wenn man vorher eine bestimmte Gruppe von Individuen vernichtet.

Für Hitler waren es die Juden, die Zigeuner, die Geisteskranken und die »Entarteten«, die verschwinden sollten, während Stalin die Kulaken, die Sozialverräter und andere Klassenfeinde millionenfach liquidieren ließ. Der kommunistische Diktator verübte seine Verbrechen im Namen des künftigen Menschheitsglücks, während Hitler offen die Versklavung der »minderwertigen Rassen« forderte. Im Übrigen ging Stalin niemals so weit, dass er die Kinder seiner Opfer bewusst mit auslöschen ließ. Allerdings starben viele Kinder, die ihren deportierten Eltern entrissen wurden, an Unterernährung und Krankheiten.

Dennoch sollten die unterschiedlichen Zielsetzungen beider Regimes nicht über ihre Ähnlichkeiten hinwegtäuschen, besonders nicht über die zur Regierungsform erhobene Paranoia. Die Philosophin Hannah Arendt, die man schwerlich der Nachsicht mit dem

3 S. de Lastours: *Toukhatchevski, le bâtisseur de l'Armee rouge*. Paris (Albin Michel) 1996.

Nazismus bezichtigen kann, hat die gemeinsamen Züge beider Systeme klar herausgestellt.

Das Regime der Roten Khmer, das in Kambodscha von 1975 bis 1979 herrschte, stellt ein Beispiel für ein auf Paranoia beruhendes Regierungssystem dar: nachdem die »Volksfeinde« (wohlhabende Städter, Hausbesitzer) und ihre Familien umgebracht worden waren, was noch im Rahmen einer vom Leninismus oder Maoismus inspirierten Revolution blieb, wendete sich die Angka (»revolutionäre Organisation«) anschließend gegen sich selbst und suchte in ihrem Inneren nach Feinden. Tausende arme Bauern wurden unter der Folter gezwungen, Verbrechen zuzugeben, wie zum Beispiel, für die CIA spioniert zu haben. In seinem Wahn griff das Regime schließlich das benachbarte Vietnam an, mit dessen militärischer Hilfe es zuvor an die Macht gelangt war! Damit leitete es seinen Untergang ein. Das Überwachungsideal des Paranoikers wird aus diesem Slogan des Regimes deutlich: »Die Angka hat die Augen der Ananas, sie sieht alles, sie weiß alles.« Und das Ideal von Kontrolle und Bestrafung offenbart sich in folgendem Leitspruch: »Wer protestiert, ist ein Feind, wer sich widersetzt, ist eine Leiche.« Mit den Ursachen für die Grausamkeit des Regimes haben sich viele Studien befasst. Zum Ressentiment der unterdrückten Klassen trat eine Indoktrination, die den »Hass auf den Feind« und die Notwendigkeit »finaler Vergeltung« verherrlichte, also typische Ziele bestimmter großer Paranoiker.

Eine andere tropische Variante von Paranoia musste das haitianische Volk durch seinen »Präsidenten auf Lebenszeit« François Duvalier erdulden. In den vierzehn Jahren seiner Herrschaft brachte Papa Doc alle wirklichen und auch die nur vorgeblichen Gegner um oder zwang sie ins Exil. Gleichzeitig entwickelte er mit der Paranoikern eigenen unerschütterlichen Überzeugung grandiose Theorien über seine weltgeschichtliche Rolle (er verglich sich mit Napoleon und Lenin) ... Doch die Liste von Paranoikern, die noch an der Macht sind, ist viel zu lang, als dass sie in ein Kapitel dieses Buches passen könnte.

GEMÄSSIGTE SPIELARTEN VON PARANOIA

Mit den Diktatoren haben wir aggressive und größenwahnsinnige Paranoiker beschrieben, die in alten Lehrbüchern der Psychiatrie unter der Bezeichnung »Kampfparanoiker« aufgeführt wurden. Damit werden wir jedoch der übergroßen Mehrheit kaum gerecht, also jenen Personen, die zwar mit paranoiden Zügen behaftet, aber ansonsten durchaus erträglich im Umgang sind. Wie bei den übrigen Persönlichkeitsstörungen gibt es auch hier unzählige Zwischenstufen, bei denen die paranoiden Merkmale weniger ausgeprägt sind oder nur in bestimmten Stresssituationen zutage treten. Lesen wir den Bericht von Marc (34), Automechaniker, der wegen seiner Depressionen Rat suchte:

Ich glaube, ich bin seit jeher misstrauisch gewesen. Bereits in der Schule, in den unteren Klassen, wartete ich immer darauf, dass mich meine Mitschüler verrieten, dass sie mich auslachten. Ich erinnere mich, dass ich nur mit Mühe zwischen einem Scherz und einer wirklichen Verhöhnung unterscheiden konnte. Noch heute fällt es mir schwer, Humor zu verstehen, und meine erste Regung ist oft Zorn, selbst wenn ich mich dann zügeln kann.

In der Armee habe ich mich wohl gefühlt, weil die Witzeleien, auch die aggressiven, dort eine Art Ritual sind, und in diesem Spiel fühlte ich mich den anderen sogar überlegen. Manchmal sage ich mir, ich hätte meine Wehrdienstzeit verlängern sollen. Es war ein Milieu, in dem ich besser zurechtkam als im zivilen Leben, wo ich mich nicht sicher fühle.

Auf der Arbeit gehe ich keine Bindungen ein. Ich weiß, die anderen halten mich für verschlossen, aber ich verspüre kein Vertrauen zu ihnen. Mein Chef schätzt mich trotzdem, denn als Techniker bin ich kompetent.

Die einzige Person, der ich mich offenbare, ist meine Schwester; ich habe den Eindruck, ihr vertrauen zu dürfen. Wenn ich ihr meine Geschichten erzähle, sagt sie mir, dass ich dazu neige, alles »krumm-

zunehmen«. Ich weiß, dass es stimmt, merke es aber immer erst hinterher.

Mein Liebesleben ist seit jeher die Hölle. Sobald ich glaube, einer Frau zu gefallen, sage ich mir, dass sie eigennützig ist und von meinem Geld profitieren will. So beginne ich zusammenzurechnen, was ich für sie ausgebe, wenn wir abends weggehen und sie einmal nicht vorgeschlagen hat, die Rechnung zu teilen. Dann bin ich auch eifersüchtig; es genügt schon, dass sie einen Mann anschaut, damit ich vermute, dass sie sich kennen, dass sie früher was miteinander hatten oder dass sie vielleicht noch immer seine Geliebte ist. Natürlich endet es stets damit, dass meine Freundinnen mich verlassen. Das bestärkt mich in meiner Vorstellung, dass sie mich sowieso nicht wirklich geliebt hatten.

Ich habe nur zwei Freunde, die ich aus der Armeezeit kenne und mit denen ich noch Kontakt habe. Samstagfrüh machen wir gemeinsam Fahrradausflüge. Sie sind beide verheiratet und laden mich von Zeit zu Zeit zum Mittagessen ein. Mit ihnen bin ich entspannter.

Ich weiß nicht, woher diese Schwierigkeit, jemandem zu vertrauen, kommt. Mein Vater ist gestorben, als ich drei Jahre alt war, und meine Mutter hat einen anderen Mann geheiratet, der mich nicht mochte. Sie ergriff oft Partei für ihn und gegen mich. Mein Psychotherapeut sagt, dass ich vielleicht damals mein Vertrauen in andere Menschen eingebüßt habe und dass es seitdem so geblieben ist. Aber ich weiß auch, dass mein richtiger Vater im Ruf stand, misstrauisch und einzelgängerisch zu sein.

Marc hat das Glück, in gewissem Maße seine Störung zu erkennen. Mit einer Psychotherapie wird er wahrscheinlich weitere Fortschritte machen.

Zwar ist er misstrauisch und empfindlich, aber in viel geringerem Maße starrsinnig. Er zweifelt an den anderen, aber auch an sich selbst. Argwohn, Empfindlichkeit und gedrückte Stimmung: er vereint in sich die Merkmale einer sensitiven Persönlichkeit[4], einer diskreteren Spielart von Paranoia. Die Psychiater vermuten seit Langem, dass bei sensitiven Persönlichkeiten ein Gefühl persönlicher Schwäche den Grundstock dafür bildet, dass sie sich von anderen bedroht fühlen. Misstrauisch und empfindlich wie die Paranoiker, haben die Sensitiven jedoch ein negatives Bild von sich selbst. Sie sind traurig und fühlen sich den anderen gegenüber kraftlos.

Die sensitive Paranoia wurde zu Beginn unseres Jahrhunderts unter dem Namen »Wahn der englischen Gouvernanten« beschrieben, denn diese Gouvernanten, oft »alte Jungfern«, im Land ihrer Dienstherren sozial isoliert und nicht immer gut behandelt, entwickelten manchmal Verfolgungswahnideen auf depressiver Grundlage. Sensitiven Persönlichkeiten begegnet man viel häufiger als aggressiven Paranoikern. Auch Sie kennen sicher welche – so wie Khaled, leitender Angestellter bei einer Versicherung, der mit Rose, seiner sensitiven Assistentin, zurechtkommen muss.

Einerseits ist Rose eine hervorragende Assistentin. Sie ist pünktlich, arbeitet regelmäßig, will alles ordentlich erledigen. Aber der Umgang mit ihr ist wirklich schwierig. Mache ich mal eine Bemerkung über einen Tippfehler oder ein noch ausstehendes Dossier, friert ihr Gesicht sofort ein, und sie »schmollt« anschließend für einen Teil des Tages. Einmal wollte ich ihr erklären, dass es ganz normal sei, wenn ich sie auf ihre (übrigens raren) Fehler aufmerksam mache, und dass sie es mir nicht übelzunehmen brauche. Sie brach in Schluchzen aus und warf mir vor, ich krittelte immer nur an ihr herum und triebe sie außerdem dazu, Fehler zu machen, weil ich sie mit Arbeit zuschütten würde. Ich war verblüfft, dass sie ein solches Drama daraus machte. Hinterher haben sich die Dinge etwas beruhigt, und ich versuchte, diesen Zwischenfall von der heiteren Seite zu nehmen. Sofort ging bei ihr erneut die Jalousie herunter.

4 E. Kretschmer: *Der sensitive Beziehungswahn. Ein Beitrag zur Paranoiafrage und zur psychiatrischen Charakterlehre.* Berlin, Heidelberg, New York (Springer), 4. Aufl. 1966.

Mit ihren Kollegen klappt es kaum besser: sie erzählen mir, dass Rose harmlose Späße übelnehme und nicht mehr mit ihnen Mittag essen gehe. Wenn sie eine Akte oder den Klammerapparat nicht findet, beschuldigt sie sie gleich, sich bedient und die Dinge verlegt zu haben. Zeigt man ihr, dass sie sich irrt, ist sie tief gekränkt und mehrere Tage eingeschnappt.

Außerdem wirkt sie immerzu traurig und zugeknöpft, und manchmal habe ich bemerkt, wie sie ihre Tränen unterdrückte. Davon abgesehen, arbeitet sie wirklich gut, aber werde ich sie unter diesen Umständen behalten können?

Heute weiß man, dass sich das Leben der sensitiven Persönlichkeiten durch eine Behandlung mit einem Antidepressivum oder einem niedrig dosierten Neuroleptikum, oft begleitet von einer Psychotherapie, sehr bessern kann. Auch Rose ist diesen Weg gegangen. Zwar ist aus ihr keine fröhliche und offenherzige Person geworden, aber sie hat sich allmählich weniger auf dem Sprung gefühlt und Kritiken leichter akzeptiert.

Man sieht also, dass paranoide Persönlichkeiten, oft aus Anlass eines Fehlschlags, bei einem Arzt Hilfe suchen können und sie auf verschiedene Weise auch finden.

SIND WIR NICHT ALLE PARANOIKER?

Als ich an der Universität meine erste Vorlesung halten sollte, hatte ich schreckliches Lampenfieber. Ich stand in einem Hörsaal mit vierhundert Plätzen; vor so vielen Leuten hatte ich noch nie gesprochen. Die ersten Minuten waren qualvoll, die Kehle war wie zugeschnürt, meine Hände zitterten, aber ich hatte mich so gut vorbereitet, dass sich meine Sätze wie von selbst miteinander verknüpften und die Studenten aufmerksam zuhörten. Ich begann, mich etwas sicherer zu fühlen. Aber dann bemerkte ich zwei Studenten, die in der dritten Reihe miteinander flüsterten. Einer von ihnen fing an zu kichern. Sofort kam mir der

Gedanke: »Sie reißen Witze über mich! Sie merken, wie aufgeregt ich bin!«

Alban, der als Assistent an der Universität arbeitet, schildert hier eine Erfahrung, die allen bekannt ist, die vor einem Publikum stehen: Lehrer, Conférenciers, ganz allgemein alle, die vor einer Gruppe das Wort ergreifen müssen. Wenn unter den Zuhörern jemand lacht, denkt man zuerst, dass diese Heiterkeit auf einen selbst abzielt. Man muss schon einige Routine haben, um gelassen andere Hypothesen ins Auge fassen zu können, etwa: »Sie erzählen sich tolle Witze«, »Sie sprechen über den vorhergehenden Redner« oder »Sie machen sich über einen Dritten lustig«. Soll das bedeuten, dass jeder Redner paranoid ist? Nein, es soll lediglich heißen, dass wir in einer Stresssituation mit erhöhten Anforderungen dazu neigen, unsere Umgebung als bedrohlich wahrzunehmen und Feindseligkeiten herauszudeuten.

Auch das Ungewohnte und Unbekannte können uns für die bedrohlichsten Hypothesen empfänglich machen. Eine Reise in ein exotisches Land, dessen Sprache wir nicht verstehen, kann dazu beitragen, dass wir besonders misstrauisch werden. Aber ist es letztendlich nicht besser, ein wenig zu misstrauisch zu sein als ein wenig zu naiv?

KANN PARANOIA VON VORTEIL SEIN?

Die Entwicklungspsychologen glauben, dass bestimmte Persönlichkeitstypen nicht ohne Grund über viele Generationen bis in die Gegenwart überdauert haben: Sie sind durch die natürliche Selektion im Laufe der menschlichen Evolution erhalten worden, begünstigten sie doch das Überleben und die Fortpflanzung des Individuums, aber auch der Gruppe. Diese Hypothese wird, soweit sie die Paranoia betrifft, niemanden schockieren: Misstrauen verhindert, dass man von seinen Feinden überrascht wird, dass man in Fallen oder Hinterhalte gerät, und erhöht so die Überlebenschancen. Was die Unbeugsamkeit angeht, so verhalf sie manchmal zum Chefposten, besonders in einer Umgebung, die sich für die Dauer eines Menschenlebens nur geringfügig änderte, wie das bei unseren Ahnen über Tausende von Jahren hinweg der Fall war. Zu viel Flexibilität birgt nämlich die Gefahr, dass man von autoritäreren Mitmenschen dominiert wird (und in den sogenannten primitiven Gesellschaften weniger Frauen und damit weniger Nachkommen hat). Andererseits kann zu großes Misstrauen dazu führen, dass man keine Verbündeten findet und nicht mit anderen zusammenzuwirken vermag. Und zu viel Starrsinn ist hinderlich, wenn man sich wie wir in den modernen Gesellschaften an eine sich wandelnde Umwelt anpassen muss.

Eine Spur Paranoia kann demnach dort nützlich sein,

- wo man unbeugsam die Gesetze anwenden muss (Polizist, Richter, Rechtsabteilung),
- wo man seine Rechte in einem Konflikt zu wahren wissen muss, sei es der Autowerkstatt oder der Verwaltung gegenüber,
- wo man es mit potenziell durchtriebenen und gefährlichen Gegnern zu tun hat (Polizei, Zoll, Antiterroreinheiten, Geschäftsreisen in politisch instabile Staaten).

Wir wollen damit nicht zu verstehen geben, dass alle Leute, die in diesen Bereichen arbeiten, paranoid wären, sondern nur, dass gewisse wohlkontrollierte Züge von Paranoia hilfreich sein können, wenn Sie solcherlei Tätigkeiten ausüben.

Lesen wir zum Beispiel, was Yvon (42) uns von Herrn A. berichtet, dem Vorsitzenden der Vereinigung der Wohnungseigentümer in seinem Wohnblock.

Vor drei Jahren habe ich mir erstmals eine Wohnung gekauft, und seitdem gehe ich auch zu den Versammlungen der Wohnungseigentümer. Unser immer wiedergewählter Vorsitzender, Herr A., ist ein

Firmenchef im Ruhestand. Er ist ein ziemlich dominanter Mann voller Energie. Man fühlt sich eher unbehaglich, wenn man ihm das erste Mal begegnet. Aber wir können uns nur beglückwünschen, ihn als Interessenvertreter zu haben. Er war es nämlich, der entdeckte, dass es unter dem ersten Verwalter Unstimmigkeiten in der Buchführung gab, deren Folgen wir alle bezahlen mussten, und er legte die Beweise mit einer solchen Entschiedenheit und unter Beachtung aller Spielregeln auf den Tisch, dass der Verwalter seinen Hut nehmen musste. Dem neuen wird nichts übrig bleiben, als sich vorzusehen.
Später hat er einen Sachverständigen herangezogen, um nachzuweisen, dass ein mit der Renovierung des Hauses betrautes Unternehmen gepfuscht und nicht ausgeführte Arbeiten abgerechnet hatte. Neuerliche Klage, und der Unternehmer war von der Selbstsicherheit unseres Vorsitzenden derart beeindruckt, dass er es vorzog, sich mit uns finanziell zu arrangieren und die Reparaturen schnell nachzuholen, statt vors Gericht zu gehen.
Eine letzte Episode: Ein Baulöwe will in einem Garten uns gegenüber ein achtstöckiges Wohnhaus errichten lassen. Das würde für viele von uns eine schlechtere Aussicht und weniger Licht bedeuten. Herr A. hat sogleich ein Verfahren angestrengt, und es sieht so aus, als müsste die Baugenehmigung zurückgenommen werden! Ich bin befreundet mit dem Rechtsanwalt, der mit der Angelegenheit beauftragt ist, und er erzählte mir, dass er alle Gesetzestexte noch einmal mit besonderer Aufmerksamkeit studieren müsse, weil sich unser Vorsitzender mit einem solchen Eifer ins Immobilienrecht vertieft habe, dass er manche Details schon besser kenne als ein Jurist!
Uns gegenüber ist Herr A. übrigens sehr liebenswürdig. Er ist glücklich über seine Rolle als Verteidiger, die wir ihm auch keineswegs streitig machen wollen. Natürlich hat niemand Lust, sich mit ihm anzulegen …

Dies ist ein treffendes Beispiel für die soziale Nützlichkeit leicht paranoider Typen, wenn es darum geht, eine Sache zu vertreten oder die eigenen Rechte zu verfechten.

WENN PARANOIA ZUR KRANKHEIT WIRD

Zwischen Persönlichkeiten, die etwas empfindlich und starrsinnig sind, aber kaum als Paranoiker bezeichnet werden können, den paranoiden Persönlichkeiten, die wir gerade beschrieben haben, und wahrhaft von Verfolgungswahn ergriffenen Kranken, die hinter allen möglichen Kleinigkeiten eine Verschwörung vermuten, gibt es jede Menge Zwischenstufen.

Adèle, unverheiratet, 53 Jahre, hat sich in den Kopf gesetzt, dass ihr Hauseigentümer, eine große Versicherungsgesellschaft, sie aus der Wohnung graulen wolle, um von ihrem Nachfolger eine höhere Miete fordern zu können. Nach und nach wird ihr alles, was sie im Haus beobachtet, zum Beweis für diese Theorie.

Leute in blauer Arbeitsmontur, die sich beim Aufzug zu schaffen machen? Sicher sind sie da, um Adèles Kommen und Gehen zu überwachen. Graffiti auf ihrem Treppenabsatz? Natürlich Drohungen, um sie zu verängstigen. Ein Angestellter, der in ihrer Abwesenheit zusammen mit der Concierge die Wohnung betrat, um den Zählerstand abzulesen? Gewiss haben sie Wanzen eingebaut. Adèle untersagt der Concierge, künftig die Wohnung zu betreten, und nimmt das zweite Paar Schlüssel wieder an sich. Aber sie gelangt mehr und mehr zur Überzeugung, dass Unbekannte in die Wohnung kommen, wenn sie nicht da ist, denn bei ihrer Rückkehr fällt ihr jedes Mal auf, dass gewisse Gegenstände nicht mehr an ihrem Platz sind.

Diese Gewissheit, ausgespäht und verfolgt zu werden, versetzt sie in einen derartigen Angstzustand, dass sie nicht mehr schlafen kann. Sie lauscht auf alle Geräusche im Haus und findet sogar das Gurgeln der Kanalisation verdächtig. Schließlich geht sie zum Psychiater, um sich Schlafmittel verschreiben zu lassen. Er diagnostiziert Verfolgungswahn und verordnet eine Behandlung, die ihr Leiden binnen weniger Wochen verschwinden lässt. Die Heilung ist erreicht, als Adèle imstande ist, auf Anraten des Psychiaters einen Termin mit der Versicherungsgesellschaft zu vereinbaren, um über ein Detail der Nebenkosten zu sprechen. Dabei stellt sie fest, dass ihr dort niemand feindlich gesonnen war.

In diesem Beispiel hat Adèle die Stadien übertriebenen Misstrauens und irriger Deutung bereits überschritten, und sie malt sich ein unwahrscheinliches Komplott aus. Das ist Verfolgungswahn. Überraschenderweise verschwindet dieser spektakuläre Wahn bei entsprechender Behandlung oft leichter als paranoide Persönlichkeitszüge.

UND DIE MEDIKAMENTE, HERR DOKTOR?

Selten kommt es vor, dass sich paranoide Persönlichkeiten in Behandlung begeben, betrachten sie sich doch keinesfalls als Kranke. Wenn sie mit ihren Mitmenschen in Konflikt geraten und sich zurückgestoßen fühlen, kann es jedoch geschehen, dass sie deprimiert sind oder jemanden ins Vertrauen ziehen möchten. Oft kommen sie in solch einem Kontext ratsuchend zum Allgemeinmediziner oder zum Psychiater. Die Behandlung eines Paranoikers ist eine wahre Herausforderung, denn um ihm helfen zu können, muss man ihm zunächst unbedingt Vertrauen einflößen, also gerade das, was bei ihm am schwersten zu erlangen ist.

Was die Medikamente angeht, so können in den Krisenperioden zweierlei Substanzen von einer gewissen Effizienz sein, Neuroleptika und Antidepressiva. Am längsten setzt man Neuroleptika ein. Niedrig dosiert können Neuroleptika der neuen Generation Menschen dabei helfen, ihr Misstrauen und ihre Grübeleien abzubauen. Höher dosiert, wie es die älteren Präparate waren, handelt es sich um richtiggehende »Antiwahnmittel«, mit denen Verfolgungsideen und bestimmte Verhaltensweisen aggressiver Paranoiker gedämpft oder ganz beseitigt werden können. Weil sie jedoch auch Nachteile haben, muss die Behandlung sehr genau von einem Arzt überwacht werden. Antidepressiva können einer sensitiven Persönlichkeit helfen, wieder zu einer optimistischeren Stimmung sowie einem guten

Selbstbewusstsein zu finden und sich deshalb weniger verletzlich zu fühlen. Jeder Psychiater erinnert sich an Fälle von sensitiven und bisweilen gar ein wenig wahnhaften Persönlichkeiten, deren Störungen durch eine Behandlung, bei der häufig maßvoll dosierte Neuroleptika und ein Antidepressivum kombiniert wurden, völlig verschwanden. Andere Paranoiker hingegen ändern sich trotz aller Bemühungen mit Psychotherapien oder Medikamenten nicht.

PARANOIDE PERSÖNLICHKEITEN IN FILM UND LITERATUR

Buñuels Film *Er* (1952) ist eine wahre klinische Studie über Paranoia im Liebesleben. Francisco, ein reicher mexikanischer Grundbesitzer, verführt eine schöne junge Frau. Sie unternehmen gemeinsam eine wunderbare Hochzeitsreise. Aber man ahnt schon, dass es schlimm enden wird, wenn er sich in der Hochzeitsnacht seiner Gattin nähert, um sie zu küssen. Sie, voller Emotion, schließt die Augen, und sofort fragt er: »An wen denkst du?«

In *Die Caine war ihr Schicksal* von Edward Dmytryk (1954), einem Film nach dem Roman von Herman Wouk, gibt Humphrey Bogart ein scharfes Charakterporträt eines Paranoikers. Er verkörpert einen paranoiden und zugleich inkompetenten Kommandanten, der seine ganze Besatzung verärgert und am Ende wirklich den Hass erzeugt, von dem er sich schon die ganze Zeit umgeben wähnte.

In Stanley Kubricks Meisterwerk *Doktor Seltsam oder Wie ich lernte, die Bombe zu lieben* (1963) erweist sich der von George C. Scott gespielte General Ripper wahrhaft als unflexibler und selbstgewisser Paranoiker. In der Überzeugung, dass die Sowjets seine »Körperfluida« vergiften, löst er den Dritten Weltkrieg aus. (Hoffen wir, dass die Verantwortlichen für den Einsatz von Kernwaffen vorher Befähigungstests absolvieren müssen!)

In *Fletcher's Visionen* (1997) von Richard Donner verkörpert Mel Gibson einen einfältigen Taxifahrer, der an Verschwörungstheorien glaubt. Er hat ein Faible für einen seiner regelmäßigen Fahrgäste, Julia Roberts, die er einst vor einem Angriff beschützte. Es stellt sich in der Folge heraus, dass er unwissentlich das Opfer einer großen Verschwörung ist und dass seine Paranoia gerechtfertigt war.

In dem urkomischen *The Big Lebowski* (1998) von Joel und Ethan Coen spielt John Goodman einen massigen und ziemlich paranoiden Vietnamkriegsveteranen. Er ist nicht nur davon überzeugt, immer recht zu haben, und bekräftigt seine Meinung gegenüber seinen Bowlingfreunden nachdrücklich, sondern er nimmt auch jede unsichere Situation sofort als Bedrohung wahr und reagiert dementsprechend.

In dem beängstigenden Film *Menschenfeind* aus dem Jahr 1998 von Gaspard Noë, dessen französischer Titel *Seul contre tous* (Allein gegen alle) wie ein Motto für einen Paranoiker wirkt, spielt Philippe Nahon einen vom Leben gedemütigten ehemaligen Metzger, der von Rachegelüsten geplagt wird, die er in einem inneren Monolog äußert: »Man glaubt, man ist in einer zivilisierten Welt, aber in Wirklichkeit ist man im Dschungel. Und wenn du leben willst, solltest du besser zu den stärksten Tieren gehören.«

In Jia Zhangkes *A Touch of Sin* (2013) ist Dahai ein »großmäuliger« Bergmann, der die korrupten Praktiken seiner Unternehmensbosse nicht akzeptiert und den Anteil einfordert, der ihm und seinen Kameraden zusteht. Diese fügen sich aber der Obrigkeit und trauen sich nicht, ihn zu unterstützen. Nachdem er auf Befehl seiner Vorgesetzten geschlagen und gedemütigt wurde, beginnt er einen blutigen Rachefeldzug.

In *Gilbert Pinfolds Höllenfahrt* beschreibt der englische Autor Evelyn Waugh ein paranoisches Wahnerlebnis. Während einer Kreuzfahrt mit einem Ozeandampfer vernimmt der Erzähler in einem Crescendo immer erschreckenderer Halluzinationen ständig, wie Besatzung und Passagiere schlecht über ihn reden.

VOM UMGANG MIT EINER PARANOIDEN PERSÖNLICHKEIT

- **Wenn es Ihr Chef ist:**
  Suchen Sie sich einen anderen oder machen Sie auf »getreuer Diener«.
- **Wenn es Ihr Lebensgefährte ist:**
  Holen Sie sich Rat bei einem Psychologen.
- **Wenn es Ihr Kollege ist:**
  Konsultieren Sie einen guten Rechtsanwalt, ehe Sie weitere Schritte unternehmen. Lesen Sie dann noch einmal dieses Kapitel.

Was Sie tun sollten

- **Legen Sie klar Ihre Beweggründe und Absichten dar.**
  Die paranoide Person wird stets zu dem Verdacht neigen, dass Sie ihr Schaden zufügen wollen. Sie dürfen ihr also keine »Indizien« liefern, die einen solchen Verdacht bestätigen könnten. Das beste Mittel ist, in der Kommunikation mit ihr so eindeutig wie möglich zu sein. Ihre Botschaften sollten nicht den geringsten Deutungsspielraum lassen. Besonders bestimmt, klar und präzis sollten Sie sein, wenn Sie einen Paranoiker kritisieren müssen.
  Sagen Sie: »Du hast, ohne mich zu informieren, den Chef gebeten, dir das Dossier zu überlassen. Das ärgert mich wirklich. Beim nächsten Mal wäre es schön, wenn du vorher mit mir darüber redetest« (Beschreibung präziser Verhaltensweisen).
  Sagen Sie nicht: »So geht das aber nicht! Mit dir kann man wirklich nicht arbeiten. Wenn du mal in der Patsche sitzt,

brauchst du auf mich nicht zu hoffen« (vage und drohende Kritik).

Auf diese Weise hat Chruschtschow mehrere Jahre in Stalins unmittelbarer Umgebung überleben können, in einer Epoche, in der die Hälfte aller KPdSU-Mitglieder umgebracht oder deportiert wurde. Nach Ansicht des amerikanischen Historikers Robert Conquest glückte ihm das wahrscheinlich, weil er sich seinem Parteichef immer voller Naivität und Offenheit präsentierte. Dabei halfen ihm sein runder Schädel und sein vorgeblich naiver Blick eines »braven russischen Bauern«.

Wahren Sie gewissenhaft die Formen.

Ein Freund von uns wurde eines Tages bei einer Dienstversammlung mehreren Personen gleichzeitig vorgestellt. Er begann, ihnen die Hände zu schütteln, und eher aus Synchronisationsschwierigkeiten als aus mangelnder Höflichkeit war er, während er noch die Hand des einen hielt, mit den Augen schon beim nächsten. Einer dieser Leute, eine paranoide Persönlichkeit, schloss daraus sofort, er habe das Gesicht beim Grüßen absichtlich abgewendet, um damit seine Verachtung auszudrücken. So begann eine konfliktgeladene Beziehung.

Jeder Formfehler, der Ihnen unterläuft, kann als Zeichen von Spott oder Verachtung aufgefasst werden. Haben Sie es also mit einem Paranoiker zu tun, sollten Sie voll »vorschriftsmäßiger« Höflichkeit sein: lassen Sie ihn nicht warten, beantworten Sie sein Schreiben umgehend, wählen Sie die richtigen Anredeformeln, versprechen Sie sich nicht, wenn Sie ihn anderen Leuten vorstellen, hüten Sie sich davor, ihm ins Wort zu fallen (wo es nicht unbedingt nötig ist).

Achtung! Es geht nicht darum, unterwürfig oder allzu liebenswert zu werden: die hypersensiblen Antennen des Paranoikers werden Ihrem Mangel an Aufrichtigkeit bald auf die Spur kommen. Er wird Sie verdächtigen, Sie wollten sein Misstrauen einschläfern, um dann etwas Übles gegen ihn anzuzetteln.

Unterhalten Sie regelmäßige Kontakte mit dieser Person. Da der Umgang mit Paranoikern oft zu extremen Spannungen führt, ist die Versuchung groß, um diese Leute einen Bogen zu machen und sie so selten wie möglich zu sehen. Handelt es sich um jemanden, den Sie links liegen lassen können, ohne etwas zu riskieren, dann sollten Sie es auch tun. Aber das Leben kann Situationen bereithalten, in denen der Kontakt mit einem Paranoiker nicht zu vermeiden ist, etwa wenn er Ihr Vorgesetzter, Ihr Nachbar, Ihr Kollege oder ein Verwandter ist. Bis Sie wegziehen oder sich einen neuen Job suchen, werden Sie mit ihm zurechtkommen müssen. In diesem Fall ist die Strategie des Links-liegenlassens nicht unbedingt die beste.

Lise (54), die mit ihrem Mann ein Landhaus gekauft hat, berichtet:

Als wir unser Landhaus kauften, ahnten wir nicht, dass unser Nachbar, ein Landwirt im Ruhestand, einen so schlechten Charakter hatte. Er lebte mit seiner Frau in einem kleinen Haus in der Nähe seines früheren Bauernhofes. Kaum hatten bei uns die ersten Bauarbeiten begonnen, kam er sich beschweren, weil ein Lastwagen, den wir bestellt hatten, auf seinem Rasen eine Reifenspur hinterlassen hatte. Wir waren ein wenig überrascht über seinen feindseligen Ton und versuchten sofort, die Atmosphäre zu entspannen, indem wir um Entschuldigung baten und ihn freundlich aufnahmen; er blieb aber unnachgiebig. Wir sind dann mit ihm hinübergegangen, um den Schaden zu begutachten. Es war lachhaft! An der Rasenkante sah man tatsächlich einen Reifenabdruck, aber er war nicht größer als eine Hand.
Wie man deswegen einen solchen Aufstand machen konnte! Ich hätte beinahe einen Scherz gemacht, aber mein Mann gab mir ein Zeichen, dass ich nichts sagen solle. Er beugte sich über den Reifenabdruck, als handelte es sich um einen beträchtlichen Schaden. Dann schlug er dem Nachbarn vor, er solle die Kosten, um den Rasen wieder in Ordnung zu bringen, abschätzen. Der Nachbar schien überrascht, brummelte,

dass er darüber nachdenken wolle, und ging davon, ohne weiter etwas zu sagen. Mein Mann erklärte mir danach, er habe sofort gespürt, dass unser Nachbar »paranoid« sei; man dürfe ihm nicht von vornherein in die Parade fahren.

Nach diesem ersten unerfreulichen Kontakt haben wir unseren Nachbarn systematisch gemieden, indem wir uns vergewisserten, dass er nicht draußen war, wenn wir wegfuhren, und indem wir es so einrichteten, dass wir nur während seiner Abwesenheit das Haus verließen. Welch ein Irrtum! Fuhren wir mit dem Auto an ihm vorüber, warf er uns immer feindseligere Blicke zu.

Eines Tages hatten wir Freunde zum Mittagessen in den Garten eingeladen, und er klingelte am Tor. Mein Mann ist hingegangen: der Nachbar, rot vor Zorn, beschwerte sich über den unerträglichen Lärm, den wir veranstalten würden.

Nach diesen beiden Vorkommnissen haben wir lange überlegt, ob wir das Haus verkaufen müssten, ehe die Dinge noch schlimmer würden, oder ob wir versuchen sollten, die Lage zu entspannen. Wir haben uns für die zweite Lösung entschieden. Diesmal richteten wir es so ein, dass wir aus dem Haus gingen, als der Nachbar in Reichweite war. Als wir an ihm vorüberkamen, grüßten wir ihn zunächst und wechselten dann ein paar Worte über das Wetter und über unsere Gärten. Ich begann mich mit seiner Frau zu unterhalten, die sehr schüchtern und untergeben wirkte. Wir redeten ein wenig über unsere Kinder und Enkelkinder. Sie war offenbar erfreut, eine Zuhörerin gefunden zu haben.

Nach und nach schien er sich ein wenig zu entspannen. Es hat auch keinen neuen Zwischenfall gegeben. Wir unterhalten weiterhin einen regelmäßigen Kontakt mit ihm, und unsere Gespräche kreisen um ganz neutrale Themen. Letztens, als er von der Jagd zurückkam, brachte er uns feierlich ein Kaninchen ins Haus!

Dieses Beispiel belegt die Notwendigkeit eines regelmäßigen und nicht zu engen Kontaktes mit einem Paranoiker, der sich in Ihrer Nachbarschaft eingerichtet hat. Wenn Sie ihm systematisch ausweichen, wird er wie im eben geschilderten Fall denken, dass Sie ihn verachten oder sich über ihn lustig machen. Man könnte annehmen, dass dieser leicht paranoide Landwirt im Ruhestand zu dem Glauben neigt, die wohlhabenden Städter würden ihn geringschätzen. Indem sie ihm auswichen, bestärkten Lise und ihr Mann ihn in dieser Hypothese.

Ein Paranoiker, den Sie meiden, könnte sogar vermuten, dass Sie ein Komplott gegen ihn ausgeheckt hätten oder dass Sie seine Nähe scheuten aus Angst vor Vergeltung für die ihm angetanen Übeltaten, die er nur noch nicht aufgedeckt hat. Er ist beispielsweise eben von seinem Chef gerügt worden, und Sie gehen ihm seit mehreren Wochen aus dem Weg; also sind Sie es, der dem Chef Schlechtes über ihn erzählt hat! Ihr Fernbleiben lässt ihm alle Freiheit, sich auf die zügelloseste Weise auszumalen, was Sie gegen ihn im Schilde führen könnten. Ein regelmäßiger normaler Kontakt, bei dem Sie die Form wahren und nicht sonderlich unruhig oder feindselig erscheinen, wird es ihm hingegen erlauben, seinen Eindruck von Ihnen hin und wieder »auf null zu stellen«, und seine überbordende Phantasie beruhigen.

Berufen Sie sich stets auf Gesetze und Regeln.

Der Paranoiker betrachtet sich als jemanden, der das Gesetz achtet und dem es um nichts als Gerechtigkeit geht, ganz wie die großen paranoiden Diktatoren stets meinen, für das Wohl ihres Volkes zu handeln, eines Volkes, von dem sie einen Teil auszulöschen bereit sind, um es vor Niedergang und Unreinheit zu bewahren. Die meisten Paranoiker zeigen eine gewisse Faszination für Gesetze und Regeln, und der Stil ihrer Briefe, in denen sie Punkt für Punkt die Wohlbegründetheit ihrer Position demonstrieren, hat oft einen juristischen Anstrich. Sie fühlen sich von Gerichtsverfahren stark angezogen. Alle Rechtsanwälte kennen diese Art von Kunden, die bereit sind, für eine Sache, die nicht die Mühe wert ist, ein Verfahren ins Rollen zu bringen, und dabei nicht nach dem Aufwand an Zeit und Geld fragen, letztendlich zum Schaden ihrer eigenen Interessen. Sosehr der Paranoiker

wüten wird, wenn er sich von einem Individuum besiegt fühlt, sosehr wird er es manchmal auch akzeptieren, sich einer Institution, dem Gesetz oder einem Regelwerk beugen zu müssen (außer wenn er meint, sein Fall entspreche nicht dem im Regelwerk beschriebenen). Eine überraschende Tatsache: unter den Mitgliedern der Kommunistischen Partei, die in den großen Säuberungswellen arg dezimiert wurden, hat Stalin eine bestimmte Gruppe stets verschont – die ehemaligen Mitglieder der Duma, des Parlaments der späten Zarenzeit!
Aber aufgepasst! Der Paranoiker, den alles Juristische fasziniert, kennt die Gesetze und Bestimmungen oft besser als Sie, und er wird sie zu seinem Vorteil auszunutzen wissen. Bevor Sie sich mit ihm auf dieses Terrain begeben, sollten Sie Vorsichtsmaßnahmen treffen, nichts vorbringen, dessen Sie sich nicht absolut sicher sind, und vor allem zunächst einen Fachmann für den betroffenen Bereich konsultieren.

Lassen Sie dem Paranoiker ein paar kleine Siege, aber überlegen Sie gut, welche.

Wie jedermann braucht auch der Paranoiker kleine oder große Erfolge, um seine Moral aufrechtzuerhalten. Wenn Sie ihn komplett frustrieren, laufen Sie Gefahr, seine Wut noch zu steigern. Lernen Sie darum, ihm in Dingen nachzugeben, die Sie für nebensächlich halten, aber setzen Sie sich feste Grenzen, um nicht auch in wesentlichen Punkten den Rückzug anzutreten. Solange Sie meinen, dass es Ihnen nicht schadet, lassen Sie Ihrem paranoiden Arbeitskollegen doch die Privilegien, von denen er meint, dass sie ihm zustünden. Sobald er hingegen die von Ihnen gezogenen Grenzen überschreitet, sollten Sie ihm die Zähne zeigen.

Ein paranoider Patient war schrecklich wütend auf seinen Hausarzt, denn er meinte, falsch behandelt worden zu sein. Aus den Konsultationen wurden aggressive und beleidigende Monologe, die der Arzt nicht mehr unterbrechen konnte. Eines Tages verkündete er seinem

Patienten, dass er sich künftig weigern würde, ihn zu empfangen. Der Patient, dessen Wut dadurch noch stieg, ging dazu über, ihn mit immer rabiateren Briefen und Anrufen zu belästigen. Nachdem er sich beraten lassen hatte, schlug der Mediziner dem Kranken ein Wiedersehen vor, aber unter der Bedingung, dass beide einen Vertrag unterzeichnen würden, der ihre jeweiligen Pflichten definierte und festlegte, dass der Arzt das Recht habe, das Gespräch abzubrechen, wenn der Patient wiederum aggressiv würde. Der paranoide Patient war einverstanden, nachdem er selbstverständlich die Umformulierung einiger Vertragsklauseln gefordert hatte. Die Konsultationen wurden fortgesetzt, und die Spannung hielt sich auf erträglichem Niveau. (Inzwischen hatte der paranoide Patient einen neuen Feind gefunden: seinen Hauseigentümer.)

Suchen Sie woanders Verbündete.

Am Arbeitsplatz oder im Privatleben einen aggressiven Paranoiker in seiner Nähe zu haben, ist oft frustrierend und anstrengend, manchmal sogar gefährlich. Wenden Sie sich an andere Menschen, um Rat, Unterstützung und Zuspruch zu finden, besonders, wenn diese mit derselben Person zu tun haben. Das gilt vor allem für das Leben in der Firma. Trotzdem sollten Sie nicht allzu überrascht sein, wenn Sie bei anderen auf ein gewisses Zögern treffen, wie es etwa Jean-Marie, einem Verwaltungsangestellten in einer lokalen Behörde, passierte.

Schon seit Monaten stecke ich in einem Konflikt mit Charlie, oder besser gesagt, er hat es auf mich abgesehen, ohne dass ich immer wüsste, weshalb. Oder vielmehr, ich glaube, ich weiß es doch: ich bin jünger und qualifizierter, und die Leute von den anderen Dienststellen mögen mich lieber als ihn. Gestern früh fand ich nun in meinem Postfach die Kopie einer Mitteilung, die er gerade an unseren Abteilungsleiter gerichtet hatte. Als ich sie las, war ich wirklich perplex! Er beschrieb darin eine Reihe von unlauteren Machenschaften, die ich ihm gegenüber an den Tag gelegt haben sollte: ich hätte unsere gemeinsame

Sekretärin derart in Beschlag genommen, dass sie nicht mehr seine Sachen tippen konnte; ich hätte versucht, seine Ideen als die meinigen auszugeben; ich hätte ihn gegenüber Leuten von der Stadtverwaltung schlechtgemacht, damit sie sich nicht mehr an ihn wandten; schließlich würde ich mich mit den jungen Kollegen über ihn lustig machen, um sein Ansehen zu untergraben.

Ich fühlte meinen Zorn anschwellen. Ich wusste, dass von alledem nicht ein einziges Wort stimmte: gewiss gab ich der Sekretärin eine Menge Arbeit, aber nicht in der Absicht, sie für mich allein in Beschlag zu nehmen. Nie hatte ich Schlechtes über ihn geredet, denn ich fand die Situation ohnehin schon schwierig genug. Und gelacht hatte ich auch nie über ihn; er reizte mich eher dazu, mich tüchtig aufzuregen.

Als der erste Zorn verraucht war, verspürte ich eine gewisse Unruhe: zwar wusste ich, dass alles, was er berichtete, falsch war, aber sein Brief an den Abteilungsleiter war so geschickt formuliert und in einem juristischen Stil gehalten, dass er sehr überzeugend klang.

Ich bat den Chef dringend um einen Gesprächstermin, und er gewährte ihn mir. Ich begann damit, meine eigene Sichtweise zu erläutern, denn der Brief hatte ihm ja die von Charlie geliefert. Zu meinem großen Erstaunen hörte er mir eher gelangweilt zu, beinahe überdrüssig, und statt seine Meinung zu äußern, riet er mir bloß, allen Anlässen für Konflikte mit Charlie aus dem Wege zu gehen.

Ich war ziemlich enttäuscht. Dann sprach ich darüber mit einem anderen Kollegen, der mir erzählte, der gleiche Chef hätte vor ein paar Jahren Charlie in eine andere Abteilung versetzen wollen. Charlie hatte sogleich die Gewerkschaft mobilisiert, einen Brief an die Lokalzeitung geschrieben, mit dem Arbeitsgericht gedroht und sogar den Abgeordneten unseres Wahlkreises zum Eingreifen gebracht. Er hatte dazu ein Dossier erstellt, das sehr klar und überzeugend war, ganz wie der Brief, den ich gerade gelesen hatte. Die Direktion gab ihren Plan dann lieber auf, statt einen endlosen Konflikt heraufzubeschwören.

Diese Geschichte lässt ahnen, warum uns die anderen nicht immer gegen einen Paranoiker zu Hilfe kommen: durch böse Erfahrungen vorsichtig geworden, schrecken sie bisweilen davor zurück, unsere Sache zu verteidigen.

Was Sie lassen sollten

Verzichten Sie nicht darauf, Missverständnisse aufzuklären. Weil paranoide Persönlichkeiten anstrengend und oft deprimierend sind, kann man die Lust verlieren, ein Missverständnis nachträglich klarzustellen, meint man doch, dass es im Grunde sowieso durch ihre Schuld entstanden sei und sie es also auch aus der Welt räumen müssten. Diese Position ist aus zwei Gründen anfechtbar:

- Wenn es eine Chance gibt, das Missverständnis aufzuklären, warum sollten Sie sie (in Ihrem eigenen Interesse) nicht nutzen?
- Unter ethischen Gesichtspunkten betrachtet, nehmen Sie dem anderen jede Gelegenheit, sich zu bessern und seine pessimistische Sicht auf die menschlichen Beziehungen zu modifizieren, wenn Sie ihn in seinem Irrtum belassen.

David ist ein alter Freund von mir, erzählt uns Cédric (43), Bankangestellter, *aber der Umgang mit ihm ist manchmal anstrengend, denn er ist zu empfindlich. Er ist so, seit ich ihn kenne. Davon abgesehen, ist er eher großzügig, ein treuer Freund und ziemlich witzig, wenn es ihm gelingt, sich ein wenig zu entkrampfen.*
Kürzlich waren wir mit Freunden essen, und weil die Stimmung heiter war, begann ich zu erzählen, wie sich David auf seiner ersten Arbeitsstelle mit seinem Chef verkracht hatte. Dieser Chef war ein braver Opa, ziemlich von sich eingenommen, mit sehr pompösen Manieren, aber total altmodisch, und David hatte ihm nicht den erwarteten Respekt gezollt. Die Geschichte war ziemlich komisch, mit mehreren Höhepunkten. Ich hatte keineswegs vor, mich über David lustig zu

machen, sondern ich wollte zeigen, wie die Dinge manchmal ausufern können, wenn der Chef einen auf dem Kieker hat.
Ich bemerkte ein bisschen spät, dass die anderen zwar lachten, David aber sehr verärgert war. Schnell wechselte ich das Thema, die Unterhaltung ging weiter, aber David sagte kein Wort mehr. Als sich alle verabschiedeten, ließ er mich links liegen. Weil ich weiß, dass er glaubt, ich hätte eine steilere Karriere gemacht als er, wurde mir klar, dass er meine Geschichte so aufgefasst hatte, als würde ich mich überlegen fühlen und wollte ihn lächerlich machen.
Ich wusste nicht gleich, wie ich reagieren sollte. Natürlich hätte ich stillschweigend darauf warten können, dass die Zeit die Kränkung heile. Aber wie ich David kannte, würde die Erinnerung daran in ihm immer wach bleiben. Deshalb habe ich mich aufgerafft und ihn angerufen. Ich sagte ihm, ich hätte bemerkt, dass meine Geschichte ihn verärgert hatte.
Er stritt das ab. Ich versuchte nicht, ihn »zum Geständnis zu bringen«, sondern sagte, ich hätte ein bisschen spät mitbekommen, dass diese Erinnerungen für ihn vielleicht nicht sehr angenehm waren. Der Gedanke, ihn gekränkt zu haben, bereite mir Kummer. Er antwortete, dass diese Erinnerungen wirklich alles andere als angenehm seien. Ich setzte hinzu, dass in meiner Erinnerung sich damals der Chef lächerlich gemacht hatte, nicht David, und dass ich die Geschichte deshalb für erzählenswert gehalten habe. Er stimmte mir zu, dass in dieser Sache der Chef die lächerliche Figur gewesen war. Am Ende sagte ich ihm, ich hätte vielleicht nicht anrufen sollen, aber der Gedanke, ein Missverständnis im Raum stehenzulassen, habe mir keine Ruhe gelassen. Er antwortete, es habe kein Missverständnis zwischen uns gegeben. Er blieb ziemlich kühl, aber als ich ihn das nächste Mal traf, spürte ich, dass er sich freute, mich wiederzusehen.

Cédrics Beispiel belegt, wie nützlich der Versuch sein kann, ein Missverständnis aufzuklären. Darüber hinaus hat er zwei goldene Regeln für den Umgang mit einer leicht paranoiden Persönlichkeit beherzigt:

- Er hat selbst die Verantwortung für das Missverständnis übernommen, statt sie seinem Freund zuzuschieben.
- Er hat seinen Freund nicht gedrängt, seine Verärgerung zuzugeben, denn das hätte bedeutet, ihn auch eingestehen zu lassen, dass er damit unrecht hatte.

Dass Cédric so darum besorgt war, diese Sache in Ordnung zu bringen, wird David schließlich auch zu der Einsicht verholfen haben, dass seinem Freund seine Gefühle nicht gleichgültig waren und er deshalb kein wirklicher »Feind« sein konnte.

Attackieren Sie nicht das Bild, das er von sich selbst hat.
Durch ihre Verbohrtheit, ihre offensichtlich abwegigen Ideen (aber vergessen Sie nicht, dass diese Menschen meinen, die allervernünftigsten Ideen zu haben) und ihre unangenehme Art machen uns manche Paranoiker schrecklich Lust darauf, zu explodieren und sie mit Beleidigungen zu überschütten. Dieser Versuchung sollte man dennoch widerstehen. Wenn Sie einen Paranoiker durch verletzende Worte demütigen, erleichtern Sie damit zwar Ihre Nerven, aber er wird sich in seine Rage, Sie besiegen zu wollen, noch mehr hineinsteigern und im Übrigen seinen Argwohn bestätigt sehen: ja, Sie haben ihn von Anfang an gehasst und verachtet, und er hatte ganz recht, Ihnen nicht über den Weg zu trauen! Bleiben Sie also, selbst wenn Sie die Wände hochgehen möchten, in Ihren Vorwürfen sehr »verhaltensbezogen«.

Wie man gegenüber einem Paranoiker seinen Ärger ausdrückt
Sagen Sie: »Ich habe Ihre ewigen Forderungen satt!« oder sogar »Sie gehen mir auf die Ketten, wenn Sie dauernd wieder mit demselben Zeugs anfangen!«. In beiden Beispielen haben Sie ein Verhalten kritisiert, nicht seine Person. Im Übrigen könnte ihm der aufrichtige Ausdruck einer starken Emotion manchmal Ihre Lauterkeit vor Augen führen.

Sagen Sie nicht: »Sie sind ein Blödmann und weiter nichts!« oder »Man sollte Sie einsperren!« oder »Sie sollten sich mal behandeln lassen!«, denn in diesen Fällen greifen Sie seine Person an; das aber würde er als unerträglich betrachten, und er würde Sie zur Zielscheibe übertriebener Vergeltungsaktionen machen.

Passen Sie auf, dass Sie nicht ins Unrecht geraten.

In dienstlichen Beziehungen wird ein Paranoiker, sobald er überzeugt ist, dass Sie sein Feind sind, jede Gelegenheit ergreifen, um Sie zu schwächen. Ihr kleinster Irrtum, Ihre geringste Unachtsamkeit lässt ihn jubilieren, denn er wird dies sogleich nutzen, um Sie zu beschuldigen oder ein Verfahren gegen Sie anzuzetteln. Zeigen Sie sich ihm nur von der untadeligen Seite und verwandeln Sie sich, sobald er naht, in einen gut geschmierten Automaten.

Im Umgang mit einem Paranoiker lernt man, jedes Wort auf die Goldwaage zu legen, um nicht zu viel zu sagen.

Reden Sie nicht schlecht über ihn, denn er wird es erfahren.

Üble Nachrede hat im Allgemeinen gewisse Vorteile: sie knüpft eine Komplizenschaft mit dem Gesprächspartner, mit dem man sich einig ist, einen Abwesenden schlechtzumachen. Ganze Freundschaften sind schon aus gemeinsamer übler Nachrede geboren worden. Solcherlei Schmähungen erlauben es uns auch, unsere Nerven zu beruhigen, indem wir einem Vertrauten ganz leise zuflüstern, was wir einem Gegner, der stärker ist als wir, nicht vernehmlich zu sagen wagten. So etwa, wenn wir über den Chef herziehen. Aber die üble Nachrede hat auch Nachteile: sie ist eine allzu simple Erleichterung, die uns die Lust nehmen kann, der Person, über die man tratscht, offen entgegenzutreten. Meist ist es besser, einem Kollegen gegenüber seine Unzufriedenheit direkt auszudrücken, als ihn hinter seinem Rücken schlechtzumachen.

Zieht man über einen Paranoiker her, ist das eine noch riskantere

Beschäftigung. Mit seiner feinen Antenne für das Aufspüren vorgeblicher Feinde und dem aktiven Willen, jeden Verdacht bestätigt zu sehen, hat der Paranoiker die besten Chancen, auf die eine oder andere Weise herauszubekommen, dass Sie schlecht über ihn geredet haben. Wenn nicht gar einer Ihrer Rivalen, der die potenzielle Gefährlichkeit des Paranoikers kennt, es für wirkungsvoll hält, ihm Ihre Worte mehr oder weniger verfälscht zuzutragen, um ihn gegen Sie aufzubringen.

Reden Sie mit ihm nicht über Politik.

Ein anderes Gebiet, auf dem man sich mit einer paranoiden Persönlichkeit in Acht nehmen muss, ist die Politik. Bei Gesprächen über Politik werden die Gemüter erhitzt, und wenn die Meinungen auseinandergehen, kann der Ton schnell schärfer werden. Aus diesem Grunde empfehlen wahrscheinlich auch die Benimmbücher, solche Themen zu meiden. Wenn man in der Gruppe politische Dinge erörtert, und die Meinungsverschiedenheiten führen zu einer gewissen Gespanntheit, werden die Gesprächspartner meistens spontan das Thema wechseln oder versuchen, wenigstens einen präzisen Punkt zu finden, über den sich alle einig sind. Jeder ist bereit, den Meinungsstreit zu beenden, um keine stürmische Atmosphäre aufkommen zu lassen.

Eine paranoide Persönlichkeit ist auf diesem Ohr taub. Sie würde es als Niederlage ansehen, wenn sie ihre Meinungen nicht bis zum Ende verteidigte. Sie betrachtet die Konversation als einen Kampf, in dem man wachsam bleiben muss; von ihr darf man keine Vermittlungsversuche erwarten, sondern im Gegenteil die am schärfsten vorgetragenen Argumente. Weil sich die paranoiden Persönlichkeiten oft von extremen politischen Positionen angezogen fühlen (solchen, die einen böswilligen Feind ausfindig machen, der für alle Gebrechen der Gesellschaft verantwortlich ist und deshalb hart bestraft werden muss), kann sich die Diskussion über Politik schnell aufheizen. Lesen wir den Bericht von Damien, einem ehemaligen Architekturstudenten.

Ich bin mit einigen Studienfreunden in Kontakt geblieben, und wir treffen uns ziemlich regelmäßig. Wir haben in den 1970er Jahren studiert und waren, wie viele junge Leute damals, sehr linksgerichtet; manche von uns beriefen sich auf Mao oder Enver Hodscha. Dann sind wir älter geworden und haben familiäre und berufliche Pflichten übernommen; die Regierungsverantwortung der Linken, die Enthüllungen über unsere bewunderten politischen Führer, der Fall der Berliner Mauer – all das hat natürlich unseren Eifer abgekühlt. Die meisten von uns stehen weiterhin links, aber mehr aufseiten der Sozialdemokratie. Éric hat sich als einziger die revolutionären Überzeugungen seiner Studentenzeit bewahrt.

Das könnte man eher sympathisch finden, aber bei ihm manifestiert es sich in einer Form, die in Unterhaltungen ziemlich schwer zu ertragen ist. Sobald wir auf Politisches zu sprechen kommen, schleudert uns Éric seine Überzeugungen von der Notwendigkeit einer künftigen Revolution entgegen. Eine Diskussion wird rasch unmöglich, denn er meint anscheinend, dass jeder, der gemäßigter ist als er, entweder ein gedankenloser Mensch sein muss, der vom Unglück des Volkes nichts merkt (das gilt mehr für uns), oder ein Schurke, der darauf pfeift (die junge Generation) und also bei einer Revolution bestraft werden muss. Widerspricht man ihm, scheint er eine jauchzende Lust darin zu finden, in Eifer zu geraten und die Konfrontation weiterzutreiben, und bald redet nur noch er. Uns anderen ist das unangenehm, und ohne dass wir uns groß abgesprochen hätten, reden wir in seinem Beisein nicht mehr über Politik. Ansonsten ist Éric ganz in Ordnung, man kann sich auf ihn verlassen, nur bei politischen Themen rastet er aus.

Allerdings ist er, wie ich gemerkt habe, nicht der einzige, mit dem man nicht über Politik sprechen darf! In unserem Ferienhaus am Meer haben wir einen Rentner und seine Frau als Nachbarn. Beim ersten Hinschauen ist er ein Mann mit Charme, er passt auf das Haus auf, wenn wir nicht da sind, ich gehe oft mit ihm angeln, und meine Frau versteht sich gut mit seiner. Eines Tages haben wir den Fehler begangen, die beiden zum Abendessen einzuladen. Alles ging gut, bis das Gespräch auf politische Themen kam. Plötzlich verwandelte sich unser Nachbar vor unseren Augen: hatten wir bis dahin einen angenehmen Gast gehabt, so saß uns jetzt ein Fanatiker gegenüber, der uns mit kalter Überzeugung erklärte, dass unser Land in vollem Niedergang begriffen sei und dass alles Übel von einem Zuviel an Demokratie komme; es sei nicht normal, dass einfach jedermann zur Wahl gehen dürfe, nicht einmal die Französische Revolution habe das vorgesehen; nur die gebildeten Leute sollten Wahlrecht haben. Wir haben versucht, ihm zu widersprechen, zunächst auf heitere Weise, aber wir hatten den Eindruck, gegen eine Mauer anzurennen. Danach brachte er das Thema der Immigration zur Sprache und zauberte »Lösungen«, herbei, die eines totalitären Staates würdig gewesen wären. Zum Glück gelang es mir, ihn rechtzeitig das Thema wechseln zu lassen, denn ich spürte, dass meine Frau kurz davor stand, aus der Haut zu fahren, und ich wollte kein Zerwürfnis unter Nachbarn. Seit diesem Abend sind unsere Kontakte spärlicher geworden.

Die beiden geschilderten Beispiele verdeutlichen zwei Merkmale paranoider Persönlichkeiten. Zunächst ihren Starrsinn: die beiden Gesprächspartner bringen es nicht übers Herz, ihre Überzeugungen auch nur ein Quäntchen gemäßigter auszudrücken, selbst bei einer Unterhaltung im Freundeskreis nicht. Dann ihre Tendenz zur Vereinfachung politischer Probleme: sie präsentieren einen Feind, der an allem schuld sei und harte Bestrafung verdiene. Unsere Schlussfolgerung: ehe Sie über Politik reden, sollten Sie sich kurz versichern, dass Ihr Gesprächspartner eine widerspruchsreiche Debatte führen kann, ohne seinen kühlen Kopf zu verlieren. (Achtung! Wir behaupten nicht, dass jede Person, die bei politischen Themen in Wallung gerät, paranoid wäre!)

Werden Sie am Ende nicht selbst paranoid.

Die Beziehung zu einem Paranoiker ähnelt manchmal dem Beginn einer Schlägerei: einer der Protagonisten rempelt den anderen aus Unachtsamkeit an, dieser fühlt sich auf den Schlips getreten und stößt brutal zurück; der erste, überrascht und empört, antwortet mit einem noch heftigeren Rippenstoß, der den anderen zu einem ersten Faustschlag veranlasst, und so nimmt die Prügelei ihren Lauf. Für einen gerade erst eingetroffenen Beobachter ist es ziemlich schwer herauszufinden, wer »angefangen« hat.

Passen Sie gut auf, dass Sie sich gegenüber einem Paranoiker nicht in der gleichen Situation wiederfinden. Um einen drohenden Konflikt zu entschärfen, genügt es manchmal, ein bisschen Abstand zu halten, dem Paranoiker ein wenig mehr Freiraum zu lassen oder aufrichtig zu versuchen, ein Missverständnis aufzuklären. Grob gesagt, achten Sie darauf, nicht selbst wie ein Paranoiker zu reagieren, indem Sie sich bis zum Exzess aufregen, Streit wegen einer winzigen Kränkung suchen oder unangemessene Vergeltung üben.

Das ist freilich nicht einfach, denn die Paranoiker bereiten uns so viel Ärger und Frustrationen, dass uns unser Zorn immer starrer auf unser gutes Recht pochen lässt, dass wir die kleinste ihrer Handlungen misstrauisch beobachten und bereit sind, beim geringsten Missverständnis an die Decke zu gehen. In gewisser Weise macht uns ein Paranoiker selbst paranoid. Wenn auf dem Lande manche Streitfälle um Flurgrenzen mit Schüssen endeten, war der Mörder nicht immer der verrücktere von beiden; manchmal hatte ihn ein unnachgiebiger Paranoiker bis zum Äußersten getrieben.

Resümierend möchten wir feststellen, dass es verschiedene Grade von Paranoia gibt und dass nicht jeder Paranoiker es verdient, so zurückgewiesen und gefürchtet zu werden wie gewisse »Kampfparanoiker«, die Alltagsausgaben der großen Diktatoren. Im Umgang mit Personen, die paranoide Züge aufweisen, aber sonst sympathische Seiten besitzen, lassen sich durch ein wenig Taktgefühl und Vorsicht zahlreiche Konflikte verhüten.

HABEN SIE SELBST ZÜGE

... einer paranoiden Persönlichkeit?

	eher richtig	eher falsch
1. Ich kann es nicht ausstehen, wenn man Späße über mich macht.		
2. Mit manchen Leuten habe ich mich schon endgültig überworfen, weil ich fand, dass sie sich mir gegenüber danebenbenommen hatten.		
3. Ich neige dazu, Leuten zu misstrauen, die ich erst kurze Zeit kenne.		
4. Oft hat man mehr Feinde, als man glaubt.		
5. Wenn ich jemanden ins Vertrauen ziehe, habe ich hinterher Angst, dass er daraus eine Waffe gegen mich schmiedet.		
6. Man wirft mir vor, misstrauisch zu sein.		
7. Um im Leben zurechtzukommen, muss man immer hart und unbeugsam sein.		
8. Wenn jemand zeigt, dass er mich leiden kann, dann bestimmt nur, um etwas von mir zu erreichen.		
9. Oft denke ich an all die Leute, die ich für ihre Schlechtigkeiten gern strafen würde.		
10. Dieser Fragebogen ist mir unangenehm.		

KAPITEL VI

DIE HISTRIONISCHEN PERSÖNLICHKEITEN

Bruno (28), leitender Angestellter im Stammhaus einer großen Firma, berichtet: *Caroline und ich sind beinahe gleichzeitig eingestellt worden, auf derselben Hierarchieebene, und so war es ganz natürlich, dass wir schnell Bekanntschaft schlossen und unsere Eindrücke über den Laden austauschten. Caroline kann man nicht leicht übersehen: als ich sie zum ersten Mal auf dem Flur traf, trug sie ein graues Kostüm, das obenherum sehr klassisch geschnitten war, aber zu dem ein eindrucksvoller Minirock gehörte, der niemanden im Unklaren über ihre tollen Beine ließ. Gleichzeitig nahm sie, sobald sie angesprochen wurde, eine sehr kühle und dienstliche Art an, richtiggehend »business-like«. Das stach von ihrer sehr erotischen Erscheinung ab, ganz als ob sie nicht merkte, wie aufreizend sie war.*

Auf der ersten Sitzung ergriff sie selten das Wort und beschränkte sich darauf, mir schöne Augen zu machen, was ziemlich rätselhaft war. Natürlich habe ich sie hinterher angesprochen. Caroline trank meine Worte, umschlang mich mit heißen Blicken, lachte über meine Späße. Ich konnte ihr das nicht recht abnehmen, es war zu schön, um wahr zu sein. Im Übrigen bestätigte sich mein Verdacht sofort: als Alex, unser Chef, sich zu uns gesellte, zog Caroline mit ihm das gleiche Schauspiel ab. Ziemlich enttäuscht und ein bisschen wütend, habe ich sie die nächsten Tage kaum angesprochen.

Eines Abends, als ich gerade zu einem Zahnarzttermin wollte, ließ sie sich in meinem Büro nieder. Ich hatte es eilig, sie aber fragte mit kläglicher Kinderstimme, weshalb ich nicht mehr mit ihr redete. Ich erklärte ihr, dass ich einen Termin hätte und dass wir vielleicht morgen darüber spre-

chen könnten. Sie entgegnete, sie habe den Eindruck, ich könne sie nicht leiden. Ihre Stimme war ganz gebrochen. Ich gestehe, dass sie ziemlich rührend wirkte, als sie dort mit Tränen im Gesicht auf ihrem Stuhl saß und tragisch dreinblickte wie ein verlassenes Mädchen. Ich schlug ihr vor, sie nach Hause zu fahren; so könnten wir im Auto miteinander reden. Sie fiel mir um den Hals und dankte mir mit ihrer Kinderstimme, aber ich konnte nicht vergessen, dass dieses Kind eine attraktive junge Frau von einem Meter fünfundsiebzig war.

Eines Abends schließlich bin ich mit ihr essen gegangen. Wieder hing sie mir lächelnd an den Lippen, so sehr, dass ich am Ende vorschlug, noch ein Glas bei mir zu trinken. Nächster Registerwechsel: sie erklärte mir mit bekümmerter Miene, dass sie zurzeit nicht wirklich frei sei und dass man mit Männern immer solche Enttäuschungen erlebe. Sie blieb aber bei sehr verschwommenen Andeutungen, und ich konnte aus ihr nicht herausbekommen, ob sie einen Liebhaber hatte. Am Ende war mir die Lust vergangen, und ich fuhr Caroline zu ihrer Wohnung. Unterwegs sprachen wir kaum miteinander. Aber dann verblüffte sie mich total, indem sie mich beim Aussteigen auf den Mund küsste.

Ich spare mir hier die Schilderung aller Umschwünge unserer Beziehung! Wochenlang machte ich ihr den Hof, ohne dass sie aufhörte, mir solche Wechselbäder zu bereiten. Sobald ich ihre ständig schwankende Haltung satthatte, machte sie sich wieder daran, mich herauszufordern. Schließlich verbrachten wir eine Nacht miteinander. Aber nachdem wir uns geliebt hatten, wir lagen noch in den Kissen, beichtete sie mir ihre Bettgeheimnisse und erzählte mir, dass sie die Geliebte eines verheirateten Mannes sei. Die Augen träumerisch in die Ferne gerichtet, beschrieb sie mir euphorisch, was für ein guter, starker und geheimnisvoller Mann er doch sei. Da hatte ich wirklich meine Dosis! Ich beschloss, die Beziehung zu beenden. Ohne ein Wort brachte ich Caroline nach Hause. Vor ihrer Haustür sagte ich, es sei besser, wenn wir uns außerhalb des Büros nicht mehr sähen. In den nächsten Tagen war sie schrecklich sauer auf mich, aber ich merkte bald, wie sie sich einem Neuankömmling zu widmen begann.

Bei der Arbeit wird Caroline von den einen geschätzt, von den anderen verabscheut. Mit den Kunden kann sie wirklich geschickt umgehen; sie gewinnen den Eindruck, dass Caroline ihre Wünsche versteht. Auf Sitzungen hat sie oft gute Ideen. Geht es hingegen darum, systematisch ein Dossier zu erarbeiten, langweilt sie das; sie wird nachlässig und wälzt die Arbeit auf andere ab. In Versammlungen drückt sie sich auf recht theatralische Art aus; es scheint, als würde sie sich alles zu Herzen nehmen, ganz als wäre die Entscheidung für eine bestimmte Joghurt-Werbekampagne eine wahre Tragödie. Damit überzeugt sie die frisch eingestellten Mitarbeiter, die ihre Art noch nicht satthaben.

Mein Verhältnis zu Caroline ist freundschaftlich geworden. Ich glaube, sie hat gespürt, dass ich ihr nichts nachtrage, aber auch, dass sie mich nicht mehr »haben« kann. Manchmal kommt sie vorbei, um mir ein paar vertrauliche Dinge zu berichten: sie erzählt, wie wundervoll, genial und außergewöhnlich sie einen bestimmten Produktverantwortlichen findet, um mir zwei Wochen später zu eröffnen, er sei ein Schweinehund, ein übler Typ, eine richtige Null. Von ihr bekommt man seine Kinovorstellung immer gratis geliefert. Wir kennen uns jetzt zwei Jahre, aber irgendwie habe ich noch immer den Eindruck, dass sie niemals authentisch ist, dass sie sogar, wenn wir uns nur kurz unterhalten, eine Rolle spielt, um meine Aufmerksamkeit zu fesseln, und dass sie es nie schafft, natürlich zu sein. Vielleicht ist ja gerade das ihre Natur!

WAS SOLL MAN VON CAROLINE DENKEN?

Caroline will pausenlos erreichen, dass die anderen ihr Beachtung schenken, und setzt dazu alle verfügbaren Mittel ein: eine diskret herausfordernde äußere Erscheinung, ein verführerisches Verhalten, theatralische Auftritte in Sitzungen, verwirrende Umschwünge in ihrer Haltung (sie wechselt von Verführung zu Gleichgültigkeit), dramatische Hilferufe (wenn sie sich wie ein kleines Mädchen in Not präsentiert) – sie verfügt über ein breites Repertoire, um sich die Aufmerksamkeit der anderen zu sichern.

Bruno hat auch gemerkt, dass ihre Gefühle schnell umschlagen:

im Laufe desselben Abends geht sie von Verzweiflung zu prickelndem Verführungsspiel über, dann zu einer leicht mysteriösen Traurigkeit, zu einer kühlen Art, und schließlich beendet sie den Abend mit einem heißen Kuss! Außerdem neigt sie dazu, manche Personen zu idealisieren, indem sie voll Bewunderung von ihnen spricht, und andere Leute übertrieben schlechtzumachen – manchmal sind es sogar dieselben!

Am Ende kann Bruno nicht mehr sagen, ob Caroline wie ein Filmstar »spielt« oder ob das theatralische Verhalten ihre wahre Natur ist!

Caroline vereinigt in sich alle Merkmale einer histrionischen Persönlichkeit.

DIE HISTRIONISCHE PERSÖNLICHKEIT

- Will die Aufmerksamkeit der anderen auf sich ziehen, erträgt nur schlecht Situationen, in denen sie nicht im Mittelpunkt des Interesses steht. Strebt eifrig nach der Zuneigung ihrer Umgebung.
- Drückt ihre häufig wechselnden Emotionen dramatisch überspitzt aus.
- Hat einen eher emotionalen Redestil; beschwört Stimmungen herauf, lässt es aber an Präzision und Aufmerksamkeit fürs Detail fehlen.
- Neigt dazu, die Personen ihrer Umgebung übermäßig zu idealisieren oder abzuwerten.

WIE CAROLINE DIE WELT SIEHT

Auf Versammlungen möchte Caroline stets im Mittelpunkt stehen; beim Gespräch unter vier Augen beansprucht sie die ganze Aufmerksamkeit ihres Gegenübers für sich. Ihre Grundüberzeugung könnte ungefähr lauten: »Ich muss die anderen immer anlocken und bezaubern, damit sie mir helfen.« Darin schwingt mit, dass sie glaubt, im Leben nicht alleine zurechtzukommen, sondern Unterstützung zu benötigen. Tatsächlich verbirgt sich unter dem spektakulären Auftreten der histrionischen Persönlichkeiten oft eine ziemlich negative Eigenwahrnehmung. Sie versuchen ständig, im faszinierten Blick der anderen Selbstbestätigung zu finden. Ihre Emotionen schlagen häufig schnell um, wobei schwer zu entscheiden ist, ob sie dadurch nur überraschen und Interesse erregen wollen oder ob sie wie kleine Kinder wirklich vom Lachen ins Weinen fallen.

SIND ALLE HYSTERISCHEN PERSÖNLICHKEITEN FRAUEN? UND SIND ALLE FRAUEN ZWANGSLÄUFIG HYSTERISCH?

Lassen Sie uns gleich die Spannung herausnehmen: Die Antwort auf diese beiden Fragen lautet eindeutig: »Nein!« Auch Männer haben in diesem Kapitel über die histrionischen Persönlichkeiten sehr wohl ihren Platz. Allerdings kreiste die Debatte lange Zeit nur um die Frauen, und sowohl das medizinische Personal als auch die breite Öffentlichkeit waren Stereotypen verhaftet, die noch heute präsent sind …

Wir beabsichtigen auf den folgenden Seiten also nicht, die Feministinnen zu provozieren, sondern möchten lediglich an eine Debatte erinnern, welche die Psychiater sehr bewegt hat.

Gefallsucht, Stimmungswechsel, Hilfeersuchen … – sind das nicht seit jeher typisch weibliche Eigenschaften? Die Literatur lehrt uns seit Jahrhunderten, dass Frauen oft wechselhaft seien, dass sie aus bloßer Lust an der Verführung verführen, dass sie sich als schutzlose Wesen hinstellen, um sich die Kräfte des Mannes besser zu sichern, dass sie trügerisch seien, immer nur Theater spielten usw.

Bevor man von histrionischen Persönlichkeiten sprach, verwendete man den Begriff »hysterische Persönlichkeit«. »Hysterisch« kommt vom griechischen *hustera*, das die Gebärmutter bezeichnet, ein spezifisch weibliches Organ. Die alten Griechen glaubten wirklich, das lautstarke und übertriebene Gebaren der Frauen würde durch die innerlichen Regungen ihrer Gebärmutter hervorgerufen. Außer den Persönlichkeitszügen, die wir schon beschrieben haben, beobachteten die Ärzte bei den gleichen Patientinnen oft verschiedenartige auffällige Störungen: Lähmungen, Krämpfe, Unterleibsschmerzen, epilepsieartige Anfälle, Amnesien. All diese Symptome wichen von denen ab, die man bei physischen Krankheiten beobachtete, denn sie kamen und gingen auf die launischste Weise, konnten von prägenden Erlebnissen hervorgerufen oder zum Verschwinden gebracht werden und entsprachen keiner nachweisbaren körperlichen Erkrankung. Noch bis ins 19. Jahrhundert hinein wurden diese Störungen als »Gebärmutterfuror« bezeichnet.

Im Jahre 1980 verschwand der Begriff »hysterische Persönlichkeit« aus dem DSM-III, der amerikanischen Klassifikation für psychische Störungen. Die theatralische Darbietung ihrer Emotionen schien ein recht konstanter Zug der sogenannten »Hysteriker« zu sein. Man wählte also den Begriff »histrionisch« nach dem lateinischen *histrio*, welches einen Theaterschauspieler bezeichnete, der zu Flötenklang Pantomimen aufführte. Die aufsehenerregenden Symptome der Hysterie (Lähmungen, Ohnmachten, Amnesien u. a.) wurden übrigens unter anderen diagnostischen Bezeichnungen eingeordnet: Somatisierungsstörungen, dissoziative Störungen, Konversionsstörungen.

Warum man den Begriff »hysterisch« nicht mehr verwendet:

- Die Fortschritte der Medizin haben den Nachweis ermöglicht, dass die Verhaltensweisen und die Störungen der als »hysterisch« bezeichneten Personen nichts mit der Gebärmutter zu tun haben.
- Ein Beweis mehr: manche Männer zeigten identische Symptome. Dabei sind Männer nicht mit einer Gebärmutter ausgestattet. (Wenigstens das steht fest!)

- Viele Patienten mit hysterischer Persönlichkeit zeigten niemals spektakuläre hysterische Symptome wie Lähmungen oder Ohnmachten. Hingegen hatten Personen, welche unter solchen Symptomen litten, vorher nicht immer eine »hysterische Persönlichkeit« gehabt.
- Der Begriff »hysterisch« war abwertend geworden. Oft wurde er von männlichen Psychiatern gebraucht, um damit die Patientinnen zu bezeichnen, denen sie nicht helfen konnten. Auch in der Alltagssprache war der Begriff zu einer Beleidigung geworden.

VOM HYSTERISCHEN ZUM HISTRIONISCHEN

Wenn Sie alles lesen wollten, was Psychiater und Psychologen seit dem vorletzten Jahrhundert über Hysterie gedacht und aufgeschrieben haben, müssten Sie sich mit Geduld wappnen: mehrere Jahre würden dafür nicht ausreichen. Man könnte annehmen, dass auf diese Weise der geheime Wunsch der Hysteriker, Aufmerksamkeit auf sich zu ziehen, ganz und gar erhört worden ist!

Freud hat seine Theorie auf Beobachtungen aufgebaut, die er an hysterischen Patientinnen der guten Wiener Gesellschaft gemacht hatte. Das bringt uns auf zwei frevelhafte Fragen: Ist diese Theorie, die entworfen wurde, um die Hysterie einiger junger Wienerinnen zu erklären, in der Lage, alle anderen Formen psychischer Störungen zu deuten? Und war es wohlbedacht, eine Theorie auf der Basis der Äußerungen und Symptome von Patientinnen zu begründen, die bekannt dafür waren, das volle Interesse und die Unterstützung ihres Arztes zu begehren, und die dafür auch bereit waren, ihm das zu erzählen, was er gern hören wollte? Freud selbst hat oft darüber nachgedacht. Weil viele seiner Patientinnen ihm erzählten, sie seien in ihrer Kindheit Opfer von sexuellen Annäherungsversuchen und Inzesthandlungen geworden, sah er darin zunächst den Ursprung ihres Leidens. Später fragte er sich, ob diese Berichte nicht imaginär sein könnten, weibliche Phantasmen, die einem verdrängten Ödipuskomplex, einem Grundstein seiner Lehre, entsprechen. Unserem heutigen Wissensstand über die Häufigkeit von Inzest und sexuellem Missbrauch von Kindern entsprechend, glauben viele Forscher, dass Freuds Patientinnen tatsächlich von männlichen Verwandten missbraucht wurden. Amerikanische Feministinnen haben ihn übrigens beschuldigt, indirekt dafür verantwortlich zu sein, dass die Psychiater lange Zeit die Inzesterzählungen ihrer Patientinnen mit Skepsis aufnahmen, hatte die Psychoanalyse sie doch gelehrt, dass es sich um »Erfindungen« handelte. (Heute schlägt das Pendel übermäßig in die entgegengesetzte Richtung aus: es gibt eine therapeutische Richtung, die jede psychische Störung eines Erwachsenen damit erklären will, dass er in seiner Kindheit sexuell missbraucht worden sei.)

Da sehen Sie, wie spannend die Hysterie ist – schon hat uns die Debatte ein wenig vom Weg abgebracht. Kommen wir auf unsere histrionische Persönlichkeit zurück.

Epidemiologische Studien, die sich weitgehend an den oben beschriebenen Merkmalen einer histrionischen Persönlichkeit orientierten, haben gezeigt, dass man in dieser Persönlichkeitskategorie doppelt so viele Frauen wie Männer findet. Natürlich werden histrionische Männer auch nicht exakt die gleichen Verhaltensweisen an den Tag legen wie solche Frauen. Ihr Verführungsverhalten wird zum Beispiel ein anderes sein, da sich die geltenden sozialen Rollen von Mann und Frau nicht gleichen. Ein histrionischer Mann wird seine Selbstsicherheit hervorkehren und leidenschaftliche Erklärungen abgeben, ganz wie eine Verführerfigur im Theater. Aber sein Wunsch, im Mittelpunkt des allgemeinen Interesses zu stehen, wird nicht weniger heftig sein als bei einer Frau, und auch er wird seine äußere Erscheinung, seine Kleidung und sein Mienen- und Gebärdenspiel bewusst einsetzen, um Aufmerksamkeit zu erregen. Natürlich gibt es auch eine Geographie des Histrionismus, und man muss die Persönlichkeit immer in ihrem kulturellen Kontext betrachten. Eine Haltung, die für einen Süditaliener normal ist, würde bei einem

Schweden als histrionisch wahrgenommen werden. Aldo Maccione (oder der von ihm verkörperte Typ) würde in einem Film von Ingmar Bergman total aus dem Rahmen fallen!

WO EIN BISSCHEN HISTRIONISMUS VON NUTZEN IST

Manche Leute, so etwa Schauspieler, Rechtsanwälte, Politiker oder Medienleute, haben es sich zum Beruf gemacht, die Aufmerksamkeit des Publikums auf sich zu ziehen, es zu faszinieren und mit seinen Gefühlen zu spielen. Oft handelt es sich um histrionische Persönlichkeiten. Sie wurden von solchen Berufen angezogen, weil sie spürten, dass ihnen hier ein Auftritt nach Maß offenstehen könnte. Gewiss findet man in der Werbung und in den Medien mehr histrionische Persönlichkeiten als in der Metallurgie oder der Landwirtschaft, und sie fühlen sich auch stärker zu großen Städten hingezogen als zu ländlichen Provinzen.

Hören wir, was Sabine (28) uns von ihrem Verlobten, einem Rechtsanwalt, berichtet.

André hat mich mit seinem außergewöhnlichen Charme bezaubert. Er ist wortgewandt und unübersehbar, er kann unvermittelt von einer leidenschaftlichen Erklärung in distanzierte Kühle übergehen, und mit meinen Freunden kam er sofort gut klar. Daher war ich bald sehr in ihn verliebt. Aber nach und nach wurde mir bewusst, dass er ständig eine Vorstellung gab. Wenn wir irgendwo zum Abendessen eingeladen sind, gibt er nicht eher Ruhe, als bis ihm alle ihre Aufmerksamkeit widmen. Dafür ist er bereit, den Clown zu spielen oder auch einen Wutanfall zu bekommen. Wenn ich ihn darauf hinzuweisen versuche, dass er es übertreibt und dass man ihn auch bewundern würde, wenn er nicht ständig die Aufmerksamkeit aller Leute auf sich lenkte, nimmt er mir das sehr übel. Er behauptet, er sei bloß seiner augenblicklichen Stimmung gefolgt und habe damit überhaupt kein Aufsehen erregen wollen. Und das schlimmste ist, dass er das wirklich denkt! Ich glaube, dass er sich nicht im Klaren darüber ist, wie sein Verhalten funktioniert. Sogar bei mir ist er nie ganz gelöst, er ist immer ein wenig zu aufgedreht. Statt mich zu bezaubern, ermüdet er mich inzwischen eher. Und sobald ich ein bisschen reserviert oder einfach nur erschöpft bin, schnappt er ein oder verfällt in theatralische Wutausbrüche, die in Herumgejammer enden.

Sabine hat an ihrem Freund einen für histrionische Persönlichkeiten recht charakteristischen Zug bemerkt: sie sind kaum fähig, sich selbst zu beobachten und die Wahrhaftigkeit ihrer Gefühle einzuschätzen. André sagt zwar, er habe den Clown gespielt, weil er in froher Stimmung gewesen sei, oder er sei wütend geworden, weil man ihn geärgert habe: das Gefühl, das ihn drängt, ein Schauspiel abzuziehen, ist jedoch eher die Furcht, nicht zu gefallen. Sich dieser Furcht bewusst zu werden, ist vielleicht zu beängstigend für ihn, und so verdrängt er sie durch etwas, das die Psychoanalytiker einen Abwehrmechanismus nennen. Dieser hat die Aufgabe, das Bewusstsein vor allzu schmerzlichen Emotionen zu schützen. (Die Lehre von den Abwehrmechanismen und die Ich-Psychologie zählen zu den fruchtbarsten Zweigen der von Anna Freud begründeten und besonders in England und Amerika sehr weiterentwickelten psychoanalytischen Theorieansätze.)

WENN ZU VIEL HISTRIONISMUS ZUM SCHEITERN FÜHRT

Andrés Histrionismus hat ihn wahrscheinlich dazu bewogen, den Beruf eines Rechtsanwalts zu ergreifen, und vielleicht hat er ihm geholfen, in diesem Metier erfolgreich zu sein. Sein vor den Schranken des Gerichts angemessenes histrionisches Verhalten hat ihm hingegen im Privatleben geschadet. Sabine hat ihn ernüchtert verlassen.

Histrionische Persönlichkeiten können auf den ersten Blick

hinreißend wirken, aber ihr überzogenes Gebaren, ihre Stimmungsumschwünge und ihre Gier nach Beachtung ermüden schließlich den Partner, und er wendet sich von ihnen ab. Dann sind sie noch überzeugter, dass man pausenlos bezaubern und verführen müsse, um nicht verlassen zu werden, und sie stürzen sich auf noch histrionischere Weise in eine neue Beziehung, die wiederum fehlschlägt.

Das unglückliche Liebesleben gewisser Filmstars ist ein Indiz für ihre histrionische Persönlichkeit: ihre Partner, die von ihrem spektakulären Benehmen zunächst gefesselt und später nur noch gelangweilt sind, lassen sie in regelmäßigen Abständen sitzen, oder aber sie selbst wenden sich jemandem zu, der ihnen für den Moment mehr Beachtung schenkt.

Und dann darf man nicht vergessen, dass der Histrionismus für die Person selbst eine Quelle des Leidens darstellt: Wie eine aktuelle Studie, die über fünfzehn Jahre hinweg alle Persönlichkeitsprofile ins Visier nahm, gezeigt hat, sind histrionische Persönlichkeiten, und zwar Frauen wie Männer, am stärksten von Depressionen betroffen.

HISTRIONISCHE PERSÖNLICHKEITEN IN FILM UND LITERATUR

In *Sunset Boulevard* (1950) von Billy Wilder spielt Gloria Swanson einen aus der Mode gekommenen Star. Sie versucht einen jungen, mittellosen Szenaristen (William Holden) zu verführen und bei sich zu halten, wobei sie eine ganze Palette histrionischer Verhaltensweisen zeigt.

Im Film *Vom Winde verweht* (1939) von Victor Fleming zeigt die von Vivian Leigh verkörperte Scarlett O'Hara eine ziemlich histrionische Neigung, das Interesse der Männer aufzustacheln, aber sie verliebt sich erst richtig in sie, wenn sie unerreichbar geworden sind.

In *Endstation Sehnsucht,* einer Verfilmung des Theaterstücks von Tennessee Williams, zeigt die Figur der Blanche Dubois (Vivien Leigh) typische Merkmale einer gescheiterten histrionischen Persönlichkeit: großes Aufmerksamkeitsbedürfnis, umschmeichelndes Auftreten, Hang zur Träumerei und zur Dramatisierung. (Der große Erfolg des Stückes gestattete es dem Autor, die Kosten für die psychiatrische Behandlung seiner Schwester Rose Williams zu begleichen.)

Vergessen darf man hier natürlich nicht *Ein Käfig voller Narren* (1978) von Edouard Molinaro; Michel Serrault spielt den Albin, einen fünfzigjährigen Homosexuellen, der außerordentlich emotiv und extravertiert ist und eine starke histrionische Komponente hat.

Für Reality-Fernsehsendungen wählen die Produzenten oft eine oder mehrere histrionische Persönlichkeiten aus, weil sie wissen, dass deren betont emotionale und aufsehenerregende Reaktionen eine gute Show liefern und dass ihr Hang zur Verführung Leidenschaften und Zwietracht innerhalb der Gruppe auslösen wird.

Gustave Flaubert beschreibt uns eine *Madame Bovary,* die mit ihrer Emotivität, ihrem Liebeshunger, ihren umschlagenden Stimmungen, ihrem Gefallen an Träumereien und ihrem Hang, einen mittelmäßigen Liebhaber zu idealisieren, ein gutes Porträt einer histrionischen Persönlichkeit abgeben könnte.

In Tschechows Erzählung *Das Duell* ist Nadeshda eine schöne Histrionikerin, die ihren Mann verlassen hat, um einem jungen und schönen Beamten ans Kaspische Meer zu folgen. Als er ihrer überdrüssig wird, legt sie sich diverse Leiden zu, die aber ihren Liebhaber nicht erweichen; am Ende bleibt ihr nichts übrig, als einen anderen Mann zu verführen, den Offizier Kirilin.

VOM UMGANG MIT HISTRIONISCHEN PERSÖNLICHKEITEN

- **Wenn es Ihr Chef ist:**
  Versuchen Sie, sich selbst treu zu bleiben, auch wenn das Gegenteil von Ihnen erwartet wird.
- **Wenn es Ihr Lebenspartner ist:**
  Genießen Sie das Spektakel und die Abwechslung. Im Grunde haben Sie ihn/sie ja deswegen geheiratet.
- **Wenn es Ihr Kollege ist:**
  Wahren Sie die nötige Distanz, die es ihm erlaubt, Sie zu idealisieren.

Was Sie tun sollten

- **Wundern Sie sich nicht über seine übertriebene und theatralische Art.**
  Wenn Sie begriffen haben, was eine histrionische Persönlichkeit ist, werden Sie jetzt auch wissen, dass all die übertriebenen und theatralischen Verhaltensweisen keine »Kapriolen« sind, sondern eine Existenzweise, die untrennbar zur histrionischen Persönlichkeit gehört. Es hilft also nichts, wenn man sagt: »Sie könnte wirklich mal mit ihrem Zirkus aufhören!« oder wenn man sich aufregt. Für sie ist es kein Zirkus, sondern das natürliche Verhalten, ihre Methode, bei anderen Menschen Selbstbestätigung zu suchen und bestimmte allzu deprimierende Emotionen im Keim zu ersticken. Statt dass Sie sich ereifern, wenn er oder sie es mal wieder »zu bunt treibt«, sollten Sie anerkennen, dass der Histrionismus ein ebenso natürliches Phänomen ist wie Kurzsichtigkeit oder Haarausfall. Regen Sie sich etwa über Ihre Freunde auf, weil sie kurzsichtig oder kahlköpfig sind?

Lassen Sie ihm von Zeit zu Zeit seinen Auftritt, aber ziehen Sie auch Grenzen.

Im Betrieb sind histrionische Persönlichkeiten manchmal sehr schlecht gelitten, besonders auf Versammlungen. Während man von ihnen präzise und faktenbezogene Äußerungen erwartet, die auf die Lösung eines Problems gerichtet sind, präsentieren sie uns verschwommene und theatralische Reden, die um Emotionen kreisen. Ihr Vorgesetzter kann also versucht sein, sie »schachmatt zu setzen«, indem er sie nicht mehr zu Wort kommen lässt.

Jocelyne, Fürsorgerin in einem Krankenhaus, ödete auf der Versammlung am Freitag alle an. Während das Ärzteteam unter ziemlichem Zeitdruck die Dossiers der Kranken Revue passieren ließ und sich auf die wichtigen Probleme konzentrieren musste, schweifte Jocelyne unaufhörlich vom Thema ab. Alle möglichen Vertraulichkeiten, die sie am einen oder anderen Krankenbett erfahren hatte, erzählte sie weiter und schilderte auf theatralische Weise, welche psychischen Nöte die Patienten litten und wie sie sie getröstet habe. Die Krankenschwestern fassten das als eine Art Eigenlob auf und ärgerten sich über Jocelyne; die Ärzte ertrugen nur schwer diese Unterbrechungen, die von den medizinischen Problemen der Patienten ablenkten.

Ein Chefarzt ging dazu über, Jocelyne jedes Mal brüsk zu unterbrechen, sobald sie wieder etwas beisteuern wollte. Zunächst war sie überrascht, aber bald standen ihr die Tränen in den Augen. Bis zum Ende der Versammlung machte sie den Mund nicht mehr auf. Beim nächsten Mal erschien sie mit einer neuen Frisur und versuchte, mit einer besonders dramatischen Story, die ein Patient ihr enthüllt hatte, die Aufmerksamkeit zurückzugewinnen, doch die Ärzte fuhren ihr auf noch rüdere Weise in die Parade. Ihre Bemühungen, noch einmal zu Wort zu kommen, schlugen fehl, und schließlich verabschiedete sie sich mit lautem Türenknallen aus der Versammlung.

Alle waren ein wenig betreten, weil sie zu spät bemerkten, dass sich die Gruppe zu einer Abfuhrreaktion hatte hinreißen lassen, wo doch

Jocelyne im Grunde manchmal auch eine für die weitere Behandlung des Patienten wichtige Information lieferte.
Am nächsten Tag kam Jocelyne nicht zur Arbeit. Wir erfuhren, dass sie für zwei Wochen krankgeschrieben war.

Die Geschichte veranschaulicht zwei Tatsachen. Zunächst zeigt sie, wie nervtötend histrionische Persönlichkeiten sein können (auch für ihren Psychotherapeuten); sie demonstriert des Weiteren, dass das Verhalten einer solchen Person sich noch verschlimmert, wenn man sie zurückweist. Man könnte annehmen, dass ein histrionisches Verhalten gerade aus diesem Grunde »erlernt« worden ist, zum Beispiel als einziges Mittel, die Aufmerksamkeit einer distanzierten Vaterfigur auf sich zu lenken. Je heftiger die Gruppe Jocelyne abblitzen ließ, desto mehr versuchte sie, durch immer spektakulärere Verhaltensweisen die Beachtung zurückzuerobern, was die anderen jedoch immer feindseliger machte – bis Jocelyne die Situation noch mehr »dramatisiert«, indem sie sich in die Krankheit verabschiedet.
Sie sind vielleicht versucht zu sagen: Warum merkt Jocelyne nicht, dass ihre ausufernden Beiträge allen auf die Nerven gehen? Warum ändert sie nicht ihre Taktik und nimmt sich in den Sitzungen ein wenig zurück? Hätte Jocelyne eine »normale« Persönlichkeit, würde sie die Situation berücksichtigen und ihr Verhalten ändern. Aber sie hat ja eben in unserem Buch ihren Platz gefunden, weil sie eine »schwierige Persönlichkeit« ist, das heißt, sie hat Mühe, ihr unangebrachtes Verhalten zu modifizieren, und wiederholt es sogar auf die unflexibelste Weise.
Die Geschichte ist noch nicht zu Ende. Die Kollegen konsultierten einen Psychiater, um mit ihm über den »Fall Jocelyne« zu sprechen. Nachdem er alle angehört hatte, gab er ihnen einige Ratschläge, wie sie sich gegenüber Jocelyne geschickter verhalten könnten.
Am Tag, als Jocelyne wieder zu arbeiten begann, grüßten sie alle freundlich. Als sie den Versammlungsraum betrat, empfingen ihre

Kollegen sie mit einem kleinen Lied nach der Melodie von »Happy birthday«. Jocelyne war überrascht und zugleich entzückt. Bei der Durchsicht der Dossiers konnte sie es sich nicht verkneifen, ihre unter den Kranken zusammengetragenen Vertraulichkeiten auszubreiten. Diesmal ließ der Chefarzt sie ausreden und erklärte dann, dass ihre Informationen wichtig seien, um die Patienten besser zu verstehen. Dann bat er sie, vor jeder Versammlung ein schriftliches Resümee anzufertigen, so dass man bei jedem Patienten schnell auf die Probleme zu sprechen kommen könne. Jocelyne sah sich also mit einer wahren »Rolle« betraut; danach hatte sie immer getrachtet. Und tatsächlich: mit dem Notizheft in der Hand und ernster Miene trug sie künftig ihre Anmerkungen zu jedem Dossier rasch vor. Das erlaubte dem Team, effizientere Sitzungen abzuhalten und wichtige Informationen über die Patienten zur Kenntnis zu nehmen.

Alles klar? Die Gruppe hat es geschafft, Jocelyne zu einem angemesseneren Verhalten zu bringen, indem man ihr Aufmerksamkeit schenkte und zugleich die Spielregeln vorgab. Lassen Sie einer histrionischen Persönlichkeit also ihren Auftritt, aber setzen Sie Grenzen.

Bekunden Sie Interesse, wenn er sich einmal »normal« verhält.

Manchmal, besonders wenn sie sicher ist, Ihre Aufmerksamkeit gewonnen zu haben, wird die histrionische Persönlichkeit ihr theatralisches oder manipulatorisches Verhalten ein paar Augenblicke lang beiseitelegen. Lassen Sie diesen lichten Moment nicht ungenutzt verstreichen! Jetzt müssen Sie ihr zeigen, dass Sie es schätzen, wenn sie sich so verhält. Charles, ein umsichtiger Leiter, erzählte dazu:

Sophie ist für manche Aufgaben eine gute Mitarbeiterin. Insbesondere hat sie ein feines Gespür für die Atmosphäre in einem Unternehmen, und sie hat uns schon vor einigen Fehlern bewahrt. Andererseits redet sie auf Versammlungen zu viel, sie spricht zu oft über sich selbst, und sie kann es nicht lassen, unter verschiedenen Vorwänden in mein Büro zu kommen, meistens bloß, um meine Aufmerksamkeit auf sich zu lenken. Ich habe folgende Taktik entwickelt: Jedes Mal, wenn ich finde, dass sie nur redet und nichts sagt, antworte ich einsilbig und tue so, als wäre ich mit den Gedanken woanders. Wenn sie mir hingegen handfeste Informationen liefert, schaue ich sie an, nicke anerkennend und stelle ihr Fragen, die zeigen, dass ich interessiert zuhöre. Ich wende diese Methode seit einem Vierteljahr regelmäßig an, und meiner Meinung nach hat sich Sophie schon sehr gebessert.

Dieses Beispiel erinnert an einen Grundsatz, der gleichermaßen für die Kindererziehung, die Personalführung und den Umgang mit schwierigen Persönlichkeiten gilt: Oftmals kann man ein störendes Verhalten am besten entmutigen, indem man das umgekehrte Verhalten lebhaft ermuntert, wenn es sich einmal zeigt.

Rechnen Sie damit, heute als Held und morgen als Schuft zu gelten (und umgekehrt).

Histrionische Persönlichkeiten neigen dazu, die Personen ihrer Umgebung zu idealisieren oder verächtlich zu machen. Warum? Weil sie uns aufwerten müssen, um sich dann durch unsere Aufmerksamkeit selbst aufgewertet zu fühlen. Bestimmte histrionische Persönlichkeiten scheinen mit einer Art »Sicherung« versehen zu sein, die sie von ihren tiefen Emotionen, die mit vollem Bewusstsein zu schwer zu ertragen wären, rechtzeitig abtrennt. Also müssen Ersatzemotionen her, um eine gewisse Gefühlsaktivität aufrechtzuerhalten. Vielleicht durchleben sie auch aufs Neue eine Kindheitssituation, in der sie bei einem distanzierten und idealisierten Vater Beachtung finden wollten? Ihre histrionische Mitarbeiterin wird Sie bewundern, ganz wie ein Groupie seinen Lieblingssänger vergöttert, aber wenn Sie sie einmal enttäuschen, wird sie Ihr Bild (symbolisch) in lauter kleine Stücke reißen und Sie als abgrundtief böses und schäbiges Geschöpf hinstellen. Beunruhigen Sie sich darüber nicht zu sehr; wenn Sie von Neuem Interesse zeigen, werden Sie Ihren Platz im Pantheon bald wieder einnehmen.

Was Sie lassen sollten

Machen Sie sich nicht lustig über sie.

Histrionische Persönlichkeiten wirken oftmals ein bisschen lächerlich und fordern den Spott ihrer Mitmenschen heraus. Das liegt wohl daran, dass ihr so unübersehbar präsentiertes Verlangen nach Aufmerksamkeit auch in uns existiert, nur geschickter versteckt. Wir machen uns umso lieber über dieses Bedürfnis lustig, je weniger wir es in uns selbst wiederfinden möchten. Ein bisschen so, als lachte man über ein zweijähriges Kind, das eine große Szene macht, sobald man seinem neugeborenen Schwesterchen zu viel Aufmerksamkeit widmet.

Man spottet auch gern über hysterische Leute, weil sie mit ihrer leichten Erregbarkeit und ihrer Empfindlichkeit gegenüber der Meinung der anderen keine wirklich furchteinflößenden Gegner sind. (Man erlebt viel seltener, dass jemand über einen Paranoiker spottet!) Dabei wird Gespött eine histrionische Persönlichkeit vielleicht noch empfindlicher treffen als uns alle, und es könnte sie dazu treiben, Ihre Aufmerksamkeit mit allen verfügbaren Mitteln wiedererlangen zu wollen: mit Tränenausbrüchen, mit Selbstmordversuchen oder Arbeitsausfall.

Lassen Sie sich nicht durch ein Verführungsverhalten rühren.

Die histrionische Persönlichkeit ist zu allem bereit, wenn es darum geht, Ihre Aufmerksamkeit zu wecken. Sie wird dazu neigen, die Beziehungen zu »sexualisieren«, und das sogar in einem beruflichen Kontext. Unaufdringlich provokante Kleidung, bezauberndes Lächeln und bedeutungsvolle Blicke können bei naiven Leuten den Eindruck hervorrufen, eine »Freifahrkarte« zu haben. Wie groß wird ihr Erstaunen sein, wenn sie einen Annäherungsversuch starten und von der histrionischen Persönlichkeit verwundert oder sogar empört zurückgewiesen werden! Sie hatten nicht begriffen, dass all das zur Schau gestellte Verführungsverhalten nur zum Ziel hatte, Beachtung hervorzurufen und zu bezirzen, ohne dass der geringste Wunsch nach mehr Intimität im Spiel gewesen wäre. So geraten histrionische Frauen oft in den Ruf einer Femme fatale.

Manche histrionische Frauen gehen noch weiter und setzen gezielt Sex ein, um Aufmerksamkeit zu erlangen. Sie geben sich sehr emanzipiert, wechseln häufig den Partner, stellen sich als freizügige und erfahrene Geliebte hin, ohne dass sie immer von wirklichem Verlangen getrieben wären. Vielmehr möchten sie eine Aura um sich schaffen, die sie für anziehend halten (und die es, wenigstens für gewisse Zeit, auch sein kann). Auch mancher histrionische Mann wird auf Frauen verwirrend wirken, weil sie nicht herausfinden, wo seine wirklichen Absichten liegen, kommt er doch nicht offen zur Sache, obgleich er ständig voller Charme und Verführungskraft ist. Der Begriff Homme fatal ist zwar ungebräuchlich, aber er könnte gewisse histrionische Verhaltensweisen beim Mann gut charakterisieren. (Davon zu unterscheiden sind Männer, die aus Schüchternheit oder Skrupelhaftigkeit zögern, aufs Ganze zu gehen.)

Lassen Sie sich nicht zu sehr erweichen.

Mit ihrer Emotivität und (im Grunde) Fragilität, ihren irgendwie kindlichen Verhaltensweisen, schaffen es die histrionischen Persönlichkeiten schnell, Sie zu rühren und in Ihnen den Beschützerinstinkt zu wecken. Welcher Mann hat sich niemals in eine schöne Histrionikerin verguckt, die er zärtlich lieben und beschützen wollte? Achtung! Wenn Sie zu wenig Distanz halten, laufen Sie Gefahr, den Stimmungsumschwüngen dieser Person ausgesetzt zu sein, durch ihre wechselhaften Haltungen aus der Fassung gebracht und selbst in ihre theatralischen Aktionen hineingezogen zu werden. Wenn Sie ihren Wünschen zu sehr nachgeben, werden Sie ihr nicht mehr helfen können.

Von Anfang an war meine Beziehung zu Claire sehr anstrengend. Einmal hatten wir zum Beispiel ein herrliches Abendessen, und beim Dessert brach sie plötzlich in Tränen aus, ohne ein Wort zu sagen. Ich war ganz niedergeschmettert und bestürmte sie mit Fragen. Am Ende sagte sie mir, dass es das gleiche Dessert gegeben hätte, als sie das letzte Mal mit ihrem Vater essen war. Mit dem war sie seit drei Jahren völlig zerstritten. Als wir von einem Abendessen bei Freunden zurückkamen, machte sie mir eine schreckliche Szene, weil ich angeblich meine Tischnachbarin angebaggert hätte, was überhaupt nicht stimmte. Ich verteidigte mich und wurde am Ende wütend, woraufhin sie gleich wieder wie ein kleines Mädchen zu weinen anfing und ich mich als der Schuldige fühlte.

Allmählich habe ich verstanden, dass alle diese Szenen für sie wie ein Reflex waren, um zwischen uns einen Austausch von Emotionen zu provozieren. Ich bin auf dieses Spiel nicht mehr eingegangen. Sobald es wieder mit ihr durchging, sagte ich ihr, sie könne damit ruhig aufhören, oder ich verschob das Gespräch auf später. Nach und nach hat sie sich beruhigt, und inzwischen können wir normaler und aufrichtiger miteinander reden. Eines Tages sagte sie zu einer ihrer Freundinnen, ich sei der erste Mann, der ihr widerstehen könne, und im Grunde beruhigte sie dieser Gedanke.

Vergessen Sie nicht, dass Sie für eine histrionische Persönlichkeit das Publikum verkörpern. Ein zu »einfaches« Publikum würde sie bald uninteressant finden. Abschließend erinnern wir daran, dass die von uns beschriebene histrionische Persönlichkeit nur einen Aspekt der zahlreichen Symptome bietet, die man früher unter dem Begriff »Hysterie« zusammenfasste, dieser mysteriösen Störung, aus deren Geschichte sich weiterhin interessante Debatten unter Psychiatern und Psychologen nähren.

HABEN SIE SELBST ZÜGE

… einer histrionischen Persönlichkeit?

	eher richtig	eher falsch
1. Der Blick der anderen wirkt auf mich wie ein Reizmittel.		
2. Man hat mir schon vorgeworfen, ich würde »eine Show abziehen«.		
3. Ich bin schnell aufgewühlt.		
4. Ich spiele gern den Verführer, selbst wenn ich keine Lust habe, aufs Ganze zu gehen.		
5. Damit die anderen mir helfen, muss ich vor allem meinen Charme spielen lassen.		
6. In einer Gruppe fühle ich mich schnell unbehaglich, wenn mir nicht alle ihre Aufmerksamkeit widmen.		
7. Ich neige dazu, mich in kühle oder unerreichbare Personen zu verlieben.		
8. Man hat mich schon darauf hingewiesen, dass meine Kleidung zu exzentrisch oder zu provokant sei.		
9. In einer peinlichen Situation bin ich schon einmal in Ohnmacht gefallen.		
10. Ich frage mich oft, welchen Eindruck ich auf andere Leute mache.		

KAPITEL VII

DIE ZWANGHAFTEN PERSÖNLICHKEITEN

»Habe ich mich erst einmal entschieden,
beginne ich lange zu zögern.«

Jules Renard

Eines Tages hatte ich die Nase voll davon, immer nur für andere zu arbeiten, und so beschloss ich, mein eigenes Unternehmen zu gründen, erzählt Daniel (38). *Ich wusste, dass ich die erforderlichen Fähigkeiten mitbrachte: ich habe einen Sinn für gute Geschäfte, bin ziemlich kreativ und stecke voller Energie. Aber ich wusste auch, wo meine Schwächen lagen: ich mache nicht gern Abrechnungen, die ganze Verwaltungsstrecke langweilt mich, und ich bin kein guter Buchhalter. Da kam mir der Gedanke, meinen Schwager Raphaël mit ins Geschäft zu nehmen. Ich kannte ihn seit Jahren, wir hatten uns auf Familientreffen gesehen, und er schien mir ein verlässlicher Typ zu sein. Er war ernsthaft und schuftete oft so sehr, dass meine Schwester sich beklagte, weil sie fand, er sei zu selten zu Hause. Raphaël war eher zurückhaltend, bescheiden und sehr um die Erziehung seiner Kinder besorgt, was ihn mir gleich sympathisch gemacht hatte.*

Von meiner Schwester hatte ich erfahren, dass auch er meinte, in seinem Unternehmen nicht genug Anerkennung für seine Arbeit zu finden, und so schlug ich ihm ein Zusammengehen vor. Er wirkte überrascht und ein wenig beunruhigt, dann bat er um Bedenkzeit. Während der nächsten Wochen rief er mich regelmäßig an, um immer neue Detailinformationen über das Projekt, die Bedingungen des Zusammenschlusses usw. einzuholen. Schließlich habe ich mich aufgeregt und ihm gesagt, dass ich mit ihm kein Unternehmen aufbauen könne, wenn er mir nicht vertraue. Kurz darauf rief mich meine Schwester an. Sie erklärte mir, dass es hier nicht um mangelndes Vertrauen gehe, Raphaël zweifle nicht an meiner Ehrlichkeit, er brauche nur immer ein Maximum an Informationen, ehe er eine Entscheidung treffe, egal ob es sich um die Anschaffung einer Waschmaschine oder die Planung des nächsten Urlaubs handelte. Als ich den Hörer auflegte, dachte ich, dass Raphaël und ich uns gut ergänzten und dass er auf Details achten würde, die mich nur langweilten.

Unser Unternehmen kam gut aus den Startlöchern, weil einige meiner alten Kunden weiter mit mir zusammenarbeiten wollten. Raphaël arbeitete hart an der Einrichtung der Verfahren und Normen; er machte seine Sache gut, selbst wenn ich den Eindruck hatte, dass er zu viel Zeit damit verbrachte. Meine Schwester lag mir in den Ohren, weil ich ihrem Mann zu viel Arbeit aufbürdete und er alle seine Wochenenden vor dem Computer zubrachte!

Ich versuchte, mit Raphaël darüber zu reden, und bat ihn, ein bisschen kürzer zu treten und sich nicht so sehr in jede Einzelheit zu versenken. Aber ich habe es bald aufgegeben, denn jedes Mal, wenn ich bei ihm vorbeikam, erklärte er mir lang und breit das Wie und Warum seines Tuns, ich kam überhaupt nicht mehr zu Wort. Das raubte auch mir am Ende Zeit!

Bald konnten wir zehn Personen beschäftigen. Dann, vor einem Vierteljahr, erhielten wir den Auftrag, von dem jeder kleine Firmenchef träumt. Eine Supermarktkette bestellte bei uns Verpackungen für ihre Milchprodukte. Es gelang mir, einen Vertrag zu ziemlich günstigen Bedingungen abzuschließen. Sie können mir glauben, das ist mit solchen Leuten kein Kinderspiel!

Ich ärgerte mich ein wenig über Raphaël, weil er, statt begeistert zu sein, den Vertrag x-mal durchlas und mir dann sagte, dass ich diese oder jene Eventualität (von der Sorte, wie sie nie wirklich passieren) nicht bedacht hatte. Schließlich musste er zugeben, dass es ein gutes Geschäft war. Aber als wir dann an die Herstellung gingen, erklärte er mir, dass wir die Verpackungen nicht in der gewünschten Schnellig-

keit produzieren könnten, wenn wir die Normen einhalten wollten. Dabei war unser Kunde mit den schon gelieferten Verpackungen zufrieden gewesen! Aber Raphaël bestand darauf, die sehr strengen statistischen Normen zu befolgen. Er wollte, dass wir neue Technik kauften, was zu dieser Zeit völlig über unsere Möglichkeiten ging. Ich schlug ihm vor, stattdessen lieber eine Qualitätskontrolle einzurichten, damit alle defekten Verpackungen ausgesondert werden konnten. Er war einverstanden. Dann ersann er ein so umständliches Verfahren, dass die Leute aus der Herstellung in mein Büro kamen, weil sie sich weigerten, es anzuwenden.

Am Ende habe ich Raphaël mit seinem Einverständnis von allen Verantwortlichkeiten in Produktion und Vermarktung befreit. Jetzt kümmert er sich nur noch um die Buchhaltung und die Verwaltung, und ich versichere Ihnen, dass dort alles in bester Ordnung ist! Neuerdings spricht meine Schwester von Scheidung. Nicht nur, dass Raphaël pausenlos arbeitet – wenn er nach Hause kommt, fällt ihm die eine oder andere Kleinigkeit auf, und er meint, dass sie den Haushalt nicht im Griff hätte!

WAS SOLL MAN VON RAPHAËL DENKEN?

Raphaël achtet offenbar besonders darauf, dass alles tadellos ist: die Verträge, die Verpackungen, die Herstellungsverfahren und sogar die Hauswirtschaft! Man kann ihn einen Perfektionisten nennen. Er widmet den Details enorme Aufmerksamkeit, verliert darüber aber das Ganze aus den Augen: durch sein Herumdiskutieren über den Gesellschaftervertrag überwirft er sich beinahe mit Daniel. Wo ein gutes Geschäft winkt, sieht er nur die juristischen Schwierigkeiten. Er richtet Verfahren ein, die so strikt sind, dass sie darauf hinauslaufen würden, dem Kunden überhaupt keine Verpackungen mehr zu liefern. Schließlich merkt er nicht, wie frustriert seine Frau durch seine ständige Abwesenheit ist, sondern verärgert sie noch zusätzlich, indem er sich über ein paar Staubkörnchen aufregt.

Weist man ihn darauf hin, dass er übertreibt und sich zu sehr auf die Einzelheiten konzentriert, argumentiert er eisern drauflos, bis er seinen Gesprächspartner ermüdet, indem er ihm immer wieder vor Augen führt, dass seine eigene Vorgehensweise genau die richtige sei. Seine Hartnäckigkeit erschöpft die anderen. Dennoch hält Daniel Raphaël für bescheiden, und wahrscheinlich hat er recht. Raphaël verteidigt seinen Standpunkt nicht, um persönlichen Ruhm einzustreichen oder den anderen zu zeigen, dass sie weniger intelligent als er wären. Lediglich die Sorge, alles richtig zu machen, lässt ihn derart starrköpfig sein. Er meint, dass einzig seine Methode Perfektion garantiere, was in gewisser Weise auch stimmt, selbst wenn er durch seine Regel- und Detailbesessenheit manchmal Gefahr läuft, dem großen Ziel zu schaden.

Im Übrigen scheint sich Raphaël über den ganzen Ärger, den er auf der Arbeit und zu Hause auslöst, nicht besonders aufzuregen. Andererseits zeigt er auch bei einem frohen Ereignis wenig Freude. Man kann sagen, dass es ihm schwerfällt, Emotionen auszudrücken.

Daniel hat es letztendlich verstanden, sich an Raphaël anzupassen. Als guter Unternehmenschef hat er ihm die Aufgaben übertragen, denen er am besten gewachsen ist. Er hat nämlich begriffen, dass der Perfektionsdrang seines Gesellschafters im Verwaltungs- und Finanzbereich von Nutzen sein kann. Außerdem kann er ihm voll vertrauen, hat er doch bemerkt, wie ehrlich und gewissenhaft Raphaël ist.

Raphaël vereint alle typischen Merkmale einer zwanghaften Persönlichkeit.

DIE ZWANGHAFTE PERSÖNLICHKEIT

- *Perfektionsdrang:* achtet übermäßig und oft zum Schaden des Endresultats auf die Details, die Verfahrensweisen, aufs Ordnunghalten und die Organisation.

- *Starrsinn:* ist dickköpfig, besteht verbissen darauf, dass alles so läuft, wie er es vorgesehen hat.
- *Beziehungskälte:* hat Mühe, herzliche Gefühle auszudrücken; ist oftmals sehr formell, kalt, verlegen.
- *Zweifel:* hat Schwierigkeiten bei der Entscheidungsfindung, weil er fürchtet, Fehler zu machen; zögert lange und erhebt kleinliche Einwände.
- *Moralische Strenge:* ist extrem gewissenhaft und peinlich genau.

WIE RAPHAËL DIE WELT SIEHT

Was Raphaël anscheinend am meisten fürchtet, sind mangelnde Perfektion (er achtet auf jedes Detail) und Ungewissheit (er interessiert sich für die Verfahrensweisen und prüft alles genau nach). Er fühlt sich persönlich dafür verantwortlich, in seiner Umgebung die Ordnung aufrechtzuerhalten. Seine Grundüberzeugungen könnten lauten: »Wenn ein jeder die Regeln befolgte, würde alles besser laufen« und »Alles nicht hundertprozentig Gelungene kommt einem Misserfolg gleich«. Dieses Postulat gilt in seinen Augen sowohl für die Resultate anderer Menschen als auch für seine eigenen.

Man kann also festhalten, dass der Zwanghafte sehr anspruchsvoll den anderen und sich selbst gegenüber ist. In seinem Perfektionsdrang fühlt er sich voller Verantwortlichkeit und findet demgegenüber die anderen unordentlich und unzuverlässig. Eine zwanghafte Person lebt oft im Glauben, dass man »auf die Leute nicht bauen kann und immer kontrollieren muss, was sie tun«. Und jedes Mal, wenn sie nach Hause kommt, werden ein paar Quadratzentimeter Staub auf dem Kamin oder eine nicht abgewaschene Kaffeetasse im Spülbecken sie in ihrer Überzeugung bestärken, dass der andere nicht imstande sei, den Haushalt ordnungsgemäß, also nach ihren perfektionistischen Maßstäben, zu führen.

DIE GEMÄSSIGTEN SPIELARTEN

Mit Raphaël haben wir eine charakteristische zwanghafte Persönlichkeit beschrieben. Aber auch hier gibt es zahlreiche Zwischenstufen. Manche Menschen widmen der Ordnung, den Details oder den Verfahrensweisen viel Aufmerksamkeit, ohne jedoch das große Ganze aus den Augen zu verlieren. Man kann es lieben, abends in ein sauberes und wohlaufgeräumtes Haus zurückzukehren, ohne dass man sich gleich aufregen würde, wenn die Spielsachen der Kinder herumliegen. Im Übrigen sind sich manche Obsessionelle ihrer besonderen Neigung selbst bewusst und versuchen, sich zurückzuhalten. Lionel (43), Wirtschaftsprüfer, berichtet:

Soweit meine Erinnerungen zurückreichen, habe ich es immer geliebt, wenn alles in Reih und Glied geordnet war. Als Kind sortierte ich meine Murmeln in kleine Fächer, indem ich sie nach verschiedenen Kriterien klassifizierte: nach der Größe, der Farbe, nach dem Material und auch danach, wie ich zu ihnen gekommen war – hatte ich sie gekauft, geschenkt bekommen oder beim Spielen gewonnen? Ich änderte das Einteilungskriterium, und schwupps! konnte ich sie von vorn einsortieren. Später, in meiner Studentenzeit, lag es mir am Herzen, dass auf meinem Schreibtisch alles parallel oder rechtwinklig zueinander war: meine Bücher, Lineale, Federhalter und sogar die Schlüssel, die ich übereinander im gleichen Abstand zur Tischkante ausrichtete. Meine Freundinnen waren verwirrt darüber, manche sogar erschrocken. Ich liebte es, perfekte Vorlesungsmitschriften zu haben, und verbrachte Stunden über Stunden damit, sie ins Reine zu schreiben und mit verschiedenfarbigen Stiften zu unterstreichen, statt ihren Inhalt zu lernen. So fiel ich bei den Prüfungen im Juni oft durch.

Mir wurde sehr bald klar, dass ich zu viel Zeit mit Aufräumen und Nachprüfen zubrachte, und so bemühte ich mich, mein Verhalten zu kontrollieren. Meine Frau hat mir dabei sehr geholfen. Wenn sie meint, dass ich es wieder einmal übertreibe, sagt sie es mir sofort. Aus ihrem Mund akzeptiere ich solche Hinweise, denn sie ist selbst ziemlich ord-

nungsbewusst. In meinem Beruf werde ich sehr geschätzt, und meine Kunden setzen großes Vertrauen in mich, obgleich ich anfangs Mühe hatte, die Fristen einzuhalten, weil ich alles endlos überprüfte. Die Einführung der Informatik ist mir sehr gelegen gekommen. Meine Mitarbeiter wissen, dass ich einen unfehlbaren Blick dafür habe, wo der Teufel im Detail steckt, und ich glaube, dass ich sie ungewollt unter Druck setze.

Mir war schon immer unbehaglich zumute, wenn ich meine Gefühle ausdrücken musste, und auch, wenn die anderen mir ihre Zuneigung zeigten oder mir Komplimente machten. Ich weiß dann nie, was ich antworten soll. Ich habe auch Mühe, witzig zu sein und »Konversation zu machen«. Wenn ich ein Thema anschneide, möchte ich es immer von Grund auf behandeln, mit Anfang, Hauptteil und Schluss, während mich die anderen mittendrin unterbrechen oder von anderen Sachen zu reden anfangen. Im Laufe der Jahre habe ich mich gebessert. Auch hier war es, glaube ich, meine Frau, die mir bewusst gemacht hat, dass ich Humor habe und ihn auch einsetzen kann.

Es stimmt schon, dass meine Freunde sich manchmal ein wenig über meine Ordnungsliebe lustig machen. Am Anfang hat mich das verletzt, jetzt nicht mehr. Zunächst einmal, weil ich glaube, dass ich mich gebessert habe. Und dann, weil es in gewisser Weise gerade meine »Fehler« waren, die mir im Beruf zum Erfolg verhalfen.

Ich arbeite heute weniger als früher, habe aber immer noch Mühe, mich zu entspannen. Sogar am Wochenende muss ich immer daran denken, was im Haus repariert werden müsste oder um welche Papiere man sich schon vorfristig kümmern sollte. Doch ich zwinge mich dazu, mich nicht allzu sehr in diese Dinge zu vertiefen, sondern die Zeit lieber mit den Kindern zu verbringen.

Lionel konnte sich durch die Erkenntnis seiner Eigenarten mäßigen. Vor allem hatte er doppelt Glück: er wurde auf einen Beruf hingelenkt, in dem seine zwanghaften Züge von Vorteil sind, und er hat eine Frau kennengelernt, die seinen Wertvorstellungen so nahesteht, dass sie ihn akzeptiert, wie er ist, die sich aber trotzdem ausreichend von ihm unterscheidet, um ihn Fortschritte machen zu lassen.

WENN DIE OBSESSION ZUR KRANKHEIT WIRD

Neben den zwanghaften Persönlichkeiten stößt man auch auf eine richtiggehende Krankheit, die Zwangsstörung (obsessive-compulsive disorder), von der in den Medien jetzt häufiger die Rede ist. Die an dieser Krankheit leidenden Patienten fühlen sich zu wahrhaften Ritualen des Aufräumens, zu häufigem Waschen und übertriebenem Nachprüfen gezwungen. Dies ist für sie das einzige Mittel, ihr Angstgefühl niederzuhalten. Unfreiwillig kommen ihnen obsessive Gedanken, die gemeinhin um Reinlichkeit, Perfektion oder Schuldbewusstsein kreisen. All dies kann sie täglich mehrere Stunden in Anspruch nehmen, und sie leiden darunter. Hier zwei Beispiele.

Marie litt an einer Zwangsstörung. Wenn sie am Lenkrad saß, fürchtete sie immer, unbemerkt einen Fußgänger überfahren zu haben. War sie am Zielort angelangt, fühlte sie sich gezwungen, wieder eine ganze Strecke zurückzufahren, um sich zu vergewissern, dass sie wirklich keinen Unfall verursacht hatte. Sie wusste, wie absurd dieser Gedanke war, konnte ihr Angstgefühl jedoch erst verringern, wenn sie sich überzeugt hatte, dass niemand blutend am Straßenrand lag.

Philippe (43) war von dem Gedanken an Schmutz und Staub besessen. Er wusch sich mehrere Dutzend Mal am Tag die Hände, duldete nicht, dass seine Frau die Hausarbeit machte, und verbot jedem, mit Schuhen in seine Wohnung zu kommen. Dem Händewaschen und der Hauswirtschaft widmete er in einem Zustand angstvoller Anspannung täglich vier bis fünf Stunden.

Die Beziehungen zwischen zwanghafter Persönlichkeit und Zwangsstörung sind weit weniger augenscheinlich, als man von psychoanalytischen Theorien ausgehend annehmen könnte. Verschiedene epidemiologische Untersuchungen haben ergeben, dass tatsächlich nur 50 % bis 80 % der von dieser Krankheit Betroffenen eine zwanghafte Persönlichkeit haben! Und die meisten zwanghaften Persönlichkeiten werden auch nie an einer Zwangsstörung erkranken. Die amerikanische Klassifizierung DSM-IV spricht von »obsessive-compulsive disorder«, wenn Zwangshandlungen und sinnlose Rituale täglich mehr als eine Stunde in Anspruch nehmen.

UND DIE MEDIKAMENTE, HERR DOKTOR?

Bei der Behandlung der Zwangsstörung, die bis in die siebziger Jahre als schwer zu bekämpfen galt, ist seit der Einführung bestimmter Antidepressiva eine wahrhafte Revolution in Gang gekommen. Wirksam sind aber nur solche Antidepressiva, die Einfluss auf Produktion und Abbau des Serotonins haben, eines Moleküls, das man in natürlichem Zustand im Zentralnervensystem findet. Beinahe 70 % der an »obsessive-compulsive disorder« Erkrankten fühlen sich erleichtert, wenn man sie einige Wochen lang mit einem serotonergen Antidepressivum in ausreichender Dosierung behandelt. Wie zahlreiche Studien belegen, verbessert sich das Ergebnis noch, wenn der Patient an einer Verhaltenstherapie teilnimmt. Für die meisten Patienten scheint die Kombination von Antidepressivum und Verhaltenstherapie günstigere Wirkungen zu haben als eine eingleisige Behandlung.

Wie kann man nun den zwanghaften Persönlichkeiten helfen? Psychiater hatten den Einfall, dieselben Antidepressiva einzusetzen, die bei der Zwangsstörung wirkungsvoll waren, spürt man doch eine Verwandtschaft zwischen beiden Störungen. Sie haben sich nicht geirrt! Wenn die zwanghaften Persönlichkeiten deprimiert sind, wirken serotonerge Antidepressiva, die bei Zwangsstörungen erfolgreich angewendet werden, oft am besten.

Im Falle einer Depression – einverstanden. Aber sonst? Man wird niemandem bis an sein Lebensende ein Medikament verabreichen, um seine Persönlichkeit zu modifizieren. Es fehlt nicht an kritischen Stimmen, welche die Mediziner beschuldigen, »Gleichschalter« zu sein, die man damit beauftragt hat, die Persönlichkeiten so zu beschneiden, dass sie passgerecht für die Anforderungen der Gesellschaft werden. Dieses weite Diskussionsfeld könnte allein ein ganzes Buch füllen, aber in der Praxis wird man immer wieder auf drei grundlegende Fragen zurückkommen:

- Leidet der Patient unter seiner zwanghaften Persönlichkeit?
- Ist das Medikament wirkungsvoll für ihn?
- Hat man ihn ausreichend über die Vor- und Nachteile der Behandlung informiert?

Können alle drei Fragen mit Ja beantwortet werden, ist nicht einzusehen, weshalb man ihm nicht eine Behandlung vorschlagen sollte, die ihm Erleichterung verschaffen könnte. Danach steht es dem Patienten und dem Arzt völlig frei, ob sie sich regelmäßig wiedersehen wollen, um über Fortsetzung oder Abbruch der Behandlung zu entscheiden.

Was die Psychotherapien betrifft, so soll von ihnen zum Ende des Buches die Rede sein.

KANN EIN BISSCHEN ZWANGHAFTIGKEIT NICHT NÜTZLICH SEIN?

In gewissem Sinne könnte man sagen, dass unsere Gesellschaft ständig obsessioneller wird. Die Massenproduktion zwingt die Unternehmen, immer striktere Kontrollprozeduren einzuführen, um abzusichern, dass alle ihre Waren identisch und zuverlässig sind und so die Bedürfnisse des anspruchsvollen Kunden befriedigen, der sonst zu den Produkten der Konkurrenz greifen würde.

Die Sorge um ausreichende Sicherheit führt dazu, dass in allen Bereichen Normen geschaffen werden, angefangen von der Joghurtfabrikation über die Herstellung von Babysitzen bis hin zur Montage von Automobilen. Alle diese Kontrollverfahren müssen ihrerseits unablässig evaluiert und überwacht werden. Der moderne Verwaltungsapparat schließlich verlangt, um von Privatpersonen oder Firmen die Steuern einzutreiben oder um die Gesundheit der Bürger zu verwalten, Daten, Daten und nochmals Daten.

Es gibt heute also genügend Betätigungsraum für zwanghafte Leute, doch muss man darauf achten, worauf ihre gut gemeinten Bemühungen hinauslaufen. Seit sich Menschen zu Teams zusammenschließen, um eine bestimmte Aufgabe zu lösen, etwa um ein Wehr zu errichten oder eine Zeitung ins Leben zu rufen, konnte es die Qualität des Endprodukts sichern, wenn man einen gut ausgewählten Zwanghaften unter seinen Mitarbeitern hatte.

Unter entwicklungsgeschichtlichen Gesichtspunkten könnte man annehmen, dass ein Zwanghafter im Zeitalter der Jäger und Sammler nicht gerade von großem Nutzen war (es sei denn, dass man mit ihm weniger Gefahr lief, achtlos giftige Beeren zu verschlingen). Seit dem Übergang zum Ackerbau jedoch erwiesen sich die Zwanghaften mit ihrem Interesse fürs Ordnunghalten und für immer wiederkehrende Aufgaben als besonders begabt bei der Einhaltung der Saattermine, bei der Feldbearbeitung, der Vorsorge und dem Anlegen von Vorräten, sodass sie ihrer Nachkommenschaft bessere Überlebenschancen bieten konnten.

ZWANGHAFTE PERSÖNLICHKEITEN IN FILM UND LITERATUR

Sherlock Holmes hat mit seiner Detailbesessenheit, seiner kühlen Art, seinem Interesse für Klassifizierungen und seiner immer gleichen Kleidung vielleicht einige zwanghafte Züge.

In der Fernsehserie *Star Trek* wirkt Mister Spock (der mit den spitzen Ohren) wie die Karikatur eines Obsessionellen: er ist hoffnungslos kalt und logisch und begreift nicht die Gefühlswelt und die irrationalen Reaktionen seiner irdischen Mitreisenden.

In James Ivorys Film *Was vom Tage übrig blieb* (1993) spielt Anthony Hopkins einen Butler, der in allen Einzelheiten, die den Dienst in einem großen Haus betreffen, fanatischer Perfektionist ist. Es gelingt ihm auch, jede Gefühlsregung zu unterdrücken, als er bei einem großen Abendessen von Diplomaten die Gäste weiter bedient, obwohl sein Vater ein paar Stockwerke höher im Sterben liegt. Später ist er unfähig, die Liebe von Emma Thompson zu erwidern, obgleich er sich zu ihr hingezogen fühlt.

In *Die Brücke am Kwai* (1957) von David Lean bietet uns der halsstarrige Colonel Nicholson, den Alec Guinness spielt, ein faszinierendes Beispiel für eine zwanghafte Persönlichkeit. Als Gefangener der Japaner weigert er sich, ihren Befehlen zu folgen, und willigt nur in eine Zusammenarbeit ein, um seinen Männern Repressalien zu ersparen. Er wird mit dem Bau einer Brücke beauftragt, die den japanischen Truppen den Weg nach Burma bahnen soll, und entfaltet seine ganze obsessionelle Begabung, um eine makellose Konstruktion zu errichten, wobei er völlig vergisst, dass sie dem Feind nutzen wird. Er wird es nicht ertragen, dass seine Landsleute dieses Werk zerstören.

In Chantal Akermans Film *Eine Couch in New York* (1995) verkörpert William Hurt einen zwanghaften Psychoanalytiker, der seine New Yorker Wohnung mit einer recht bohèmehaften Pariserin (Juliette Binoche) tauscht. In Paris angelangt, wird er die Wohnung der jungen Frau pausenlos aufräumen und alle kleinen Defekte ausbessern. Sie hingegen ist beeindruckt von der manischen Ordnung und Symmetrie, die in seiner New Yorker Wohnung herrschen und sogar den Labrador deprimieren. Später, als er sich in Juliette Binoche verliebt, wird der gute Doktor die größten Schwierigkeiten haben, ihr seine Gefühle zu zeigen.

In Martin Scorceses Meisterwerk *Casino* (1995) ist Robert de Niro Direktor eines großen Spielcasinos in Las Vegas. Er führt sein Haus mit eiserner Hand und überprüft jedes Detail – in der Küche verlangt er sogar, dass jeder Muffin exakt die gleiche Zahl Blaubeeren enthält. Wenn er im Büro allein ist und an seinem Schreibtisch arbeitet, zieht er sich die Hose aus, damit die Bügelfalten tadellos bleiben. Erst wenn Besucher kommen, kleidet er sich wieder vollständig an. Kühl und wenig expressiv, verliebt er sich in Ginger (Sharon Stone), ein extravagantes Callgirl, das sich als Borderline-Persönlichkeit entpuppt.

VOM UMGANG MIT EINER ZWANGHAFTEN PERSÖNLICHKEIT

- **Wenn es Ihr Chef ist:**
  Passen Sie auf, dass in Ihren Berichten keine Rechtschreibfehler stecken!
- **Wenn es Ihr Lebenspartner ist:**
  Übertragen Sie ihm die Führung des Haushaltsbuches und vergessen Sie nicht, die Schlittschuhe ins Regal zu räumen.
- **Wenn es Ihr Kollege ist:**
  Betrauen Sie ihn mit Kontrollen und lassen Sie ihn allen Dingen den letzten Schliff geben. Setzen Sie die Dauer des Gesprächs fest, ehe er loslegt.

Was Sie tun sollten

Zeigen Sie ihm, dass Sie seinen Sinn für Ordnung und Strenge zu schätzen wissen!

Vergessen Sie nicht, dass ein zwanghafter Mensch glaubt, im Namen des Guten zu handeln. Wenn Sie ihm zu brüsk widersprechen, um ihm von Anfang an deutlich zu machen, dass er übertreibt, werden Sie in seiner Achtung sinken, da er Sie für jemanden hält, der nicht begreift, was wichtig ist. Zeigen Sie ihm hingegen, dass Sie seinen Hang zur Perfektion zu schätzen wissen, wird er für eventuelle Kritik ein offeneres Ohr haben.

Respektieren Sie sein Bedürfnis, alles zu planen und zu organisieren!

Die Obsessionellen mögen nichts Unvorhergesehenes und verabscheuen ganz besonders Situationen, in denen sie improvisieren müssen. Sie haben recht, denn unter solchen Umständen sind sie ziemlich ineffizient. Vermeiden Sie also im Rahmen des Möglichen, sie zu überraschen und von ihnen die Erledigung »dringlicher« Dinge zu verlangen. Damit würden Sie ihnen Kummer bereiten, und als Antwort würde man Sie durch Langsamkeit und Widerwillen nerven. Bevor Sie ihnen eine Aufgabe übertragen, sollten Sie sich selbst um Voraussicht und Planung bemühen. Dazu berichtet Jacques von seiner Gattin:

Alle sagen mir, dass meine Frau eine Menge guter Eigenschaften hat, und ich muss zugeben, dass das stimmt. Sie verfolgt sehr aufmerksam die Ausbildung unserer Kinder, sie kümmert sich hervorragend ums Haus, und ich weiß, dass sie ihren Halbtagsjob zur allseitigen Zufriedenheit erledigt. Aber gerade diese Ernsthaftigkeit ist mir schließlich auf den Geist gegangen. Ich bin zum Beispiel ein ziemlich geselliger Typ; ich bin in einer Familie aufgewachsen, in der Gäste oft ohne große Umstände zum Abendbrot eingeladen wurden, und ich selbst lade gern Freunde oder Arbeitskollegen zum Essen ein. Aber statt ein schlichtes, freundschaftliches Abendessen ohne große Zeremonien zuzubereiten, fühlt sich meine Frau jedes Mal verpflichtet, mächtig aufzutafeln und den Tisch vornehm zu decken. Und wenn ich einmal im letzten Augenblick einen oder zwei Gäste mehr einlade, wirft sie die Arme gen Himmel, und ich kriege ihr nicht klargemacht, dass jedermann genauso froh wäre, wenn es ganz schlicht und einfach zuginge! Schließlich haben wir folgende Regeln vereinbart: wenn ich mich selbst um das Abendessen kümmere, darf ich einladen, wen ich will. Bereitet meine Frau es zu, muss ich ihr mindestens drei Tage vorher die endgültige Gästeliste geben.

Formulieren Sie, wenn er es übertreibt, präzise Kritik mit Zahlen und Fakten!

Es hat keinen Zweck, sich aufzuregen, wenn ein zwanghafter Mensch Ihnen erklärt, man müsse unbedingt auf eine bestimmte Weise vorgehen oder ein bestimmtes Verfahren respektieren, von dem Sie aber genau wissen, dass es nichts als Zeitverschwendung wäre. Wenn Sie Ihren Ärger zeigen, wird er in seiner Idee bestärkt, dass die Leute wirklich unberechenbar und wenig vertrauenswürdig seien. Denken Sie an seine Weltsicht: er meint, im Namen des Guten zu handeln. Nehmen Sie sich also Zeit, ihm auf leicht zwanghafte Weise, gestützt auf Zahlen und Fakten, zu demonstrieren, dass seine Methode mehr Nachteile als Vorzüge hat.

Die folgende Anekdote erzählte uns ein Firmenchef während eines Seminars über den Umgang mit schwierigen Persönlichkeiten.

Der Einkaufsverantwortliche eines kleinen Unternehmens, ein im Übrigen sehr kompetenter Mann, wollte sich vergewissern, dass alle auswärts eingekauften Einzelteile, selbst die ganz billigen, im Werk sinnvoll eingesetzt wurden. Er ersann ein extrem komplexes Verfahren, um den Weg jedes einzelnen Teils zu verfolgen. Das bremste die Werk-

stattverantwortlichen in ihrer Arbeit, und sie beschwerten sich beim Betriebsleiter. Dieser bestellte den Einkaufschef zu sich. Er begann damit, sein Verantwortungsbewusstsein im Beruf und seinen Sinn für Strenge zu loben. Dann ging er mit ihm das neue Verfahren durch und berechnete die zusätzliche Arbeitszeit, die es für die Gesamtheit der Betroffenen mit sich brachte. Der Einkaufschef verfolgte die Berechnung mit großer Aufmerksamkeit. Der Betriebsleiter bestimmte dann die Gesamtkosten dieser Verfahrensänderung, indem er den durchschnittlichen Stundenlohn der betroffenen Beschäftigten zugrunde legte. Dann bat er den Einkaufsverantwortlichen, die Verluste durch unsachgemäßen Einsatz der Einzelteile abzuschätzen, die durch sein Verfahren vermieden werden könnten. Den Taschenrechner in der Hand, machten sie sich gemeinsam an die Kalkulation. Die zweite Summe war niedriger als die erste. Der Betriebsleiter brauchte kaum mehr darauf zu drängen, dass der Einkaufsverantwortliche sein Verfahren zurücknahm. Er hatte ihn überzeugt. Dagegen bestand der Leiter darauf, in Zukunft vor der Erprobung eines neuen Verfahrens eine Kalkulation vorgelegt zu bekommen, die dessen Rentabilität beweist. Dem stimmte der Einkaufschef gern zu.

Da er die Weltsicht seines zwanghaften Mitarbeiters verstanden hatte, gelang es dem Firmenchef, ihn zu einer geänderten Vorgehensweise zu bewegen, ohne ihn vor den Kopf zu stoßen. Er vermochte seine Kritik in einem »obsessionellen Gewand« vorzubringen: quantifizierbar, präzis, nach mehr Perfektion strebend. Das ist sicher die beste Weise, eine zwanghafte Person von Ihrem Standpunkt zu überzeugen.

Zeigen Sie, dass Sie vertrauenswürdig und berechenbar sind!

Unpünktlich sein, ein Versprechen nicht halten, selbst wenn es noch so geringfügig sein mag: das sind todsichere Mittel, um bei einem zwanghaften Menschen dauerhaft in Misskredit zu geraten. Er wird Sie in die Kohorte all jener verantwortungslosen Leute einreihen, die nicht einsehen wollen, dass die Welt besser funktionieren würde, wenn jedermann die Regeln respektierte. (Haben die zwanghaften Personen da wirklich unrecht?) Gerade ihm sollten Sie nur das zusagen, was Sie auch halten können, Sie sollten Ihre Verpflichtungen erfüllen und ihn, falls doch etwas Unvorhergesehenes dazwischenkommt, schnellstmöglich benachrichtigen. Dabei sollten Sie klar zu verstehen geben, dass es Ihnen leidtut. Verhalten Sie sich so, dass er Sie in seinem Gehirn unter »vertrauenswürdig« und »berechenbar« abspeichert. Das ist das sicherste Mittel, damit er sich ein wenig entspannt und für Ihren Standpunkt aufnahmebereiter ist.

Lassen Sie ihn entdecken, wie viel Spaß es macht, sich zu entspannen!

Versuchen Sie einmal, sich vorzustellen, unter welcher Anspannung die Obsessionellen leben: sie wollen alles kontrollieren, alles nachprüfen, achtgeben, dass alles perfekt ist – wie ermüdend! Die meisten von ihnen verspüren tief in sich den Wunsch, sich einmal gehenzulassen, aber sie wagen nicht, ihm nachzugeben. Ziehen Sie sie mit, laden Sie sie ein, geben Sie ein Beispiel!

Der Chef eines medizinischen Dienstes lud seine Forschungsgruppe zu einem Picknick am Meeresstrand ein. Alle waren da, auch ein ausländischer Forscher, ein ausgezeichneter Statistiker, der bis zu diesem Tag extrem reserviert gewesen war. Während alle anderen Polohemd und Shorts trugen, hatte er sich ein langärmliges Hemd und lange Hosen angezogen und einen Schlips umgebunden. Er zögerte lange, sich in den Sand zu setzen. Dann spielten die Mitglieder des Forschungsteams eine Runde Volleyball und luden ihn zum Mitmachen ein. Er lehnte zunächst ab, denn er spiele nicht gut genug. Aber man machte ihn darauf aufmerksam, dass ohne ihn die Mannschaften nicht gleich stark waren. Der Appell an seinen Sinn für Gerechtigkeit und Symmetrie hatte durchschlagenden Erfolg: er legte den Schlips beiseite und gesellte sich zu seiner Mannschaft. In dem Maße, wie sich das Spiel steigerte, kam er mehr und mehr in Fahrt. Von den anfeuernden Rufen der amüsierten Zuschauer getrieben, ließ er sich zu akrobatischen Sprüngen hinreißen. Seine Mannschaft siegte, nicht zuletzt dank seines Spieleifers. Als man ihm zum Sieg gratulierte, war er von Neuem sehr verlegen, aber den Rest des Tages entspannte er sich mehr und mehr und tobte später sogar mit seinen Kollegen in den Wellen. Seit jenem Tag gibt er sich auf der Arbeit weniger reserviert, er erlaubt sich dann und wann einen kleinen Scherz und nimmt mit Freude Einladungen übers Wochenende an.

Übertragen Sie ihm Aufgaben, die auf ihn zugeschnitten sind und bei denen seine »Fehler« wie Vorzüge wirken!
Unsere Beispielgeschichten werden Ihnen gezeigt haben, dass zwanghafte Personen besonders gut mit solchen Aufgaben zurechtkommen, bei denen andere Leute mit Erschöpfung oder Langeweile zu kämpfen hätten. Buchführung, finanzielle, juristische oder technische Prozeduren, Qualitätsprüfung – das sind einige der Tätigkeitsfelder, auf denen sich die zwanghaften Persönlichkeiten wohlfühlen; hier können sie ihren Ordnungssinn, ihre Genauigkeit und ihre Ausdauer perfektionieren.

Was Sie lassen sollten

Sparen Sie sich ironische Bemerkungen über seine Schrullen!
Mit ihrer Ernsthaftigkeit und ihren Manien sind die Obsessionellen höchst verlockende Zielscheiben für Leute, die zu Späßen aufgelegt sind. Geben Sie dieser allzu leichten Versuchung nicht nach. Vergessen Sie nicht, dass zwanghafte Menschen meinen, im Namen des Guten zu handeln und ein bisschen mehr Vollkommenheit in die Welt zu bringen. Wahrscheinlich werden sie die Ursachen für Ihre Ironie gar nicht begreifen. Außerdem sollten

Sie sich an die letzte ironische Bemerkung erinnern, die jemand über Sie gemacht hat. Hat sie Ihnen dabei geholfen, sich zu bessern? Oder waren Sie nicht eher überzeugt, dass der andere Sie nicht versteht? Humor kann einen Menschen vorwärtsbringen, aber nur, wenn er wohlwollend ist, und nur im Rahmen einer schon gefestigten Vertrauensbeziehung. Die professionellen Therapeuten wissen, dass dieses Werkzeug mit allergrößter Vorsicht einzusetzen ist. Folgen Sie ihrem Beispiel.

Lassen Sie sich nicht zu tief in sein System hineinziehen!

In seiner Hartnäckigkeit und seiner Gewissheit, ein Streiter für das Gute und die Ordnung (für ihn so etwas wie Synonyme) zu sein, liegt dem Obsessionellen natürlich sehr daran, die Regeln, die er für richtig hält, auch den anderen aufzuzwingen. Ohne böse Absichten kann er bald in aller Milde ein ganzes Arbeitsteam oder eine Familie tyrannisieren und jeden, der ihm womöglich widerspricht, durch monotone und ständig wiederholte Darlegungen zur Erschöpfung bringen. Zeigen Sie ihm, dass Sie seinen Sinn für Ordnung und Strenge zu schätzen wissen, aber sagen Sie rechtzeitig Halt! Am besten, indem Sie mit quantitativen Argumenten aufwarten.

Ein zwanghafter Ehemann konnte die ganze Unordnung, die seine Frau beim Essenkochen in der Küche anrichtete, schwer ertragen: Schüsseln standen herum, im Spülbecken sah man Geschirr, verschiedene Zutaten lagen auf der Arbeitsplatte! Er stand also immer neben ihr und räumte jedes Utensil und alle Zutaten weg, kaum dass sie sie aus der Hand gelegt hatte. Weil sie sich ständig überwacht fühlte, wurde sie am Ende so wütend, dass sie erklärte, unter diesen Bedingungen künftig kein Essen mehr zu kochen.

Ihr Mann war einverstanden, ihren Platz einzunehmen, denn er dachte, er würde es sowieso besser können oder zumindest ordentlicher. Nach ein paar Tagen musste er jedoch feststellen, dass es nicht wie gewünscht lief und die Zubereitung des Abendessens ihm Zeit für andere Beschäftigungen raubte (für Aufräumen und Buchführung nämlich). Er willigte in folgende Abmachung ein: solange seine Frau in der Küche wirtschaftete, war ihm der Zutritt verboten. War das Essen erst einmal fertig, durfte er nach Herzenslust aufräumen und abwaschen.

Hier haben wir ein schönes Beispiel für eine ausgehandelte Lösung. Keiner der beiden versucht, die Meinung des anderen zu ändern und ihm zu beweisen, wie unrecht er habe. Sie haben lediglich nach einem akzeptablen Kompromiss gesucht.

Bringen Sie ihn nicht durch zu viel Zuneigung, Anerkennung oder zu große Geschenke in Verlegenheit!
Die zwanghaften Persönlichkeiten fühlen sich oft nicht wohl in ihrer Haut, wenn es darum geht, Gefühle auszudrücken. Gleichzeitig empfinden sie ein Bedürfnis nach Symmetrie und Gegenseitigkeit. Das erklärt womöglich, weshalb sie manchmal so verlegen sind, wenn wir ihnen unsere Zuneigung oder Bewunderung zeigen: sie sehen sich genötigt, im gleichen Register zu antworten, fühlen sich dazu aber nicht imstande. Das soll nicht heißen, dass ihnen Komplimente oder Sympathiebekundungen keine Freude bereiten würden. Halten Sie also zunächst Maß und beobachten Sie gut ihre Reaktionen, um sie nicht in Schwierigkeiten zu bringen.
In Japan, einem Land, dessen Kultur ein paar durchaus zwanghafte Züge trägt, ist das Schenken übrigens ein streng ritualisierter Vorgang. Es gibt eine ganze Reihe von Geschenken, die perfekt auf den Rang der beschenkten Person und auf die Gelegenheit zugeschnitten sind. Man muss sich nur an ein Fachgeschäft wenden, um beraten zu werden, welches das genau angemessene Geschenk ist.

HABEN SIE SELBST ZÜGE

... einer zwanghaften Persönlichkeit?

	eher richtig	eher falsch
1. Ich neige dazu, viel Zeit mit Aufräumen und Nachprüfen zu verbringen.		
2. In Gesprächen bringe ich meine Ideen gern in einer schlüssigen Ordnung vor.		
3. Man wirft mir übermäßigen Perfektionsdrang vor.		
4. Mir ist schon einmal etwas misslungen, weil ich mich zu sehr auf die Einzelheiten konzentriert hatte.		
5. Unordnung kann ich nur schwer ertragen.		
6. Bei Teamarbeit neige ich dazu, mich für das Endergebnis persönlich verantwortlich zu fühlen.		
7. Geschenke bereiten mir Unbehagen, weil ich mich durch sie verpflichtet fühle.		
8. Man wirft mir vor, ich wäre »knickrig«.		
9. Ich kann nicht leicht etwas wegwerfen.		
10. Ich mache gern eine private Buchführung.		

KAPITEL VIII

DIE SCHIZOIDEN PERSÖNLICHKEITEN

»Ich fürchte mich vor Versammlungen,
auf denen Leute sind.«

Eugène Labiche

Ich habe Sébastien, meinen zukünftigen Mann, in der Unibibliothek kennengelernt, erzählt uns Carole (33), Mutter von zwei Kindern. *Dort brachte er nämlich seine ganze Zeit zu. Er war ein ziemlich gut aussehender junger Mann, und seine Ernsthaftigkeit beeindruckte mich. Weil er das Buch, in dem ich etwas nachsehen wollte, gerade in Benutzung hatte, sind wir ins Gespräch gekommen. Er wirkte freundlich, aber extrem reserviert. Weil ich ihn attraktiv fand, wollte ich die Unterhaltung gern fortsetzen. Das war sehr schwierig, denn er antwortete nur mit Ja oder Nein, wodurch ich den Eindruck gewann, ihn bei der Arbeit zu stören. Ich war es gewohnt, dass sich die Männer für mich interessierten, und seine Zugeknöpftheit machte mich neugierig. Es war eine Art Herausforderung: ich wollte es schaffen, sein Interesse zu erregen. Und ich habe es geschafft! Zwei Monate später sind wir gemeinsam ausgegangen. Im Grunde war ich es, die alles eingefädelt hat. Heute frage ich mich manchmal, ob ich mir wirklich diese ganze Mühe hätte machen sollen.*

Sehr bald bemerkte ich, dass Sébastien wenig Kontakte zu den anderen Studenten hatte. Zwischen den Kursen flitzte er in die Bibliothek, statt mit den anderen in die Cafeteria zu gehen. Auch heute hat er, soweit ich weiß, nur einen engen Freund: Paul, den er seit der Kindheit kennt und der sich ebenfalls für Astronomie begeistert. Als sie klein waren, trafen sie sich am Abend, um mit einem Fernrohr, das

Sébastiens Eltern ihnen geschenkt hatten, den Himmel zu beobachten. Paul ist tatsächlich Astronom geworden und verbringt das halbe Jahr in Hochgebirgsobservatorien verschiedener Länder. Sébastien und er schreiben sich weiterhin regelmäßig, heute kommunizieren sie per Internet.

Zu der Zeit, als ich noch darunter litt, dass Sébastien so wenig mit mir redete, war ich beinahe eifersüchtig auf diesen Freund. Ich stellte mir vor, dass Sébastien ihm Eindrücke und Gefühle anvertraute, die er mir verschwieg. Schließlich habe ich heimlich einige seiner Briefe gelesen. Sébastien schilderte sein tägliches Leben auf anderthalb Zeilen: »Mit meiner Familie bin ich ans Meer gefahren« oder »Ich habe ein neues Auto gekauft«. Der Rest widmete sich wissenschaftlichen oder philosophischen Reflexionen zu Astronomie und Informatik. Sie empfahlen sich auch gern gegenseitig Science-Fiction-Bücher, die ihnen gefallen hatten.

Sébastien hat alle Prüfungen und Wettbewerbe bestanden und fand sich schließlich als Mathelehrer in einer Vorortschule wieder. Das war eine Katastrophe, denn er konnte mit der Klasse nicht umgehen, und die Schüler begannen bald, in seinen Stunden Radau zu machen. Aber er konnte sich nicht dazu durchringen, mir seine Probleme anzuvertrauen; er kam mit bekümmerter Miene nach Hause und verzog sich gleich an seinen Computer. Der Aggressivität der Leute kann er wirklich nicht die Stirn bieten. Wenn ihm im Alltag jemand in den Weg tritt, regt er sich nicht auf; er sagt nichts und geht weiter. In einer Klasse mit schwierigen Jugendlichen, die sicher sofort seine bizarre Seite wahrgenommen hatten, konnte er sich nicht durchsetzen.

Glücklicherweise hatte er gute Kontakte zu einem seiner Professoren aufrechterhalten. Dieser ermutigte ihn, eine Dissertation zu schreiben, um die universitäre Laufbahn einschlagen zu können. Der Aufwand war enorm. Diese Dissertation beschäftigte Sébastien Tag und Nacht, auch während der Ferien, und das fünf Jahre lang. Aber sie hat ihm eine Forschungsstelle an der Universität eingebracht, bei der er nur vier Stunden pro Woche unterrichten muss. In der restlichen Zeit treibt er seine Forschungen auf einem hochkomplizierten Gebiet voran, ich glaube, es ist die Differenzialtopologie; er kann mir nicht einmal erklären, worum es sich handelt.

Meine Freundinnen finden ihn nett, er zeigt immer viel guten Willen, aber man kann nicht auf ihn bauen, wenn es darum geht, die Konversation zu beleben. Sind wir im Urlaub, spüre ich, wie er trotz allem Lust hat, ein paar Stunden ganz für sich allein zu sein. Er geht spazieren und nimmt ein Buch mit (vor allem mag er Science-Fiction-Romane). Eine Zeit lang ging er gern surfen, was mich beunruhigte, denn er wagte sich sehr weit aufs Meer hinaus und war dabei völlig allein.

Als wir frisch verheiratet waren, habe ich mich oft über ihn aufgeregt; ich hätte ihn im Alltag gern offener und vor allem kämpferischer gesehen. Allmählich habe ich verstanden, dass ich ihn nicht ändern würde. Und dann habe ich begonnen, ihn so zu lieben, wie er ist. Mit der Zeit wurde mir auch klar, dass er meinem Vater ähnelte, der ebenfalls nicht gerade gesprächig war und dessen Aufmerksamkeit ich stets zu wecken versucht hatte.

WAS SOLL MAN VON SÉBASTIEN DENKEN?

Sébastien wirkt gegenüber neuen Bekannten sehr reserviert und ändert dieses Verhalten auch kaum, wenn die Beziehung länger anhält. Er hat bei der Arbeit, im Familienleben und während seiner Freizeitaktivitäten einen ausgeprägten Hang zur Einsamkeit. Es fällt ihm schwer, seine Gefühle auszudrücken; die Reaktionen der anderen scheinen ihm oft gleichgültig zu sein, sei es im freundschaftlichen Umgang (geselliges Abendessen) oder in Konfliktsituationen (feindlich eingestellte Klasse). Er zieht es vor, mit sich selbst und seiner inneren Welt zu kommunizieren, wenn er seine Forschungen betreibt oder Science-Fiction-Bücher liest. Sébastien besitzt zahlreiche Merkmale einer schizoiden Persönlichkeit.

DIE SCHIZOIDE PERSÖNLICHKEIT

- Scheint oft leidenschaftslos, unbeteiligt und schwer zu ergründen.
- Komplimente oder die Kritik der anderen sind ihr scheinbar gleichgültig.
- Wählt häufig Beschäftigungen, bei denen sie allein ist.
- Hat kaum enge Freunde, oft nur im Kreis der Familie.
- Geht nicht leicht Bindungen ein.
- Sucht nicht spontan die Gesellschaft der anderen.

Achtung: Die schizoiden Persönlichkeiten sind keine Schizophrenen! Wenn man »schizoid« sagt, bedeutet das keinesfalls »schizophren«, selbst wenn beide Worte dieselbe griechische Wurzel *schizo* (»abgeschnitten« im Sinne von»abgeschnitten von der Welt«) haben. Aber die Schizophrenie ist kein Persönlichkeitstyp, sondern eine richtiggehende Krankheit. Die an Schizophrenie leidenden Patienten haben Anfälle von Wahnideen, und ihre geistigen Fähigkeiten sind gestört. Das ist bei Sébastien, der ein großartiger Wissenschaftler bleibt, keineswegs der Fall.

WIE SÉBASTIEN DIE WELT SIEHT

Es ist nicht leicht, die Welterfahrung der schizoiden Persönlichkeiten zu begreifen, neigen sie doch nicht dazu, von sich zu erzählen oder Hilfe zu suchen. Wie soll man erraten, was diese Menschen über andere und über sich selbst denken, wenn man sie stets zurückgezogen, leidenschaftslos und schweigsam erlebt? Die Psychologen nehmen an, dass ihre Grundüberzeugung in etwa sein könnte: »Beziehungen zu anderen Menschen sind schwer kalkulierbar, sie sind anstrengend und eine Quelle von Missverständnissen; deshalb meidet man sie besser.«

Ein jeder weiß, dass die anderen unberechenbar und oftmals

anstrengend sind. Trotzdem werden wir nicht allesamt schizoid! Weshalb ist der Umgang mit den Mitmenschen für die schizoide Person besonders anstrengend? Zunächst einmal, weil der Schizoide vielleicht weniger geschickt darin ist, die Reaktionen der anderen zu verstehen. Er findet sie schwer zu »dechiffrieren«. Die Kommunikation mit anderen erfordert von ihm eine größere Anstrengung. Erinnern Sie sich, wie es war, als Sie sich letztens mit Ausländern, deren Sprache Sie schlecht beherrschten, ein wenig unterhalten mussten? Nun, so wie Sie es damals strapaziös fanden, werden vielleicht auch manche schizoide Personen durch die Anstrengung, mit anderen zu kommunizieren, schnell erschöpft sein.

Dass die Schizoiden wenig Appetit auf Kontakte verspüren, hat vielleicht noch einen Grund: anscheinend sind ihnen die Meinung der anderen, ihre Bewunderung und ihr Beifall weniger wichtig als den meisten von uns. Sie gehen selten auf die Jagd nach Komplimenten, denn Komplimente kümmern sie wenig. Im Vergleich zu anderen schwierigen Persönlichkeiten, die dauernd die Zustimmung und Bewunderung ihrer Umgebung suchen (narzisstische und histrionische Menschen), ist der Schizoide viel autonomer. Er findet Befriedigung in seiner Innenwelt und im einsamen Gebrauch seiner Fähigkeiten. Er liebt es zu träumen, allein zu arbeiten, sich seine Umgebung selbst zu schaffen; dem Beifall seiner Mitmenschen wird er nicht hinterherlaufen.

Sie können sich vorstellen, dass schizoide Persönlichkeiten einen Hang zu Berufen haben, bei denen man sich über weite Strecken allein beschäftigen muss: man findet viele Schizoide unter Informatikern und Entwicklungsingenieuren, in bestimmten Handwerksberufen und bei einsamen Tätigkeiten (es braucht ja nicht gleich die eines Leuchtturmwärters zu sein). Sie sind in ihrer Disziplin oft hervorragende Spezialisten und versenken sich gern völlig in ihre Materie. Wie Sébastien fühlen sie sich stärker zu abstrakten oder technischen Fachrichtungen hingezogen als zu solchen, die mit Menschen zu tun haben.

Lesen wir den Bericht von Marc (29), Forscher. Mit sechzehn hat er auf Anraten der Eltern, die von seiner Vereinzelung beunruhigt waren, eine Psychotherapie absolviert.

Es stimmt schon, dass ich mich immer am glücklichsten fühlte, wenn ich allein war. Als Kind stieg ich mit Vorliebe auf den Dachboden, wo ich Stunden damit zubrachte, angeregt durch Bücher, die ich gerade las, Geschichten von Entdeckern und geheimnisvollen Inseln zu erfinden. Ich träumte mit offenen Augen. Die Geschichten schrieb ich in ein Schulheft, das ich aber niemandem zeigte. Warum sollten die anderen das lesen, was nur mir dazu diente, die verschiedenen Inseln, die ich ersonnen hatte, und ihre imaginäre Geographie festzuhalten? Oft waren diese Inseln ohne eine Spur menschlichen Lebens, und meine Rolle als Entdecker bestand vor allem darin, die Fauna und Flora zu klassifizieren. Ich ließ mich von alten Naturgeschichtsatlanten inspirieren.

Als ich zehn war, konnte ich die Namen aller Arten und Unterarten von Vögeln und Säugetieren herbeten. Aber die Einteilung interessierte mich mehr als die Tiere selbst. In der Schule lief es nicht besonders. Ich war ein guter Schüler, aber nicht gerade beliebt. Ich fühlte, dass ich nicht so war wie die anderen Kinder, sie kamen mir lärmend und aufgeregt vor, und die Spiele der übrigen Jungen reizten mich nicht. In der Sechsten hatte mich der Anführer der Klasse auf dem Kieker, und einige Schüler begannen mich zu mobben. Zum Glück fand ich einen Freund, der mir ein bisschen ähnelte, aber viel kräftiger war, so dass man uns in Ruhe ließ. (Er ist übrigens bis heute mit mir befreundet, und wir arbeiten an derselben Universität.)

Am unglücklichsten habe ich mich in der Jugend gefühlt. Die anderen gingen gemeinsam weg und baggerten die Mädchen an; ich blieb für mich. Wenn wir abends zusammen waren, wusste ich nie, was ich sagen sollte. Eine Unterhaltung zu führen, strengte mich schrecklich an, und außerdem hatte ich immer den Eindruck, nicht zu begreifen, was die anderen von mir erwarteten. Ich hätte beschließen können, in meinem Winkel zu bleiben und mich in die Arbeit zu versenken, aber letztendlich fühlte ich mich doch von den Mädchen angezogen. Das trieb mich dazu, aus meiner Einsamkeit herauszutreten.

Leider bin ich, wie mir heute klar ist, mit ihnen sehr ungeschickt umgegangen. Ich wusste nicht, was ich ihnen sagen sollte; wenn ich mit ihnen sprach, dann über Dinge, die mich begeisterten: ich versuchte ihnen zu erklären, wie sich ein Flugzeug in der Luft hält oder wie man sich auf hoher See an den Sternen orientieren kann. In den ersten Minuten reizte ich ihre Neugier, dann begann ich sie zu langweilen. Ich wusste es, konnte das Register aber nicht wechseln. Außerdem zog ich mich, sobald sich ein anderer Junge für sie interessierte, gleich aus dem Wettbewerb zurück, denn einer solchen Lage fühlte ich mich nicht gewachsen.

Die Therapie hat mir sehr genützt. Zunächst half mir der Psychologe, alle Situationen zu beschreiben, in denen ich mich unwohl fühlte, und in gewisser Weise hat mich das trainiert, einen verborgenen, persönlichen Standpunkt zu äußern, was mir im täglichen Leben nie geglückt war. Diese Erfahrung war sehr nützlich. Dann half er mir, ein wenig besser zu begreifen, welche Erwartungen die anderen an ein Gespräch hatten und was ich bei der Kommunikation falsch machte.

Auf dieser Stufe angelangt, fühlte ich mich stark genug, um an einer Gruppentherapie teilzunehmen; zunächst hatte ich das abgelehnt. Es war eine Selbstsicherheits-Trainingsgruppe. Wir machten Rollenspiele, die von Situationen des täglichen Lebens ausgingen. Ich habe zum Beispiel die folgende gespielt: »Sie sitzen im Seminar neben einer Studentin. Beginnen Sie eine Unterhaltung mit ihr und laden Sie sie zu einem Kaffee ein.« Ein Mädchen aus unserer Gruppe übernahm die Rolle der Studentin. Ich stellte mich ungeschickt an und brachte alles durcheinander, aber den anderen aus der Gruppe ging es auch nicht besser, und der Therapeut baute eine sehr beruhigende Atmosphäre auf, in der jeder Mut schöpfte. In einem Jahr machte ich große Fortschritte.

Heute habe ich noch immer eine Vorliebe für die Einsamkeit und für geistige Arbeit, aber ich finde den Kontakt mit anderen Menschen amüsanter als früher, denn ich fühle mich jetzt ungezwungener. Und meine Frau und ich, wir ergänzen uns ziemlich gut. Sie ist viel lebhafter und geselliger als ich, organisiert unseren gesellschaftlichen Umgang, spricht Treffen ab und entdeckt neue Freunde. Sie kennt mich aber auch so gut, dass sie mich nicht zwingt, meine »Beziehungsdosis« zu überschreiten. Ich glaube, dass es mir nie geglückt wäre, eine Frau wie sie kennenzulernen und zu heiraten, wenn ich die Therapie nicht absolviert hätte.

Marc hatte Glück: er fand sehr früh einen guten Freund, der ihm half, sich ein besseres Selbstbild aufzubauen, indem er ihm das Gefühl gab, nicht zurückgewiesen zu werden. Zum zweiten Mal hatte er Glück, als er schon in seiner Jugend einen Therapeuten fand, dessen Vorgehen sich an die realen Bedürfnisse anpasste, indem er versuchte, so schnell wie möglich Marcs Kontaktfähigkeit zu verbessern.

Bei Marcs Schwierigkeiten hätte man auch eine ASS (Autismus-Spektrum-Störung) in Betracht ziehen können, etwa das Asperger-Syndrom, aber seine Interessen waren breiter gefächert, und bei ihm fehlten die kleinen verbalen und nonverbalen Anomalien, die Bestandteil dieser Diagnose sind.

WENN MAN AN SEINER SCHIZOIDIE LEIDET

In einer traditionellen agrarischen Gemeinschaft (der Umgebung, in welcher wir über Tausende von Jahren gelebt haben) war es bestimmt nicht so schlimm, schizoid zu sein.

Sie brachten Ihr Leben inmitten der Bewohner Ihres Dorfes zu, also unter Leuten, die Sie kannten; Sie brauchten keine neuen Bekanntschaften zu schließen, und man wusste ganz einfach, dass Sie ein bisschen »verschlossen« waren, was Sie im Übrigen vielleicht gerade befähigte, die einsamen Stunden bei der Feldarbeit besser als andere Leute durchzustehen oder, wenn Sie eine Frau waren, schweigend vor sich hin zu spinnen oder zu weben. Als Jugendlicher fehlte es Ihnen natürlich an Leichtigkeit im Umgang mit jungen Leuten vom anderen Geschlecht. Wenn Sie ein Junge waren, wussten Sie nicht, wie man den Mädchen, diesen komplizierten und unberechenbaren Wesen, den Hof macht. Als schizoides Mädchen wussten Sie nicht, wie Sie auf die Annäherungsversuche der Jungen reagieren sollten, und es war erholsamer, ihnen ganz und gar aus dem Weg zu gehen. Aber auch hier erleichterte der Gesellschaftstyp, in dem Sie lebten, die ganze Sache: Im Allgemeinen war Ihre Heirat schon seit Langem »arrangiert« – zwei Familien von ähnlichem Status hatten überlegt, welche ihrer Kinder man am vernünftigsten miteinander paaren könnte. So brauchten Sie sich beim Werben um die Versprochene kaum zu bewähren. In diesen Gesellschaften ging es um die Sicherung des Lebensunterhalts, und bei Männern sah man es nicht als Hauptaufgabe an, dass sie eine amüsante und abwechslungsreiche Konversation führen konnten, selbst wenn diese Fertigkeit beim abendlichen Zusammensein geschätzt war. Man erwartete von ihnen vielmehr, dass sie arbeitsam, körperlich robust und nicht so händelsüchtig waren. Frauen sollten bei der Arbeit ausdauernd sein, ihren Männern untertan und gute Mütter. All diese Eigenschaften, die (zusammen mit einer guten Aussteuer) besonders viel galten, konnte eine schizoide Schöne ohne Weiteres in sich vereinen. (Wenigstens mal eine, die sich nicht beklagt, wenn ihr Mann nicht mit ihr redet!)

Vom entwicklungsgeschichtlichen Standpunkt her gesehen, dürfen wir sogar annehmen, dass es für Individuen, die lange Zeiträume in völliger Einsamkeit zubringen mussten (Trapper, Hirten, Fischer), von Vorteil war, schizoid zu sein.

Heute ist alles anders geworden. Der überwiegende Teil der Weltbevölkerung lebt in Städten, und wir begegnen ständig neuen Leuten, sei es in der Schule, an der Uni, bei der Arbeit, auf der

Straße oder im Urlaub. Man muss wissen, wie man sich mit einem Fremden bekannt macht, wie man Kontakte knüpft und einen guten Eindruck hinterlässt. Für bestimmte Menschen ist das sehr schwierig, besonders aber für die schizoiden, die an eine andersartige Umwelt perfekt angepasst waren. Unsere Gesellschaft stellt unbarmherzige Anforderungen im Bereich der Kommunikation: Egal ob Sie einen Partner verführen oder beim Einstellungsgespräch überzeugen wollen, ob Sie erreichen möchten, dass man Ihnen die Verantwortung für eine Arbeitsgruppe überträgt oder Ihr Projekt akzeptiert, immer müssen Sie reden, reden, reden. Unsere berufliche und private Existenz hängt von unserer Fähigkeit ab, mit anderen gut zu kommunizieren.

Schizoide Personen laufen also Gefahr, in ihrem Privatleben und ihrem sozialen Umgang isoliert dazustehen und im Beruf auf untergeordneten Posten dahinzuvegetieren. Daher möchten manche von ihnen eine Psychotherapie in Angriff nehmen, die sie zwar nicht in Stimmungskanonen verwandeln wird, ihnen jedoch helfen kann, in den kleinen Kämpfen des Alltags auf angemessene Weise ihren Mann zu stehen.

Alle auf Kommunikationstraining ausgerichteten Therapien können den änderungswilligen schizoiden Personen wahrscheinlich helfen, sofern sie Situationen von allmählich wachsendem Schwierigkeitsgrad anbieten; es fehlt aber noch an Untersuchungen, die diese Vermutung bestätigen.

SCHIZOIDE PERSÖNLICHKEITEN IN FILM UND LITERATUR

Es spricht manches dafür, dass der Erzähler in *Der Fremde* von Camus eine schizoide Persönlichkeit ist: seine distanzierte Sicht auf die Realität, seine Gleichgültigkeit gegenüber den Reaktionen der anderen und sein Rückzug in die Innenwelt.

Dies könnte man auch von den Helden mancher Romane von

Patrick Modiano behaupten, die aus ihrer schizoiden und verträumten Eingekehrtheit nur wegen der Liebe zu einer jungen Frau heraustreten, welche ihnen aber oftmals entwischt, so besonders in *Villa Triste*.

In *Moon Palace* von Paul Auster ist der Hauptheld am Ende seiner Ressourcen angelangt und lässt sich in seiner Wohnung still verhungern. Statt Hilfe zu suchen, indem er zu seinen Mitmenschen Kontakt aufnimmt, verschließt er sich in seiner schizoiden Träumerei.

Im Kino könnte man all die einzelgängerischen und eiskalten Rächerhelden, die wenig Worte verlieren und denen es gleichgültig ist, wenn die Frauen und die Menge sie bewundern, als »aktive« Schizoide betrachten. Clint Eastwood und Charles Bronson spezialisierten sich auf die Darstellung solch unbewegter Charaktere, die mit den Bösewichten abrechnen, um dann wieder zu ihrem einzigen Weggefährten zurückzukehren: ihrem Pferd. Clint Eastwood verkörperte eine solche Rolle zum Beispiel in dem Film *Pale Rider – Der namenlose Reiter* (1985), Bronson in *Spiel mir das Lied vom Tod* (1969).

In Nicolas Winding Refns faszinierendem Film *Drive* (2011) ist Ryan Gosling ein einzelgängerischer und schweigsamer Automechaniker, dem sein Chef manchmal Aufträge für Autostunts in Kinofilmen verschafft. Er verbringt seine Abende damit, auf seinem Küchentisch Motorteile zu reparieren, und ist nachts gelegentlich Fluchtwagenfahrer für Einbrecher, zu denen er hinterher jeden Kontakt abbricht. Er verliebt sich in seine junge Nachbarin (Carey Mulligan), deren Ehemann bald aus dem Gefängnis entlassen wird. Ihre Beziehung festigt sich fast ohne Worte. Wenn es darum geht, seine Freundin und ihren kleinen Sohn zu schützen, ist er zu kalter Entschlossenheit und extremer Gewalttätigkeit fähig.

VOM UMGANG MIT SCHIZOIDEN PERSÖNLICHKEITEN

- **Wenn es Ihr Chef ist:**
  Lassen Sie ihm lieber eine Notiz zukommen, als dass Sie ihn persönlich aufsuchen.
- **Wenn es Ihr Lebenspartner ist:**
  Finden Sie sich damit ab, für das soziale Leben des Ehepaars verantwortlich zu sein.
- **Wenn es Ihr Kollege oder Mitarbeiter ist:**
  Lassen Sie ihn lieber zu einem hervorragenden Experten werden als zu einem schlechten Manager.

Was Sie tun sollten

- **Respektieren Sie sein Bedürfnis nach Einsamkeit.**
  Denken Sie daran, dass das Leben in Gesellschaft für eine schizoide Persönlichkeit viel anstrengender ist als für Sie. Die Einsamkeit ist ihr Sauerstoff, sie gestattet ihr, nach der Anstrengung wieder Kräfte zu sammeln. Die Einsamkeit erlaubt ihr auch, sich auf die Aufgaben zu konzentrieren, bei denen sie sich am wohlsten fühlt. Hören wir dazu Marine, die Ehefrau von Marc, dessen Bericht Sie weiter oben gelesen haben.

Jedes Mal, wenn wir von Freunden zum Abendessen eingeladen werden, spüre ich, dass Marc ein bisschen verstimmt ist, selbst wenn er sich nichts anmerken lässt. Natürlich hat er eingesehen, dass wir uns nicht in eine Höhle zurückziehen können und dass es mir Spaß macht, Leute zu treffen. Aber ich fühle, dass er lieber zu Hause bleiben und lesen würde. Trotzdem nimmt er ohne viel Hin und Her Einladungen an.

Wenn der besagte Abend naht, merke ich, sobald Marc von der Arbeit kommt, dass er unglücklich ist. Er wirkt traurig und verschlossen. Aber

er beklagt sich nicht, er ist weiterhin nett zu mir und setzt sich vor den Fernseher, während ich mich zurechtmache.
Kaum sind wir bei den Leuten angekommen, scheint er sich zu verwandeln: er erzählt, macht Späße und legt viel Humor an den Tag. Die anderen mögen ihn und denken, er wäre gern da. Nur ich weiß, dass diese Ungezwungenheit erst mit den Jahren gekommen ist, indem Marc die anderen beobachtet und sich eine gewisse Leichtigkeit antrainiert hat, dass sie für ihn aber eine Anstrengung bedeutet. Wenn sich das Abendessen dem Ende zuneigt, wird er im Übrigen weniger gesprächig, er »setzt sich auf Sparflamme«, als hätte er sein Maximum schon hergegeben. Dann schiebe ich vor, wir müssten am nächsten Morgen sehr früh aufstehen, und gebe damit das Signal zum Aufbruch. Sein Blick wird wieder lebhafter, ein bisschen wie bei einem Hund, der sieht, dass sein Herrchen zur Leine greift und ihn also bald wieder in seine Hütte zurückbringen wird. Dieser Vergleich ist von Marc selbst – Sie sehen, er hat wirklich Humor.
Im Grunde unternehmen wir beide eine Anstrengung: Marc, indem er einwilligt, abends auszugehen und das Spiel der Konversation mitzumachen, ich, indem ich nicht jede Einladung annehme und früher gehe, als ich eigentlich möchte; so verstehen wir uns letztendlich ganz gut. Übrigens sagt er mir, dass er im Laufe der Zeit mehr Interesse an der Gesellschaft der anderen gewonnen hat.

Was sollen wir nach einem solchen Bericht noch über die nötige Rücksichtnahme auf das Einsamkeitsbedürfnis der Schizoiden hinzufügen?

Übertragen Sie ihm angemessene Aufgaben.

Armelle ist eine exzellente Dokumentalistin, erzählt uns Patrick (38), der Chef einer Universitätsbibliothek. *Sie ist sehr kompetent, wenn es darum geht, Informationen ausfindig zu machen, sie jongliert mit den verschiedensten Datenbanken. Den größten Teil ihres Arbeitstages verbringt sie vor ihrem Computerbildschirm; den Kontakt mit den Lesern reduziert sie auf ein Minimum. Sie ist ziemlich hübsch, macht sich aber so zurecht, dass es kaum jemandem auffällt, sie lächelt niemals, sie drückt sich die Wände entlang, und ich glaube, dass sie sehr wenige Freunde hat. Sie lebt allein in einem Zimmer über der Wohnung ihrer Eltern.*

Weil ich ziemlich überlastet bin, habe ich ihr vorgeschlagen, mich bei den Versammlungen mit anderen Funktionsträgern der Universität zu vertreten. Ich spürte, dass sie nur zögernd zustimmte. Wenn sie von den Versammlungen zurückkam, gab sie mir eine Zusammenfassung von allem, was zur Sprache gekommen war, aber ich stellte fest, dass sie selbst kaum einmal das Wort ergriffen hatte. Besonders dort, wo man die Position der Bibliothek hätte verteidigen müssen, hat sie es oft nicht getan. Ich machte sie darauf aufmerksam. Sie verzog keine Miene.

Später fand ich in meinem Postfach einen Brief von ihr. In einem sehr nüchternen, beinahe unpersönlichen Stil erklärte sie mir, dass es ihr schwerfalle, sich auf die Äußerungen der Leute zu konzentrieren, dass es sie sehr anstrenge und ermüde und dass sie den Eindruck habe, dort keine gute Arbeit zu leisten. Was sollte ich auf so einen Brief antworten? Ansonsten ist sie ja eine hervorragende Mitarbeiterin. Ich habe sie also von den Versammlungen freigestellt und sie wieder an ihren Computerbildschirm verschwinden lassen. Inzwischen beobachte ich einen Fortschritt: sie lächelt mir zu, wenn sie »Bonjour« sagt.

Die von Patrick beschriebene Situation gibt es sicher sehr häufig: Einer schizoiden Person, die wegen ihrer technischen Fähigkeiten sehr geschätzt ist, werden Verantwortlichkeiten im Management übertragen. Und dort, in Funktionen, die nicht zu ihrer Persönlichkeit passen, sorgt sie für Enttäuschungen, sie leidet und fährt schlechte Resultate für sich selbst wie für das Unternehmen ein.

Hier ist der Bericht von Antoine, einem brillanten Ingenieur, der beinahe einem »Karriereunfall« zum Opfer gefallen wäre.

Ich habe mich schon immer für Mathematik und fürs Studieren begeistert. Es war also kein großes Wunder, dass ich einen Studienplatz an einer renommierten Ingenieurhochschule bekam. Aber im Unterschied zu vielen meiner Kommilitonen, die von einer Karriere als Vorstandschef oder Minister träumten, wollte ich wirklich Ingenieur sein! Nach dem Studium fand ich mühelos einen Posten in einem Bereich, für den ich eine Passion habe, in der Flüssigkeitsdynamik. Nach zwei Jahren übertrug man mir die Leitung eines Teams von drei Ingenieuren, und obgleich das viel anstrengender für mich war, erreichte ich, dass sie gut zusammenarbeiteten.

Dann ernannte man mich zum Projektleiter. Nun hatte ich es mit verschiedenen Teams zu tun, ich musste der Direktion Rechenschaft ablegen und etliche Stunden in Versammlungen oder auch mit den Kunden zubringen. Bald war ich schrecklich erschöpft und gestresst. Was mich interessierte, war die Forschung und nicht die Politik. Es gelang mir zwar, die Aufgaben zu bewältigen, aber nur unter enormer Anstrengung. Meiner Meinung nach war ich nicht der Geeignetste für diesen Posten.

Am Ende bekam ich Depressionen und musste einen Psychiater aufsuchen. In Sitzungen war ich eine blasse Erscheinung; mein Chef ließ mich bereits spüren, dass er von mir wieder bessere Leistungen erwartete, und zwar bald.

In dieser Situation erhielt ich glücklicherweise ein Angebot von einer ausländischen Firma, die einen hochqualifizierten Experten brauchte. Ich habe sofort zugesagt. Heute habe ich vier Mitarbeiter, alles Forscher; ich bringe drei Viertel meiner Zeit mit dem zu, was ich gern mache, und nur ein Viertel mit Verwaltungsdingen. Dieses Unternehmen hat verstanden, mich richtig einzusetzen. Natürlich sind manche meiner Studienkameraden in meinem Alter schon für Hunderte von Personen verantwortlich, aber so etwas habe ich mir nie gewünscht.

Auf einen Antoine, der ein Unternehmen gefunden hat, in dem man eine richtige Karriere als Spezialist machen kann, kommen wahrscheinlich unzählige andere, die scheitern und mit abgebrochener Karriere aufs Abstellgleis geschoben werden, weil man von ihnen Managementkompetenzen verlangt, die sie nicht besitzen.

Aber aufgepasst! Wir wollen nicht behaupten, dass schizoide Personen nicht imstande wären, ein Team zu führen (in einer Umgebung, die ihm zusagt, schafft Antoine es ja durchaus), sondern nur, dass man ihre Möglichkeiten auf diesem Gebiet sehr sorgfältig abschätzen muss und den Qualifikationsgrad nicht mit der Befähigung fürs Management verwechseln darf.

Versuchen Sie, etwas von seiner inneren Welt zu erlauschen. Im Gegensatz zu seiner sehr zurückhaltenden Erscheinung hat der Schizoide oft ein reiches Innenleben. In der Schule sind es solche Jungen, die sich für die Mädchen nicht zu interessieren scheinen, aber heimlich lange Liebesgedichte verfassen, manchmal für eine imaginäre Dulcinea. Durch ihre Tagträume und ihre Einbildungskraft haben schizoide Menschen oft reichhaltige und originelle Gedanken, und ihre (wenn auch manchmal etwas »verbaute«) Sensibilität kann wahre Schätze an Frische und Poesie offenbaren. Diese originelle Sichtweise auf die Dinge erklärt, weshalb man unter schöpferischen Menschen wie Künstlern, Wissenschaftlern oder Schriftstellern viele schizoide Persönlichkeiten findet.

Wenn Sie Zugang zu diesen Reichtümern haben wollen, sollten Sie Ihren Lieblingsschizoiden nicht durch zu viel Konversation vor den Kopf stoßen. Ermutigen Sie ihn einfach zum Sprechen, indem Sie zeigen, dass Sie ihm zuhören. Bringen Sie ein Thema ein, das ihn interessiert. Respektieren Sie seine Schweigepausen. Und wenn Sie genügend Geduld und Aufmerksamkeit beweisen, haben Sie vielleicht das Glück, originelle Worte zu hören und eine faszinierende Welt zu entdecken, ganz wie ein rares Geschenk, das nur den wenigen Privilegierten zuteilwird, die eine Atmosphäre zu schaffen wissen, in der er sich wohlfühlt.

Schätzen Sie ihn wegen der Stille, die ihn umgibt.
Natürlich ist ein schizoider Mensch nicht gerade redselig. Aber haben Sie auch an all jene gedacht, die Sie zur Erschöpfung treiben, indem sie *zu viel* reden? Ist Ihnen Ihr Büronachbar nie auf den Wecker gefallen, wenn er Ihnen seine Wochenendabenteuer schilderte, während Sie eine dringende Arbeit fertigstellen mussten? Oder Ihre Freundin, wenn sie am Telefon ihren Liebeskummer ausbreitete, obwohl Sie schon hatten durchblicken lassen, dass Sie gern auflegen wollten? Mit einem schizoiden Menschen riskieren Sie nichts von alledem. Wenn Sie Ruhe, Stille und Konzentration suchen, ist er genau der richtige. Denken Sie an ihn, wenn Sie einen Wandergefährten suchen, ein Besatzungsmitglied für die Kreuzfahrt oder jemanden, der Sie zum Angeln begleitet. Nehmen Sie ihn auf ein Studien- und Lektürewochenende mit. Mit ihm können Sie schweigen, ohne unterbrochen zu werden!

Was Sie lassen sollten

Erwarten Sie von ihm nicht, dass er intensive Gefühle ausdrückt.
So wie es sinnlos wäre, von einer Familienlimousine das gleiche Fahrverhalten zu erwarten wie von einem Sportwagen, so nutzlos ist es auch, von einem Schizoiden zu verlangen, er solle seine Emotionen, seien es Freude oder Zorn, offen zeigen. Hören wir, was Agathe dazu sagt:

Schon auf unserer Hochzeitsreise habe ich geglaubt, dass ich es mit meinem Mann nicht lange aushalten würde. Ich war eine ziemlich verschwatzte junge Frau, ich machte gern Späße und war eher emotiv, das heißt, ich konnte sowohl Freude als auch Kummer sehr stark empfinden. Wir reisten durch Norditalien, und ich begeisterte mich für die Landschaften, die wir dort entdeckten. Wenn ich enthusiastisch ausrief: »Ist das herrlich!«, antwortete mein Mann mit unbewegter

Stimme: »Ja.« Oder noch schlimmer, er sagte gar nichts! Liebten wir uns, schien ihm das Vergnügen zu bereiten, aber hinterher, wenn ich mich in seine Arme kuschelte, war er ganz unfähig, ein zärtliches Wort zu sagen.

Ein paar Tage darauf traf in unserem Hotel ein Telegramm ein, das uns vom plötzlichen Tod seines Onkels informierte. Als ich daran dachte, wie mein Mann das aufnehmen würde, befürchtete ich das Schlimmste, denn ich wusste, dass dieser Onkel für ihn fast wie ein Vater gewesen war. Die Augen voller Tränen, sah ich zu ihm hinüber, als er das Telegramm noch einmal las. Er sagte keinen Ton. Schließlich blickte er mich an und meinte: »Wir werden wohl heimfahren müssen.«

Es dauerte eine Weile, bis ich mich an seinen Mangel an Gefühlsausdrücken gewöhnt und besonders, bis ich seine Vorzüge entdeckt hatte. Außerdem hat er sich durch das Zusammenleben mit mir auch ein bisschen gebessert, und gleichzeitig habe ich meine Ansprüche zurückgeschraubt. Heute können wir manchmal schon darüber scherzen.

Erschlagen Sie ihn nicht mit zu viel Konversation.

Weil schizoide Persönlichkeiten nicht viel reden und einen kaum einmal unterbrechen, können sie wie gute Zuhörer wirken. So werden sie manchmal ungewollt Leute anziehen, die versessen darauf sind, ungestört ihr Herz auszuschütten, und endlos lange wie ein Wasserfall reden ... Wenn diese Quasselstrippen ihren Gesprächspartner aufmerksam beobachteten, würden sie Anzeichen von Ermüdung oder Langeweile wahrnehmen.

Meine Frau ist Buchhalterin, erzählt uns Germain (42), ein Landwirt. *Sie ist, wie man so sagt, ein »ernsthaftes Mädchen«. Sie arbeitet hart, man hört von ihr kein lautes Wort, und sie kümmert sich gut um unsere beiden Kinder. Das einzige Problem ist, dass ich eher redselig bin und sie nicht. Als ich ihr den Hof machte, beeindruckte mich ihr Schweigen. Ich erzählte ihr wunder was, und sie schaute mich an, ohne viel zu antworten. Ich dachte, sie interessiere*

sich nicht für mich, und machte noch größere Anstrengungen in Konversation; ich erzählte ihr Geschichten, machte Witze, aber das Resultat war mager.
Eines Tages, als wir aus dem Kino kamen, wo wir gerade »Rain Man« gesehen hatten, habe ich endlich begriffen. Am Anfang machte ich meine Kommentare zum Film, aber sie antwortete nicht, und schließlich sagte sie: »Ich denke gern über einen Film nach, den ich gerade gesehen habe, aber ich mag nicht darüber reden.« Mit einem Mal wurde mir bewusst, dass ich schon wochenlang zu viel auf sie eingeredet hatte. Sogar heute sprechen wir kaum einmal länger als zehn Minuten miteinander. Ich habe mich daran gewöhnt, und für meinen Redebedarf habe ich meine Freunde, mit denen ich abends in einer Männerrunde zusammensitze. Meine Frau macht übrigens nie Schwierigkeiten, wenn ich ein- oder zweimal die Woche abends weggehe. Sie setzt sich vor den Fernseher, schaltet den Ton ab und löst Kreuzworträtsel.

Hier ein guter Rat, der nicht nur für den Umgang mit Schizoiden gilt: Wenn Sie mit jemandem sprechen, sollten Sie versuchen, Ihre Aufmerksamkeit von dem, was Sie gerade sagen, ein wenig abzuwenden, und stattdessen die nonverbalen Reaktionen Ihres Gesprächspartners beobachten – seinen Blick, seine Mimik und seine Körperhaltung. Sie werden daraus manchmal mehr erfahren als aus seiner Antwort. Und bei einer schizoiden Person werden Sie eher merken, wann Sie sie zu langweilen beginnen.

Passen Sie auf, dass er sich nicht völlig isoliert.

Überlässt man ihn seiner natürlichen Neigung, wird der Schizoide Gefahr laufen, als Einsiedler zu enden. Noch vor ein, zwei Jahrzehnten stieß man in Forschungslaboren bisweilen auf Wissenschaftler, die ihr Büro nicht mehr verließen und sogar dort schliefen; sie vereinfachten die Anforderungen des Alltags, indem sie ihre Pantoffeln anbehielten, wenn sie ihren täglichen Ausflug in Richtung Kaffeeautomat machten. Sie redeten nur noch mit ihrer Sekretärin, und auch das nur, wenn sie gefragt wurden, oder mit dem Chef ihres Forschungsprojekts, wenn er einmal höchstpersönlich nachschauen kam, wie weit sie mit ihrer Arbeit waren. Die Anforderungen der modernen Forschung, welche oft von Teams realisiert wird, die in einer weltumspannenden Kooperations- und Konkurrenzbeziehung stehen, haben diesen Forschertyp nach und nach verschwinden lassen (man kann ihn nur noch in gewissen wohlbehüteten staatlichen Forschungseinrichtungen antreffen), oder sie haben die anpassungsfähigsten Schizoiden dazu gebracht, mit ihresgleichen besser zu kommunizieren, weil die Umgebung stimulierender geworden ist. Stimulierender, wenn auch nicht zu sehr, denn ein Forschungslabor ist immer auch ein Ort, an dem man Zonen des Schweigens und der Einsamkeit akzeptiert.

Wenn Sie also einen Schizoiden kennen, sollten Sie ihn natürlich nicht durch zu häufige Anwesenheit oder zu viel Gerede ermüden, aber sie sollten ihn dennoch von Zeit zu Zeit besuchen, ihn einladen oder zu Zusammenkünften mitnehmen. So werden Sie ihm helfen, seine Beziehungskompetenzen funktionstüchtig zu halten, und ihm wird durch dieses Training das soziale Leben weniger anstrengend vorkommen, wie wir am Anfang unseres Kapitels am Beispiel von Caroles Ehemann gesehen haben.

HABEN SIE SELBST ZÜGE

... einer schizoiden Persönlichkeit?

	eher richtig	eher falsch
1. Wenn ich den Tag mit anderen Leuten verbracht habe, verspüre ich dringend das Bedürfnis, allein zu sein.		
2. Manchmal habe ich Mühe, die Reaktionen der anderen zu begreifen.		
3. Ich bin nicht besonders versessen darauf, neue Bekanntschaften zu machen.		
4. Selbst in Gegenwart anderer Leute bin ich manchmal nicht bei der Sache, weil ich an etwas anderes denke.		
5. Wenn sich meine Freunde versammelten, um meinen Geburtstag zu feiern, würde mich das eher ermüden als erfreuen.		
6. Man wirft mir vor, ich wäre manchmal geistesabwesend.		
7. Meine Freizeit verbringe ich meist allein.		
8. Rechnet man meine Familie nicht mit, habe ich nur einen oder zwei Freunde.		
9. Mich interessiert nicht besonders, was die Leute von mir denken.		
10. Ich mag keine Gruppenaktivitäten.		

KAPITEL IX

DIE VERHALTENSWEISEN VOM TYP A

Norbert (36), leitender Angestellter in der Handelsabteilung eines Telekommunikationsunternehmens, berichtet:

Schon bei meinem Einstellungsgespräch spürte ich, dass mein Chef ein schwieriger Typ war. Wenn er mir eine Frage gestellt hatte, wartete er oft nicht einmal ab, bis ich mit der Antwort fertig war, sondern stellte schon die nächste. Er schien es eilig zu haben, wirkte ungeduldig, und ich hatte den Eindruck, ihm seine Zeit zu rauben. Ich dachte, er hätte längst beschlossen, mich nicht zu nehmen, und würde mich nur der Form halber empfangen. Aber von wegen: er hat mich eingestellt! Später verstand ich, dass diese eilige und ungeduldige Art bei ihm der Normalfall war.

Auf Versammlungen ist es noch schlimmer: sobald wir uns ein bisschen ausführlicher über etwas auslassen, fährt er dazwischen. Manchmal bringt er unseren Satz sogar selbst zu Ende. Spontanen Einspruch verträgt er nur schlecht. Sobald man ihm widerspricht, argumentiert er so lange, bis der andere seine Position aufgibt. Wenn man ihn dagegen zwei Tage später wiedersieht, kann er die Information, die man ihm zu übermitteln versucht hatte, inzwischen durchaus verdaut haben, und dann benimmt er sich so, als wäre er schon immer einverstanden gewesen. Darüber amüsieren sich alle meine Kollegen, in seiner Abwesenheit natürlich.

Wir respektieren ihn trotzdem, denn man muss zugeben, dass er eine überquellende Aktivität an den Tag legt. Morgens ist er als Erster bei der Arbeit, er überfrachtet seinen Kalender mit Gesprächsterminen und Versammlungen und geht abends spät nach Hause. Von einem

Büro zum andern bewegt er sich stets im Laufschritt. Wenn man ihm ein Problem unterbreitet, trifft er unverzüglich eine Entscheidung, und meist ist es die richtige. In zwei oder drei Fällen ist er dennoch zu übereilt vorgegangen, ein wenig Überlegung hätte uns kostspielige Irrtümer erspart. Er ist kein schlechter Kerl, aber er regt sich schnell auf, und selbst wenn es ihm gelingt, nicht an die Decke zu gehen, sieht man ihm seinen Zorn nur zu deutlich an.

Einmal bemerkte er, dass ihm die Sekretärin aus Versehen eine falsche Akte mitgegeben hatte. Ich beobachtete, wie sein Gesicht vor Wut buchstäblich anschwoll, aber weil Kunden dabei waren, riss er sich zusammen und sagte nichts. An manchen Tagen wirkt er so abgehetzt und angespannt, dass wir spüren, wir sollten ihm am besten nicht über den Weg laufen. An solchen Tagen kann er schnell unausstehlich werden, mit verletzender Kritik um sich werfen und schon bei kleinen Anlässen maßlos in Wut geraten. Ich weiß nicht, wie seine Frau es mit ihm aushält! Aber vielleicht ist er zu Hause ja ruhiger. Auf jeden Fall bekommt sie ihn bei seinem Zeitplan sowieso kaum zu Gesicht.

Sogar am Wochenende muss er Mühe haben, sich zu entspannen. Ich erinnere mich, dass wir letztes Jahr zu einem Seminar gefahren sind, das in traumhafter Umgebung stattfand. Es gab auch einen Tennisplatz. Nun ja, und dort hat er sich mit dem Chef der Exportabteilung ein so verbissenes Match geliefert, dass er sich eine Zerrung holte. Man hätte glauben können, er spiele auf dem Tenniscourt um seine Karriere! Selbstverständlich überschüttet er auch uns mit Aufträgen und erwartet, dass wir alle nach seinem Rhythmus arbeiten. Aber ich habe keine Lust, mich am Ende im Krankenhaus wiederzufinden!

WAS SOLL MAN VON NORBERTS CHEF DENKEN?

Immer ist er in Eile und ungeduldig, ständig auf dem Sprung, seine Arbeitstage ähneln einem Rennen gegen die Stoppuhr: Norberts Chef scheint gegen die Zeit anzukämpfen.

Seine Beziehungen zu den anderen sind nicht einfach. Er neigt dazu, sie zu unterbrechen, sie anzutreiben, wenn sie für seinen Geschmack zu langsam sind oder wenn ihnen Irrtümer unterlaufen, die seine Pläne durcheinanderbringen. Man könnte sagen, dass er die anderen als Bremsklötze bei seinem Rennen gegen die Zeit ansieht. Außerdem hat er einen übersteigerten Wettkampfgeist, egal ob es sich um eine Diskussion handelt, bei der er den Sieg davontragen will, oder um ein Tennismatch, bei dem es eigentlich um nichts Besonderes geht. Immer fühlt er sich in einer Wettbewerbssituation, selbst wenn eine maßvollere Haltung vorteilhafter wäre. Diese Wahrnehmung der anderen als Hemmschuhe oder als Konkurrenten bringt ihn oft dazu, gegen seine Mitmenschen anzukämpfen.

Schließlich hat man den Eindruck, dass Norberts Chef nicht anders kann, als seine volle Energie zu mobilisieren, sobald ein Ziel auftaucht: wenn ein Kunde überzeugt oder eine Sitzung durchgezogen werden soll, wenn es darum geht, pünktlich anzukommen oder ein Tennismatch zu gewinnen. Seine Mitarbeiter sind frappiert, mit welchem Einsatz er seine Aufgaben angeht.

Kampf gegen die Zeit, Kampf gegen die anderen, voller Einsatz beim Handeln: Norberts Chef zeigt die typischen Merkmale eines Verhaltens vom Typ A.

DAS VERHALTEN VOM TYP A

- *Kampf gegen die Zeit:* ist ungeduldig, will immer noch schneller vorankommen, stopft eine maximale Zahl von Aktivitäten in einen kleinen Zeitrahmen, sorgt sich sehr um Exaktheit, kann die Langsamkeit der anderen nicht tolerieren.
- *Wettbewerbssinn:* neigt dazu, überall »gewinnen« zu wollen, selbst in harmlosen Situationen des täglichen Lebens, in Gesprächen oder beim Freizeitsport.
- *Engagement im Handeln:* arbeitet viel, nimmt seine Aktivitäten sehr ernst und verwandelt seine Freizeit in eine Aufgabe, bei der ein Ziel erreicht werden soll.

Norberts Chef ist eine ziemlich extreme Persönlichkeit vom Typ A. Bei entsprechenden Tests würde er sich sicher in der Kategorie A 1 wiederfinden, und zwar mit der maximalen Punktzahl. Man kann nämlich jeden Menschen auf einer Skala situieren, die von A 1 (höchstgradige Verhaltensweisen vom Typ A) bis B 5 (Gegenteil des Typ-A-Verhaltens) reicht. Die B 5-Personen sind ruhig, sie nehmen sich Zeit zum Handeln oder Nachdenken, hören ihrem Gesprächspartner bedächtig zu und haben selten ein Gefühl der Dringlichkeit. Wenn man nach Beispielen aus der Politik sucht (die freilich nicht unbedingt treffend sein müssen, denn die Medien zeigen uns nur das öffentliche Auftreten dieser Politiker, und wir erleben sie nicht bei ihrer täglichen Arbeit), so könnte man unter dem Typ A unsere Präsidenten Jacques Chirac, Nicolas Sarkozy und Emmanuel Macron anführen, während François Mitterrand mit seinem Lieblingsspruch »Man muss den Dingen Zeit lassen« und François Hollande eher auf der Seite von Typ B stehen. In den Vereinigten Staaten zeigte Präsident Obama mit seinem ruhigen und überlegten Auftreten und seiner Selbstbeherrschung ebenfalls Typ-B-Merkmale.

Die folgende Tabelle ist der Versuch, einige berühmte Persönlichkeiten auf der A-B-Achse einzuordnen.

Verhalten vom Typ A	**Verhalten vom Typ B**
Louis de Funès	Bourvil
De Mesmaeker	Gaston Lagaffe
Joe Dalton	Averell Dalton
General Alcazar	Senhor Oliveira
Carrie Mathison	Saul Berenson
Donald	Mickey

WIE JEMAND VOM TYP A DIE WELT SIEHT

Für einen echten Typ A stellt sich jedes Ereignis des täglichen Lebens wie eine Herausforderung dar: er will alle Situationen meistern. Bei jedem Anlass mobilisiert er schnell alle seine Kräfte, egal ob es darum geht, über einen wichtigen Vertragsabschluss zu verhandeln oder die Werkstattrechnung zu diskutieren. Jeder von uns rafft seine Energie zusammen, wenn etwas Wichtiges auf dem Spiel steht, aber für den Typ A wird jedes Spiel wichtig. Die kanadische Psychologin Ethel Roskies resümiert diesen Charakterzug in folgendem Vergleich: »Für den Typ A ist jeder Konflikt ein Nuklearkrieg.« Die Devise eines Menschen vom Typ A könnte sein: »Ich muss es schaffen, alle Situationen zu kontrollieren« oder »Alles, was ich in die Hand nehme, muss mir gelingen«. Arielle (52), Oberschwester in einem Krankenhaus, berichtet:

Wie unser gesamtes Personal, so stehe auch ich ständig unter Druck. Ich muss mich um Verwaltungsangelegenheiten, um das Budget und die Materialbestellungen kümmern, aber gleichzeitig auch die persönlichen Probleme zwischen den Krankenschwestern regeln; ich muss es so einrichten, dass die Personalrotation keine negativen Folgen für die Qualität des Dienstes hat, und habe die manchmal gegensätzlichen Wünsche der Ärzte und der Verwaltung zu berücksichtigen. Schließlich muss ich ein offenes Ohr für die Bitten der Familien haben und die komplizierten Probleme der Unterbringung nach dem Krankenhausaufenthalt lösen. Mit anderen Worten, meine Arbeitstage sind lang, und ich habe keine freie Minute!

Zwischen den Sitzungen, der Visite, der Verwaltungsarbeit und dem Notdienst renne ich ständig gegen die Zeit an. Andere hätten an meiner Stelle bald aufgegeben, aber auf mich wirkt Stress in gewisser Weise wie ein Dopingmittel. Ich erledige gewöhnlich zwei Dinge gleichzeitig: ich schreibe einen Bericht, während ich jemandem zuhöre, oder laufe von einem Ende des Krankenhauses zum anderen und lese dabei ein Rundschreiben. Mit wachsender Erfahrung funktioniere ich schneller und schneller. Der Chef unserer Abteilung hat mir den Spitznamen »weißer Tornado« verpasst.

Alles läuft glatt, solange ich den Eindruck habe, die Lage zu beherrschen, aber sobald ich in Verzug gerate oder merke, dass die anderen nicht schnell genug sind, werde ich gereizt. Ich ertrage nur schlecht Versammlungen, die sich ewig hinziehen, während ich an all das denke, was erledigt werden muss. Dann neige ich schnell dazu, den Leuten das Wort abzuschneiden, was meine Krankenschwestern mir vorwerfen. Wer mich nicht leiden kann, bittet ohnehin um seine Versetzung und bleibt nicht lange in unserer Abteilung. Das ist auch besser, denn so arbeiten die meisten in unserem Team nach meinem Rhythmus.

Ich habe seit jeher auf diese Weise »funktioniert«, aber mein Mann meint, in meinem Alter sollte ich mich ein wenig zügeln.

»Tritt doch ein bisschen auf die Bremse«, sagt er. Da hat er gut reden! Ich möchte ihn mal auf einer Arbeit erleben, bei der die kleinste organisatorische Panne katastrophale Folgen haben kann. Aber es stimmt, dass ich abends immer häufiger erschöpft bin und dass meine Stimmung darunter leidet. Ich glaube, ich habe nicht mehr dieselbe Spannkraft wie vor einigen Jahren. Mein Mann sagt, ich wäre zu gestresst. Aber der Stress ist mein Leben!

Arielle beschreibt gut, wie Dringlichkeit für sie ein »Dopingmittel« ist. Sie zeigt übrigens noch andere Merkmale eines Verhaltens vom Typ A: Sie erledigt alles schnell, mehrere Sachen auf einmal, und kniet sich voll in ihre Arbeit. Ihr Chef wird sich zweifellos freuen, eine so effiziente Mitarbeiterin zu haben. Aber wie denkt Arielle selbst darüber? Sie mag ihre Arbeit, merkt andererseits jedoch, dass sie immer leichter ermüdet. Wenn sie erschöpft nach Hause kommt, muss ihr Mann ihre schlechte Laune ertragen. Zahlt Arielle nicht einen zu hohen Preis?

Wer von beiden hat recht? Der Ehemann, wenn er meint, sie wäre zu gestresst, oder Arielle, die glaubt, der Stress wäre ihr Leben? Und zunächst einmal, was ist eigentlich Stress?

KLEINER UMWEG ÜBER DEN STRESS

Stress ist eine natürliche Reaktion unseres Organismus, die jedes Mal auftritt, wenn wir uns anstrengen müssen, um uns an eine Situation anzupassen. Wenn wir zum Beispiel unseren Schritt beschleunigen, um rechtzeitig zu einer Verabredung zu erscheinen, zeigen wir eine Stressreaktion. Sie kann in drei Elemente zerlegt werden:

- Die *psychologische Komponente*: Wenn wir auf die Uhr schauen, schätzen wir zwei Dinge ab: die uns verbleibende Zeit und die noch zurückzulegende Distanz (also die Anforderungen unserer Umgebung), aber auch unsere Fähigkeit, zügiger zu gehen oder ein schnelleres Transportmittel zu finden (also unsere Ressourcen). Scheint uns die Differenz zwischen den Anforderungen unserer Umgebung und unseren Ressourcen zu beträchtlich (es bleiben uns z. B. nur zehn Minuten bis zu einem wichtigen Gespräch, aber wir haben noch zwei Kilometer zurückzulegen, und kein Taxi ist in Sicht), wird die Stressreaktion heftig ausfallen und sich auch auf physiologischer Ebene manifestieren.
- Die *physiologische Komponente*: In unserem Beispiel wird der Organismus verschiedene Hormone ausstoßen, vor allem Adrenalin. Das Adrenalin wird unseren Herzschlag und unsere Atemfrequenz beschleunigen, es wird die Blutgefäße der Haut und der Eingeweide zusammenziehen, damit das Blut vor allem in die Muskeln und das Gehirn fließt, und es wird unseren Blutzuckerwert erhöhen, damit unsere Muskeln einfacher an Glukose gelangen. All diese physiologischen Reaktionen bereiten uns auf eine physische Anstrengung vor.
- Die *Verhaltenskomponente*: Wir werden schneller gehen oder sogar den Laufschritt einlegen.

Wie man sieht, ist die Stressreaktion natürlich und nützlich zugleich: Sie bereitet uns darauf vor, einer komplizierten Situation angemessen zu begegnen. Stellen Sie sich jetzt die gleiche Situation vor, nur dass Sie diesmal am Lenkrad Ihres Autos sitzen und im Stau stecken. Dieselbe Reaktion wird auftreten: Sie fühlen, wie Ihr Puls sich beschleunigt und wie Ihre Muskeln sich anspannen. Dabei ist es ganz unnütz, sich im Auto auf eine physische Anstrengung vorzubereiten, denn Ihre gespannten Muskeln werden den Stau auch nicht auflösen. Dennoch hat sich dieselbe Stressreaktion ereignet. Warum?

... UND ZURÜCK ZUR EVOLUTION

Ganz einfach, weil uns die Stressreaktion seit tiefsten Urzeiten eigen ist. Schon bei unseren tierischen Vorfahren ist sie durch die natürliche Auslese so geformt worden, dass sie uns in der Wildnis beim Überleben half. Die hauptsächlichsten Stresssituationen für unsere Primaten-Ahnen waren die Konflikte mit einem Rivalen, die Flucht vor einem Raubtier oder Naturkatastrophen wie Waldbrände oder Überschwemmungen. Wollte man all diese Situationen erfolgreich meistern, erforderte das eine gewaltige physische Anstrengung, und die Stressreaktion war dazu da, diese Anstrengung leichter zu ermöglichen. Wir alle sind die Nachfahren der Überlebenden, also derer, die dank einem kräftigen Spritzer Adrenalin schneller laufen oder härter zuschlagen konnten.

Heute, in unserem Leben als Städtebewohner, können wir mit den meisten Stresssituationen, die auf uns zukommen, ohne heftigen physischen Einsatz wie etwa Flucht oder Kampf fertig werden. Geht es darum, eine Prüfung zu bestehen, beim Einstellungsgespräch eine gute Figur zu machen oder einen defekten Apparat wieder in Gang zu bringen, ist körperliche Anstrengung praktisch sinnlos. Ein guter Teil der Stressreaktion ist also unangemessen geworden. Trotzdem wirken das Adrenalin und sein Gegenstück, das Noradrenalin, auch auf die Psyche: sie lassen uns hellwach werden und verkürzen die Reaktionszeit. Das kann von Nutzen sein, wenn man eine dringende Arbeit abschließen oder mit einem zähen Verhandlungspartner fertig werden muss.

Wählen wir ein anderes Beispiel: Sie sollen vor einem Publikum eine kleine Rede halten und hinterher in der Lage sein, auf Fragen zu antworten. Verspüren Sie überhaupt keinen Stress (Sie kennen den Gegenstand gut, und es steht nicht viel auf dem Spiel), dann laufen Sie Gefahr, Ihre Reserven nicht ausreichend zu mobilisieren, aus Unachtsamkeit etwas zu vergessen und auf die Fragen ein wenig lasch zu antworten. Eine ungenügende Stressreaktion erlaubt Ihnen keine Bestleistungen. Ist Ihre Stressreaktion hingegen sehr intensiv (Sie kennen Ihren Gegenstand nicht so gut, das Publikum ist anspruchsvoll, und für Sie hängt viel davon ab, dass diese Vorstellung gut verläuft), dann riskieren Sie, Lampenfieber zu zeigen (Herzklopfen, feuchte Hände, zugeschnürte Kehle). Diese Zeichen sind nichts anderes als die physiologische Komponente der Stressreaktion und Ihres angstvollen Zustandes mit Gedanken wie »Wenn ich herumstottere, gibt das eine Katastrophe« oder »Alle merken, dass ich Bammel habe«. Auf der Verhaltensebene riskieren Sie, tatsächlich zu stammeln, einen »Aussetzer« zu haben und die Fragen jämmerlich schlecht zu beantworten. Anders gesagt: Eine zu intensive Stressreaktion beeinträchtigt Ihre Leistung.

Wie Sie sich denken können, gibt es auch eine Stressreaktion, die zwischen diesen Extremen liegt: Sie kommen ein wenig angespannt an den Ort des Geschehens, Ihr Herz schlägt ein bisschen schneller, Ihr Geist späht unruhig in alle Richtungen. Bei einem solchen Stressniveau sind Sie vollkommen mobilisiert für das Erreichen Ihres Zieles, eine erfolgreiche Vorstellung zu liefern.

Man kann die Beziehung zwischen der Qualität Ihrer Leistung und der Intensität Ihrer Stressreaktion in folgender Kurve schematisieren:

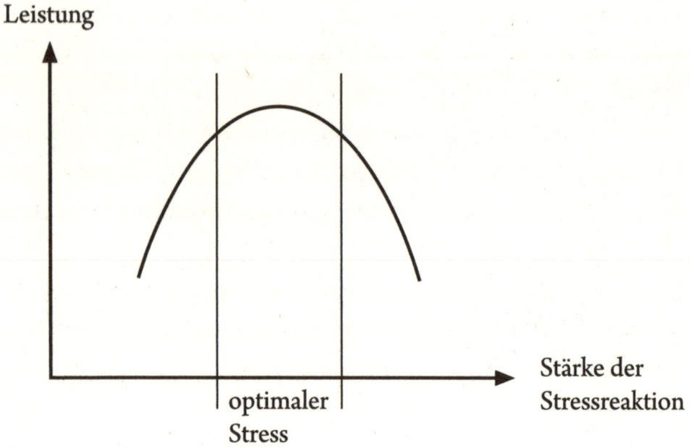

Stress-Leistungs-Kurve von Yerkes-Dodson

Es gibt also einen Bereich von optimalem Stress, der Sie am besten mobilisiert, eine erfolgreiche Leistung zu erbringen. (Dieses Niveau hängt natürlich von der Art der Aufgabe, die Sie zu erfüllen haben, sowie von deren Dauer ab.)

Diese Stressreaktion ist mit einem Energieaufwand verbunden, und hinterher muss man eine Erholungsphase einschalten. Nach Ihrer Vorstellung werden Sie das Bedürfnis haben, eine lockere Unterhaltung zu führen oder sich ein wenig zurückzuziehen, um in Ruhe wieder Energie zu speichern. Wenn Ihre Stressreaktion zu lange andauert oder sich zu bald wiederholt, werden Ermüdungserscheinungen auftreten.

»Gut und schön«, werden Sie jetzt sicher sagen, »aber was hat das alles mit dem Typ A zu tun?«

ZURÜCK ZUM TYP A

Nun, der Typ A neigt dazu, überdurchschnittlich intensive, langanhaltende und häufige Stressreaktionen zu haben.

Oftmals respektiert er die Erholungsphase nicht, was ihm nichts ausmacht, solange er jung und in bester Form ist. Aber je älter er wird, desto eher droht er »heiß zu laufen«.

In einigen Studien hat man die physiologischen Reaktionen eines Menschen vom Typ A untersucht, der einer mittelmäßig stresserzeugenden Situation ausgesetzt war. Man hat zum Beispiel Leute vom Typ A und vom Typ B am Computer gegeneinander spielen lassen. Dabei beobachtete man, dass bei den Spielern vom Typ A die Herzfrequenz, der Blutdruck und der Adrenalinspiegel schneller und höher stiegen als bei denen vom Typ B. Und noch höher kletterten sie, wenn sich der gegnerische Spieler darin gefiel, während des Spiels ironische Bemerkungen zu machen (»Dich muss man wohl erst aufwecken, oder was?«). Wenn ihre Stressreaktion auf ein solches Niveau getrieben worden war, begannen die Spieler vom Typ A mehr Fehler zu machen als die vom Typ B, und ihre Leistungen verschlechterten sich.[5]

Dieses Experiment zeigt uns, dass man einen Typ A nicht übermäßig stressen darf, denn das kriegt er selbst schon gut genug hin.

Vorteile von Typ A	Risiken von Typ A
großer Einsatz beim Handeln	kann keinen Abstand gewinnen
produktiv	schwer zu bremsen
ehrgeizig	opfert sein Familienleben auf
kämpferisch	zu konfliktbereit
für seine Arbeit anerkannt	wegen seiner autoritären Art abgelehnt
wirkt mobilisierend	entmutigt andere Menschen

5 Experiment mitgeteilt von R. Dantzer: *L'Illusion psychosomatique,* Paris (Odile Jacob) 1989, S. 201 f.

Vorteile von Typ A	Risiken von Typ A
energiegeladen	Gesundheitsprobleme durch exzessiven Stress
rapider Aufstieg im Beruf	Karriere droht zu stagnieren, weil Abstand und Überblick fehlen
gelungene Karriere	Karriereunfall durch einen Konflikt, Gesundheits- und Ehesorgen

Schaut man sich diese Tabelle an, wird man verstehen, weshalb wir uns entschieden haben, in diesem Buch über schwierige Persönlichkeiten auch vom Typ A zu sprechen. Ein Mensch vom Typ A kann schwierig für die anderen sein, für seine Mitarbeiter oder seine Familie, aber er kann sich auch selbst Schwierigkeiten bereiten: Er übernimmt sich, setzt sich zu hohem Stress aus und riskiert gesundheitliche Probleme.

Internationale epidemiologische Studien haben über Jahre hinweg den Weg Tausender Menschen vom Typ A verfolgt. Sie haben mehrere übereinstimmende Ergebnisse erbracht:

- Das Risiko von Herzstörungen (Angina pectoris und Infarkt) liegt beim Typ A doppelt so hoch wie beim Typ B.
- Die »feindseligsten« Leute vom Typ A, die sich am leichtesten über andere aufregen, sind am stärksten gefährdet.
- Der Anfälligkeitsfaktor für Herzstörungen vervielfacht sich, wenn andere Risikofaktoren hinzukommen (Nikotin, Cholesterin, Übergewicht, Bluthochdruck, Bewegungsmangel).

Diese Gesundheitsprobleme der Leute vom Typ A haben die Aufmerksamkeit großer nordamerikanischer Konzerne auf sich gezogen. Ihre Kader vom Typ A sind sicher produktiv, aber an dem Tag, an dem sie ihren Infarkt erleiden, kommen sie dem Unternehmen teuer zu stehen, und zwar durch den Produktionsausfall und die Behandlungskosten, die von privaten Versicherungen übernommen werden, deren Prämie und Malus die Firmen zahlen müssen. Das Unternehmen ist also daran interessiert, seine Mitarbeiter vom Typ A ausfindig zu machen und ihnen ein Programm zur Stressbewältigung und Reduzierung anderer Risikofaktoren für Herz- und Gefäßkrankheiten anzubieten.

vorgeschlagene Technik	Ziel
Entspannung	die physiologische Komponente der Stressreaktion dämpfen; sich erholen lernen
Kommunikationstraining	aggressive Verhaltensweisen vermindern
kognitives Durcharbeiten	relativieren lernen, Abstand gewinnen
Ermunterung zu einer gesunden Lebensweise: ausgewogene Ernährung Einstellen des Rauchens regelmäßige sportliche Betätigung regelmäßige Freizeit	die Widerstandsfähigkeit gegenüber Stress erhöhen; die übrigen Risikofaktoren für Herz- und Gefäßkrankheiten vermindern

Die üblichen Elemente von Stressbewältigungsprogrammen und ihr Ziel

Die Programme, die man einem Typ A anbieten kann, sind also sehr vielgestaltig in ihren Inhalten (je nach den verwendeten Elementen) und ihrer Dauer (regelmäßige Sitzungen über mehrere Monate hinweg; mehrtägiges Seminar). Sie können in Einzelkonsultationen oder in Gruppen angewendet werden. Ihr gemeinsames Ziel ist, der Person vom Typ A zu helfen, sich ein persönliches Stressbewältigungsprogramm aufzubauen. Es soll ihr also gelingen, auf Dauer neue Gewohnheiten anzunehmen. Lesen wir, was Serge (43) darüber schreibt. Er hatte sich freiwillig für ein von seinem Unternehmen angebotenes Stressbewältigungsprogramm gemeldet.

Seit einiger Zeit beschäftigt unseren Personaldirektor immer mehr das Problem »Stress am Arbeitsplatz«. Wir haben unter unseren kaufmännischen Angestellten eine starke Fluktuation, was ein Anzeichen für übermäßigen Stress ist. Außerdem war unser Finanzdirektor nach einem Herzinfarkt mehrere Monate arbeitsunfähig. Man hatte ihn operieren und ihm einen Bypass legen müssen. Ich selbst leide ziemlich regelmäßig unter Kopfschmerzen, und bisher konnte ich alle möglichen Medikamente versuchen, die mir verschiedene Ärzte empfohlen hatten, ohne dass irgendeines darunter besonders wirksam gewesen wäre. Im Übrigen wirft meine Frau mir vor, ich würde immer angespannter und gereizter, und hinterher muss ich wirklich oft eingestehen, dass ich mich zu Hause über Dinge aufrege, die es nicht wert sind: Wenn meine Tochter ein bisschen lange telefoniert oder mein Sohn nicht gleich kommt, wenn das Essen auf dem Tisch steht, genügt das schon, damit ich explodiere. Dazu kommt, dass ich in letzter Zeit immer schlechter einschlafe und nach einer schlechten Nacht oft schon müde ins Büro komme. Als unser Personalchef in einem Rundschreiben auf ein auswärtiges Konsultationskabinett hinwies, das uns bei der Stressbewältigung helfen könnte, habe ich die Chance also wahrgenommen. Der vorgeschlagene Zeitplan war realistisch für sehr beschäftigte Leute: eine zweistündige individuelle Sitzung alle vierzehn Tage, und das über ein halbes Jahr hinweg, also insgesamt zwölf Sitzungen. Dazu kam noch je eine »Auffrischungs«-Sitzung in den beiden folgenden Monaten, was alles in allem auf vierzehn Konsultationen hinauslief.

Die Vorgehensweise des Beraters hat mir sofort gefallen: wir gingen von konkreten stresserzeugenden Situationen aus, die mir zwischen den Sitzungen begegnet waren, und analysierten sie gemeinsam. Schon ab der ersten Sitzung ließ er mich eine gewisse Anzahl Fragebögen über meine persönlichen Stressanzeichen, meine Kommuni-

kationsgewohnheiten, meinen Umgang mit der Zeit und meinen Lebensstil ausfüllen. Das half mir, manches zu bemerken: Die anderen nervten mich oft, ich neigte jedoch dazu, mich zurückzuhalten und nicht weiter darauf einzugehen. Manchmal ging ich aber auch sofort in die Luft. Der Berater erläuterte mir, dass diese beiden Haltungen bedeutende Stressfaktoren seien. Darüber hinaus wurde mir auch bewusst, dass ich schon seit Jahren keine Zeit mehr für mein persönliches Vergnügen einplante: Arbeit und Familienleben füllten alles aus, von zwei Stunden Tennis pro Woche einmal abgesehen, aber sogar die wurden stressig, denn ich versuchte, meine Form von vor zehn Jahren zu halten, ohne dass es mir gelang. Schließlich haben wir meinen Perfektionismus genauer beleuchtet, der schuld daran ist, dass ich wahrscheinlich nicht genug Arbeit weiterreiche und deshalb so überlastet bin. Im Laufe der Wochen erarbeiteten wir mein persönliches Stressbewältigungsprogramm, das um vier Ziele kreiste:

- Den anderen gegenüber mit ruhigem Nachdruck auftreten, *sobald sie mich aufregen, das bedeutet also, weder gehemmt noch aggressiv zu kommunizieren. Ich analysierte mit dem Berater Situationen aus meinem Büroalltag; dann gingen wir zu Rollenspielen über, bei denen er den Platz meiner üblichen Ansprechpartner einnahm. Nach und nach lernte ich, Kritik wirkungsvoll anzubringen, indem ich meinen Standpunkt offen ausdrückte, aber dabei eher das Verhalten als die Person kritisierte. Früher war es so gewesen: wenn mir meine Assistentin die Unterlagen nicht wunschgemäß vorbereitet hatte, sagte ich ihr die ersten Male nichts, denn sie hat eine Menge zu tun, und ich wollte sie nicht wegen einer Kleinigkeit stressen, aber eines Tages schließlich explodierte ich und brüllte etwas in der Art von: »Verdammt noch mal! Sie haben mir die Dossiers in der falschen Reihenfolge vorbereitet! Können Sie denn nicht aufpassen? Aber Sie pfeifen ja wohl auf meine Arbeit!« Danach war sie mir böse, ich ärgerte mich über mich selbst, und alle hatten Stress. Inzwischen gelingt es mir zu sagen: »Ich möchte, dass Sie beim nächsten Mal meine*

Unterlagen in der richtigen Reihenfolge vorbereiten, denn sonst kostet mich das Zeit.« Sehe ich, dass sie bereits ein bisschen gestresst ist, füge ich hinzu: »Ich weiß, dass Sie schon an eine Menge Sachen denken müssen, und nun kommt noch etwas hinzu, aber es ist wirklich wichtig für mich.« So spreche ich jetzt mit allen meinen Mitarbeitern, und jedermann gewinnt an Effizienz.

- Mehr Arbeit delegieren. *Mir ist es immer schwergefallen, Arbeit weiterzureichen, denn ich hatte den Eindruck, die Dinge würden besser erledigt, wenn ich alles selbst übernehme. Das stimmt oftmals sogar, denn meine Mitarbeiter haben weniger Erfahrung als ich. Aber auf diese Weise habe ich weniger Zeit zum Überlegen, und ich kann keinen Abstand gewinnen, um andere Dinge zu tun, für die ich auch bezahlt werde. Der Berater hat mir geholfen, eine Liste der Aufgaben aufzustellen, die ich weiterreichen könnte. Das zwang mich, mit ihm gemeinsam über meinen Perfektionismus nachzudenken.*
- Meine Widerstandsfähigkeit gegen Stress erhöhen. *Schon seit der ersten Sitzung brachte er mir bei, wie ich mich durch Atemtechniken binnen weniger Minuten entspannen kann. Wenn ich regelmäßig übe, reichen schon ein paar Atemzüge. Ich praktiziere es mehrmals täglich, sobald ich spüre, wie meine Anspannung wächst, etwa zwischen zwei Telefonaten, an der roten Ampel oder sogar in der Versammlung – mit offenen Augen natürlich! So fühle ich mich nicht so schlapp und reizbar, wenn ich nach Hause komme. Von Kopfschmerzen werde ich nur noch halb so oft geplagt.*
- Über meine Prioritäten nachdenken. *Diese Phase des Programms ist noch nicht abgeschlossen. Der Berater machte mir bewusst, wie wichtig es ist, ein Leben außerhalb der Arbeit zu haben, selbst wenn meine Karriere für mich vorrangig ist. Wir gehen in kleinen Schritten voran und überlegen, wie ich meinen Zeitplan ändern könnte, um mehr freie Stunden für mich und meine Frau zu gewinnen.*

Alles in allem bin ich mit diesem Programm sehr zufrieden. Vorher hatte ich bei »Stressbewältigung« an Whirlpools und Kräutertee gedacht, aber jetzt habe ich begriffen, dass es überhaupt nicht in diese Richtung geht! Stattdessen ist es ein richtiggehendes Erlernen neuer Gewohnheiten für das Alltagsleben.

Serge berichtet uns von einem geglückten Versuch der Stressbewältigung: Es ist ihm gelungen, so zu kommunizieren, dass er sich und die anderen weniger stresst, er nutzt aus gutem Grund Entspannungstechniken, er hat seine Prioritäten überdacht, und sein berufliches und privates Leben wird zufriedenstellender sein. Dank der Hilfe des Beraters hat er also das Stadium hinter sich gelassen, in dem man eine Liste guter Vorsätze aufstellt, die man dann doch nie einhält.

Verschiedene Studien haben ergeben, dass sich die Stressreaktivität der Menschen vom Typ A nach einem gut durchgeführten Stressbewältigungsprogramm mäßigte. Eine solche Mäßigung konnte bestätigt werden, als man die Veränderung des Herzrhythmus und des Blutdrucks der betreffenden Personen maß.

VERHALTENSWEISEN VOM TYP A IN FILM UND LITERATUR

In *Das Arrangement* (1969) von Elia Kazan spielt Kirk Douglas einen gestressten und ehrgeizigen Werbefachmann, der nach einem Autounfall plötzlich all seine Karriereprioritäten überdenkt.

Der bemerkenswerte Film *Die Intriganten* (1954) von Robert Wise schildert einen Machtkampf zwischen fünf Führungskräften eines großen Möbelunternehmens, die auf den Platz des eben verstorbenen Vorstandschefs rücken wollen. William Holden stellt hierbei extreme Typ-A-Verhaltensweisen zur Schau und trägt am Ende den Sieg davon.

In *Quartett Bestial* (1975) von Jacques Rouffio ist Dr. Berg (Gérard Depardieu) ein ungeduldiger und herrischer Chirurg, der es sich zur Ehre anrechnet, seine Eingriffe in Rekordzeit zu beenden. Er zeigt auch eine Reizbarkeit und einen Sinn für scharfe Entgegnungen, wie sie für den Typ A 1 charakteristisch sind. Seine Freude am Glücksspiel und sein Gefallen am Risiko liefern ihn leider Charles Vanel aus, einem hinterhältigen Typ B.

In der Fernsehserie *Die Sopranos* (1999–2007) von David Chase zeigt Tony (John Gandolfini), der Mafiaboss von New Jersey, in seinem Alltagsleben die für einen Typ A typische Energie und autoritäre Ungeduld, sei es bei der Leitung seiner Tänzerinnenbar oder bei der Konfrontation mit anderen Mafiabossen. Es fällt ihm schwer, sich gegenüber seinem trägen und ziellos dahinlebenden Sohn zurückzuhalten. Zu Beginn der Serie leidet er an einer Panikstörung, die nicht nur durch übermäßigen Stress ausgelöst wurde, sondern auch durch seine persönlichen Schwachstellen, die er mithilfe der attraktiven Psychiaterin Dr. Melfi (Lorraine Braco) ans Licht bringt.

Im bewunderungswürdigen Film *The Tree of Life* (2011) von Terence Malik verkörpert Brad Pitt einen stets unter Druck stehenden, fordernden und autoritären Familienvater und Fabrikdirektor, dessen Karriere jedoch scheitert. Er erzieht seine Kinder äußerst streng mit Leitsätzen wie »Man braucht einen starken Willen, um in dieser Welt durchzukommen« und »Lass dir niemals von jemandem sagen, dass du etwas nicht kannst«.

Sie haben nun gesehen, wie sich jemand vom Typ A selbst helfen kann. Was können Sie aber tun, um richtig mit ihm umzugehen, besonders, wenn er nicht die geringste Ahnung von Stressbewältigung hat?

VOM UMGANG MIT MENSCHEN VOM TYP A

- **Wenn es Ihr Chef ist:**
  Verdienen Sie sich durch effiziente Arbeit seinen Respekt, aber lassen Sie sich nicht seinen Rhythmus aufzwingen.
- **Wenn es Ihr Lebenspartner ist:**
  Ermuntern Sie ihn zu einer gesunden Lebensführung, damit er Ihnen nicht vorzeitig dahinscheidet.
- **Wenn es Ihr Kollege oder Mitarbeiter ist:**
  Bremsen Sie ihn, ehe er zusammenklappt oder Sie von Ihrem Posten verdrängt.

Was Sie tun sollten

- **Seien Sie zuverlässig und exakt.**
  Der Typ A erträgt das Warten nicht, er wird ungeduldig und reizbar. Haben Sie also mit ihm zu tun, sollten Sie die Situation nicht von vornherein verkomplizieren, indem Sie zu spät kommen. Wenn Sie merken, dass Sie nicht zur vereinbarten Zeit erscheinen können, sollten Sie ihn unbedingt telefonisch benachrichtigen und ihm die voraussichtliche Uhrzeit Ihres Eintreffens mitteilen. Das wird ihn sofort beruhigen, glaubt er doch, die Kontrolle über seinen Zeitplan wiederzufinden: Er wird die frei gewordene Wartezeit sogleich mit einer anderen Aktivität ausfüllen. Aber Achtung! Respektieren Sie die neue Frist und gehen Sie kein neues Risiko ein. Wenn Sie ihm Ihre Ankunftszeit mitteilen, sollten Sie eine Sicherheitsspanne einplanen, um ihn nicht durch eine weitere Verspätung von Neuem unter Druck zu setzen.
  Denken Sie daran, dass der Typ A seine Umgebung stets zu kontrollieren versucht. Wenn Sie ihn bei Laune halten wollen, sollten Sie ihm den Eindruck vermitteln, dass ihm das gelingt:

Tun Sie, was Sie vorgesehen haben, und vermeiden Sie Versäumnisse und Unachtsamkeiten. Andernfalls würden Ihre Beziehungen leiden.

Treten Sie jedes Mal mit Bestimmtheit auf, wenn er Sie unter seine Kontrolle zu bringen versucht.

Laure ist eine junge Ärztin. Sie berichtet von ihren Beziehungen zu einem Chef vom Typ A.

Am Anfang wusste ich nicht, wie ich mich gegenüber meinem Chef verhalten sollte. Weil er umfangreiche Forschungen betreibt, gab er mir immer eine Menge Arbeit: mal sollte ich eine Aufsatzreihe lesen und ein Resümee anfertigen, mal die Ergebnisse der Arbeitsgruppe für einen Artikel aufbereiten, mal ein Forschungsprojekt bei ihm einreichen, damit er Fördermittel beschaffen konnte. Er ist ein hyperaktiver Mann mit einem eisernen Arbeitsrhythmus und neigt dazu, diesen Rhythmus auch anderen aufzuzwingen. So gab er mir immer Aufgaben mit sehr kurzer Erledigungsfrist, und weil ich ihm nicht zu widersprechen wagte, musste ich Tag und Nacht arbeiten, um die Termine zu halten.

Mein Freund fand, dass mein Leben auf diese Weise zur Hölle würde. Außerdem wurde ich manchmal zu spät fertig, was meinen Chef schrecklich aufbrachte. Schließlich riet mir mein Freund, die Abgabefristen, die ich mir bisher hatte aufzwingen lassen, künftig auszuhandeln. Ich fand das schwierig; weil mein Chef selbst so hart arbeitet, wagt keiner, ihm zu erklären, dass er einem zu viel auflädt. Und dann ist er so ein autoritärer Mann, der eine junge Forscherin wie mich sehr beeindruckt.

Mein Freund arbeitet als Kaufmann und ist es gewohnt, mit wichtigen Kunden zu verhandeln, die auch oft schwierige Leute sind. Er schlug mir vor, die Szene mit ihm durchzuspielen. Er übernahm die Rolle meines Chefs und gab sich so reizbar, wie ich es beschrieben hatte. Wir haben die Szene mehrmals wiederholt, und zunächst ist es ihm stets gelungen, mich zum Nachgeben zu bringen. Er erklärte mir, welche Fehler ich beim Verhandeln machte: so verkündete ich von Anfang an, welche Frist ich wollte, ich verlangte immer einen zu knappen Zeitraum, beharrte zunächst strikt auf meinen Positionen und ließ plötzlich alles fahren, wenn mein Verhandlungspartner mir nicht entgegenkam.

Alles in allem hat mir dieses kleine Training sehr geholfen. Als mir mein Chef wieder einmal eine seiner verrückt kurzen Fristen setzen wollte, blickte ich ihm fest in die Augen und sagte ruhig: »Ich übernehme diese Arbeit gern, aber diese Frist ist mir zu knapp.« Dann ließ ich ihn reden, so wie mein Freund es mir beigebracht hatte. Ich schaffte es, dass er mir die Zwei-Wochen-Frist gewährte, die ich wirklich wollte (aber zunächst hatte ich ihn um drei Wochen gebeten). Ich glaube, er war überrascht, und beim nächsten Mal wollte er mir wieder einen Termin aufzwingen, aber ich hielt gut dagegen.

Jetzt ist eine Gewohnheit daraus geworden, und er fragt mich von selbst, wie viel Zeit ich bei einer neuen Aufgabe für nötig halte. Und mehr noch, ich spüre, dass er mich jetzt mehr anerkennt als früher! Ich habe gemerkt, dass eines der wichtigsten Dinge im Leben ist, verhandeln zu können. Schade, dass man es nicht in der Schule lernt!

Helfen Sie ihm beim Relativieren.

Der Typ A tendiert dazu, jede Situation, in der man ein Ziel erreichen muss, zu dramatisieren. Dafür ist er bereit, in sich eine maximale Stressreaktion auszulösen, ohne Rücksicht auf seinen Organismus. Versuchen Sie also, ihn dazu zu bringen, dass er einmal aufblickt und bemerkt, dass nicht alles so furchtbar wichtig ist. Paul, ein Kardiologe, hatte einen Patienten, der ein Unternehmen leitete und ein extremer Vertreter des Typs A war:

Kam Herr M. zu seinem Termin in die Praxis, erriet ich das schon am Knallen der Türen und den eiligen Schritten auf dem Flur. Mit rotem

Gesicht und außer Atem stürzte er in mein Sprechzimmer und sagte mir, dass er stolz sei, unter keinen Umständen zu spät zu kommen. Ich erklärte ihm, dass diese Situation ein gutes Beispiel für sein typisches Verhalten sei – zu viel Stress! Wir sprachen darüber und gelangten zu folgendem Schluss: 1. Lieber fünf oder zehn Minuten später kommen, als sich in einen solchen Zustand zu versetzen! 2. Wenn er sich derart abhetzen musste, dann weil er meist zu knapp plante; er hatte seinen Terminkalender für die Stunden vor dem Arztbesuch zu sehr vollgestopft. Wie alle Leute vom Typ A neigte er dazu, die Zeit »auszufüllen«. Er musste also lernen, großzügiger zu planen. Ich riet ihm, mindestens 10 % der Dinge, die er an einem Tag schaffen wollte, wieder aus dem Programm zu streichen. »Na schön«, sagte er, »aber wenn sie nun nicht rechtzeitig erledigt werden?« Ich bat ihn, seinen Kalender zur Hand zu nehmen und zu prüfen, was unbedingt eine so knappe Frist erforderte, wie er vorgesehen hatte. Am Ende pflichtete er mir bei, dass er nicht genug Prioritäten setzte und dass ihm alles gleichermaßen wichtig war.

Paul hatte früher in einem Rehabilitationszentrum für Herzkranke gearbeitet. Daher hatte er schon viel Erfahrung mit Leuten vom Typ A, die nach dem Denkzettel ihres ersten Infarkts zu ihm kamen.

Lassen Sie ihn entdecken, welchen Spaß es macht, sich zu entspannen.

Anne-Laure (43) ist Mutter einer Familie und hat einen Mann vom Typ A, der sie selbst am Wochenende vor Probleme stellt:

Mein Mann arbeitet die ganze Woche über hart, und sogar am Wochenende schafft er es, sich unter Druck zu setzen. Zunächst einmal kann er es nicht lassen, einen Zeitplan aufzustellen: aufstehen um soundso viel Uhr, zwei Stunden Rad fahren; dann nimmt er sich Handwerkerarbeiten vor und setzt sich ein Ziel, das er bis zum

Abend erreichen will. Daher ist er entnervt, wenn die Kinder ihn stören oder Freunde unangekündigt vorbeischauen – all das bringt ihn in Verzug.
Als wir im Urlaub verreisten, war es genauso: er setzte für die ganze Familie ein Besichtigungsprogramm fest, legte seinen Reiseführer nie aus der Hand und ärgerte sich, wenn wir die vorgesehene Etappe nicht respektierten.
Am Ende haben die Kinder rebelliert, und nach zwei, drei großen Szenen, bei denen alle herumschrien, hat er begonnen, nachzudenken. Bei kühler Überlegung musste er zugeben, es übertrieben zu haben. Wenn er uns seitdem wieder einmal seinen Rhythmus aufzwingen wollte, gaben wir ihm ein ironisches Zeichen, und er mäßigte sich. Nach und nach habe ich ihn geschult, auch einmal Aktivitäten ohne festes Ziel zu unternehmen, etwa einen kleinen Ausflug aufs Land zu machen oder im Urlaub ein paar Tage am Strand zu bleiben (aber das will er gleich wieder für einen Wasserski-Kurs ausnutzen ...).

Dieses Beispiel verdeutlicht den Unterschied zwischen Verhaltensweisen vom Typ A und dem, was man eine Persönlichkeit vom Typ A nennen könnte. Es gibt nämlich Menschen, die Verhaltensweisen vom Typ A nur dann entwickeln, wenn ihre Umgebung sie unter Druck setzt. Sobald sie können, werden sie sich jedoch entspannen und ihren Rhythmus ändern. Im Urlaub oder am Wochenende werden sie sich Zeit zum Spazierengehen und für private Lektüre nehmen, und wenn sie Sport treiben, dann nicht, um unbedingt den Sieg davonzutragen.
Der Ehemann von Anne-Laure gehört jedoch zu den Menschen, denen es gelingt, sich sogar Stress zu bereiten, wenn sie nichts dazu zwingt. Sie werden sich selbst im Urlaub Tagespläne schreiben und Ziele setzen. Solche Menschen könnte man als Persönlichkeiten vom Typ A bezeichnen.
Es ist klar, dass sich Leute vom Typ A das Leben nicht allzu schwer machen, solange sie noch die Energie ihrer Jugendjahre

haben. Beginnen ihre Kräfte aber abzunehmen, wird ihr Verhaltensstil für sie strapaziös.

Das Verhalten vom Typ A ist letztendlich eine Reaktionsweise, die sich auf die Zeiteinteilung und die Kontrolle der Umgebung richtet. Es kann verbunden mit anderen schwierigen Charakterzügen auftreten: Typ A und paranoide Persönlichkeit, Typ A und narzisstische Persönlichkeit, Typ A und ängstliche Persönlichkeit usw.

Was Sie lassen sollten

Verhandeln Sie mit ihm nicht, solange er noch auf hundertachtzig ist.

Der Typ A hat von Natur aus einen ausgeprägten Wettbewerbssinn. Wenn Sie ihm widersprechen, wird er sofort »gewinnen« wollen, und die Debatte droht sich auf beiden Seiten zu erhitzen, besonders wenn Sie zu verhandeln beginnen, während er schon durch eine andere Sache gestresst ist. Bernard, der Chef einer Reinigungsfirma, berichtet uns von seinem Teilhaber, einer Persönlichkeit vom Typ A:

Es ist wichtig, sich mit seinem Teilhaber gut zu verstehen, aber zugleich darf man ihn nicht zu sehr die Oberhand gewinnen lassen. Henri und ich, wir ergänzen uns ziemlich gut. Er passt auf alles auf, will alles von Anfang bis Ende kontrollieren und verausgabt sich vollkommen für Aufgaben, die mich langweilen würden. Weil er ziemlich autoritär und leicht reizbar ist, sind der menschliche Aspekt der Probleme und das Management im Unternehmen eher meine Domäne. Aber ich habe Mühe, ihn in Schach zu halten. Oft kann er es nicht lassen, an meiner Stelle einzugreifen oder Entscheidungen zu treffen, ohne sich mit mir abzusprechen. In der ersten Zeit ging ich, sobald ich von einem solchen Fall erfahren hatte, sofort zu ihm, versuchte ihm zu beweisen, wie sehr er im Unrecht

war, und wollte unverzüglich eine neue Definition unserer jeweiligen Funktionen erreichen. Er geriet in Wallung, hielt erfolgreich dagegen, und das Gespräch glich bald einem Dialog unter Schwerhörigen.
Nach und nach begriff ich, wie ich es besser machen könnte. Ich nutze einen Augenblick aus, in dem wir beide ziemlich entspannt sind, etwa nach der Unterzeichnung eines guten Vertrages, und dann sage ich ihm zum Beispiel: »Weißt du, letzte Woche habe ich erfahren, dass du das und das entschieden hast, ohne mich zu fragen. Vielleicht hatten wir nicht ordentlich festgelegt, wer von uns beiden für diese Sache zuständig war. Könnten wir Montag noch mal darüber reden?« So hat er Zeit zum Nachdenken, und oft ist er es selbst, der mir schließlich eine Regelung vorschlägt, die mir entgegenkommt, ganz als käme der Anstoß von ihm. Tatsächlich schaffe ich es inzwischen, ihn fast alles so machen zu lassen, wie ich es will, vorausgesetzt, ich erwische den richtigen Augenblick und lasse ihm die nötige Zeit, sich die Entscheidung zu eigen zu machen.

Bei diesem feinen Verständnis für den anderen verwundert es nicht, dass Bernard ein guter Manager ist.

Lassen Sie sich nicht in unnützes Kräftemessen hineinziehen. Leute vom Typ A haben oft eine ärgerliche Manie: immer wollen sie den Sieg davontragen. Während eines gemeinsamen Abendessens wollen sie den besten Scherz machen und das letzte Wort haben. Sie zögern auch nicht, ein etwas verletzendes Bonmot in die Runde zu werfen, denn sie erleben dieses Abendessen wie einen Wettkampf. Lassen Sie sich in ein solches Spiel, bei dem der Typ A die Regeln vorgibt, nicht hineinziehen: es wird Sie weniger amüsieren als ihn, und außerdem laufen Sie Gefahr, aus Mangel an Training zu unterliegen. Amüsieren Sie sich lieber damit, diesen Menschen zum Bewusstsein zu bringen, dass sie sich schon wieder in einer Wettbewerbssituation zu befinden glauben.

Lassen Sie sich auch zu nichts überreden, was den Typ A mehr motivieren würde als Sie: wenn er Sie beim Tennis schlagen will, wenn er mehr Kilometer rennen will als Sie, wenn er beim Skilaufen schneller sein oder beim Schachspiel gewinnen will. Sofern Ihnen dieser Wettkampf nicht selbst Spaß macht, sollten Sie sich kein Stressklima aufzwingen lassen!

Dramatisieren Sie Ihre Konflikte mit Menschen vom Typ A nicht.

Leute vom Typ A sind reizbar und oft jähzornig. Wenn sie aber frei von anderen Persönlichkeitsstörungen sind, kann ihr Zorn so schnell verrauchen, wie er gekommen ist. Für den Typ A ist Zorn eine genauso normale und natürliche Emotion wie Traurigkeit oder Freude. Wenn Sie hingegen eher still veranlagt und nicht so leicht in Harnisch zu bringen sind, hat Zorn für Sie eine ganz andere Bedeutung: Wenn Sie wütend werden, ist das ein schwerwiegendes und außergewöhnliches Ereignis und oftmals das Zeichen für einen endgültigen Bruch. Die Gefahr ist nun, dass Sie glauben, für den Typ A hätte Zorn dieselbe Bedeutung wie für Sie. Ganz und gar nicht! Passen Sie auf seine Wutausbrüche auf, besonders wenn er Ihr Chef ist, aber machen Sie keine Tragödie daraus!

Lesen wir, was Laure noch über ihren Chef zu berichten weiß:

Seine Wutausbrüche kennt man im ganzen Krankenhaus. Als ich den ersten erlebte, war ich fassungslos. Die Oberschwester hatte ihm gerade mitgeteilt, dass sie keine zusätzliche Planstelle für eine Krankenschwester ergattert hatte, obwohl uns von der Verwaltung seit einem Jahr eine versprochen war. Er wurde rot wie eine Tomate und tobte los, wobei er sie beschuldigte, die Interessen unserer Abteilung nicht verfochten zu haben!

Ich war empört, denn wir alle wussten, dass sich die Oberschwester für ihre Arbeit aufopferte und dass es wirklich nicht ihre Schuld war, wenn andere Abteilungen, die unter noch schlimmerem Personalman-

gel litten, uns vorgezogen worden waren. Ich fand es total ungerecht und rüpelhaft, deswegen in Zorn zu geraten.

Was mich aber am meisten erstaunte, war die Reaktion der Oberschwester. Sie sah ihn an, blieb völlig ruhig und fragte ihn, als er fertig war, ob sie nun gehen könne. Er schaute verblüfft drein, und sie verließ den Raum. Am nächsten Tag sah ich, wie sie bei der Visite miteinander sprachen, als wäre nichts gewesen. Die Oberschwester kennt unseren Chef seit zehn Jahren; sie weiß, dass es keinen Sinn hat, ihm zu widersprechen, solange er auf hundertachtzig ist. Sie wartet einfach, dass es vorübergeht, und es geht tatsächlich vorüber. Aber ich weiß nicht, ob ich imstande wäre, genauso ruhig zu reagieren.

Vielleicht wäre sie wirklich nicht dazu fähig, denn niemand ist verpflichtet, ständig ungerechten Zorn zu ertragen. Vielleicht könnte die Oberschwester an einem Tag, an dem ihr Chef guter Laune ist, das Problem seiner Wutausbrüche einmal mit ihm besprechen. Ist er nichts weiter als ein Typ A, wird ihm sein Fehler wahrscheinlich bewusst werden, und er wird sich bemühen, künftig nicht so schnell in Rage zu geraten, denn auch für ihn ist so ein Ausbruch vermutlich nicht angenehm. Wenn er hingegen noch dazu narzisstische oder paranoide Züge trägt, wird es schwierig sein, ihm die Sichtweise der anderen verständlich zu machen!

ZEIGEN SIE SELBST VERHALTENSWEISEN VOM TYP A?

	eher richtig	eher falsch
1. Ich bin nicht gern untätig, selbst im Urlaub nicht.		
2. Ich rege mich oft über Leute auf, weil sie zu langsam sind.		
3. Meine Nächsten klagen darüber, dass ich zu viel arbeite.		
4. Ich habe einen sehr entwickelten Wettkampfgeist.		
5. Ich neige dazu, meinen Zeitplan zu sehr vollzustopfen.		
6. Ich esse zu schnell.		
7. Warterei kann ich schwer ertragen.		
8. Wenn ich an einer Sache arbeite, denke ich schon daran, was ich anschließend tun werde.		
9. Ich habe mehr Energie als die meisten Leute.		
10. Ich fühle mich häufig unter Zeitdruck.		

KAPITEL X

DIE DEPRESSIVEN PERSÖNLICHKEITEN

»Ich möchte in keinem Club sein,
der mich als Mitglied nimmt.«

Groucho Marx

Ein lustiger Typ ist Vater nie gewesen, erzählt uns Thelma. *Aus meinen Kindertagen habe ich ein Bild sehr klar vor mir; ich muss damals ungefähr sechs gewesen sein. Ich machte Mittagsschlaf in einem Sessel, und dann wachte ich plötzlich auf. Mein Vater saß neben mir und schaute mich an. Aber dabei sah er traurig und niedergeschlagen aus, überhaupt nicht wie ein glücklicher Vater. Sein Gesichtsausdruck hat mich so überrascht, dass ich zu weinen anfing, ohne recht zu wissen, weshalb. Er nahm mich schnell in seine Arme, um mich zu trösten. Viele Jahre später habe ich mit ihm darüber gesprochen, und auch er erinnerte sich sehr gut an diese Szene. Er erklärte mir, dass er, als er mich so niedlich und schutzlos schlafen sah, an all die Schwierigkeiten des Lebens dachte, die auf mich warteten, an alle Unglücke, vor denen er mich nicht würde beschützen können, und das habe ihn sehr traurig gemacht.*

Das war typisch für meinen Vater: er sah immerzu die finstere Seite der Dinge. Er sieht seine Tochter schlafen, aber er freut sich nicht, ein so reizendes kleines Mädchen zu haben, nein, er denkt an alle Risiken ihres späteren Lebens!

Ich erinnere mich auch, wie es war, als wir während meiner Kindheit umzogen. Während meine Brüder und meine Mutter im Allgemeinen ganz wild darauf waren, unser neues Haus zu erkunden, spazierte

Vater mit finsterem Blick von einem Zimmer zum anderen und bemerkte alles, was nicht in Ordnung war, sogar den kleinsten Riss im Gips. Dann machte er sich gleich Sorgen, bis alles vollständig repariert war.

Dieser Sinn fürs Detail ist ihm in seinem Beruf zugutegekommen: er arbeitete beim Straßenbauamt. Ich bin sicher, dass er in einem Dossier für eine Brückenkonstruktion oder einen Autobahnzubringer sofort die fehlerhaften Stellen aufspürte.

Mein Vater lachte so selten, dass es allen Leuten auffiel. Manchmal geschah es aber doch, nämlich wenn er alte Filme mit Charlie Chaplin oder Laurel und Hardy guckte. Ich glaube, dass er sich vor dem Bildschirm, einer fiktiven Welt gegenüber, endlich berechtigt fühlte, sich ein bisschen gehenzulassen, und so lachte er. Das wirkliche Leben brachte ihn nie zum Lachen.

Es war meine Mutter, die sich um die Freizeitgestaltung kümmerte, denn außerhalb seiner Arbeit ergriff mein Vater nie die Initiative. Sie schlug vor, welche Spaziergänge wir machen und welche Museen wir besuchen wollten, und mein Vater ließ sich mitschleifen.

Er arbeitete viel und brachte oft Akten mit nach Hause. Er wirkte immer müde, und wenn er sich einmal ausruhte, setzte er sich in seinen Sessel und blickte mit trauriger Miene ins Leere.

Wenn meine Eltern zu Freunden eingeladen waren, gelang es ihm, einen guten Eindruck zu machen, er lächelte und zeigte sich sogar humorvoll. Er beeindruckte die Leute durch seine ernsthafte Art und sein Renommee als hartnäckiger Arbeiter. Aber solche Abende langweilten ihn sehr, für ihn waren sie eine Pflichtübung.

Einige Jahre nach seinem Tod (er hatte Bauchspeicheldrüsenkrebs) sah ich in meinem Elternhaus alte Papiere durch und stieß dabei auf sein Tagebuch. Ich zögerte zunächst, aber dann wollte ich es lesen, um vielleicht besser zu verstehen, was für ein Mensch mein Vater gewesen war. Auch sein Tagebuch war nicht gerade fröhlich. Er schilderte die alltäglichen Ereignisse seines Lebens, aber vor allem die Vorwürfe, die er sich machte, weil er bestimmte Dinge nicht gesagt oder nicht getan hatte: »Hätte Dupont sagen müssen, dass er sich besser um die Akte

Soundso kümmern soll« oder »Habe einen etwas zu groben Auftritt mit X. gehabt. Er war beleidigt. Ich bin meinen Aufgaben nicht gewachsen« oder »Ich kümmere mich nicht genug um die Kinder, ich werde niemals ein guter Vater sein«. Dabei würde ich sagen, dass er ein recht guter Vater war, er war aufmerksam und ließ uns auch manche Freiheiten. Meine Brüder sind derselben Meinung. Und was den Beruf betrifft, so weiß ich, dass alle Leute, die mit ihm zusammenarbeiteten, ihn sehr schätzten.

WAS SOLL MAN VON THELMAS VATER DENKEN?

Thelmas Vater zeigt einen ziemlich konstanten Pessimismus. In ganz unterschiedlichen Situationen nimmt er stets die möglichen Gefahren wahr, sei es für seine kleine Tochter, beim Einzug in ein neues Haus oder bei einem neuen Dossier. Er ist gewöhnlich trübe gestimmt, wie sein trauriger und besorgter Gesichtsausdruck zeigt. Angenehme Aktivitäten plant er keine, vielleicht weil ihm nichts wirklich angenehm scheint. Diese Schwierigkeit, Vergnügen zu empfinden, wird von den Psychiatern Anhedonie genannt und ist auch in Depressionszuständen wiederzufinden. Aus der Lektüre seines Tagebuchs erfahren wir außerdem, dass er häufig Schuldgefühle hat und zur Selbstentwertung neigt. Dieser gute Vater ist auch sehr arbeitsam und gewissenhaft; er macht sich das Leben nicht leicht. Er ist recht ungesellig, die Gesellschaft der anderen ermüdet ihn, weil er wahrscheinlich meint, als Gesprächspartner nicht mithalten zu können.

Thelmas Vater hatte diese Eigenschaften offenbar sein ganzes Leben lang. Es handelt sich in seinem Fall also nicht um eine vorübergehende Depression, sondern durchaus um eine depressive Persönlichkeit.

- *Pessimismus:* sieht stets die finstere Seite der Dinge, die möglichen Risiken, überschätzt den negativen und vernachlässigt den positiven Aspekt.
- *Traurige Stimmung:* ist gewöhnlich traurig und verdrossen, selbst wenn sich nichts Unerfreuliches ereignet hat.
- *Anhedonie:* empfindet wenig Vergnügen, auch nicht bei gemeinhin als angenehm betrachteten Dingen (Freizeit, erfreuliche Ereignisse).
- *Selbstentwertung:* fühlt sich nicht »auf der Höhe«, hat ein Gefühl von Untauglichkeit oder von Schuld, selbst wenn die anderen ihn schätzen.

Das sind Merkmale, die man bei depressiven Persönlichkeiten oft antrifft, aber die Liste ist nicht unbedingt vollständig, wenn man jeden einzelnen Fall betrachtet. Wie zahlreiche depressive Persönlichkeiten ist Thelmas Vater eher uneigennützig und gewissenhaft: Er arbeitet hart und möchte seine Sache gut machen, er sorgt sich um die Menschen in seiner beruflichen und privaten Umgebung. Diese Variante einer depressiven Persönlichkeit wird von den Psychiatern *Typus melancholicus* genannt. Es gibt jedoch andere Typen depressiver Persönlichkeiten, die weniger aktiv und schneller erschöpft sind oder die sich weniger Sorgen um ihre Mitmenschen machen.

WIE THELMAS VATER DIE WELT SIEHT

Dass er das Leben nicht in rosigen Farben sieht, ist wohl das mindeste, was man sagen kann. Er hat auch keine hohe Meinung von sich selbst (obwohl er als Vater und als Beamter geachtet ist). Und dann vertraut er natürlich nicht auf die Zukunft, die für sich und die Seinen Bedrohliches bereitzuhalten scheint. Man könnte sagen, dass er eine dreifach negative Sicht hat:

- auf die eigene Person: »Ich bin den Anforderungen nicht gewachsen.«
- auf die Welt: »Die Welt ist hart und ungerecht.«
- auf die Zukunft: »Für mich und meine Familie wird es schlimm ausgehen.«

Diese dreifach negative Sichtweise wird als depressive Triade bezeichnet. Der amerikanische Psychiater Aaron T. Beck hat sie an Personen beobachtet, die an heftiger Depression litten, aber auch bei depressiven Persönlichkeiten kann man sie in wechselnder Intensität antreffen.

Hören wir Sabine, Assistentin in einer Apotheke und depressive Persönlichkeit.

Ich habe das Leben immer schwer gefunden. Dabei habe ich, objektiv gesehen, eher das, was man ein glückliches Dasein nennt: ich habe einen Beruf, einen Mann, der mich liebt, und zwei gesunde Kinder. Aber ich habe stets den Eindruck, dass ich verletzlich bin und nur mit Mühe meine Aufgaben meistere. Meine Arbeit langweilt mich ein wenig, mit meinem Pharmaziestudium hätte ich in die Arzneimittelindustrie gehen können. Ich fürchtete jedoch, dass ich als Führungskraft ganz unfähig wäre, im Konkurrenztreiben mitzuhalten, dass es zu hart wäre für eine empfindliche Person wie mich. Und wenn mein Mann erzählt, was er im Büro erlebt, sage ich mir, dass ich recht hatte. Ich hätte mich natürlich auch niederlassen und eine eigene Apotheke eröffnen können, um so das Gefühl zu haben, für mich selbst zu arbeiten. Aber ich schreckte davor zurück, einen Kredit aufzunehmen, den ich über lange Jahre hätte abzahlen müssen: ich war mir nicht sicher, dass ich so lange durchhalten würde. Was wäre geschehen, wenn ich eines Morgens nicht mehr die Kraft zum Weitermachen gehabt hätte?
Meine Kinder entwickeln sich gut, sie haben mich lieb, aber ich finde, ich habe sie nicht lieb genug. Wenn ich einen schlechten Tag habe, an dem mir alles eine Last ist, sage ich mir fast, dass die Anwesenheit meiner Kinder eine Bürde mehr ist, eine Verantwortung, die zu tragen

ich nicht fähig bin. Wenn ich es mir recht überlege, habe ich trotzdem immer die Anforderungen gemeistert, immer zu Ende gebracht, was ich in Angriff genommen hatte, aber das genügt nicht, um mir Selbstvertrauen zu geben.

Manchmal habe ich das Gefühl, mein Leben total verpfuscht zu haben, ohne dass ich sagen könnte, weshalb. Ich denke mir, irgendwie hatte ich erwartet, glücklicher zu sein. Trotzdem gebe ich mir keinen Ruck, um auszugehen, Freunde zu treffen oder mich auch nur wieder ans Klavier zu setzen, was ich als Kind so liebte.

Mein Mann ist das genaue Gegenteil von mir, sehr positiv und energisch, und so muss er auch sein, um es mit mir auszuhalten. Manchmal, wenn ich ihn damit nerve, dass ich alles in schwarzen Farben sehe oder nicht das geringste angenehme Projekt habe, sagt er mir, ich wäre genau wie meine Mutter. Und das schlimmste ist, dass er recht hat!

Sabine beschreibt gut den Eindruck, ein »schweres Leben« zu führen, in dem jeder Schritt zur Anstrengung wird. Darunter leiden viele depressive Persönlichkeiten. Dazu kommt das Gefühl, verletzlich zu sein, weniger stark als die anderen. Das hindert sie daran, in ihrem Beruf eine Karriere anzustreben. Sabine zeigt ebenfalls wenig Initiative bei der Suche nach angenehmen Beschäftigungen. Die depressiven Persönlichkeiten suchen selten spontan nach vergnüglichen Aktivitäten, sei es, weil die Anfangsanstrengung sie entmutigt, sei es, dass ihr Pessimismus sie nichts Gutes ahnen lässt oder dass sie einfach schon vergessen haben, was Vergnügen ist, und deshalb keine Vorfreude mehr empfinden können. Wollen Sie sie zu einem zauberhaften Abendessen, zu einem Theater- oder Kinobesuch überreden, werden sie es oft vorziehen, zu Hause zu bleiben.

Die depressive Persönlichkeit: Persönlichkeitstyp oder Krankheit?

Gewisse Formen chronischer Depressionen von mittlerer Stärke werden von den Psychiatern mit dem Namen Dysthymie bezeichnet. Um nach der Klassifizierung der Amerikanischen Psychiatrischen Gesellschaft, dem *DSM-5* (2013), als dysthymisch zu gelten, muss man mindestens alle zwei Tage den ganzen Tag über depressiv gestimmt sein, und das seit mindestens zwei Jahren.

Personen, die an Dysthymie leiden, laufen eher Gefahr, an einem bestimmten Punkt ihres Lebens eine schlimmere depressive Episode durchzumachen.

Wenn man den Untersuchungen folgt, sollen zwischen 3% und 5% aller Menschen im Laufe ihres Lebens an Dysthymie erkranken. Wie auch bei den Depressionen sind doppelt so viele Frauen wie Männer betroffen. Weil jede zweite Dysthymie vor dem 25. Lebensjahr beginnt und dann unendlich anzudauern scheint, ist sie oft nicht leicht von einer Persönlichkeitsstörung zu unterscheiden.

Im Übrigen leiden viele Personen, die von anderen Persönlichkeitsstörungen betroffen sind (besonders die dependenten und vermeidend-selbstunsicheren), auch an Dysthymie, ohne dass man so einfach feststellen könnte, ob tatsächlich die depressive Störung für das Auftreten der Persönlichkeitsstörung verantwortlich war oder ob im Gegenteil die von der Persönlichkeitsstörung verursachten Misserfolge die Patienten dazu brachten, in eine Dysthymie zu versinken.

Die Unterscheidung zwischen den verschiedenen Formen von Dysthymie und den in anderen Klassifikationen beschriebenen depressiven Persönlichkeiten ist Gegenstand einer fortlaufenden Debatte unter den Spezialisten für Stimmungsstörungen. Diese Debatte wird ständig von neuen Studien genährt und geht über den Themenkreis eines praktischen Leitfadens wie des unseren hinaus.

Trotzdem eine wichtige Anmerkung: die medikamentösen Behandlungen und die Psychotherapien, die bei »gewöhnlichen« Depressionen wirksam sind, scheinen, bisweilen in abgewandelter Form, auch bei Dysthymien und depressiven Persönlichkeiten effizient zu sein.

Daher wird einer unserer Ratschläge für depressive Persönlichkeiten sein, einen Mediziner oder Psychologen aufzusuchen.

Sabine stellt fest, dass sie ihrer Mutter sehr ähnelt. Was soll man davon halten? Weil es unanfechtbare Beweise gibt, dass bei Depressionen die Vererbung eine Rolle spielt, ist es wahrscheinlich, dass es für die depressiven Persönlichkeiten, die eine Art mildere, aber permanente Depression haben, genauso aussieht. Im familiären Umfeld depressiver Persönlichkeiten findet man denn auch überdurchschnittlich viele nahe oder entferntere Verwandte, die eine Periode schwerer Depressionen durchgemacht haben. Aber die Rolle der Erziehung darf ebenfalls nicht unterschätzt werden. In Sabines Fall kann man sich vorstellen, wie das Bild einer depressiven und erschöpften Mutter, die vor jedem angenehmen Projekt zurückwich, ihr ein Modell geliefert hat, welches sie bis heute in Situationen, mit denen man als Mutter und Ehefrau gewöhnlich konfrontiert wird, unbewusst nachahmt.

Wahrscheinlich kann alles, was in der Erziehung dazu beiträgt, dem Kind ein negatives Bild von sich selbst zu vermitteln, das Risiko erhöhen, dass es eine depressive Persönlichkeit entwickelt, besonders wenn es schon die biologische Veranlagung dafür mitbringt. Gewisse herkömmliche Erziehungsmuster, bei denen man dem Kind ein Perfektionsideal auferlegt, welches es nie zu erreichen imstande ist, können ein Gefühl von Unzulänglichkeit und Schuld zurücklassen, das die Herausbildung einer depressiven Persönlichkeit begünstigt.

Lesen Sie, was Thibaut, ein einunddreißigjähriger Notar, der gerade in therapeutischer Behandlung ist, dazu berichtet:

Ich glaube, mir wurde die Idee anerzogen, dass ich es nicht verdiene, glücklich zu sein. Mein Vater hatte einen Landwirtschaftsbetrieb, er opferte sich für seine Arbeit total auf und gönnte sich nie Ruhe. Unaufhörlich war er in Sorge und stellte sich vor, am Rande des Ruins zu stehen. Es stimmt freilich, dass ihn die Krise der Landwirtschaft voll getroffen und dass es schwierige Perioden gegeben hat.

Meine Brüder und ich haben eine sehr strenge christliche Erziehung genossen, die sich auf den finsteren Aspekt des Christentums konzentrierte. Wir waren alle Sünder, wir mussten uns pausenlos daran erinnern, dass Christus sein Leben hergegeben hatte, um uns von unserer Schuld freizukaufen, und wir sollten nie vergessen, dass Gott uns in jedem Augenblick sah, selbst wenn wir allein waren. Sie können sich vorstellen, welche Wirkung das auf ein leicht beeindruckbares und nicht sehr selbstsicheres Kind wie mich hatte.

In der religiösen Einrichtung, in der ich später die Oberschuljahre verbrachte, war die Atmosphäre zum Glück fröhlicher als zu Hause. Damals erhielt ich die ersten Einladungen in die Elternhäuser mancher Schulkameraden, und ich merkte, dass man als Christ nicht unbedingt düster sein musste.

Aber meine Erziehung hat ihre Spuren hinterlassen: ich fühle mich sehr schnell schuldig und werfe mir oft vor, egoistisch zu sein und nur an mich zu denken. (Genau das hatte mir meine Mutter immer angekreidet.) Dennoch mögen mich meine Freunde, und meine Frau sagt, dass ich im Gegenteil eher dazu neige, mich in andere Leute hineinzuversetzen und meinen eigenen Standpunkt nicht zu verteidigen.

Es stimmt schon: sobald es darum geht, sich klar und bestimmt zu äußern und etwas zu fordern, ziehe ich es vor, mich zurückzunehmen, als wäre es »egoistisch«, sich zu verteidigen. Mein Leben ist heute glücklicher als früher, aber das löst nicht alle Probleme. Wenn eine gute Nachricht oder ein erfreuliches Ereignis in mir eine Anwandlung von Fröhlichkeit auslösen, habe ich sogleich das Gefühl, dass hinterher eine Katastrophe kommen wird, als ob jedes Glück durch ein Unglück »bestraft« werden müsste. Ich habe den Eindruck, mein Glücklichsein nicht zu verdienen, und ich denke, dass es meine Eltern waren, die mir diese Weltsicht vermacht haben – die Ärmsten, wo sie es doch nur gut meinten!

Thibaut ist sich durchaus bewusst, dass seine Wahrnehmung des Lebens und des Glücks durch eine zu strenge und Schuldgefühle einflößende Erziehung verbogen worden ist. Diese Erkenntnis hindert ihn jedoch nicht daran, weiterhin »Schuldreflexe« zu zeigen; im Gegensatz zu einer verbreiteten Meinung genügt sie nicht, um eine Besserung herbeizuführen. Ganz im Gegenteil, manche depressiven Persönlichkeiten können hundert Mal alle alten und in der Erziehung begründeten Ursachen für ihren gegenwärtigen Zustand durchgehen, ohne dass sie es schaffen, sich daraus zu befreien. Die Bewusstwerdung ist eine oftmals nützliche Etappe, die aber selten ausreicht.

SCHÄTZEN DIE DEPRESSIVEN PERSÖNLICHKEITEN DIE CHANCEN, DASS IHNEN GEHOLFEN WERDEN KANN, MIT RECHT PESSIMISTISCH EIN?

Häufig suchen depressive Persönlichkeiten nicht die Hilfe eines Spezialisten, und dies aus mehreren Gründen.
Acht Gründe, weshalb depressive Persönlichkeiten sich nicht in medikamentöse oder psychotherapeutische Behandlung begeben:

- Sie betrachten ihren Zustand nicht als eine »Krankheit«, sondern glauben, es wäre einfach eine Frage des »Charakters«.
- Solange sie mit ihren Aufgaben in Beruf und Familie einigermaßen fertig werden und ihre »Pflicht« erfüllen, sehen sie keinen zwingenden Grund, nach einer Lösung für ihr Problem zu suchen.
- Sie glauben an die Macht des »Willens«. Gewiss fühlen sie sich schlecht, aber sie meinen, es könnte besser gehen, wenn sie sich »rühren« und »den richtigen Willen aufbringen« würden. Diese Überzeugung wird oft von ihren Mitmenschen geteilt, die nicht mit wohlfeilen Ratschlägen dieser Art sparen.
- Sie denken, die Medizin oder die Psychologie könne nichts für sie tun, ihr Fall sei ein besonderer, und es bringe nichts, sich einem Spezialisten anzuvertrauen.

- Sie meinen, dass Medikamente ihnen nicht helfen würden, dass es Drogen wären, von denen man abhängig werden kann, oder dass sie nicht die »wahre Ursache« des Problems lösen könnten.
- Sie haben sich so daran gewöhnt, sich schlecht zu fühlen, dass sie sich nicht mehr vorstellen können, wie es ist, wenn es einem gut geht, und deshalb sehnen sie sich auch nicht mehr danach.
- Es gelingt ihnen, ihr Selbstwertgefühl aufzubessern, indem sie sich als »hart im Erdulden« hinstellen. Das passt aber nicht damit zusammen, dass man einen Arzt um Hilfe ersucht.
- Ihre Schwierigkeiten geben ihnen zum Ausgleich bisweilen ein paar Entschädigungen: eine gesteigerte Beachtung durch ihre Umgebung, Druckmittel, um ihren Kindern, die nicht mehr zu Besuch kommen, Schuldgefühle einzuflößen, usw.

Eine nicht behandelte Depression verursacht beträchtliche menschliche und sogar wirtschaftliche Kosten, und man kann nur hoffen, dass umfangreichere Informationen immer mehr Menschen dazu führen, einen Arzt oder Psychologen aufzusuchen. Oft werden sie auch von ihrer Umgebung dazu angehalten.

Sowohl die Medizin als auch die Psychologie können ihnen, wenn schon keine Wunderheilungen, so doch oft wirkungsvolle Hilfen bieten, nämlich Psychotherapien und Medikamente.

DIE PSYCHOTHERAPIEN

Unter den Psychotherapien ist die Auswahl ziemlich groß, und wir werden ihnen das letzte Kapitel unseres Buches widmen. Für die Behandlung von Depressionen sind drei Formen besonders wichtig:

Die *psychoanalytisch orientierten Psychotherapien* wollen dem depressiven Patienten helfen, sich seiner bisher unbewussten »Hemmungen«, die ihn daran hindern, Lust zu empfinden, bewusst zu werden. Es geht nicht um eine simple Erklärung, sondern um eine Bewusstmachung dieser unbewussten Mechanismen, auch wenn sie sich zum Beispiel in der Beziehung zwischen Patient und Therapeut manifestieren (die »Übertragung«). Die psychoanalytisch orientierte Psychotherapie muss sich auf die besonderen Probleme der depressiven Persönlichkeit einstellen. Es ist besser, wenn der Therapeut eher interaktiv ist und selbst spricht (der Patient wird ein zu langes Schweigen schlecht verkraften, kann er es doch als Zeichen von Zurückweisung und von Desinteresse an seiner, wie er glaubt, uninteressanten Person auffassen). Er sollte auch nicht zögern, mit dem Patienten die unmittelbaren Probleme des Alltagslebens zu erörtern. Der Therapeut muss ebenso in der Lage sein, den Patienten schnell zu einem verschreibungsberechtigten Arzt zu schicken, wenn es zu einem Rückfall in tiefe Depressionen kommen sollte, der eine Behandlung mit Antidepressiva notwendig macht.

Die *kognitiven Therapien* sind jüngeren Datums und wurden speziell für die Behandlung von Depressionen konzipiert. Etwas vereinfachend gesagt, sehen sie eine Verbindung zwischen der Depression und Anomalien bei der Informationsverarbeitung durch den Patienten. Ihr Ziel ist, dem Patienten zu helfen, seine pessimistische Sicht auf die eigene Person und die Welt selbst infrage zu stellen. Der Therapeut greift vor allem ein, um dem Patienten Fragen nach dem Vorbild von Sokrates zu stellen. Damit soll er zu eigenen Reflexionen über seine depressiven Grundannahmen geführt werden. Diese Therapien haben den Vorteil, durch rigorose Untersuchungen auf ihre Wirksamkeit bei Depressionen überprüft worden zu sein. Man hat bewiesen, dass sie in ihrer Erfolgsquote den besten Antidepressiva nahekommen.

Eine dritte Form, die *interpersonelle Therapie*, die aus der nordamerikanischen Strömung der Ich-Psychologie hervorgegangen ist, hat bei Depressionen ebenso gute oder sogar bessere Resultate erbracht. Wir werden auf sie noch zu sprechen kommen.

UND DIE MEDIKAMENTE?

Die Autoren dieses Buches sind beide Psychotherapeuten und glauben also, dass eine Behandlung mit Worten vielen Menschen helfen kann. Aber wir müssen eingestehen, dass wir zahlreiche depressive Persönlichkeiten kennengelernt haben, die schon jahrelang verschiedene Psychotherapien ausprobiert hatten, alle von kompetenten Therapeuten gut durchgeführt, und die sich weiterhin mit denselben Problemen herumschlugen, bis eines Tages ein Mediziner die Eingebung hatte, ihnen das richtige Antidepressivum zu verschreiben!

Hören wir, was Salomé, eine zweiundvierzigjährige Journalistin, über ihre Odyssee berichtet.

Seit meiner Jugend spürte ich, dass ich größere psychische Probleme hatte als die meisten anderen Leute. Ich fühlte mich fragiler als meine Freundinnen, es genügte schon eine kleine Enttäuschung, damit ich alles in schwarzen Farben sah. In der Gruppe wusste ich oft nichts zu sagen, während meine Freundinnen stundenlang schwatzen konnten und sich dabei gut amüsierten. Ich habe mein Studium erfolgreich absolviert, aber vor jeder Prüfung hatte ich das Gefühl, dass ich es nicht schaffen würde, dass alles zu kompliziert für mich wäre. Glücklich war ich im Grunde nur sehr selten, außer vielleicht, wenn ich ruhig in meinen vier Wänden saß und niemand von mir eine Anstrengung verlangte. Ich habe den ersten jungen Mann geheiratet, der sich für mich interessierte, denn ich fürchtete zu sehr, es könnte der letzte sein. Das Leben mit ihm hat für mich eine gute und eine schlechte Seite. Eine schlechte, weil er mir meine Zerbrechlichkeit und Untauglichkeit ständig vor Augen führt: Er kritisiert mich wegen meiner Schwarzseherei und weil ich mich nicht genug rühre; wenn er auf mich hören würde, bekämen wir überhaupt keinen Menschen mehr zu Gesicht. Eine gute Seite, weil er stabil und couragiert ist und ich mich stets auf ihn verlassen kann. Das ist ein beruhigendes Gefühl für jemanden, der kein Vertrauen in seine eigenen Kräfte hat. Weil viele meiner Freun-

dinnen damals eine Psychotherapie machten, wollte ich es natürlich auch einmal probieren. Ich sagte mir nämlich, dass ich meine Probleme vielleicht lösen könnte, wenn ich ihre Ursache begriff.

Ich habe also eine Psychoanalyse begonnen. Ich fand mich auf der Couch ausgestreckt wieder, hinter mir ein Psychoanalytiker, der nicht ein einziges Wort sprach. Für jemanden, der nicht recht weiß, was er sagen soll, ist das sehr beängstigend. Mit schrecklicher Anstrengung gelang es mir schließlich, über mein Leben, meine Kindheit und meine Traurigkeit zu sprechen. Aber der Psychoanalytiker sagte noch immer nichts! Ich fühlte mich total missachtet und sagte ihm das auch. Daraufhin wachte er auf und fragte mich, ob ich zum ersten Mal ein solches Gefühl hätte. Ich ging meine Erinnerungen durch, und er sank in sein Schweigen zurück. Nach einem halben Jahr habe ich die Therapie abgebrochen. Ich denke, seine besondere Art war vielleicht für andere Leute geeignet, aber nicht für mich. Für jemanden, der fürchtete, uninteressant zu sein und zurückgewiesen zu werden, war es einfach zu hart.

Eine Freundin hat mir dann einen anderen Tipp gegeben. Auch sie empfahl mir eine Psychoanalytikerin, aber eine, die Therapien von Angesicht zu Angesicht machte. Das lief viel besser, sie reagierte auf meine Erzählungen, ich sprach von meiner Kindheit, meinem Verhältnis zu den Eltern, aber ich konnte sie auch in dringenden Problemen um Rat bitten. Ich glaube, dass sie mir sehr geholfen hat. Ich habe etwas mehr Selbstvertrauen gefunden. Schon dass sie sich wirklich für mich interessierte, gab mir das Gefühl, etwas wert zu sein. Ich habe auch den Mechanismus verstanden, mit dem mir meine Mutter, die ebenfalls depressiv gewesen war, Schuldgefühle eingeflößt hatte. Die Therapie wurde in gemeinsamem Einvernehmen nach vier Jahren beendet, denn ich war in ganz guter Verfassung, und gleichzeitig begann sich eine gewisse Monotonie breitzumachen.

Nach dieser Therapie fühlte ich mich ein bisschen besser, aber ich hatte weiterhin Schwierigkeiten, besonders in meiner Beziehung zu anderen Menschen: noch immer hatte ich den Eindruck, dass ich nicht so »gut« war wie meine Gesprächspartner und dass ich doppelt so viel

Mühe aufwenden musste wie sie, um ein normales Leben zu führen. Nachdem ich einen Zeitschriftenartikel gelesen hatte, bin ich zu einem Psychiater gegangen, der kognitive Therapien anwendete. Diese unterschieden sich sehr von den vorhergehenden. Wir gingen systematisch von Ereignissen meines täglichen Lebens aus, und ich sollte ihm alle traurigen Gedanken aufzählen, die mir in diesen Situationen in den Sinn gekommen waren. Das nannte er meinen »inneren Diskurs«. Dann nahmen wir gemeinsam diese selbstwertzerstörenden Gedanken unter die Lupe, und er half mir, sie infrage zu stellen. Diese Therapie dauerte nicht so lange, sie war auf sechs Monate angelegt, bei einer Sitzung pro Woche. Ich habe den Eindruck, dass sie mir gute Reflexe vermittelt hat. Kamen mir künftig triste Gedanken von der Sorte wie »ich bin nicht so gut wie die anderen« oder »das schaffe ich nie«, gelang es mir viel schneller, sie zu relativieren. Ich konnte auch mit mehr Selbstvertrauen sprechen.

Insgesamt haben mir diese beiden Therapien also geholfen, selbst wenn mich das tägliche Leben noch immer viel Anstrengung kostete.

Dann, im vergangenen Winter, habe ich mich wirklich deprimiert gefühlt. Ich begann von Neuem, alles in den schwärzesten Farben zu sehen. Mein Hausarzt überzeugte mich schließlich, ein Antidepressivum zu versuchen. Ich habe es mit ziemlichem Widerwillen genommen, denn ich dachte, meine Probleme seien sehr tiefliegend, und mit einer kleinen Pille könne man sie nicht lösen.

Nun ja, es gab wirklich einen Umschwung! Zuerst spürte ich nichts Besonderes, aber nach und nach wachte ich morgens mit mehr Schwung auf, und nach einem Monat fühlte ich mich in Bestform! Verstehen Sie mich bitte richtig, es war keine Rückkehr zum Zustand vor der Depression, sondern ich fühlte mich so gut in Form, wie ich es nie zuvor gekannt hatte! Ich ging meine Aufgaben mit mehr Energie an, fühlte mich viel seltener erschöpft, und wenn ich unter Leuten war, kannte ich keine Verlegenheit mehr: ich wusste immer etwas zu sagen! Alle, die mich kannten, waren über diese Besserung verblüfft.

Als mir mein Arzt ein halbes Jahr darauf vorschlug, die Behandlung einzustellen, zögerte ich zunächst, folgte dann aber seiner Empfeh-

lung. Am Anfang habe ich keinen Unterschied verspürt, aber ein paar Wochen später war ich wieder in das zurückgefallen, was ich meinen »grauen Zustand« nennen möchte. Ich musste mich sehr überwinden, meinen Arzt von Neuem zu bitten, mir das Antidepressivum zu verschreiben, das bei mir so gut angeschlagen hatte. Und wieder habe ich zu meiner guten Form zurückgefunden. Wenn man die letzten drei Jahre resümiert, kann man sagen, dass ich nach Absetzung des Antidepressivums jedes Mal nach einigen Monaten in meinen üblichen Zustand zurückgefallen bin. Ich habe andere Ärzte konsultiert, auch Psychiater und Professoren.
Schließlich habe ich mich mit der Idee abgefunden, dass ich dieses Medikament wahrscheinlich bis ans Ende meiner Tage einnehmen werde, ein bisschen so, wie ein Hypertoniker ein Medikament gegen seinen Bluthochdruck nehmen muss. Inzwischen sage ich mir, dass ich durch mein Antidepressivum meinen Normalzustand erreiche und vom Leben profitieren kann wie die anderen Leute. Natürlich sagen manche, das sei nicht natürlich, aber im Grunde sind auch Brillen nicht natürlich, und niemand käme deshalb auf die Idee, die Kurzsichtigen in ihrer verschwommenen Welt zu lassen! Es ist nicht meine Schuld, dass ich mit einer auf »traurig« eingestellten Stimmung geboren wurde. Wenn mir ein Medikament zu einer normalen Sichtweise verhelfen kann, weiß ich nicht, warum ich darauf verzichten sollte. Hätten Sie mir das vor zehn Jahren erzählt, wäre ich schockiert gewesen! Seine Probleme mit einer Tablette lösen! Aber seither habe ich einen langen Weg zurückgelegt, und mein Leben ist glücklicher geworden.

Wir haben diesen langen Erfahrungsbericht zitiert, weil er vielen anderen ähnelt: in bestimmten Fällen kann ein Antidepressivum für eine depressive Persönlichkeit von großem Nutzen sein, und es wäre schade, es nicht auszuprobieren. Dennoch darf man nicht vergessen, dass sich die Wirkung eines solchen Medikaments erst nach einigen Wochen einstellt. Außerdem gibt es noch keine Labortests, mit denen man voraussagen könnte, welches Antidepressivum für welche Person am besten geeignet ist. Man muss sich also darauf einstellen, dass beim ersten Versuch nicht unbedingt das beste Mittel gefunden wird, vielleicht auch nicht im zweiten Anlauf. Sie sollten Ihrem Arzt ein paar Monate Zeit lassen, um das Medikament zu finden, das bei Ihnen Wirkung zeigt.

DEPRESSIVE PERSÖNLICHKEITEN IN FILM UND LITERATUR

Georges Duhamels Romanfigur Salavin ist mit ihrer Neigung zu Selbstentwertung und Schuldgefühlen ein gutes Beispiel für eine depressive Persönlichkeit (mit einigen zwanghaften Zügen); am Ende wird er übrigens sein Leben opfern.

Cesare Paveses *Tagebuch* legt Zeugnis von der bedrückten Stimmung und dem schwachen Selbstwertgefühl des Autors ab und lässt auf eine depressive Persönlichkeit schließen, die sich durch Misserfolge im Gefühlsleben noch verfestigt hat.

Manche Helden aus François Nourissiers Romanen, so etwa in *Der Hausherr*, ähneln mit ihrem verdrossenen Dahinbrüten über ihre eigene Unfähigkeit und die Härte des Lebens depressiven Persönlichkeiten.

In Alain Corneaus Film *Die siebente Saite* verkörpert Jean-Pierre Marielle Monsieur de Sainte-Colombe, einen Komponisten des 17. Jahrhunderts, der in eremitenhafter Zurückgezogenheit lebt, griesgrämig und verschlossen ist und sich und seiner Umgebung jedes Vergnügen verwehrt. Gewiss ist er durch den Tod seiner angebeteten Frau niedergeschlagen, aber eine solche Verbissenheit in der Selbstkasteiung lässt uns annehmen, dass ihn seine Persönlichkeit für eine so überlange Trauerreaktion empfänglich gemacht hat.

Melancholia von Lars von Trier aus dem Jahr 2011 zeigt eine junge Braut, gespielt von Kirsten Dunst, die am Tag ihrer Hochzeit inmitten der Festlichkeiten kein Glücksgefühl empfinden kann. Aus der depressiven Persönlichkeit der jungen Frau entwickelt sich dann eine richtige Depression, aber ihre Stimmung scheint sich zu verbessern, als sich eine kosmische Katastrophe ankündigt, die die Menschheit vernichten wird. Der Regisseur erklärte, dass die Inspiration für diesen Film von einer Therapiesitzung herrühre, die er aufgrund einer eigenen depressiven Episode hatte.

VOM UMGANG MIT DEPRESSIVEN PERSÖNLICHKEITEN

- **Wenn es Ihr Chef ist:**
  Überprüfen Sie regelmäßig die Gesundheit Ihres Unternehmens.
- **Wenn es Ihr Lebenspartner ist:**
  Geben Sie ihm/ihr dieses Kapitel zu lesen.
- **Wenn es Ihr Kollege oder Mitarbeiter ist:**
  Finden Sie jedes Mal, wenn er positiv denkt, anerkennende Worte.

Was Sie tun sollten

- **Stellen Sie ihm Fragen, die sein Interesse auf das Positive lenken.**

Eine depressive Persönlichkeit wird dazu neigen, an jeder Situation den negativen Aspekt wahrzunehmen. Für sie ist das Glas nie halb voll, sondern immer halb leer.

Adeline (27), Dokumentalistin in einem großen Unternehmen der mechanischen Industrie, ist gerade auf einen Posten in der technischen Überwachung befördert worden. Sie meint dazu: »Das wird viel stressiger werden«, »Ich werde das nicht bewältigen« oder auch »Die technische Überwachung ist in dieser Firma überhaupt nicht organisiert«.

Natürlich ist die Versuchung groß, zu Adeline zu sagen: »Du siehst immer nur schwarz! Hör auf, dich zu beklagen!« Solche Äußerungen werden ihr jedoch nicht helfen. Sie wird das Gefühl haben, missverstanden oder abgewiesen zu werden, und das wird ihre depressive Sicht auf das Leben noch verstärken. Wenn man ihre Aufmerksamkeit hingegen in Form von Fragen auf die positiven Aspekte der Situation lenkt, ohne ihren Standpunkt zurückzuweisen, wird ihr das vielleicht eine ausgewogenere Sicht ermöglichen.

Sagen Sie ihr zum Beispiel: »Anstrengender wird es ganz bestimmt, besonders in der Anfangszeit, aber wird es nicht auch interessanter sein?«; »Warum meinst du, dass du das nicht schaffen wirst? Denkst du das nicht jedes Mal ein bisschen, und am Ende klappt es doch meistens?«; »Die technische Überwachung ist nicht organisiert? Aber das bedeutet, dass sie dir eine wirkliche Verantwortung übertragen!«.

Entscheidend ist, dass man der depressiven Persönlichkeit nicht brüsk in die Parade fährt, sondern eher versucht, ihre Aufmerksamkeit auf die »halb volle Flasche« zu lenken.

Sie können sie auch an vergangene Situationen erinnern, in denen sie auf das Ereignis oder die eigene Person eine pessimistische Sicht hatte, die sich schließlich nicht bewahrheitete.

Beziehen Sie ihn in angenehme Aktivitäten mit ein – im Rahmen seiner Möglichkeiten.

Depressive Persönlichkeiten neigen häufig dazu, die Gelegenheiten, sich Vergnügen zu bereiten, nicht zu nutzen. Diese ablehnende Haltung ist oft mehreren ineinander spielenden Faktoren geschuldet: ihrer Müdigkeit, ihrer Furcht, der Situation nicht gewachsen zu sein, ihren Schuldgefühlen bei der Hingabe an alles Vergnügliche und vor allem ihrer Voraussicht, dass die Situation für sie selbst gar nicht angenehm sein würde.

Im Umgang mit einer depressiven Persönlichkeit muss man sich vor zwei extremen Haltungen hüten:

- Man darf sie nicht sich selbst überlassen und ihr nichts mehr vorschlagen. »Alles in allem muss sie sich bloß mal selbst ein bisschen aufraffen!« Eine solche Haltung wird die depressive Persönlichkeit in ihrem negativen Denken bestärken.
- Man darf ihr keine Aktivitäten oder Situationen aufzwingen, die über ihre Kräfte gehen. Samira (18) erzählt uns von ihren Eltern Folgendes:

Im Urlaub kommen mein Vater und meine Mutter überhaupt nicht miteinander zurecht. Sie ist eher depressiv und hat keine Lust, großartig was zu unternehmen; sie würde gerne den ganzen Tag auf dem Liegestuhl verbringen und lesen oder fernsehen. Mein Vater ist dagegen voller Elan, er will um jeden Preis, dass sie sich zu etwas aufrafft. Resultat: er zwingt sie dazu, mit an den Strand zu gehen, auch wenn sie keine Lust hat, er schleift sie auf Fahrradtouren mit, er lädt zum Abendessen Freunde ein, denn er hat gern Leute um sich. Dieses Programm eine Woche lang, und meine Mutter ist mit den Nerven am Ende. Sie weint, und für den Rest des Urlaubs sind sie aufeinander böse.

Samiras Vater täte gut daran, den Standpunkt seiner Gattin etwas besser zu verstehen. Er könnte sie zum Beispiel jeden zweiten Tag in Frieden lassen und ihr den Rest der Zeit ein paar weniger anstrengende Aktivitäten vorschlagen, und zwar, indem er seinen Wunsch als gefühlsbetonte Bitte formuliert und nicht wie einen Befehl. Zum Beispiel: »Weißt du, ich hätte große Lust, mit dir einen Spaziergang zu machen. Ich weiß, das kostet dich Überwindung, aber ich glaube, am Ende wird es uns beiden gefallen.«
Wir unterschätzen nicht die Schwierigkeit, einer wirklich depressiven Persönlichkeit gegenüber derart ruhig, positiv und verständnisvoll zu bleiben.

Zeigen Sie gezielt Ihre Wertschätzung.

Die depressiven Persönlichkeiten haben von sich selbst oft eine schlechte Meinung, was zu ihrer Traurigkeit noch beiträgt.

Eines der besten Medikamente, das Sie ihnen verabreichen können, ist Ihre Zuneigung und Wertschätzung – unter der Bedingung, dass sie aufrichtig ist.

Täglich eine kleine positive Bemerkung zu dem, was sie gesagt hat, und es wird, ohne dass sie es merkt, ihr Selbstwertgefühl ein wenig nähren. Aber um wirkungsvoll und überzeugend zu sein, muss Ihr Lob sehr präzise sein und sich auf ein bestimmtes Verhalten und nicht auf die Person beziehen.

Wenn Sie zu Ihrer depressiven Assistentin zum Beispiel sagen: »Sie sind eine sehr gute Mitarbeiterin«, wird sie entweder denken, dass Ihnen ihre Unzulänglichkeiten entgangen sind, oder sie wird annehmen, dass Sie ihre Schwächen zwar bemerkt haben, aber aus Mitleid mit ihrer schlechten Verfassung nach irgendwelchen Trostworten suchen.

Wenn Sie ihr hingegen sagen: »Ich finde, Sie haben sich um diese Sache mit dem versäumten Termin bei X. sehr gut gekümmert«, wird sie dieses partielle Lob, das auf einem präzisen Fakt beruht, leichter akzeptieren können.

Bewegen Sie ihn/sie dazu, einen Arzt oder einen Psychologen zu konsultieren.

Dieser Ratschlag knüpft an die Informationen an, die wir weiter oben zu den Behandlungsmöglichkeiten für depressive Persönlichkeiten gegeben haben. Diese Persönlichkeitsstörung (oder Krankheit, wenn wir der Meinung sind, es handle sich um eine Dysthymie) zählt sicher zu denen, die dank der Fortschritte der Wissenschaft heute mit Medikamenten oder Psychotherapien am besten behandelt werden können. Es wäre also schade, eine vielleicht wirkungsvolle Hilfe nicht in Anspruch zu nehmen.

Auch hier sind Geduld und diplomatisches Geschick vonnöten, um die depressive Person zu bewegen, einen Spezialisten aufzusuchen. Sollte sie sich weigern, zum »Nervenarzt« zu gehen, schlagen Sie ihr vor, mit einem Allgemeinmediziner darüber zu sprechen. Das wird sie weniger abschrecken, und dieser Arzt kann sie später womöglich überzeugen, eine Behandlung mit Antidepressiva zu erproben oder doch einen Psychiater zu konsultieren.

Was Sie lassen sollten

Sagen Sie nicht, er/sie solle sich endlich mal rühren.
»Rühr dich endlich mal ein bisschen«, »Wo ein Wille ist, ist auch ein Weg«, »Reiß dich doch mal zusammen« – Ratschläge dieser Sorte sind depressiven Persönlichkeiten millionenfach erteilt worden, seit die Menschheit existiert. Wahrscheinlich werden sie pausenlos wiederholt, weil sie so wirkungslos sind. Die depressive Persönlichkeit wird sich zurückgewiesen, missverstanden und abgewertet fühlen, selbst wenn sie sich Ihren Ermahnungen fügt.

Halten Sie keine Moralpredigt.
»Hast du denn keine Willenskraft?«, »Du lässt dich einfach so gehen«, »Es ist schlimm, alles bloß durch die schwarze Brille zu sehen«, »Schau mich an, ich reiße mich auch zusammen« – da haben wir noch eine ganze Liste sehr schlechter Medikamente! Glauben Sie, dass man sich freiwillig aussuchen würde, eine depressive Persönlichkeit zu sein? Selbstverständlich nicht. Eine moralisierende, Schuldgefühle einflößende Haltung ist genauso angemessen, als wenn man einem Kurzsichtigen vorwirft, alles verschwommen zu sehen, oder jemanden, der sich den Knöchel verstaucht hat, wegen seines Hinkens tadelt.
Und wahrscheinlich ist es sogar noch schlimmer, denn viele depressive Persönlichkeiten fühlen sich ohnehin schon schuldig, weil sie so sind, wie sie sind; es hat also gar keinen Sinn, da noch etwas draufzulegen.

Lassen Sie sich nicht in Trübsinn hineinziehen.
Ohne es zu wollen, veranlassen uns die depressiven Persönlichkeiten dazu, ihre Weltsicht und ihre Lebensweise zu übernehmen. Wenn wir sie in ihrem Trübsinn erleben, macht uns das selbst betrübt, oder wir verspüren am Ende eine unbestimmte Schuld, weil wir ihren Kummer nicht teilen. Aber ebenso wenig, wie es hilft, sie grob anzufahren, werden wir ihren Zustand bessern können, wenn wir in ihre Traurigkeit und Verzagtheit einstimmen. Wahren Sie Ihr Bedürfnis nach Freiheit und Fröhlichkeit, auch wenn es manchmal im Umgang mit einer depressiven Persönlichkeit verschüttet zu werden droht. Jacques (32), dessen Ehefrau Marianne eine depressive Persönlichkeit ist, berichtet:

In der ersten Zeit nach unserer Heirat habe ich die winzigsten Stimmungsschwankungen bei Marianne aufmerksam beobachtet und war stets auf dem Sprung, um sie zu trösten und zu beruhigen. Weil sie sich in Gesellschaft nicht wohl fühlte, habe ich allmählich aufgehört, meine Freunde zu treffen. Ich fuhr am Wochenende gern weg, aber vor solchen Ausflügen war ihr bange, und so bin ich sonntags mit ihr zu Hause geblieben. Am Ende fühlte ich mich so frustriert und eingesperrt, dass ich einen Psychiater konsultierte. Er machte mir klar, dass ich auch meiner Frau nicht half, wenn ich jedem ihrer Wünsche nachgab. Ich habe ihr deshalb von Neuem vorgeschlagen, gemeinsam auszugehen oder übers Wochenende zu verreisen. Zuerst lehnte sie es wieder ab, also fuhr ich zu ihrem großen Erstaunen allein weg. Wir hatten deswegen ein paar große Szenen. Ich erklärte ihr, ich könne gut verstehen, dass sie nicht immer Lust zum Ausgehen hat, und ich würde ihre Bedürfnisse respektieren, aber sie müsse auch die meinen tolerieren. Nach einer Periode der Konfrontation, in der sie mir mit ihrer Gekränktheit Schuldgefühle einflößte (auch hier half mir mein Psychiater zu relativieren), kam es eines Tages so weit, dass sie ihre Sachen zusammensuchte, um mit mir gemeinsam wegzufahren. Seitdem klappt es viel besser; wir schaffen es beinahe einmal pro Monat, übers Wochenende zu verreisen, und sie begleitet mich zu meinen Freunden.

Jetzt werde ich versuchen, sie zu überzeugen, selbst einen Psychiater zu konsultieren.

Unsere Empfehlung, einen Spezialisten zu konsultieren, richtet sich auch an Sie, wenn Sie einen depressiven Angehörigen haben. Die Ratschläge eines Experten können Ihnen, wie Sie am Beispiel von Jacques gesehen haben, eine wertvolle Hilfe zur Meisterung der Lage sein. Ein Psychiater kann Sie darauf aufmerksam machen, dass Ihr Verhalten ungewollt die depressive Haltung des anderen begünstigt. Er wird Ihnen auch Tipps für die Bewältigung konkreter Alltagssituationen geben. Schließlich kann er Ihnen zeigen, wie Sie den anderen dazu bringen, selbst einen Arzt oder Psychologen aufzusuchen, was wir, um es noch einmal zu wiederholen, bei einer depressiven Persönlichkeit oftmals für sehr nützlich halten.

HABEN SIE SELBST ZÜGE

... einer depressiven Persönlichkeit?

	eher richtig	eher falsch
1. Ich glaube, ich liebe das Leben weniger als die meisten Leute.		
2. Manchmal wünsche ich mir, ich wäre nie geboren.		
3. Man wirft mir oft Schwarzseherei vor.		
4. Es ist schon vorgekommen, dass ich in erfreulichen Situationen nicht die geringste Freude empfinden konnte.		
5. Manchmal habe ich den Eindruck, meinen Nächsten eine Last zu sein.		
6. Ich entwickle leicht Schuldgefühle.		
7. Ich neige dazu, meinen früheren Misserfolgen nachzugrübeln.		
8. Ich fühle mich den anderen oft unterlegen.		
9. Ich bin oft müde und energielos.		
10. Ich verschiebe manche Freizeitaktivitäten auf später, obwohl ich jetzt die Zeit und die Mittel für sie hätte.		

KAPITEL XI

DIE DEPENDENTEN PERSÖNLICHKEITEN

»Allein: in schlechter Gesellschaft.«

Ambrose Bierce

Ich bin ein übertrieben geselliger Typ, erzählt Vincent, ein siebenundvierzigjähriger Buchhalter. *Darin liegt im Grunde mein Problem: ich brauche die anderen zu sehr.*

Das reicht weit zurück. Ich erinnere mich sehr gut an meine frühe Schulzeit, als ich panische Angst hatte, nicht einbezogen zu werden, wenn sich eine Gruppe zum Spielen zusammenfand, oder auf dem Pausenhof nicht in die Sportmannschaften gewählt zu werden. Ich war bereit, die schlechtesten Rollen und die undankbarsten Positionen zu übernehmen: Beim Fußball war ich Torwart oder Hintermann, wo doch alle im Sturm spielen wollten, um Tore zu schießen; und wo die anderen sich um die Rolle des Cowboys ohne Furcht und Tadel stritten, spielte ich den Indianer oder den Verräter ... Dank dieser Strategie war ich letzten Endes ziemlich geschätzt und gefragt, und wenn die Wortführer unter den Schülern mich in ihre Gruppe wählten, war ich sehr stolz und zu noch mehr Selbstverleugnung bereit ...

Im Grunde war ich nicht gerade selbstsicher und schwamm mit dem Strom. Blicke ich auf diese Jahre zurück, wird mir bewusst, dass ich niemals selbst eine Idee einbrachte oder die Initiative ergriff. Ich fürchtete zu sehr, dass man meine Vorstellungen ablehnen oder kritisieren würde – und mich mit ihnen ... Ich hätte nie gewagt, meinen Kameraden zu widersprechen. So kam es auch, dass ich einmal zu den schlimmsten Dummheiten verleitet wurde. In jenem Schuljahr hatte ich ein paar Kumpel, deren Anführer ein ziemlich aufsässiger Typ war. Wir plünderten ein Haus, während die Bewohner im Urlaub waren, wir stahlen in der Schule Sportgeräte und leisteten uns noch ein paar andere Glanztaten vom selben Kaliber ... Nachdem ich da hineingeraten war, glaubte ich, nicht hinter den anderen zurückstehen zu dürfen, und war nur zu glücklich, einer so waghalsigen Gruppe anzugehören ... Als man uns erwischte, dachten meine Eltern und die Lehrer, ich wäre verrückt geworden, denn normalerweise benahm ich mich wirklich nicht wie ein kleiner Straftäter, sondern gehörte eher zu der Sorte, die auf der Straße den Erwachsenen brav »Guten Tag« sagt ... Aber ich habe niemals zugegeben, zu diesen Dingen nur verleitet worden zu sein, obwohl man mir, um meinen Rauswurf von der Schule zu verhindern, solch ein Geständnis nahegelegt hatte.

Es stimmt, dass es mir völlig an Selbstvertrauen mangelt. Ich habe stets das Gefühl, die anderen wären mir von Natur aus überlegen, ihre Ideen wären besser, ihre Entscheidungen fundierter, und es wäre also in meinem eigenen Interesse, ihnen zu folgen und von ihren guten Eigenschaften und ihren Initiativen zu profitieren. Ich kann zu den Leuten nie auf Distanz gehen und merke immer erst nachher, dass ich mich in ihnen vielleicht getäuscht habe. Und dann macht mich das unglücklich, aber ich sage es ihnen nie ins Gesicht. Ich bin mir nicht sicher genug über mein Urteil.

Ich gehöre zu den sehr anhänglichen Leuten. Für mich ist es wichtig, von Freunden und guten Bekannten umgeben zu sein, von Menschen, bei denen ich sicher bin, dass sie mich mögen. Im Allgemeinen werde ich ziemlich geschätzt, denn ich bin uneigennützig und stets bereit, anderen einen Gefallen zu tun. In der Firma nutzt man das, glaube ich, ein bisschen aus: meine Kollegen haben begriffen, dass sie so ziemlich alles erreichen können, wenn sie nett zu mir sind. Aber ich muss hinzufügen, dass auch sie mir helfen: Häufig bin ich unentschlossen und frage sie um Rat. Ich habe eine panische Furcht vor Irrtümern oder Fehlschlägen. Ich glaube, ich habe nie eine wichtige Entscheidung getroffen, ohne vorher so ziemlich jeden, der in Reichweite war, nach seiner Meinung gefragt zu haben. Und wenn ich recht überlege, sind in meinem Leben viele wichtige Entscheidungen, die mich betrafen, von anderen getroffen worden …

Es war meine Mutter, die mich in meiner Kindheit beim Fußballklub anmeldete, obwohl ich anfangs nicht gerade versessen darauf war; schließlich hat sich gezeigt, dass ich ein guter Spieler war, voller Mannschaftsgeist und Disziplin; die Trainer mochten mich sehr. Mein Vater suchte den Beruf für mich aus: Auf seinen Rat habe ich dasselbe Betriebswirtschaftsstudium absolviert wie er. Ich selbst wäre lieber in die Geisteswissenschaften gegangen, aber ich meinte, dass er besser beurteilen könne, was gut für mich sei und wo ich Arbeit finden würde …

In meinen jungen Jahren gefiel ich den Mädchen: ich sehe nicht übel aus, bin gesellig, sportlich, diskret, ich kann gut zuhören und stempele niemanden einfach ab … Ich hatte eine Reihe von Freundinnen, und trotzdem wohnte ich noch ziemlich lange bei meinen Eltern; das war recht praktisch, ich verstand mich gut mit ihnen, sie konnten mir nützliche Ratschläge geben, besonders meine Mutter, mit der ich viel über die Mädchen sprach, mit denen ich ausging …

Aber auch dabei war es selten ich, der die Wahl traf; eher suchten die Mädchen mich aus. Außerdem fiel es mir immer schwer, ein solches Abenteuer abzubrechen, selbst wenn wir beide uns offenkundig geirrt hatten. Ich fragte mich stets, ob ich nicht gerade eine Dummheit beging. Und dann mochte ich es auch gar nicht, zwischen zwei Flirts allein dazustehen. Ich musste von einem Mädchen gleich zum nächsten wechseln, das beruhigte mich. Wenn ich recht überlege, habe ich nie allein gelebt! Ich war wirklich wie geschaffen für das Eheleben!

Das hat mir jedenfalls meine jetzige Frau erklärt, die meine Persönlichkeit sehr bald verstanden hatte. Anfangs zog sie mich nicht besonders an; sie war ein bisschen älter als ich, nicht unbedingt mein Typ von Frau und dazu ziemlich autoritär. Sie beeindruckte mich, denn sie war höher qualifiziert als ich. Die ganze Annäherungsarbeit musste sie selbst übernehmen … Aber im Grunde ergänzen wir uns gut, und unsere Ehe läuft nicht schlecht. Sie ist sehr selbstsicher, an-

spruchsvoll und sogar ein wenig schroff, nicht gerade einfach im Umgang; ich bin flexibler, nachgiebiger und geselliger. Ich gebe zu, dass ich mich in allen Entscheidungen, die den Haushalt, den Urlaub und die Erziehung der Kinder betreffen, ganz auf sie verlasse …

Trotz meines Familienlebens bin ich mit vielen Leuten in Kontakt geblieben. Ich brauche ständig einige sehr enge Freunde, die ich um Rat bitten kann; ihnen vertraue ich mich restlos an. Aber ich bin außerdem mit so vielen ehemaligen Freunden wie möglich noch in Kontakt; meine Frau wirft mir das manchmal vor und nennt es meine »Beziehungskollektionitis«. So, wie es Leute gibt, die nichts wegwerfen können, kann ich eben niemanden verlassen! Ich kriege es fertig, Leuten, die ich seit zwanzig Jahren nicht gesehen habe und wahrscheinlich nie wiedersehen werde, Weihnachtskarten zu schicken! So bin ich eben; ich investiere viel in meine Verbindungen mit anderen; wenn dann eine Beziehung aufhört, habe ich das Gefühl, ein Stück von mir selbst zu verlieren …

Damit nicht genug; manchmal macht mir die Vorstellung Angst, ein Ereignis könnte sich ohne mich abspielen: ein Treffen unter Freunden, zu dem man mich nicht eingeladen hat, oder eine Arbeitsberatung in meinem Betrieb, zu der ich nicht bestellt worden bin. Als würde ich ständig befürchten, am Straßenrand zurückgelassen zu werden … Das ist noch immer die alte Furcht aus Kindheitstagen, nicht ausgewählt zu werden und am Ende ganz allein dazustehen.

Manchmal hadere ich mit mir selbst, dass ich so bin. Ich spüre, wie oft ich dadurch schon Chancen verpasst habe. Ich bedaure zum Beispiel, nicht an die Geisteswissenschaftliche Fakultät gegangen zu sein oder wenigstens meine Betriebswirtschaftsstudien ein wenig weitergetrieben zu haben. Aber ich fühlte mich an meiner Hochschule nicht besonders wohl, und es war mir nicht gelungen, dort wirkliche Freunde zu finden. Und dann wollte meine zukünftige Frau, dass wir heirateten und ziemlich bald ein Kind bekämen, denn sie mochte wegen ihres Alters nicht zu lange damit warten. Aber alles in allem ist es auch so ganz gut … Hätte ein Diplom mehr oder weniger mein Leben etwa verändert?

WAS SOLL MAN VON VINCENT DENKEN?

Über seinen ganzen Bericht hinweg unterstreicht Vincent sein tiefes Bedürfnis, von den anderen akzeptiert zu werden und einen Platz in der Gruppe zu haben, selbst wenn diese nicht völlig seinen eigenen Werten oder Erwartungen entspricht.

Um sich seiner Integration zu versichern, ist Vincent zu zahlreichen Kompromissen bereit: Er übernimmt, ohne mit der Wimper zu zucken, die Ansichten der anderen, hütet sich, eine abweichende Meinung zur Sprache zu bringen, und erledigt ohne Murren Dinge, welche die anderen nicht tun mögen …

Dass Vincent so heftig nach Gemeinschaft strebt, liegt nicht nur an seinem Wunsch, zu einem anderen Menschen eine Beziehung aufzubauen. Ebenso und vor allem ist es seine Furcht, sonst am Ende womöglich allein dazustehen. Einsamkeit ist für ihn gleichbedeutend mit Verletzlichkeit.

Vincent fürchtet nämlich, nicht fähig zu sein, allein die richtige Wahl oder die besten Entscheidungen zu treffen. Daher rührt seine Neigung, vor jedem Entschluss Rückversicherung zu suchen und im Grunde so oft wie möglich eigene Initiativen zu meiden. Er ist überzeugt, dass die anderen mit Kompetenzen ausgestattet sind, die ihm abgehen. Sein Leben hängt sehr von anderen Menschen ab. Da er seine Partner die Wahl treffen lässt, überlässt er ihnen letztlich auch, seine ganze Existenz zu bestimmen, und setzt sich so der Gefahr aus, ein Leben zu führen, das ihm nicht wirklich gefällt …

DIE DEPENDENTE PERSÖNLICHKEIT

Bedürfnis nach Bestärkung und Unterstützung durch die anderen:

- zögert, ohne Rückversicherung etwas zu entscheiden,
- lässt oft andere die Entscheidungen treffen, die für sie persönlich wichtig sind,

- hat Mühe, Projekte einzubringen; schwimmt eher mit dem Strom,
- mag nicht allein sein oder etwas allein tun.

Furcht vor Bindungsverlust:

- sagt immer ja, um nicht zu missfallen,
- ist sehr betroffen und ängstlich, wenn man sie kritisiert oder tadelt,
- übernimmt undankbare Arbeiten, um sich anderen Leuten gefällig zu zeigen,
- ist bei Trennungen sehr verstört.

Wegen seiner Persönlichkeit läuft Vincent Gefahr, in jeder Beziehung, die er zu einer Person oder einer Gruppe entwickelt, ziemlich regelmäßig folgende drei Phasen zu durchlaufen:

- Eine erste Phase der Verankerung, bei der er angestrengt untersucht, ob man ihn auch tatsächlich akzeptieren wird.
- Eine Phase der Abhängigkeit, in der er sich sehr auf die Person oder Gruppe verlässt, indem er von ihr erreicht, dass sie ihn bestärkt und für ihn Entscheidungen trifft. Es handelt sich um eine Art Gleichgewichtsphase, in der Vincent zufrieden ist mit der Symbiose, die er mit seiner Umgebung eingeht.
- Eine Phase der Verletzlichkeit, in welcher er sich seiner extremen Abhängigkeit vom anderen bewusst wird und den Tag zu fürchten beginnt, an dem sich die Beziehung zerschlagen oder abkühlen könnte. Die Personen mit pathologischen Abhängigkeitszügen, von denen wir später sprechen werden, erreichen diese Phase sehr schnell.

WIE VINCENT DIE WELT SIEHT

Zwei tief verwurzelte Überzeugungen kennzeichnen die dependente Persönlichkeit (die manchmal auch »abhängige« oder »asthenische« Persönlichkeit genannt wird): erstens, dass wir nichts erreichen können, wenn wir allein sind; zweitens, dass die anderen stärker sind als wir selbst und dass sie uns helfen können, falls sie uns wohlgesonnen sind. Also ist es lebenswichtig, ständig ihre Unterstützung zu suchen und sich so fest wie möglich an sie zu klammern.

Ein dependenter Mensch wird daher bei den Personen seiner Umgebung herausfinden wollen, worin sie ihm womöglich helfen und ihn unterstützen können. Die Vorstellung, die er sich von seiner eigenen Person macht, wird ihm vor allem über das Bild vermittelt, das die anderen von ihm haben. »Akzeptiere alles von den anderen, denn du brauchst sie unbedingt zum Leben, und unternimm nichts auf eigene Faust, denn dazu reichen deine Fähigkeiten nicht aus«, fasste einmal ein Patient zusammen, als er erklärte, welche Botschaft er von seinen Eltern empfangen zu haben glaubte …

Der Dependente ist überzeugt, für ihn gebe es auf Erden keinen anderen Platz als den des Hintermannes, des »Wasserträgers«, wie die Sportler ein Mannschaftsmitglied nennen, das sich für einen brillanteren Kameraden aufopfert. Aber dieses Opfer ist auch nicht umsonst, denn der Sieg des großen Stars gibt dem Mannschaftskameraden, der im Schatten bleibt, eine gewisse Sicherheit … Genau das beschreibt Guillaume (33), höherer Angestellter im Vertrieb:

> *Ich war schon immer auf die Nebenrollen abonniert. Wenn ich mich als Kind in eine Gestalt aus Büchern oder Filmen hineinversetzte, dann niemals in den Helden, sondern stets in seinen Begleiter: Ich war lieber Little John als Robin Hood, eher Kapitän Haddock als Tim, lieber Robin als Batman. Ich wollte dieselben Abenteuer erleben wie der Held, ohne jedoch die Last der Initiative tragen zu müssen. Heute geht es so weiter, obgleich ich mir über diesen Mechanismus längst im Klaren bin. Noch immer neige ich dazu, solche*

beruflichen Aufträge abzulehnen, bei denen ich zu sehr im Rampenlicht stehe, zu sehr dem Blick der anderen ausgesetzt oder zu isoliert bin. Ich entfalte mich nur richtig in einer Arbeitsgruppe oder besser noch in Tandemarbeit mit jemandem, der erfahrener ist und mir genau sagt, was ich tun soll …

SIND WIR NICHT ALLE DEPENDENT?

Die Abhängigkeit gehört zur Natur des Menschen. Ein menschliches Wesen kommt in einem Zustand totaler Abhängigkeit zur Welt: wir reproduzieren uns in einem Larvenzustand, und unser Überleben hängt seit den ersten Minuten unserer Existenz völlig von unserer Umgebung ab. Auch später als Kleinkind sind wir von unserer Umgebung sehr abhängig, nicht nur, um physisch zu überleben, sondern auch für die psychische Entwicklung.

Die Dialektik von Abhängigkeit und Autonomie steht also im Zentrum der menschlichen Psyche. Schon sehr früh haben die Menschen begriffen, dass ein bestimmter Grad von Abhängigkeit ein Schutzmittel ist. So spricht in der Bibel der Prediger Salomo die folgenden Worte, die wie eine Devise der dependenten Persönlichkeiten klingen: »So ist's ja besser zu zweien als allein … Weh dem, der allein ist, wenn er fällt! Dann ist kein anderer da, der ihm aufhilft.« Man weiß, dass das Gleichgewicht eines Individuums oftmals von seiner Fähigkeit abhängt, auf beiden Registern zu spielen, also je nach Kontext sowohl seine Autonomie als auch seine Abhängigkeit unter Beweis zu stellen … Ebenso wie die Unfähigkeit zur Autonomie ein Handicap ist, zeugt auch die Unmöglichkeit, bisweilen einen gewissen Grad von Abhängigkeit (die Psychiater nennen ihn Regression) zu akzeptieren, nicht gerade von guter seelischer Gesundheit.

Zahlreiche Forscher haben dazu spannende Thesen aufgestellt. Zu den bemerkenswertesten zählt sicher die des englischen Psychoanalytikers Michael Balint, der in mehreren seiner Bücher beschreibt, wie die Bedürfnisse eines jeden menschlichen Wesens es im Grunde dazu bringen, nach der sogenannten »primären Liebe« zu streben (und sie sich das ganze Leben lang auszumalen), das heißt, nach einem Beziehungstyp, der alle Bedürfnisse eines Individuums befriedigen kann. Der Säugling soll zunächst seine ganze Umgebung auf diese Weise wahrnehmen (daher seine Wut, wenn die Nuckelflasche zu spät kommt oder die Milch zu heiß ist). Dann erkennt das Kind sehr bald, dass die Welt und die Individuen, aus denen sie besteht, nicht unumschränkt zu seinen Diensten stehen. Zwei große Reaktionsmöglichkeiten, eine so radikal wie die andere, eröffnen sich ihm nun.

Die erste entspricht einer Sehnsucht und der Suche nach dem verlorenen Paradies: wenn wir es richtig anstellen, ist es möglich, dass uns die anderen Menschen die meisten unserer Bedürfnisse erfüllen. Alternativen dazu gibt es auch gar nicht, denn wenn wir allein bleiben würden, wären wir überhaupt nicht imstande, unsere Bedürfnisse zu stillen. Diese Weltsicht nennt Balint Oknophilie nach dem griechischen Verb *okneo* (»sich anklammern«, aber auch »zögern, befürchten«). Sie kommt der dependenten Haltung sehr nahe.

Die zweite Reaktionsweise besteht darin, zu erklären, die Welt sei eine Enttäuschung, Befriedigung könne uns letztendlich nicht aus unserer Umgebung zuteilwerden, und Abhängigkeit von den anderen sei die allerschlimmste Gefahr. Balint nennt diese Haltung Philobatismus (Wortneuschöpfung nach dem Muster von »Akrobat«: jemand, der auf Händen und Füßen läuft und keinen festen Boden unter sich hat). Sie tritt bei Personen auf, die ihre Autonomie über alles stellen und vor jeder Form von Dependenz und selbst Engagement zurückschrecken.

Oknophilie und Philobatismus sind zwei extreme Reaktionsweisen auf das Bedürfnis nach Abhängigkeit, welches in uns allen präsent ist: man wehrt sich oder gibt sich ihm hin, beide Male übertrieben heftig … Gute Beispiele für diese beiden Haltungen finden sich in der Literatur, etwa dort, wo archetypisches Liebhaberverhalten dargestellt wird: Don Juan ist in seinen Beziehungen zu Frauen ein eingefleischter Philobat, während Tristan mit seiner Abhängigkeit von Isolde und König Marke das bemerkenswerte Porträt eines Oknophilen abgibt …

WARUM WIRD MAN DEPENDENT?

Selbst wenn die Tendenz zur Regression wohl in unser Erbteil eingeschrieben ist, muss man sich fragen, weshalb manche Menschen dependenter sind als andere. Man weiß noch nicht, ob bestimmte angeborene Neigungen und biologische Faktoren bei der Herausbildung dependenter Merkmale eine Rolle spielen. Manche Spezialisten sind überzeugt, dass es auf alle Fälle Früherkennungszeichen gibt: so sollen etwa gewisse Arten von Trennungsangst darauf hindeuten, dass der betreffende Mensch als Erwachsener eine dependente Persönlichkeit ausbilden wird.

Manche Verhaltensweisen der Eltern, gewisse Erziehungshaltungen und prägende Erlebnisse stehen stark im Verdacht, dauerhafte dependente Persönlichkeitsmerkmale herbeiführen zu können.

VERHALTENSWEISEN DER ELTERN

Hier der Bericht von Lætitia (26), Lehrerin:

Ich erinnere mich, dass ich in meiner Kindheit eine Weile überzeugt war, meine Großeltern wären meine wirklichen Eltern. Meine tatsächlichen Eltern kamen mir nämlich nur wie große Geschwister vor, die sich auf ungeschickte und unentschlossene Weise um mich zu kümmern versuchten … Meine Mutter war noch sehr jung, als ich auf die Welt kam, und ihr Vater hatte gefordert, dass meine Eltern sich im »Familienstammsitz« niederließen, denn sie hatten damals beide noch keinen Beruf. Ich hatte stets den Eindruck, dass mein Großvater ein Übermensch sei, der jedes Problem lösen konnte und im Besitz jedweder Wahrheit war. Immer, wenn jemand anderer Meinung war als er, ging das schlecht aus: Zunächst entbrannte ein Konflikt, und am Ende gaben die Tatsachen jedes Mal meinem Großvater recht. Zumindest kam es mir damals so vor.

Weil meine Eltern dauernd so abhängig von ihm waren und mir selbst so wenig Sicherheit gaben, wurde es mir zur Gewissheit, dass man stets versuchen müsse, von starken Personen geliebt und beschützt zu werden … Ich habe lange gebraucht, bis ich die Nachteile einer solchen Haltung begriff. Und erst vor Kurzem entdeckte ich, dass dieser allwissende und allmächtige Großvater auch ein schrecklicher Despot war, der alle Persönlichkeiten in seiner Umgebung niedergewalzt hat.

Kinder sind ausgesprochen pragmatische Individuen und machen nicht immer, was die Eltern ihnen empfehlen; viel eher reproduzieren sie das Verhalten ihrer Eltern, denn sie meinen wahrscheinlich, die Wahrheit über einen Menschen finde sich eher in seinen Taten als in seinen Worten. Wenn ein Elternteil oder gar beide eine stark dependente Haltung gegenüber jeder äußeren Autorität zeigen, werden sie ihre Sprösslinge unfehlbar »anstecken«, selbst wenn sie von ihnen pausenlos fordern mögen, selbstständig zu werden.

ERZIEHUNGSHALTUNGEN

Damit ein Kind seine Selbstständigkeit entwickeln kann, muss es zwei Etappen durchlaufen. Zunächst muss es über eine solide »Rückzugsbasis« verfügen, ehe es sich zu Entdeckungen aufmacht; Autonomie bedeutet anfangs, sich von dem, was man liebt, zu entfernen. Ein Kind kann nur selbstständig auftreten, wenn es sicher ist, dass die von ihm geliebten Personen es selbst genug lieben, um seine Entfernung zu akzeptieren und zu verkraften. Die zweite Etappe ist da- durch gekennzeichnet, dass das Kind in seinen Autonomiebestrebungen von genau jenen Leuten bestärkt und ermutigt wird, von denen es sich entfernt. Falls nicht, würde das Schuldgefühl zu stark sein und jeden Versuch zur Selbstständigkeit entmutigen.

So ist klar, dass zwei Typen von elterlichen Haltungen das Zutagetreten dependenter Persönlichkeitszüge erleichtern können:

- Eltern, die ihrem Kind kein ausreichendes Sicherheitsgefühl vermitteln, es nicht ihrer Liebe und Achtung versichern und ihm nicht genügend Interesse bekunden, laufen Gefahr, bei ihren Sprösslingen die Überzeugung auszulösen, man müsse sich mit doppelter Kraft an seine Eltern klammern, von denen doch das Überleben abhängt.
- Eltern, die ihre Kinder im Gegensatz dazu übertrieben behüten, werden bei ihnen die Idee hervorrufen, sie seien höchst verwundbar, und die Welt stecke voller Gefahren, denen man zwar lebendig entkommen könne, aber nur unter der ausdrücklichen Bedingung, stets auf die Personen zu hören, die »Bescheid wissen«.

PRÄGENDE ERLEBNISSE

Lauschen wir den Berichten mancher Patienten, so scheinen schließlich auch gewisse Ereignisse, besonders lang anhaltendes Getrenntsein von einem Elternteil (oder manchmal beiden), im Kind die Überzeugung entstehen zu lassen, es sei nicht fest genug mit ihnen verbunden (daher ihr Verschwinden). Später werden diese Menschen oft dazu neigen, sich an jeden, der des Weges kommt, zu klammern ... Viviane (56), Geschäftsfrau, erzählt:

Als ich vier war, bin ich plötzlich erkrankt. Ich weiß nicht einmal, was ich eigentlich hatte, man hat es mir niemals erklärt, Tuberkulose vielleicht ... Auf jeden Fall war es für jene Jahre wohl etwas Ernstes, so schlimm immerhin, dass der Arzt meine Eltern anwies, mich für ein halbes Jahr in ein Kindersanatorium zu bringen, welches weit entfernt von unserer Stadt lag. Dort führte man mich in den Park, wo es eine Schaukel geben sollte. Ich erinnere mich an meine schreckliche Bestürzung, als ich vom Spielen zurückkam und feststellen musste, dass meine Eltern ohne mich abgefahren waren. Die Leute vom Sanatorium haben mir sicher alles erklärt, aber daran erinnere ich mich überhaupt nicht mehr. Ich war überzeugt, meine Eltern nie wiederzusehen.

Nach einigen Tagen hörte ich auf, zu sprechen und zu essen. Dann hängte ich mich an eine der Krankenschwestern, die mir Aprikosen aus ihrem Garten mitbrachte. Ich mochte nichts als nur diese Aprikosen. Nach und nach gelang es ihr, mich einzugewöhnen, und ich begann wieder, mich wie ein normales vierjähriges Mädchen zu benehmen, zu spielen und zu sprechen …

Sechs Monate später kamen mich meine Eltern wieder abholen. Ich erkannte sie nicht mehr, es war schrecklich, ich wollte nicht von der Krankenschwester weichen. Meine Eltern bekamen solche Schuldgefühle, dass sie von da an völlig auf meine Masche und meine Furcht eingingen: ich machte nicht die kleinste Bewegung, wenn sie mir vorher nicht grünes Licht gegeben hatten … Seit dieser Zeit kann ich selbst die geringste Trennung nicht mehr verkraften, und ich brauche ständig die Unterstützung und Zustimmung der anderen.

WENN DIE DEPENDENZ VERSCHLEIERT DAHERKOMMT …

Wie bei den anderen Persönlichkeitsprofilen existieren auch bei der Dependenz ziemlich diskrete Formen, die nur bei gewissen Gelegenheiten sichtbar werden. Diese ähneln im Allgemeinen den Umständen, unter denen die betroffene Person dependent wurde. Aurélie (38), Beamtin, erzählt:

In meinen Freundschaftsbeziehungen und auf Arbeit bin ich ziemlich selbstständig. Meine Vorgesetzten zögern zum Beispiel nicht, mir Verantwortung zu übertragen, und das macht mir keine Angst. Meine

Probleme treten vor allem in Partnerbeziehungen auf. Solange ich mich noch nicht zu sehr an jemanden gebunden habe, fühle ich mich ungezwungen, aber sobald jemand anfängt, sehr auf mich zu bauen, muss ich mich gewaltig anstrengen, nicht immer an seinem Rockschoß zu hängen. In meinem Liebesleben muss ich immer gegen den Wunsch nach einer festen Bindung ankämpfen. Das ist nicht besonders rätselhaft: ich habe erlebt, wie mein Vater meine Mutter verließ, die nicht zärtlich genug zu ihm gewesen war. Sie bekam das Sorgerecht für die Kinder, aber sie kümmerte sich um uns nicht gerade auf warmherzige Weise. Ich suchte immer die Zuneigung der Lehrer, der Klassenkameraden und aller Erwachsenen, mit denen ich zu tun hatte. So wollte ich mich selbst davon überzeugen, dass ich ein interessantes kleines Mädchen war, obgleich meine Mutter so wenig Interesse an mir zeigte …

In anderen Fällen enthüllt gerade die übertriebene Zurückweisung jeder Form von Regression, selbst einer zeitweiligen, dass sich die Person im Grunde verletzlich fühlt und an sich zweifelt. Hier ist der Bericht von Mehdi (50), dem Leiter eines mittelständischen Unternehmens.

Ich weiß, dass ich mir mit meinem zügellosen Drang nach Autonomie selbst schade. Zweimal in meinem Leben hatte ich ernste Probleme; einmal war ich ein ganzes Jahr arbeitslos, das andere Mal erkrankte ich ziemlich schwer. In beiden Fällen musste ich mich auf meine Familie und meine Freunde stützen. Aber statt dass es mich tröstete, versetzte es mich geradezu in Panik, wenn sie mir halfen … Ich hatte den Eindruck, ein Parasit zu sein, und meinte, mich nie mehr aus dieser Lage befreien zu können, wenn es so weiterginge. Die Menschen in meiner Umgebung verstanden nicht, weshalb ich so garstig wurde. Erst viel später konnte ich über alles ruhig nachdenken und es ihnen erklären. Und inzwischen weiß ich, dass ich aufhören muss, die Unabhängigkeit als einziges Markenzeichen für die Stärke eines Individuums zu kultivieren.

Schließlich präsentieren sich die dependenten Persönlichkeiten manchmal als liebenswürdige Wesen, die niemandem Ärger bereiten und stets für eine Hilfeleistung parat stehen, selbst wenn es ihnen ungelegen kommen muss ... Der griechische Autor Theophrast beschrieb diese Haltung in seinem Porträt des »Gefälligen«: »Jemand, der diese Leidenschaft hat, braucht kaum einen Menschen am anderen Ende des Platzes zu erblicken, schon begrüßt er ihn, indem er ausruft: ›Ah, da kommt ja einer, den man wirklich einen guten Mann nennen muss!‹ Er tritt an seine Seite, bewundert ihn für jede Kleinigkeit und hält ihn mit beiden Händen fest, damit er ihm nicht entspringt. Und ist er mit ihm ein paar Schritte gegangen, wird er ihn mit Fragen bedrängen, an welchem Tag er ihn wiedertreffen könne, und sich erst nach tausend Lobesworten entfernen ...« Aber nach und nach entdeckt der Gesprächspartner das unersättliche affektive Bedürfnis dieser Personen, ihren besitzergreifenden Charakter und ihre manchmal anmaßenden Wünsche – und wird lieber das Weite suchen.

WENN DIE DEPENDENZ ZUR KRANKHEIT WIRD

Die Neigung zur Dependenz, die normalerweise in jedem von uns schlummert, wächst sich bisweilen zu einer wahrhaft pathologischen Existenzweise aus und zieht dann für das Individuum äußerst negative Folgen nach sich.

Wenn das Bedürfnis nach Dependenz übersteigert ist, ruft es bei der betroffenen Person beträchtliche Forderungen an ihre Umgebung hervor. Es kann passieren, dass sie auf die anderen einen starken, Schuldgefühle einflößenden Druck auszuüben beginnt: »Du kannst mich doch nicht einfach allein lassen. Wenn du das tust, wird es mir ganz elend ergehen, und du bist schuld!« Untersuchungen an Personen, die einen Psychiater konsultierten, haben ergeben, dass 5% bis 25% von ihnen Merkmale einer dependenten Persönlichkeit aufwiesen, während man den Anteil der Dependenten an der Gesamtbevölkerung nur auf rund 2,5% schätzt, wobei die Frauen überwiegen. Bei Patienten mit Depressionen und Platzangst zeigen sich sehr häufig dependente Persönlichkeitszüge, was den Therapeuten übrigens vor zahlreiche Probleme stellt. Auch bei vielen anderen Persönlichkeitsstörungen, so bei den histrionischen und den selbstunsicheren Persönlichkeiten, kann man auf dependente Züge stoßen.

Ehetherapeuten beobachten darüber hinaus, dass dependente Persönlichkeiten sich oft pathologische Partner suchen, mit einer Vorliebe für die Herrschsüchtigen und die Besitzergreifenden. Viele Frauen von gewalttätigen Männern oder von Alkoholikern erweisen sich als dependente Persönlichkeiten.

Schließlich muss man darauf aufmerksam machen, dass eine dependente Person, die sich unablässig einredet, wie unfähig sie zu selbstständigem Handeln sei, am Ende tatsächlich diese Fähigkeit verliert ... Ihre Strategien zum Vermeiden eines jeden Wagnisses, einer jeden Initiative oder eines jeden Konflikts in der Beziehung machen aus ihr einen wahrhaft verwundbaren Menschen. Lesen wir den Bericht von Luce (66), Rentnerin:

Nach dem Tod meines Mannes habe ich einen richtigen Alptraum durchlebt: ich merkte, dass ich eine totale »soziale Analphabetin« war. Niemals war ich allein zur Bank oder zum Notar gegangen, ich wusste nicht, wie man mit einem Scheckheft umgeht, wie man eine Landkarte liest oder eine Steuererklärung ausfüllt ... Um all diese Sachen hatte sich immer mein Mann gekümmert, was für mich äußerst bequem gewesen war. Nun musste ich allein alles von vorn lernen. In dieser Situation war die Versuchung groß, dass ich mich wiederum an Hilfe von außen klammerte, an meine Freunde und die Familie, und dass ich die ganze Welt zu meiner Rettung herbeibemühte! Aber der Psychiater, bei dem ich wegen einer schweren Depression in Behandlung war, riet mir entschieden davon ab. Er half mir, meine Angelegenheiten selbst in die Hand zu nehmen. Ich habe mehrere Jahre gebraucht, aber jetzt glaube ich, dass es geschafft ist.

DEPENDENTE PERSÖNLICHKEITEN IN FILM UND LITERATUR

Don Quichotte und Sancho Pansa, Don Juan und Leporello, Sherlock Holmes und Dr. Watson … Im Kielwasser eines jeden Helden treibt eine dependente Persönlichkeit, eine zurückhaltende, ihm treu ergebene Figur ohne eigene Meinung und ohne ein autonomes Leben außerhalb der Abenteuer, die sie gemeinsam mit ihrem Helden durchlebt. Auch Comicserien haben eine ganze Reihe solch berühmter Tandems hervorgebracht: Obelix und Kapitän Haddock etwa weisen zahlreiche Merkmale einer dependenten Persönlichkeit auf.

Abhängigkeit in Liebesdingen ist eine weitere Inspirationsquelle für Schriftsteller. In *Die Schöne des Herrn* zeichnet Albert Cohen in der Figur der Ariane das Porträt einer extremen Dependenz vom geliebten Wesen. *Mrs. Stone und ihr römischer Frühling* von Tennessee Williams beschreibt, wie eine fünfzigjährige Frau infolge der Liebe, die sie für einen viel jüngeren Mann empfindet, ihre Identität und Würde verliert.

Die Hauptgestalt in Pascal Lainés Roman *Die Spitzenklöpplerin* ist das ergreifende Abbild einer jungen dependenten Frau, die zu einer selbstständigen Existenz ganz unfähig ist. Ein eingebildeter junger Intellektueller findet sie erst verführerisch, dann wird er ihrer überdrüssig.

Auch im Kino sind dependente Persönlichkeiten keine Mangelware. In Edouard Molinaros *Die Filzlaus* (1974) verkörpert Jacques Brel einen Handelsvertreter, der sich auf komische Weise an Lino Ventura hängt, nachdem ihn dieser bei einem Selbstmordversuch gerettet hat. Stanley Kubricks Film *Barry Lyndon* (1975) zeigt Marisa Berenson in der Rolle der Lady Lyndon, einer schönen Aristokratin, die immer im Schatten von Männerfiguren lebt und niemals auch nur die geringste Anwandlung von Selbstständigkeit zeigt, es sei denn durch rätselhafte und schmerzerfüllte Blicke … Aber die vollendetste dependente Person bleibt wohl die von Woody Allen in seinem Film *Zelig* (1984) verkörperte Titelgestalt. Hier werden die Schwierigkeiten eines Menschen geschildert, der nicht weiß, wer er wirklich ist, denn er neigt gegenüber seinen jeweiligen Gesprächspartnern zu einer totalen Mimikry, übernimmt ihre Ansichten, ihren Lebensstil und sogar ihre physischen Merkmale und ihre typische Kleidung.

In Matthew Weiners Serie *Mad Men* (2007–2015) ist Betty (January Jones), die Gattin des Werbefachmanns Don Draper (Jon Hamm), zunächst eine brave Hausfrau, der man beigebracht hat, dass eine Ehefrau »sweet and perfect« sein müsse. Sie ist finanziell und affektiv von ihrem Mann abhängig, der sie dominiert und jede Menge Liebesaffären hat. Wird es ihr gelingen, sich zu emanzipieren? (Kein Spoiler!)

VOM UMGANG MIT DEPENDENTEN PERSÖNLICHKEITEN

Wenn es Ihr Chef ist:

Werden Sie seine unersetzliche rechte Hand und verlangen Sie eine Lohnerhöhung.

Wenn es Ihr Lebenspartner ist:

Selbst wenn es Ihnen zunächst schmeicheln mag – vergessen Sie nicht, dass Sie eines Tages genug davon haben werden, alle wichtigen Entscheidungen allein zu treffen.

Wenn es Ihr Kollege ist:

Weisen Sie ihn freundlich auf seine eigene Verantwortlichkeit hin.

Was Sie tun sollten

Bestärken Sie ihn/sie eher in seinen Initiativen als in seinen Erfolgen; helfen Sie ihm, Fehlschläge nicht so tragisch zu nehmen.

Die Angst vor Fehlschlägen und ihren Folgen ist der Hauptgrund dafür, dass zahlreichen dependenten Persönlichkeiten das Handeln schwerfällt. Da er sich von lauter kompetenteren Personen umgeben glaubt, fürchtet der Dependente Kritik an seinen Initiativen. Bestärken Sie ihn also nicht in dieser Sichtweise und achten Sie stets darauf, bei einer notwendigen Kritik seine Aktivitäten hoch zu bewerten, selbst wenn die Ergebnisse nicht gerade berauschend sind … Félix, ein einundzwanzigjähriger Student, berichtet:

Einer der ersten Menschen, die mir halfen, Selbstvertrauen zu gewinnen, war mein Sportlehrer am Gymnasium. Ich wollte Tennis lernen, und meine Eltern hatten mich in einen seiner Privatkurse eingeschrieben. Ich hatte eine panische Angst, mich lächerlich zu machen und ihn zu enttäuschen, aber er nahm mich gleich zu Beginn zur Seite und sagte: »Deine Resultate sind mir völlig schnurz. Ich verlange von dir nicht, dass du gut Tennis spielst. Ich will aber, dass du etwas wagst und dass du dich dahinterklemmst, denn nur so wirst du es lernen. Am Anfang ist es ganz normal, wenn es nicht klappt.« Ich weiß nicht weshalb, aber in meinem Kopf machte es richtiggehend »klick«; niemand hatte je so mit mir gesprochen. Er lobte mich, wenn ich versucht *hatte, ans Netz zu gehen, oder wenn ich mich* bemüht *hatte, einen harten Aufschlag zu liefern, selbst wenn alle meine Bälle die ganze Stunde sonst wo landeten. Und nach dem Training verstand er es immer, auf das hinzuweisen, worin ich mich am meisten angestrengt hatte …*

Fragen Sie ihn/sie, wenn er Sie um Rat bittet, zunächst nach dem eigenen Standpunkt.

Die dependente Person zeigt eine tückische Neigung, die Entscheidungen auf Ihre Schultern abzuwälzen. Sie werden oft versucht sein, auf ihr Spiel einzugehen, sei es, um ihr zu helfen oder um Zeit zu gewinnen, sei es, weil Sie glauben, von Ihrem Standort aus tatsächlich besser entscheiden zu können, oder weil Sie es schmeichelhaft finden, in die Position eines Experten oder Weisen gerückt zu werden. Sie sollten sich aber an ein chinesisches Sprichwort erinnern: »Wenn du einem Menschen helfen willst, gib ihm keinen Fisch, sondern lehre ihn lieber das Fischen.« Genau das beschreibt Mélanie, eine sechsundzwanzigjährige Sekretärin:

Ich erinnere mich an eine junge Frau, die als Praktikantin in unser Büro gekommen war. Sie war ganz unfähig zur kleinsten Eigeninitiative und kam mich pausenlos um Rat fragen. Im Allgemeinen machen es die Neuen zunächst alle so, aber mit der Zeit kommen sie dann allein klar. Doch bei ihr lief es nicht so … Nach einer Weile hatte ich ihr Problem begriffen und hörte einfach auf, ihr zu antworten. Stattdessen sagte ich jedes Mal: »Ich werde dir meinen Rat geben, aber sag zuerst mal, was du machen würdest und wie du darüber denkst.« Am Anfang war sie ein wenig irritiert, sie glaubte, ich wollte sie verspotten oder in die Enge treiben, indem ich ihre Kenntnisse überprüfte. Schließlich hat sie sich darauf eingelassen. Später brauchte sie immer seltener eine Rückversicherung, sie fragte uns nur noch manchmal um Rat und versuchte nicht mehr, uns ihre Aufgaben miterledigen zu lassen.

Zeigen Sie ihm/ihr, dass auch Sie Schwächen und Zweifel haben; zögern Sie nicht, selbst um Rat und Hilfe zu bitten.

Eine solche Haltung wird doppelt von Vorteil sein. Zunächst wird sich die dependente Person nach und nach aufgewertet fühlen, denn Sie haben die Rollen vertauscht und ihr geholfen, aus der

Figur des ewigen Bittstellers und Empfängers von Ratschlägen herauszutreten.

Außerdem werden Sie ihr helfen, die anderen nicht als in allen Dingen überlegen anzusehen. Eines der besten Mittel, um Menschen zu ändern, ist nicht, dass man ihnen erklärt, was sie tun oder denken sollen, sondern dass man ihnen ein Beispiel gibt. Wenn Sie der dependenten Person zeigen, dass auch Sie manchmal Selbstzweifel haben oder dass ihre Ratschläge Sie interessieren, werden Sie ihr damit viel gründlicher als durch lange Reden beweisen, dass man zwar selbstsicher und autonom sein kann (wie Sie es natürlich sind), aber dennoch die Hilfe der anderen braucht. Hören wir dazu Joël, einen vierzigjährigen Versicherungsmakler.

Als ich meine ersten Berufserfahrungen machte, hatte ich das Glück, einem außergewöhnlichen Vorgesetzten zu begegnen: er war stets bereit, mir Ratschläge zu erteilen und mich von seiner Erfahrung profitieren zu lassen, aber er schreckte auch nicht davor zurück, mir seine eigene Unschlüssigkeit zu zeigen und mich regelmäßig um Rat zu fragen, wenn er zögerte. Zuerst war mir dabei schrecklich zumute, denn ich dachte, ich könnte ihm uninteressante und vor allem falsche Dinge sagen – welch ein Horror, wenn er durch meine Schuld eine falsche Entscheidung getroffen hätte! Aber er hatte auch eine besondere Begabung, Misserfolge zu akzeptieren und zu entdramatisieren. Es hat mir wirklich gutgetan zu entdecken, dass jemand, den ich so sehr bewunderte, zu Zweifeln fähig war und selber den Rat der anderen brauchte.

Bringen Sie ihn/sie dazu, seine Aktivitäten auszudehnen.

Sie können einer dependenten Person helfen, die Gelegenheiten für Begegnungen und für einen Austausch zu vervielfältigen, wenn Sie bereit sind, sie bei diesen Aktivitäten zunächst zu begleiten. Selbst wenn sie sich dann an andere Leute klammern sollte, ist es doch schon ein erster Schritt zur Selbstständigkeit, wenn man die Objekte seiner Dependenz vervielfacht ... Hier der Bericht von Virginie, einer zweiunddreißigjährigen Graphikerin.

Als meine Schwester nach Paris kam, fiel ihr die Integration ziemlich schwer. Sie war immer sehr von meinen Eltern abhängig gewesen und neigte nun dazu, sich an mich zu klammern; laufend hing sie mir am Rockzipfel. Ich konnte ihr hundert Mal sagen, sie solle sich in Sportklubs oder in einen Chor einschreiben oder vielleicht ihre Bürokollegen einmal einladen, es half alles nichts ... Da habe ich den Stier bei den Hörnern gepackt und zwei Monate lang alles für sie eingefädelt: wir beschlossen, uns gemeinsam einem Wanderklub anzuschließen, und manchmal lud sie Kollegen und einige meiner Freunde, die ich ihr vorgestellt hatte, zu sich zum Abendessen ein. Nach einer Weile konnte ich mich aus dem Kreislauf zurückziehen, denn sie wusste sich ohne mich zu helfen. Oder jedenfalls hatte sie andere Leute gefunden, an die sie sich hängen konnte.

Versuchen Sie ihm/ihr klarzumachen, dass es nicht gleich eine Abfuhr ist, wenn Sie mal etwas ohne ihn/sie tun wollen. Unterhalten Sie mit einer dependenten Person regelmäßige berufliche oder freundschaftliche Kontakte, wird sie sich, ohne es direkt auszusprechen zu wagen, von der Tatsache tödlich verletzt fühlen, dass Sie auch noch ein Leben ohne ihr Beisein führen. So etwa, wenn Sie einen Abend im Freundeskreis organisieren und sie nicht einladen oder wenn Sie ein neues berufliches Projekt auf die Beine stellen, ohne sie einzubeziehen. Versuchen Sie nicht, ihr solche Initiativen zu verheimlichen, und geben Sie nicht Ihren Schuldgefühlen nach, indem Sie sie nachträglich doch noch hinzuziehen ... Halten Sie sie aufrichtig auf dem Laufenden und erklären Sie ihr, weshalb Sie sie nicht eingeladen haben. Zumindest beim ersten Mal, wenn Sie sie eine solche Behandlung »erleiden« lassen, sollten Sie ihr unverzüglich einen Beweis dafür liefern, dass sie noch immer Ihre Wertschätzung genießt, etwa indem Sie sie zu einem anderen Abend oder einer anderen Besprechung einladen. Jean, ein neunundzwanzigjähriger Informatiker, erzählt:

In meiner Firma habe ich einen Kollegen, der sehr nett ist, aber auch sehr besitzergreifend. Ich habe erst nach einiger Zeit begriffen, wie es mit ihm lief, denn er sagte mir die Dinge nie ins Gesicht; er war nur ein bisschen eingeschnappt oder setzte eine traurige Miene auf. Er verträgt es nicht, wenn etwas ohne ihn geschieht. Einmal haben wir eine Arbeitsgruppe gegründet, um über die multimedialen Entwicklungen und ihre Auswirkungen auf unseren Beruf nachzudenken. Für mich war das eher ein anstrengendes Pensum, denn immerhin saßen wir zwei Abende pro Monat daran. Weil ich wusste, dass mein Kollege Frau und Kinder hat, lud ich ihn zu unseren Sitzungen nicht ein. Er hat das sehr schlecht verkraftet. Er muss gedacht haben, dass wir ihn inkompetent oder uninteressant fänden. Ein andermal hatte eine Kollegin eine Fete organisiert und ihn, weil ihre Wohnung sehr klein ist, nicht eingeladen, denn sie waren nicht eng befreundet. Als er am folgenden Tag davon erfuhr, sagte er nichts, aber die nächsten zwei Wochen erlebten wir ihn in einer Art depressivem Zustand, bis ich mit ihm schließlich über die Ursachen sprach. Er fühlte sich aus dem Kollegenkreis ausgeschlossen. Jetzt wissen wir, dass wir ihm ähnliche Situationen erklären müssen, damit er sich nicht so abgewiesen fühlt.

Was Sie lassen sollten

Entscheiden Sie nicht für den Anderen, selbst wenn Sie ausdrücklich darum gebeten werden; eilen Sie nicht ständig herbei, wenn es Schwierigkeiten gibt.

Für naive oder gutwillige Personen ist die Versuchung groß, den dependenten Menschen beizuspringen: die Verzweiflung, mit der diese Menschen vor zahlreichen alltäglichen Entscheidungen stehen, ist echt, und es handelt sich nicht (oder nur selten) um Gerissenheit oder Faulheit. Aber jede Hilfe und jeder direkte Rat verstärken die Neigung, beim nächsten Mal wieder um Unterstützung zu bitten, und was noch schlimmer ist, im dependenten Individuum wird das Gefühl der Unfähigkeit und des eigenen Unwerts anwachsen. Dazu berichtet Maxime, ein sechsundvierzigjähriger Ingenieur, Folgendes:

Meine erste Frau war eine sehr dependente und unreife Person. Sie mochte wahrscheinlich an mir, dass ich immer selbstsicher wirke, sogar dann, wenn ich es nicht bin: Manchmal ist das nur mein Trick, um mir selbst Mut zu machen! Aber ich bin ihr total in die Falle gegangen; sie verließ sich völlig auf mich, was mir in der Anfangszeit schmeichelte und mein Selbstwertgefühl stärkte. Nach einer Weile verschlechterte sich die Lage. Ich bin von Natur aus eifersüchtig, und so vertrug ich es nicht, wenn sie etwas ohne mich unternahm. Und weil sie ziemlich gut aussah, machten ihr oft andere Männer den Hof. Wir hatten deswegen ganz schön heftige Auseinandersetzungen. Sie warf mir vor, ich würde sie erdrücken und nichts tun, um sie Selbstsicherheit gewinnen und Fortschritte machen zu lassen! Ich glaube, im Grunde wollte sie anderen Männern den Kopf verdrehen, um sich ihren eigenen Wert zu bestätigen. Aber ich konnte das nicht tolerieren. Am Ende haben wir uns getrennt.

Kritisieren Sie nicht rundheraus Aktivitäten, auch nicht die misslungenen.

Es kostet eine Menge Geduld, eine dependente Person zu ermutigen, nicht mehr dependent zu sein. Haben Sie sie erst einmal überzeugt, selber Entscheidungen zu treffen und Initiativen zu wagen, werden Sie auch die Folgen in Kauf nehmen müssen, denn das dependente Individuum wird immer wieder auf Sie zukommen, um Ihre Meinung über die Resultate zu erfahren oder um Ihnen mitzuteilen, in welchem Desaster alles geendet hat … Sie müssen Realist bleiben – ein dependenter Mensch mag nicht so inkompetent sein, wie er selber meint, aber er ist vielleicht viel inkompetenter, als Sie es für möglich gehalten hatten! Hüten Sie sich also, Ihre Bewertungsmaßstäbe an ihn anzulegen, indem Sie ihm womöglich erklären, er solle von gewissen Initiativen lieber die Finger lassen. Jeder seiner Versuche muss bestärkt werden, selbst wenn Sie das Recht haben, die Ausführung zu kritisieren und die Ergebnisse nicht zu beschönigen. Martin (52), Arzt, erzählt dazu:

Ich glaube, ich habe bei der Erziehung meiner Kinder schwere Fehler gemacht, besonders bei meiner ältesten Tochter. Ich war ein zu strenger Vater, und meine Frau behütete das Kind zu sehr. Ich wollte meine Tochter leistungsfähig und selbstständig machen, aber damals glaubte ich, dazu müsste ich umso strenger und anspruchsvoller sein, je unmotivierter das Kind war. Ich habe immer gedacht, meiner Tochter wäre alles piepegal, sie wäre zwar begabt, aber faul. Wahrscheinlich stimmte das sogar ein wenig, doch indem ich die Latte zu hoch hängte, zweifelte sie wohl nur noch mehr an ihren Fähigkeiten. Jahre später hat sie mir das vorgeworfen. Sie sagte, ich sei schuld daran, dass sie so abhängig vom Rat der anderen ist und keine Entscheidung zu treffen wagt, weil sie fürchtet, man könne ihr Vorwürfe machen, ganz wie ich ihr damals ihre missglückten Initiativen vorgeworfen hatte. Es ist schon wahr, dass ich herumschimpfte, wenn sie nichts unternahm, dass ich aber auch nicht zufrieden war, wenn sie etwas tat und das Resultat nicht untadelig war, zumindest nach meinen Kriterien nicht …

Überlassen Sie ihn/sie nicht völlig seinem/ihrem Schicksal, »damit er/sie lernt, selbst zurechtzukommen«.

Aus Überdruss oder aus Berechnung werden Sie manchmal versucht sein, einen dependenten Menschen zum Handeln zu treiben, ganz wie man jemanden ins Wasser stößt, um ihn zu zwingen, schwimmen zu lernen. Diese Strategie führt bei dependenten Personen selten zum Erfolg. Meist werden sie aus solch einem

Versuch verängstigt hervorgehen, und ihre Überzeugung, unfähig zu sein und nicht allein zurechtzukommen, wird sich noch verschärfen. Will man ihnen beim Selbstständigwerden helfen, sollte man lieber schrittweise vorgehen. Das ist aber auch der schwierigste Weg, denn er erfordert große Wachsamkeit: der Dependente wird zwar dem Anschein nach das Prinzip, mehr Selbstständigkeit zu erlernen, gutheißen, doch in Wirklichkeit wird er dauernd Gründe suchen, die ihm gestatten, neuerlich Hilfe zu erbitten oder von seinen Zielen abzuweichen. Jean-Philippe (65), Lehrer im Ruhestand, berichtet:

Unser Sohn war sehr abhängig von uns, denn seine Mutter hatte ihn stets übertrieben behütet. Als er mit achtzehn ein Studium beginnen wollte, beschloss ich, ihn aus dem Nest zu stoßen und mehr von ihm zu verlangen als früher: Ich gab ihm jeden Monat eine gewisse Summe und sagte ihm, ansonsten müsse er künftig ohne uns zurechtkommen. Ich bewegte ihn dazu, sich an einer Universität am anderen Ende von Frankreich einzuschreiben, denn dort wurde sein Wunschfach angeboten. Diese Erfahrung endete schnell in einer Katastrophe. Er telefonierte jeden Abend stundenlang mit uns, und später erfuhr ich, dass er auch tagsüber seine Mutter anrief; er fand keinen einzigen Freund und stopfte sich jenseits aller Vernunft voll. Als meine Frau ihn einige Wochen später besuchen fuhr, ist sie fast in Ohnmacht gefallen, so dreckig und chaotisch sah es in seiner Studentenbude aus. Kein Wunder! Bei uns zu Hause hatte sie immer hinter ihm gestanden, um sein Zeug aufzuräumen, um sauber zu machen und ihm jeden Wunsch zu erfüllen; er war nicht imstande, sich ein Ei zu kaufen und zu braten … Wir mussten seinen Bitten nachgeben und ihm erlauben, sich in der Nähe unserer Stadt für ein anderes Fach einzuschreiben, denn außerdem war er auch höchst unglücklich gewesen, so weit von uns entfernt zu wohnen …

Lassen Sie den Anderen nicht den Preis für die Abhängigkeit zahlen (indem er/sie Geschenke anbietet oder die Dreckarbeiten macht).

Um sich Ihres Wohlwollens zu versichern, wird der Dependente es zu »kaufen« versuchen; er wird sich extrem dienstfertig zeigen und Ihnen Geschenke machen, und er wird sich zu allen mühsamen oder eintönigen Arbeiten bereitfinden. Dadurch zieht er Sie in ein subtiles Räderwerk, fühlen Sie sich doch verpflichtet, sich ihm so erkenntlich zu zeigen, wie er es gern möchte: Sie werden seinen Beschützer spielen und ihn in Ihrem Kielwasser akzeptieren. Die Bewunderung und die Ergebenheit der dependenten Persönlichkeiten in Ihrer Umgebung haben ihren Preis … Hier der Bericht von Octave (28), einem Biologen.

Als mich meine Eltern erstmals in ein Ferienlager schickten, beunruhigte mich der Gedanke, welchen Empfang mir die anderen Kinder und die Betreuer wohl bereiten würden. Nun, und so meldete ich mich freiwillig für alle undankbaren Dienste: Tisch abräumen, Geschirr spülen, Mülleimer fortbringen … Von dem Taschengeld, das meine Eltern mir gegeben hatten, kaufte ich für das ganze Zimmer Süßigkeiten und Comics. Es dauerte nicht lange, bis sich der Erfolg einstellte: ich war der Liebling mancher Betreuer und durfte bei meinen Kameraden mitspielen. Ich hatte damals den Eindruck, dass es für mich kein anderes Mittel gab, um mir einen Platz an der Sonne zu sichern.

Dulden Sie nicht, dass er/sie Ihnen ständig am Rockzipfel hängt.

Die bisweilen anrührende Verletzlichkeit der dependenten Persönlichkeiten, ihre echte Bekümmernis und ihr Talent, sich nach und nach in das Leben der anderen hineinzudrängen, machen sie manchmal zu sympathischen Parasiten unserer Existenz. Wenn wir ihnen in all ihrem Verlangen nach Hilfe und ihrem Widerwillen gegen Einsamkeit keine klaren Grenzen setzen, werden sie uns am Ende, ohne dass wir es recht merken, völlig in Beschlag nehmen. Und auch hier sollte man die Dependenz nicht verharmlosen: sie wirkt bisweilen störend für denjenigen, an den sich der Dependente klammert, aber außerdem ist sie für den Betroffenen selbst äußerst entwürdigend, wird er doch einmal mehr seine geringe Bedeutung bestätigt sehen, indem die anderen ihn so einfach an ihrer Seite akzeptieren, ohne ihm groß Aufmerksamkeit zu schenken. Hören wir dazu Olivier (32), der als Unternehmensberater in Personalfragen arbeitet:

Ich erinnere mich an einen Kommilitonen, den ich ständig am Hals hatte. Am Ende nahm ich mir ihm gegenüber Freiheiten heraus, die ich mir bei anderen Menschen nie erlaubt hätte. Rief er mich an, dauerte das oft stundenlang, und so erledigte ich gleichzeitig andere Dinge: ich las ein Buch, räumte das Zimmer auf, schrieb Briefe … Manchmal war er aus meiner Wohnung nicht fortzukriegen, und dann ging ich eben meinen üblichen Beschäftigungen nach und warf ihm hin und wieder noch ein paar Worte zu. Am Ende war er für mich zu einer Art Grünpflanze oder Haustier geworden, er hockte sich mit einem Buch in die Ecke, und ich vergaß ihn …

HABEN AUCH SIE ZÜGE

... einer dependenten Persönlichkeit?

	eher richtig	eher falsch
1. Vor wichtigen Entscheidungen frage ich andere um Rat.		
2. Mir fällt es schwer, ein Gespräch zu beenden oder mich von jemandem zu verabschieden.		
3. Ich zweifle oft an meinem Wert.		
4. In Gruppen schlage ich selten Aktivitäten, Gesprächsthemen oder neue Ideen vor. Ich neige eher dazu, mit dem Strom zu schwimmen.		
5. Ich brauche unbedingt Menschen in meiner Nähe, auf die ich bauen kann.		
6. Ich bin fähig, mich für andere aufzuopfern.		
7. Aus Furcht vor einem Konflikt mit meinen Gesprächspartnern verberge ich oft meine Meinung.		
8. Ich mag es nicht, Leute aus den Augen zu verlieren oder mich von ihnen zu trennen.		
9. Ich bin sehr feinfühlig bei Unstimmigkeiten und bei Kritik.		
10. Man sagt mir oft, ich hätte es im Leben weiter bringen können.		

(Füllen Sie diesen Fragebogen bitte ganz allein aus, ohne vorher Vertrauenspersonen aus Ihrer Umgebung um Rat zu fragen!)

KAPITEL XII

DIE PASSIV-AGGRESSIVEN PERSÖNLICHKEITEN

Laura (28) erzählt uns von ihrer Kollegin Julie, mit der sie in einem Kreditinstitut im selben Büro arbeitet:

Wenn man nicht so genau hinschaut, ist Julie eine Angestellte wie die anderen auch. Dem Anschein nach erledigt sie ihre Arbeit, sie kommt mit ihren Kollegen zurecht und macht kein »Gewese«. Das dachte ich jedenfalls, als ich neu in dieses Büro kam. Doch nach ein paar Wochen begriff ich, dass unter dieser ruhigen Oberfläche ein richtiger Kampf zwischen Julie und unserem Chef André tobte. Vor allem fällt mir in jeder Versammlung auf, dass Julie, wenn André jeden dazu auffordert, seine Meinung zu äußern, fast nie etwas sagt. Dafür setzt sie eine bockige und unfreundliche Miene auf, als langweile sie sich. Wenn André sich direkt an sie wendet, antwortet sie ihm dennoch mit freundlichem Gesicht; aber wir merken, dass es nur aufgesetzt ist, und er merkt es genauso.

Sobald wir nach der Sitzung wieder im Büro sind, beginnt Julie an Andrés Entscheidungen oder den neuen Weisungen der Bankdirektion herumzumäkeln. Weil sie intelligent ist, legt sie mit großem Talent den Finger auf die Schwachstellen. Hinterher richtet sie es so ein, dass sie zwar die neuen Verfahrensweisen respektiert, sie aber so strikt und übereifrig anwendet, dass ihre Arbeit beträchtlich gebremst wird. Sie ist sich dessen durchaus bewusst und hat sich wahrscheinlich für diesen Trick entschieden, um die Arbeit zu »sabotieren«, ohne dass ihr jemand etwas vorwerfen könnte. Sie versucht, uns zu überzeugen, dass wir uns immer hereinlegen ließen, dass

André weniger kompetent wäre als wir und dass die Bank uns wie den letzten Dreck behandelte.

Hat man ständig mit ihr zu tun, gewöhnt man sich natürlich an diese Leier und weiß, was man davon zu halten hat. Aber vor einigen Monaten gelang es ihr, Jennifer, eine frisch eingestellte junge Kollegin, zu beeinflussen und auf ihre Seite zu ziehen. Völlig »aufgeputscht«, ging Jennifer dazu über, Andrés Entscheidungen auf Versammlungen zu diskutieren und außerplanmäßige Arbeiten zu verweigern. André begriff schnell, woher der Wind wehte: er bestellte Julie zu sich, um ihr den Marsch zu blasen. Am Ende knallte Julie wütend die Tür hinter sich zu. Am nächsten Morgen kam sie nicht zur Arbeit, und wir erfuhren, dass sie sich für zwei Wochen hatte krankschreiben lassen.

Während ihrer Abwesenheit hat sich Jennifer beruhigt und am Ende auch unseren Standpunkt begriffen: André hat sicher seine Fehler, aber insgesamt ist er in Ordnung, er ist ziemlich gerecht und achtet darauf, dass alles klargeht. Als Julie wieder anfing, bin ich zu ihr gegangen, um ihr zu erklären, dass wir alle im selben Boot sitzen und uns deshalb bemühen müssen, ein gutes Arbeitsklima aufrechtzuerhalten. Aber sie bestritt, auch nur für den kleinsten Konflikt verantwortlich gewesen zu sein. André und die Arbeitsbedingungen wären ganz allein schuld an der schlechten Atmosphäre. Sie begann von Neuem, in den Versammlungen ein Gesicht zu ziehen und ihre Arbeit zu spät abzugeben. André hat gerade ihre Versetzung gefordert. Aber sie hat sich geweigert und die Gewerkschaft eingeschaltet. Das Arbeitsklima in unserem Büro wird langsam unerträglich.

Am seltsamsten ist aber, dass Julie außerhalb der Arbeit eher sympathisch ist. In der ersten Zeit gingen wir am Wochenende manchmal ins Kino oder einkaufen, und sie war freundlich und gut gelaunt. Aber sobald sie das Büro betritt, verwandelt sie sich in eine böse Fee. Ich glaube, ihr Problem kommt teilweise daher, dass sie für die Arbeit, die sie machen muss, eigentlich überqualifiziert ist. Sie hat einen Magister in Geschichte, also einen viel höheren Abschluss als wir anderen, aber bei der heutigen Arbeitsmarktlage muss sie sich mit einem Verwal-

tungsposten zufriedengeben. Statt das zu akzeptieren oder zu versuchen, etwas anderes zu finden, grollt sie ihren Vorgesetzten.

WAS SOLL MAN VON JULIE DENKEN?

Auf Arbeit scheint Julie nichts zu tun als zu opponieren. Sie diskutiert die Entscheidungen, lässt ihre Arbeit schleifen und versucht, auch ihre Kollegen zu einer solchen Oppositionshaltung zu bewegen. Man hat den Eindruck, dass sie alles, was die Vorgesetzten von ihr verlangen, als beleidigend empfindet. Wenn wir ihrer Freundin Laura glauben dürfen, ist André eher ein guter Chef, der die Spannungen zu dämpfen versucht. Wenn Julie ihm also übel gesonnen ist, liegt das wahrscheinlich nicht so sehr an seiner Person, sondern daran, dass er eine Autorität repräsentiert. Im Übrigen stellt Julie ja die gesamte Hierarchie in der Bank infrage, und sie ist überzeugt, ungerecht behandelt zu werden. Man kann also sagen, dass Julie sich dadurch auszeichnet, Befehle nicht ausstehen zu können.

Aber das zeigt sie nicht offen. Julie widersetzt sich nicht lauthals ihren Chefs. Sie trödelt mit der Arbeit, die man ihr aufgetragen hat, und beteiligt sich auf Sitzungen nicht an der Diskussion, um hinterher desto besser verdammen zu können, was dort gesagt worden ist. Sie tritt nicht direkt zum Kampf an, sondern begnügt sich damit, eine junge und etwas naive Kollegin aufzustacheln.

Ihren Vorgesetzten gegenüber leistet Julie passiven Widerstand, oder sie stellt sich ihnen auf indirekte Weise entgegen.

Außerhalb ihrer Arbeitszeit, wenn man nichts von ihr verlangt, kann Julie eine wirklich angenehme Gefährtin sein. Das beweist, dass ihr Problem um Situationen kreist, in denen Autorität eingesetzt wird.

Widerwille vor Befehlen und Weisungen, passiver Widerstand: Julie zeigt die typischen Merkmale einer passiv-aggressiven Persönlichkeit.

- Widersetzt sich im beruflichen oder im persönlichen Bereich gewöhnlich den Forderungen der anderen.
- Diskutiert Anweisungen auf übertriebene Art; kritisiert die Autoritätspersonen.
- Das alles jedoch nur indirekt: sie lässt alles »schleifen«, ist absichtlich ineffizient, schnappt ein, »vergisst« Dinge, beklagt sich, dass sie verachtet, ungerecht behandelt oder nicht verstanden wird.

Beschreibt man solch eine Persönlichkeit den leitenden Angestellten und Führungskräften auf einem Unternehmensseminar, so löst sie zweifellos heftigere Reaktionen aus, als es bei anderen schwierigen Persönlichkeiten der Fall ist. Tatsächlich kann es eine ganz besondere Plage sein, einen passiv-aggressiven Mitarbeiter zu haben. Man darf dann sicher sein, dass die Arbeitsatmosphäre schlecht ist, dass Entscheidungen anscheinend akzeptiert, aber schließlich doch nicht befolgt werden und dass man in der Ausführung der Arbeit bald Verzögerungen und Fehler entdecken wird. Manche passiv-aggressive Persönlichkeiten verstehen es, sich im Rahmen des noch Erträglichen zu bewegen, andere überschreiten diese Grenzen und werden versetzt oder entlassen. Wie kann man dieses bisweilen fast selbstmörderische Verhalten erklären?

Wie eine passiv-aggressive Persönlichkeit die Welt sieht

Die Devise einer passiv-aggressiven Persönlichkeit könnte sein: »Sich unterzuordnen kommt einer Niederlage gleich.« Eine Weisung, manchmal schon eine einfache Bitte, löst bei ihr Frustration aus und das Gefühl, sich auflehnen zu müssen. Aber sie wird diese Auflehnung selten in aufrichtiger Weise ausdrücken, denn ihre zweite Devise könnte lauten: »Man riskiert zu viel, wenn man sagt, was man denkt.« Ihre Aggressivität gegenüber den Autoritäten wird sich also häufig durch Passivität äußern – von daher auch die Bezeichnung für diesen Persönlichkeitstyp.

Wir sind alle schon Zeugen passiv-aggressiver Verhaltensweisen gewesen: Sie machen im Restaurant den Kellner darauf aufmerksam, dass man Sie noch immer nicht bedient hat, und er schlendert in noch gemütlicherem Tempo Richtung Küche; Sie schicken Ihr Kind zum Hausaufgabenmachen in sein Zimmer, wo es sich lediglich aufs Bett fläzt; Sie erinnern Ihre Tochter daran, sie solle nicht zu lange telefonieren, und hinterher kommt sie ewig nicht an den Essenstisch; im Seniorenheim hat es die Pflegekraft nicht eilig, an Ihr Bett zu kommen, weil sie findet, Sie würden zu oft nach ihr klingeln; Ihre Sekretärin lässt sich krankschreiben, nachdem Sie ihr Vorwürfe gemacht haben. All diesen Situationen ist gemeinsam, dass sie zwei Personen betreffen, zwischen denen ein Hierarchieverhältnis besteht: Betriebsleiter und Mitarbeiter, Kunde und Personal, Eltern und Kind.

Und Sie selbst, haben Sie niemals passiv-aggressive Verhaltensweisen gezeigt? »Wenn man mich nicht freundlich um etwas bittet, werde ich es so einrichten, dass es nicht erledigt wird.« Würden Sie diesen Satz mit »eher richtig« oder »eher falsch« beantworten? Ist also nicht jeder von uns passiv-aggressiv?

Passiv-aggressiv: Persönlichkeitsmerkmal oder Verhalten?

Damit eine Persönlichkeitsstörung als solche anerkannt wird, müssen bestimmte Verhaltensweisen regelmäßig auftreten, und zwar in allen Lebensbereichen eines Individuums und sein ganzes Leben lang. Nun ist es leicht, auf Personen zu stoßen, die in gewissen Situationen, in denen sie nicht gehorchen wollen, passiv-aggressive *Verhaltensweisen* zeigen. Nicht so einfach ist es vielleicht, eine passiv-aggressive *Persönlichkeit* ausfindig zu machen, die in fast allen Situationen, in denen man sie um etwas bittet oder ihr etwas befiehlt, passiv-aggressive Verhaltensweisen zeigt.

Viele Jugendliche machen zum Beispiel eine Phase der Auflehnung gegen Autoritäten durch und nehmen dann zu Hause oder in der Schule ein passiv-aggressives Verhalten an: Sie sind eingeschnappt, machen ihre Arbeit nicht, erzürnen ihre Eltern, indem sie im Haushalt keine Hand rühren usw. Aber hier handelt es sich um eine normale Etappe in ihrer psychischen Entwicklung und der Herausbildung ihrer Identität. Oftmals legt sich ihre Opposition gegen die Eltern übrigens schon, wenn sie den elterlichen Herd verlassen. Sie werden aufhören zu trödeln, wenn sie eine Beschäftigung finden, die sie reizt. Es handelt sich demnach keinesfalls um eine Persönlichkeitsstörung, sondern um einen vorübergehenden Verhaltensstil, wie er in diesem Alter häufig auftritt.

Nach zahlreichen Debatten ist die Diagnose »passiv-aggressive Persönlichkeit« in den großen psychiatrischen Klassifikationen aus der Liste der Persönlichkeitsstörungen entfernt worden. Trotzdem zweifeln viele praktizierende Ärzte und Psychologen nicht an der Realität dieses Persönlichkeitsprofils. Sie sind fest davon überzeugt, dass es echte passiv-aggressive Persönlichkeiten gibt, für die eine indirekte Opposition gegen jedwede Form von Autorität wahrhaft zum Lebensstil geworden ist. Lesen wir den Bericht von Charlotte (32), die nach einer Kette beruflicher und privater Fehlschläge eine Psychotherapie in Angriff nahm:

Je länger wir über mein Leben sprechen, desto deutlicher wird mir bewusst, dass sich eine bestimmte Situation seit meiner Jugend ständig wiederholt: sobald ich den Eindruck habe, dass mich jemand zu etwas zwingt, seien es meine Eltern, mein Chef oder mein Freund, kann ich ihn nicht mehr ertragen, ich richte es dann so ein, dass er zum Äußersten getrieben wird, und am Schluss steht der endgültige Bruch. Ich weiß nicht, wie es die anderen schaffen: sind sie alle fügsamer als ich, oder verstehen sie es, auf diplomatischere Weise ihre Rechte zu verteidigen?

Zum Beispiel gibt es in jeder Beziehung, die ich mit Männern habe, immer den Moment, wo ich finde, dass sie Entscheidungen fällen, ohne mich vorher zu fragen – ganz, als wäre es völlig normal, dass ich mich nach ihnen richte. Alain rief mich zum Beispiel im Büro an und sagte:

»Weißt du, dieses Wochenende habe ich vor, dass wir einen kleinen Ausflug in die Normandie machen.« Das brachte mich sofort auf die Palme, aber ich sagte nichts. Ich mag die Normandie, konnte es aber nicht ertragen, dass er für mich mit entschieden hatte. Also richtete ich es so ein, dass ich am Freitagabend ewig lange im Büro herumtrödelte und ihm sagte, ich hätte noch einen Haufen Arbeit. Wenn er meinte, ich solle mich beeilen, fand ich im Gegenteil stets noch ein paar andere Dossiers, die auf den neuesten Stand gebracht werden mussten. Schließlich kam ich so spät von der Arbeit, dass wir nicht mehr am selben Abend losfahren konnten und alles auf Sonnabend früh verschieben mussten. Aber am nächsten Morgen klagte ich, ich wäre erschöpft, und überhaupt wäre das Wochenende doch viel zu kurz für eine solche Reise.

Die ersten Male war Alain echt betrübt, aber schließlich regte er sich immer mehr über mich auf. Daraufhin übte ich Vergeltung, indem ich ihm oft sagte, ich hätte keine Lust auf Sex. Natürlich endete es damit, dass er mich verließ, und erst hinterher wurde mir bewusst, dass er ein charmanter Mann war, den sich eine Menge Frauen als Liebhaber erträumt hätten.

In der Firma zeige ich die gleiche Haltung. Mir genügt schon der leiseste Verdacht, dass eine Entscheidung ein bisschen ungerecht oder eine Empfehlung eine Spur zu autoritär sei, damit ich sogleich auf die Bremse trete und auf die heimliche Art opponiere oder eingeschnappt spiele. Alle meine Chefs hatten mich nach kurzer Zeit auf dem Kieker, aber es gelang mir, meine Stellen ziemlich lange zu behalten, weil ich ansonsten eher kompetent bin und ganz zufriedenstellend arbeitete, wenn sie mir ein bisschen Selbstständigkeit gewährten. So hätte es vielleicht klappen können, aber ich war niemals zufrieden und verlangte immer mehr Autonomie und Freiheiten, bis es schließlich zum Bruch kam.

Mir ist inzwischen bewusst, dass diese Unverträglichkeit gegenüber jeder Form von Autorität alle Bereiche meines Lebens berührt. Wenn ich an meiner Windschutzscheibe einen Strafzettel finde, zerreiße ich ihn sofort, obwohl das schon unangenehme Folgen gehabt hat: einmal hat man alle überfälligen Gebühren samt einer Geldbuße von meinem

Konto zwangsabgebucht. Sogar im Hotel ärgere ich mich, wenn ich am Abreisetag mein Zimmer bis Mittag räumen soll, und trödele extra lange.
Ich weiß nicht, warum ich so bin. Oder vielleicht ahne ich es doch ein bisschen. Mein Vater war ein sehr autoritärer Typ, der wollte, dass alle nach seiner Pfeife tanzten. Viele Jahre lang habe ich miterlebt, wie meine Mutter mit ihm schmollte, indem sie klagte, sie wäre so erschöpft. Wenn sie vorhatten, abends auszugehen, machte sie sich stundenlang zurecht, bis mein Vater schließlich vor Wut platzte. Mir und meiner Schwester gegenüber wollte er ebenso autoritär sein. Er wollte kontrollieren, wie oft und für wie lange wir das Haus verließen oder wie wir uns kleideten, und er suchte uns die Freunde aus, mit denen wir Umgang haben durften. Meine ältere Schwester hat sich ihm brüsk entgegengestellt (sie ähnelt ihm übrigens) und sehr bald die Tür zum Elternhaus hinter sich zugeschlagen. Das wagte ich aber nicht, ich fürchtete seine Zornausbrüche, und so bin ich dazu übergegangen, genau wie meine Mutter versteckten Widerstand zu leisten, indem ich bummelte, in der Schule schlecht lernte und mich am Essenstisch schlecht benahm. Wenn ich es schaffte, meinen Vater wütend zu machen, zog ich daraus eine finstere Genugtuung. Ich glaube, dass das Beispiel meiner Mutter nicht folgenlos an mir vorübergegangen ist.

Charlotte ist es gelungen, sich über ihr Problem weitgehend klar zu werden. Das ist eine oftmals notwendige, wenn auch nicht hinreichende Stufe, um eine wirkliche Veränderung herbeizuführen. Sicher wird sie weitere Fortschritte machen.

PASSIV-AGGRESSIVE PERSÖNLICHKEITEN IN FILM UND LITERATUR

In Pierre Granier-Deferres Film *Die Katze* (1971, nach einem Roman von Simenon) verkörpern Jean Gabin und Simone Signoret zwei alternde Eheleute, die sich mit Schimpfkanonaden und passiv-aggressiven Verhaltensweisen gegenseitig zerfleischen. Sollte man sich nicht ansehen, wenn man vorhat, in nächster Zeit zu heiraten.

Die Caine war ihr Schicksal von Herman Wouk (verfilmt von Edward Dmytryk 1954) haben wir schon wegen der paranoiden Persönlichkeit des Kommandanten erwähnt. Einer der Zweiten Offiziere, Leutnant Keefer, ordnet sich scheinbar seinem Chef unter, um hinterher seine Befehle zu diskutieren und die Besatzung gegen ihn aufzubringen. Die meiste Zeit verbringt er ausgestreckt auf seiner Koje, wo er sich einer typisch passiv-aggressiven Genugtuung hingibt.

In der Serie *The Mentalist* (2008–2015) von Bruno Heller ist Patrick Jane (gespielt von Simon Baker) ein nonkonformistischer Ermittler mit genialer Intuition und Folgerungen, die ins Schwarze treffen. Er arbeitet in einem Polizeiteam in einem kalifornischen Pendant des FBI. Wenn er sich über die Ermittlungsbehörde oder über die Weisungen seiner Vorgesetzten ärgert, zieht er sich unter dem Vorwand, Inspiration zu suchen, auf seine Couch zurück und macht dort ausgedehnte »Nickerchen«, womit er alle Welt gegen sich aufbringt.

VOM UMGANG MIT PASSIV-AGGRESSIVEN PERSÖNLICHKEITEN

- **Wenn es Ihr Chef ist:**
  Suchen Sie sich einen anderen, oder er wird Sie bei seinem Sturz mit hinabziehen.
- **Wenn es Ihr Lebenspartner ist:**
  Schulen Sie ihn darin, sich offen auszudrücken.
- **Wenn es Ihr Kollege ist:**
  Lesen Sie noch einmal dieses Kapitel, ehe Sie sich mit ihm anlegen.

Was Sie tun sollten

Seien Sie liebenswürdig.

Passiv-aggressive Persönlichkeiten reagieren sehr empfindlich auf alles, was ihnen nach einem Mangel an Respekt aussieht. Verlangt man von ihnen etwas auf brüske Art oder von oben herab, wird das sogleich ihre Feindseligkeit erwecken. Aber stellen Sie sich doch einmal an ihren Platz: wie haben Sie reagiert, als Ihnen Ihr Chef letztens ein wenig schroff befahl, dies oder jenes zu erledigen? Selbst wenn Sie mit seiner Entscheidung einverstanden waren, werden Sie Lust verspürt haben, sie nicht umzusetzen, weil seine autoritäre Art Sie geärgert hat. Stellen Sie sich also vor, dass die passiv-aggressiven Persönlichkeiten häufig dieses Gefühl hinuntergeschluckten Zorns empfinden, und Sie werden einsehen, dass ein freundlicher Umgang mit ihnen die Chancen erhöht, dass alles in Ordnung geht.

Nehmen Sie sich also, selbst wenn zwischen Ihnen eine gewisse Hierarchiebeziehung besteht, ruhig eine Sekunde mehr Zeit, um ein freundliches Gesicht zu machen oder eine kleine empathische Bemerkung anzuschließen, die zeigt, dass Sie die Sichtweise des anderen verstehen.

Ein Beispiel: Sie sind im Restaurant und haben vor mehr als zehn Minuten bestellt, aber nichts passiert. Sie machen die Kellnerin, die eher mürrisch dreinblickt, darauf aufmerksam. Vergleichen Sie folgende Versionen:

Variante 1: »Ich warte schon zehn Minuten! Das ist wirklich unerhört! Rühren Sie sich mal ein bisschen!«

Variante 2: »Ich bin sehr in Eile. Ich weiß, dass Sie eine Menge Gäste zu bedienen haben, aber es wäre schön, wenn Sie mir das Essen so schnell wie möglich bringen könnten.«

Keine der beiden Versionen garantiert einen hundertprozentigen Erfolg, aber bei der ersten dürfen Sie sicher sein, eine neue passiv-aggressive Reaktion auszulösen. Die Kellnerin wird Ihnen vielleicht schnell das Essen bringen, Sie aber auf andere Weise bestrafen, indem sie das Besteck »vergisst«, spurlos verschwindet, wenn Sie zahlen wollen, oder gleich neben Ihnen lärmende Gäste platziert.

In einem Stück von Jean Anouilh wird der Butler einer gutbürgerlichen Familie infolge einer Revolution zum Aufseher der Leute, die er früher bediente. (Die Revolutionäre beschließen nämlich, diese bourgeoise Familie in ihrem Haus wohnen zu lassen. Es wird aber in ein ständiges Museum umgewandelt, damit das Volk jederzeit vorbeikommen und sich anschauen kann, wie der Alltag der Bourgeoisie vor der Revolution aussah.) Der Butler gesteht ihnen, dass er sich zu Zeiten des alten Regimes auf hinterhältige Weise an ihnen rächte, wenn ihn ihr autoritäres Benehmen aufgebracht hatte: Bevor er ihnen die Suppe servierte, pinkelte er hinein! Das ist wohl der Gipfel eines passiv-aggressiven Verhaltens: eine Aggression, die nicht nur indirekt ist, sondern für das angepeilte Opfer sogar völlig unsichtbar bleibt! Gute Manieren erleichtern also das Leben in der Gesellschaft und noch mehr die Beziehungen zu passiv-aggressiven Persönlichkeiten.

Hier ein weiteres Beispiel: Es ist dringend nötig, dass Ihre Assistentin bis zum Feierabend noch eine PowerPoint-Präsentation für Sie erstellt. Weil sie schon eine Menge Arbeit hat, wird sie deshalb länger als geplant im Büro bleiben müssen.

Variante 1: »Hören Sie, diese PowerPoint-Präsentation muss bis morgen früh unbedingt fertig sein!«

Variante 2: »Ich sehe, Sie haben heute schon ein volles Programm *(Ausdruck der Empathie)*, aber ich brauche diese Präsentation unbedingt bis morgen früh. Wie könnten Sie das einrichten?«

Im zweiten Beispiel lassen Sie der Assistentin einen Spielraum, eine gewisse Autonomie; sie wird die Präsentation erstellen, aber Sie sind einverstanden, dass sie dafür vielleicht andere Arbeiten aufschiebt. Sie schlagen ihr gewissermaßen vor, bei der Organisation ihrer Arbeit selbst mitzuwirken. Wir werden noch sehen, weshalb ein solches Vorgehen von Interesse ist.

Fragen Sie ihn/sie so oft wie möglich nach seiner/ihrer Meinung.

Ich arbeite in einem Prêt-à-porter-Modehaus, berichtet uns Inès, *und bin für die Auswahl der Stoffe zuständig. Mein Assistent muss sich dann darum kümmern, sie zu bestellen oder ihre Herstellung in Auftrag zu geben. Ich hatte mir angewöhnt, ihm die Liste der von mir ausgesuchten Stoffe zu geben und ihn das Weitere selbst erledigen zu lassen. Aber wenn er bei den Herstellern etwas orderte und ein Problem auftrat, machte er sich nicht die geringste Mühe, es zu lösen oder zu verhandeln, sondern er ließ sich den Standpunkt des Lieferanten diktieren. Hinterher, wenn die Stoffmuster nicht so aussahen, wie ich es vorgesehen hatte, oder wenn sie zu spät eintrafen, erklärte er mir, dass der Lieferant Schwierigkeiten gemacht habe. Das stimmte oft auch, aber ich war sicher, er hätte die Probleme meistern können, wenn er nur gewollt hätte, denn er ist ein intelligenter Bursche.*

Ich sah den Tag bereits kommen, an dem ich die Probleme mit den Herstellern selbst in die Hand nehmen musste, aber ich war sowieso schon überlastet, und wozu hatte ich eigentlich einen Assistenten? Beinahe hätte ich einen Riesenauftritt mit ihm gehabt, doch weil ich merkte, wie empfindlich er war, sagte ich mir, dass es auf diese Art schnell zum großen Bruch kommen würde. Vielleicht konnte er das Gefühl schlecht ertragen, ständig nur meine Anweisungen ausführen zu müssen? Beim nächsten Mal zeigte ich ihm meine Auswahl für die neue Kollektion und fragte ihn, was er über sie denke und ob er Vorschläge habe. Er wirkte überrascht und machte dann ein paar Anmerkungen, die übrigens teilweise wirklich gerechtfertigt waren. Ich habe mir alle seine Ideen aufmerksam angehört und einige von ihnen berücksichtigt. Diesmal gab es mit den Fabrikanten überhaupt keine Probleme; er verteidigte erfolgreich meinen Standpunkt, in den ja auch seine Vorstellungen eingeflossen waren.

Viele Leute würden sich eine Chefin wie Inès wünschen, jemanden, der erst einmal überlegt, ehe er seinen Willen schroff durchzudrücken versucht. Inès hat eine psychologische Grundweisheit für sich entdeckt, die von vielen Feldstudien bestätigt wurde: Man ist mit seiner Arbeit desto zufriedener, je stärker man den Eindruck hat, an den sie betreffenden Entscheidungen mitzuwirken. Ein ganzer Zweig der Motivationspsychologie findet Anwendung in Projekten der sogenannten »Liberated Companies« – Firmen, in denen man den Beschäftigten viel Eigenverantwortung bei der Organisation ihrer Arbeit überlässt, was zu interessanten Ergebnissen führt.[6]

Natürlich wird das nicht bei jeder Entscheidung möglich sein, aber oftmals achten die Führungsebenen nicht genügend darauf, die Beschäftigten an den Beschlüssen, die ihre Arbeit angehen, teilhaben zu lassen. So lösen sie eine Menge Bremsaktionen und mehr oder weniger absichtliche »Sabotageakte« aus. Bisweilen ist es eine ganze Arbeitsgruppe, die passiv-aggressiv wird, und das häufig infolge eines Managementfehlers.

Helfen Sie ihm dabei, sich direkt auszusprechen.

Das passiv-aggressive Verhalten ist eine indirekte Weise, Aggressivität auszudrücken. Wer so handelt, hat das Gefühl, weniger zu riskieren, als wenn er sein Nichteinverständnis direkt äußerte (und manchmal hat er recht). Aber in vielen Fällen gilt: Wenn Sie jemandem helfen, seine gegensätzliche Meinung direkt auszusprechen, können Sie darüber diskutieren und den zugrunde liegenden Konflikt lösen. Hören wir dazu Franck, der verantwortlich für eine Gruppe von Ausbildungsberatern ist.

Julien ist ein junger Konsultant, der erst vor Kurzem in unser Team kam. Anfangs hat er auf mich einen guten Eindruck gemacht, er schien mir dynamisch, intelligent und motiviert, gute Arbeit zu leisten. Ich beauftragte ihn, gemeinsam mit Charles, einem erfahreneren Konsultanten, ein Praktikum zu leiten und auszubauen. Nach ein paar Wo-

6 I. Getz, B. Carney: *Liberté & Cie.* Paris (Flammarion) 2016.

chen merkte ich, dass irgendetwas nicht klappte. Auf Versammlungen machte Julien eine verdrossene Miene. Seine Beurteilungen durch die Praktikumsteilnehmer lagen am Rande des Erträglichen, und er fand kaum neue Interessenten. Ich fragte Charles, was er davon hielt. Er sagte, dass Julien die Programmteile, für die er verantwortlich war, lasch und lustlos leitete. Außerdem musste Charles ihn oft zur Ordnung rufen, damit er exakt das Programm, das Charles ausgearbeitet hatte, befolgte.

Ich überlegte eine Weile. Charles ist ein etwas autoritärer Konsultant, der gegenüber den jüngeren Kollegen mit seiner Erfahrung auftrumpft. Ich bestellte Julien zu mir, damit er sich aussprechen konnte. Aber er war dazu nicht fähig. Auf alle meine Fragen entgegnete er, alles wäre in bester Ordnung. Ich konnte ihm seine wirklich mittelmäßigen Resultate vor Augen halten, so lange ich wollte, er mochte nicht mehr sagen.

Schließlich beendete ich das Gespräch mit den Worten: »Ich glaube, dass Sie zu mir nicht aufrichtig sind. Und das ärgert mich, denn wenn wir nicht ordentlich miteinander reden können, habe ich nicht die Möglichkeit, die Lage zu verbessern, und das ist schade für alle Beteiligten.« Er verließ wortlos das Büro. Aber am nächsten Tag kam er ganz verlegen zu mir und erklärte mir in allen Einzelheiten, was ich schon geahnt hatte: Charles wollte alles kontrollieren; unter dem Vorwand, Julien fehle es an Erfahrung, reservierte er für sich selbst die interessanten Programmpunkte; alle Modifikationen, die Julien vorgeschlagen hatte, hatte er zurückgewiesen.

Ich traf mehrere Entscheidungen: Julien sollte künftig mit Julie, einer zugänglicheren Konsultantin, zusammenarbeiten, und ich beauftragte ihn, den Inhalt eines neuen Praktikums in einem anderen Bereich zu entwerfen. Wenn er in unserem Haus erst einmal besser Fuß gefasst hat, werde ich ihn wieder bitten, mit Charles zusammenzuarbeiten.

Aber weshalb hat er mir das alles nicht gleich beim ersten Gespräch gesagt? Ich glaube, weil er zu höflich ist und gerade erst angefangen hat. Er ist jemand, der fürchtet, die anderen zu verärgern.

Es wäre allzu schön, wenn alle Leute mit passiv-aggressiven Verhaltensweisen ihre Meinung aufrichtig äußerten, sobald man sie dazu auffordert. Einige werden es aus Schüchternheit nicht wagen, ganz wie Julien im gerade geschilderten Fall. Andere haben eher vielschichtige Gründe, so im folgenden Beispiel, das uns Hervé (36) erzählt, der mit seiner Frau Marine eine Ehetherapie durchläuft.

Was mich an Marines Verhalten mit am meisten aufregte, war ihr Treiben nach dem Abendessen. Während ich meine Zeitung las, räumte sie das Geschirr in den Spülautomaten und wusch selbst ein paar Stücke ab, die man nicht in die Maschine stecken darf. Bei alledem machte sie aber einen Heidenlärm und polterte mit jedem Teil herum. Wenn ich entnervt aufstand, um ihr meine Hilfe anzubieten, antwortete sie mit verkniffener Miene, das sei nicht nötig, es gehe alles in Ordnung, und überhaupt könne sie das viel besser als ich. Ich setzte mich wieder hin, und sie erledigte ihre Aufräumaktion mit weniger Lärm, aber am nächsten Abend ging es von vorn los. Sagte ich ihr, sie mache zu viel Lärm, entgegnete sie, ich könne ja eine Runde spazieren gehen, wenn ich mich gestört fühlte.

Schließlich habe ich das Problem im Beisein der Therapeutin zur Sprache gebracht. Es dauerte eine Ewigkeit, bis Marine endlich damit herausrückte, dass sie sich abends über mich ärgerte, weil ich zu wenig mit ihr sprach. Unglaublich! In Wirklichkeit bin ich es, der das Gespräch in Gang zu bringen versucht, aber sie lässt meine Bemühungen im Sande verlaufen! Damals verstand ich, dass sie einen solchen Krach mit dem Geschirr veranstaltete, um mich zu bestrafen, und dass sie einen solchen Widerwillen gegen mich hatte, dass alle meine Bemühungen, die Dinge in Ordnung zu bringen, nichts fruchten würden. Sie hatte zu viel Groll in sich gespeichert.

Ich glaube, ich entspreche nicht ihren Vorstellungen von einem Ehemann, und selbst wenn jeder von uns die größtmöglichen Anstrengungen unternimmt, werden wir es nicht schaffen, gut miteinander auszukommen. Wir denken jetzt über Scheidung nach, und die Thera-

peutin hilft uns, alles ohne zu große Verletzungen über die Bühne zu bringen.

Dieses Beispiel erinnert zunächst einmal daran, dass eine Ehetherapie nicht unbedingt zum Ziel hat, die Partnerschaft um jeden Preis aufrechtzuerhalten. Manchmal will sie auch bei der Trennung helfen. Marines Beispiel zeigt uns weiterhin, dass bestimmte passiv-aggressive Verhaltensweisen vor allem eine Vergeltungsfunktion haben und dass die betreffende Person nicht unbedingt ein klärendes Gespräch wünscht, weil dieses ihr das Mittel für ihre indirekte Rache wegnehmen würde. In einem solchen Fall sollten Sie sie trotzdem auf ihr Verhalten hinweisen, denn so wird sie nicht mehr vortäuschen können, es geschehe alles unabsichtlich. Wenn Hervé zu seiner Frau gesagt hätte: »Du machst ja einen Riesenlärm. Ich glaube, du willst mir damit etwas sagen, oder?«, hätte sie das sicher abgestritten, aber es wäre für sie schwieriger geworden, weiterhin Krach zu machen.

Eine andere Variante dieser Situation ist nur zu bekannt:

»Warum ziehst du denn so ein Gesicht?« – »Nein, wieso, ich ziehe überhaupt kein Gesicht.« (Aber ich werde den ganzen Abend lang weiter ein Gesicht ziehen, um dich zu bestrafen, weil du mir nicht genug Aufmerksamkeit geschenkt hast, als wir mit deinen Freunden essen waren.)

Rufen Sie die Spielregeln ins Gedächtnis.

Heutzutage werden die Kinder viel weniger autoritär erzogen als noch vor ein oder zwei Generationen. Vergleichen Sie einmal die Art und Weise, in der Sie von Ihren Eltern erzogen wurden, mit Ihrer eigenen Praxis gegenüber Ihren Kindern. Sehr oft werden Sie feststellen, dass Sie Ihren lieben Kleinen mehr Freiheiten lassen, als Ihre Eltern Ihnen im gleichen Alter einräumten. Wer verlangt heute noch von seinen Kindern, bei Tisch nicht zu sprechen oder nur dann den Mund aufzumachen, wenn man sie etwas fragt? Die gleiche Entwicklung zeigt sich in der Schule: Es gibt weniger Bestrafungen, und die Lehrer oder der berühmt-berüchtigte Zensor sind nicht mehr so gefürchtet, wie sie es für Generationen von Schülern einst waren. Im Unterricht reden die Schüler mehr mit und sind bereit, die Vorschläge des Lehrers zu diskutieren (der sie im Übrigen sogar dazu auffordert). Selbst in der Armee, einer traditionellen Bastion der Autorität, bringen die Stories über autoritäre Feldwebel niemanden mehr zum Lachen, weil sie immer weniger der Realität entsprechen. Anders ausgedrückt: Die junge Generation ist seit der Kindheit gewohnt, sich offen auszusprechen und an den Entscheidungen beteiligt zu werden.

Was passiert also, wenn diese jungen Leute in die Arbeitswelt eintreten und dort mit einem autoritären Chef konfrontiert werden? Gewiss kommen sie damit viel schwerer zurecht als ihre Ahnen, die seit ihrer Kindheit erst autoritäre Eltern, dann autoritäre Lehrer und Feldwebel gewohnt waren. Für viele junge Menschen bedeutet heutzutage die Arbeitswelt eine erste Konfrontation mit Zwängen, denen man sich ohne Herumdiskutieren fügen muss. Es erstaunt also nicht, dass viele untergeordnete Mitarbeiter es schlecht vertragen, »kommandiert« zu werden, und dass sie die Legitimität ihres Chefs anzweifeln. Hinzu kommt, dass die jungen Beschäftigten oft bereits ein Qualifikationsniveau mitbringen, das ihr Chef im selben Alter noch nicht besaß. Das ist ein Grund mehr, über seine Entscheidungen herumzudiskutieren – oder eben seine Unzufriedenheit durch passiv-aggressive Verhaltensweisen auszudrücken, wenn einem die offenen Worte angesichts der trüben Lage auf dem Arbeitsmarkt zu riskant scheinen.

Ein Management, welches so oft wie möglich die Mitwirkung der Beschäftigten erlaubt, kann man also nur ermutigen. Es entspricht den Gewohnheiten und Bedürfnissen der neuen Generationen und den Werten einer Gesellschaft, die Beziehungen zwischen gleichwertigen Partnern favorisiert, sei es in der Familie, in der Schule, zwischen Eheleuten oder selbst im Arzt-Patient-Verhältnis, wo die Patienten wollen, dass der Mediziner ihnen seine Therapieentscheidungen erläutert. Aber in der Arbeitswelt wird das nicht immer möglich sein, und so werden passiv-aggressive Verhaltensweisen so lange fortbestehen, wie es noch Hierarchiebeziehungen gibt.

Wiederholen sich Verhaltensweisen, die von schlechtem Willen zeugen, kann es nützlich sein, die betreffende Person an die geltenden Spielregeln zu erinnern. Wir schlagen Ihnen im Folgenden eine kleine Ansprache vor, die Sie bei einem passiv-aggressiven Mitarbeiter anwenden können, falls all Ihre Versöhnungsversuche scheitern sollten. Ihr Hauptziel ist es, die Autoritätsbeziehung von Emotionen frei zu machen.

»Seit einigen Wochen stellt mich Ihre Haltung bei der Arbeit vor ein Problem. Ich habe z. B. bemerkt, dass … *(konkrete Verhaltensweisen beschreiben)*. Ich habe den Eindruck, dass Sie es nicht akzeptieren können, bestimmte Aufgaben, die ich Ihnen übertrage, zu erledigen *(Ihre Sichtweise darlegen)*. Ich habe Ihnen Gelegenheit gegeben, Ihren Standpunkt zu erläutern, aber Sie haben es nicht getan *(ein konkretes Verhalten beschreiben)*. Ich verstehe schon, dass es für Sie vielleicht schwierig ist, eine Arbeit erledigen zu müssen, die nicht immer Spaß macht. Vielleicht finden Sie sogar, das würde Ihren Wert schmälern? *(Empathie ausdrücken)*. Aber ich muss Sie daran erinnern, dass es bei uns eine Spielregel gibt. Sie werden dafür bezahlt, dass Sie die Arbeit, die ich von Ihnen erwarte, gut erledigen *(Spielregeln ins Gedächtnis rufen)*. Das ist keine besonders amüsante Regel, und vielleicht meinen Sie, dass Sie eine interessantere Arbeit verdienen *(Empathie ausdrücken)*. Das ist möglich. Vielleicht denken Sie sogar, ich sei nicht qualifiziert genug, um Ihr Chef zu sein, und natürlich steht es Ihnen frei, das zu denken *(Empathie ausdrücken)*. Aber wenn Sie weiterhin mit mir zusammenarbeiten wollen, akzeptieren Sie besser die Spielregeln *(Spielregeln ins Gedächtnis rufen)*. Für die kommenden Wochen erwarte ich von Ihnen also Folgendes: …«

In diesen Worten findet sich eine zweifache Botschaft:

- Sie zeigen dem anderen, dass Sie ihm Aufmerksamkeit widmen, dass Sie ihn als menschliches Wesen mit seinen Emotionen und seinem selbstständigen Denken anerkennen.
- Sie erinnern ihn daran, dass das Hierarchieverhältnis zwischen Ihnen keine *persönlichen* Ursachen hat, also nicht auf einem eventuellen Überlegenheitsgefühl Ihrerseits beruht, sondern auf einer Spielregel, die von Ihnen beiden unabhängig existiert und an die betriebliche Situation gebunden ist.

Wir sind nicht so naiv zu glauben, dass ein solcher Diskurs alle Probleme aus der Welt schaffen würde, aber wir empfehlen Ihnen, es einmal damit zu versuchen.

Was Sie lassen sollten

Tun Sie nicht so, als würden Sie seinen Widerstand nicht bemerken.
Wenn Ihr Lebenspartner oder Ihr Mitarbeiter »eingeschnappt« ist, mag es verlockend sein, darauf gar nicht zu reagieren, sondern zu warten, dass es von allein vorübergeht. In den meisten Fällen ist diese Haltung ein Fehler. Sie dürfen nämlich nicht vergessen, dass ein passiv-aggressives Verhalten eine besondere Art und Weise ist, Ihnen etwas mitzuteilen. Tun Sie so, als würden Sie überhaupt keine Botschaft wahrnehmen, wird der andere versucht sein, seinen Einsatz so lange zu steigern, bis Sie endlich reagieren. Sobald Sie etwas wie schlechten Willen, Eingeschnapptheit oder versteckte Vergeltungsakte bemerken, sollten Sie also unverzüglich mit einer Frage reagieren.
Sagen Sie zum Beispiel zu Ihrem Partner, der eine mürrische Miene aufsetzt: »Ich habe den Eindruck, du ärgerst dich über etwas. Oder täusche ich mich da?« Mit dieser Frage hindern Sie

den anderen daran, sich in seinem passiv-aggressiven Verhalten bequem einzurichten. In einer dauerhaften Beziehung (Lebenspartner, Kollege) werden Sie ihn so schulen, schneller und offenherziger auf die Ursachen Ihrer Meinungsverschiedenheit zu sprechen zu kommen.

Kritisieren Sie ihn nicht so, wie es Eltern mit ihren Kindern tun würden.

Das passiv-aggressive Verhalten ist eine Art von Revolte gegen die Autorität. Die früheste Verkörperung von Autorität waren für uns die Eltern, was zwei Tatsachen erklärt:

Wir neigen dazu, unsere Kritik in derselben Weise zu formulieren, wie wir es von unseren Eltern gehört haben, indem wir nämlich einen moralisierenden Diskurs wählen, der sich auf die Begriffe Gut und Böse bezieht.

Eine so formulierte Kritik vertragen wir sehr schlecht, denn wir wollen nicht wie Kinder behandelt werden.

Sie sollten sich also bemühen, aus der Formulierung Ihrer Kritik Wendungen wie »Ihr Verhalten ist untragbar«, »Es ist eine Schande« oder »Was Sie tun, ist wirklich böswillig« zu verbannen. Statt die Kategorien Gut und Böse zu bemühen, sollten Sie lieber die Folgen des kritikwürdigen Verhaltens beschreiben.

Sagen Sie nicht: »Sie sind schon wieder zu spät gekommen. Das ist unannehmbar. Ihr Benehmen ist unhöflich gegenüber uns allen *(moralisierender Diskurs)*.«

Sagen Sie: »Heute früh sind Sie schon wieder zu spät zur Sitzung erschienen. Das bringt die Arbeit der ganzen Gruppe durcheinander *(Konsequenzen für die Arbeit)*, und es ärgert mich auch persönlich *(Konsequenzen für Sie selbst)*.«

Die ganze Schwierigkeit liegt darin, dass der moralisierende Diskurs uns ganz spontan über die Lippen geht, ist es doch jener, den wir in unserer ganzen Kindheit und Jugend, also im lernfähigsten Alter, vernommen haben.

Lassen Sie sich nicht in eine Kettenreaktion gegenseitiger Vergeltungsakte hineinziehen.

Lesen wir einmal, was Mina (16) dem Therapeuten über ihre »freudespendende« Beziehung zu ihrer geschiedenen Mutter, die wieder einen Mann kennengelernt hat, berichtet:

Weil mich nervt, dass meine Mutter abends so oft mit ihrem neuen Freund ausgeht, richte ich es so ein, dass ich noch später nach Hause komme als sie. Das macht sie unruhig, und sie bestraft mich, indem sie mir das Taschengeld kürzt, vielleicht weil sie hofft, dass ich dann weniger weggehen kann. (Da irrt sie sich, mein Freund lädt mich immer ein.) Ich zahle es ihr heim, indem ich »vergesse«, bei der Hausarbeit mitzumachen. Sie gibt es mir zurück, indem sie meine Sachen nicht mehr wäscht. Ich sitze stundenlang am Telefon und weiß genau, dass sie das nervt. Resultat: Sie verkündet mir, dass sie das ganze Wochenende mit ihrem Freund wegfahren will. Die Stimmung bei uns zu Hause ist wirklich unerträglich geworden.

Mina und ihre Mutter sind in einen Teufelskreis gegenseitiger Vergeltungsmaßnahmen hineingeraten. Das kommt im Familien- oder Eheleben häufig vor. Bemerkenswert ist dabei, dass die rebellische Jugendliche niemals klar ausgesprochen hat, worum es ihr wirklich geht: Mina möchte, dass die Mutter ihr mehr Beachtung schenkt. Wahrscheinlich mag sie ein solches Bedürfnis nach Zuneigung und Aufmerksamkeit nicht zugeben, da sie sich als erwachsen betrachtet. In diesem Fall war es notwendig, dass der Therapeut ihr half, sich selbst einzugestehen, wie sehr sie ihre Mutter noch brauchte, und dass er sie dann ermutigte, es direkt auszusprechen.

HABEN AUCH SIE ZÜGE

... einer passiv-aggressiven Persönlichkeit?

	eher richtig	eher falsch
1. Die meisten Chefs verdienen ihren Posten nicht.		
2. Ich ertrage es nur schwer, jemandem gehorchen zu müssen.		
3. Ich habe schon oft absichtlich bei einer Arbeit gebummelt, weil ich auf den, der sie mir auftrug, sauer war.		
4. Man wirft mir vor, die eingeschnappte Leberwurst zu spielen.		
5. Ich bin schon mit Absicht einer Sitzung ferngeblieben und habe hinterher gesagt, dass ich nicht richtig über die Uhrzeit informiert worden wäre.		
6. Ärgere ich mich über jemanden, der mir nahesteht, dann lasse ich ihn links liegen, ohne zu sagen, weshalb.		
7. Wenn man mich nicht freundlich um etwas bittet, mache ich es nicht.		
8. Ich habe schon absichtlich meine Arbeit »sabotiert«.		
9. Je mehr man mich drängt, desto langsamer werde ich.		
10. Ich bin ständig auf meine Vorgesetzten sauer.		

KAPITEL XIII

DIE VERMEIDEND-SELBST-UNSICHEREN PERSÖNLICHKEITEN

»Wie wohl schlägt mir die öde Gegend zu!
Dies brauner Nacht geweihte Feld,
Entfernet vom Geschrei der Welt,
Ist meiner Unruh süße Ruh.«

Marc-Antoine Girard de Saint-Amant, 1617
(inspirierte das berühmte »O solitude« von Henry Purcell)

Als wir Teenager waren, berichtet Marie (28), *ging meine Schwester Lucie viel seltener aus als ich. Sie hatte zwei oder drei langjährige Freundinnen, mit denen sie sich immer traf, um Geheimnisse auszutauschen, aber abends ging sie kaum einmal weg. Sie benutzte die verschiedensten Ausreden: Müdigkeit, eine dringende Arbeit, die Furcht, sich zu langweilen. Wenn wir gemeinsam ausgingen, wirkte sie verschüchtert; sie folgte mir überallhin, und zunächst musste immer ich das Gespräch mit Freunden anknüpfen, damit sie schließlich wagte, einige Worte in die Unterhaltung einfließen zu lassen. Sehr selten freilich und immer nur, um den anderen beizupflichten.*

In der Schule hatte sie gute Noten, aber ihre große Sorge war, beim Abitur in die mündlichen Prüfungen zu müssen; sie sagte mir, davor hätte sie einen solchen Bammel, dass sie bestimmt durchfallen würde. Als es so weit war, schaffte sie das Abitur auf Anhieb mit den schriftlichen Prüfungen.

Zu Hause kam sie gut mit unserer Mutter zurecht, die ein bisschen ist wie sie, sanft und unauffällig. Dagegen hatte ich immer den Eindruck, sie fürchtete sich vor Vater, der ein autoritärer Typ ist, ein ziemlicher Tyrann, immer bereit, über andere zu bestimmen. Als ich begann,

gegen meinen Vater zu rebellieren (am Ende verließ ich türenknallend das Haus), zog sie es vor, jedem Konflikt mit ihm auszuweichen.
Sie hatte keinen Freund. Ich weiß, dass sie sehr verliebt in einen Jungen war, aber sie ließ ihn davon nie etwas spüren. Was ihre Ausbildung angeht, hatte sie ausreichend gute Noten, um ein längeres Studium zu absolvieren, aber sie zog es vor, einen Fachschulabschluss in Buchhaltung zu machen.
Sie ist sehr gewissenhaft, ihr Chef schätzt sie sehr, aber ich kann ihr hundert Mal sagen, sie soll eine Gehaltsaufbesserung verlangen, sie wird es doch nicht wagen. Wenn ich an sie denke, habe ich im Grunde den Eindruck, dass sie seit jeher ihre Möglichkeiten nicht ausschöpft.

WAS SOLL MAN VON LUCIE DENKEN?

Vor allen Situationen, in denen sie Gefahr läuft, zurückgewiesen oder in Verlegenheit gebracht zu werden, empfindet Lucie eine tiefe Angst: vor der mündlichen Prüfung, vor Begegnungen auf einem gemeinsam verbrachten Abend oder davor, einen Menschen, den sie anziehend findet, ihr Interesse spüren zu lassen. Man könnte sagen, dass sie an übermäßiger Empfindlichkeit gegenüber einer möglichen Ablehnung leidet.

Um das Risiko des Zurückgewiesenwerdens auszuschalten, weicht sie allen »riskanten« Situationen aus, indem sie ihre Zeit vor allem mit langjährigen Freundinnen verbringt, von denen sie nichts zu fürchten hat. Neue Bekanntschaften knüpft sie nur unter dem Schutzmantel ihrer Schwester, und sie geht jedem Widerspruch aus dem Weg, indem sie dem Gesagten stets zustimmt. Sie schafft es sogar, jede Konfrontation mit ihrem Vater zu verhüten, und das in einem Alter, in dem Konflikte mit den Eltern eigentlich die Regel sind. Diese übertriebene Furcht vor Fehlschlägen und Abweisung lässt sie Situationen bevorzugen, bei denen sie davon ausgehen kann, dass sie diese meistert. Sie hat nur Kontakte zu langjährigen

Freundinnen, deren Wertschätzung ihr gewiss ist. Sie wagt es nicht, sich mit dem Vater anzulegen. Sie wählt einen Beruf, in dem man eine Menge Routinearbeit zu erledigen hat und wo sie sicher ist, dank ihrer Gewissenhaftigkeit akzeptiert zu werden. Sie traut sich nicht, um eine Gehaltserhöhung zu bitten oder sich einen anderen Arbeitgeber zu suchen. Man hat den Eindruck, dass sie findet, ihr Posten sei durchaus gut genug für sie; das lässt auf ein schwaches Selbstwertgefühl schließen.

Lucie vereint in sich alle Merkmale einer vermeidend-selbstunsicheren Persönlichkeit.

DIE VERMEIDEND-SELBSTUNSICHERE PERSÖNLICHKEIT

- Hypersensibilität: fürchtet ganz besonders, kritisiert oder verspottet zu werden; hat Angst, lächerlich zu wirken.
- Meidet die Kontaktaufnahme zu anderen Menschen, solange sie nicht sicher ist, dass der andere ihr sein bedingungsloses Wohlwollen entgegenbringt.
- Meidet Situationen, in denen sie verletzt oder in Verlegenheit gebracht werden könnte: neue Bekanntschaften, Stellenbewerbungen, Entwicklung einer intimen Beziehung.
- Selbstentwertung: schwaches Selbstwertgefühl; unterschätzt oft ihre Fähigkeiten und spielt ihre Erfolge herunter.
- Verharrt aus Angst vor dem Misserfolg oft in einer blassen Hintergrundrolle oder auf Posten, die ihren Fähigkeiten nicht entsprechen.

Den Forschern zufolge soll es zwei Typen vermeidend-selbstunsicherer Persönlichkeiten geben:

- Einige, so vielleicht Lucie, könnte man kennzeichnen als sehr ängstliche Menschen, denen es dennoch glückt, mit ein paar Personen positive Beziehungen anzuknüpfen.

- Andere, die zugleich ängstlich und sehr empfindlich sind, schaffen es nicht, ausreichend Vertrauen für das Anknüpfen dauerhafter positiver Beziehungen zu schöpfen; sie leben in einer schmerzlichen Einsamkeit.

Welcher der beiden Kategorien eine vermeidend-selbstunsichere Persönlichkeit angehören wird, entscheidet sich wahrscheinlich in der Kindheit und hängt von der Qualität ihrer Beziehung zu den Eltern ab.

Um unter die vermeidend-selbstunsicheren Persönlichkeiten eingeordnet zu werden, genügt es natürlich nicht, vor einer mündlichen Prüfung Bammel zu haben, und auch nicht, vor der Person, die man insgeheim liebt, ins Stammeln zu geraten. Es sei noch einmal daran erinnert, dass man von einer Persönlichkeitsstörung nur dann sprechen kann, wenn die in jedem Kapitel aufgeführten Merkmale (hier die Hypersensibilität und das schwache Selbstwertgefühl) von Dauer sind und praktisch alle Lebensbereiche betreffen: die Arbeit, Beziehungen unter Freunden, Straßenszenen oder das Familienleben.

Viele Jugendliche, sowohl Jungen als auch Mädchen, durchlaufen in ihrer Charakterentwicklung eine Phase, die der vermeidend-selbstunsicheren Persönlichkeit sehr ähnlich sieht: sie sind über ihren Wert unsicher, stecken voller »Komplexe«, sind schüchtern, werden rot und fürchten mehr als alles andere, lächerlich oder verlegen zu wirken. Sie schließen sich keiner »Clique« an, wollen abends nicht ausgehen und tauschen lieber mit langbewährten Freunden viele Stunden lang Geheimnisse aus. Aber diese Phase der Unsicherheit und des »linkischen« Benehmens hat nicht viel zu bedeuten; sie ist eine oft unvermeidliche Etappe in der Entwicklung einer Persönlichkeit. Geglückte Erfahrungen und das Gefühl, von den anderen akzeptiert und anerkannt zu werden, geben diesen Personen nach und nach mehr Selbstvertrauen. Und oft werden aus schüchternen Jugendlichen aufgeschlossene Erwachsene.

Bei den vermeidend-selbstunsicheren Persönlichkeiten findet diese segensreiche Entwicklung nicht statt. Sie haben auch weiterhin wenig Selbstvertrauen und suchen Sicherheit um jeden Preis, selbst um den eines etwas dürftigen Lebens.

WIE LUCIE DIE WELT SIEHT

Lucie lebt in ständiger Furcht, lächerlich und ungeschickt zu wirken und abgewiesen zu werden. Nicht, dass sie die anderen als außergewöhnlich feindselig betrachten würde – sie denkt einfach, sie selbst habe nicht genug zu bieten, um ihnen zu gefallen. Sie fühlt sich nicht »auf der Höhe« und fürchtet, man könne es merken. Eine ihrer Grundannahmen könnte lauten: »Ich bin weniger wert als die anderen.« Eine weitere ist wahrscheinlich: »Der Kontakt mit den anderen könnte mich verletzen.« Diese zweite Grundüberzeugung wird Lucie dazu bewegen, ihre Kontakte zur Außenwelt einzuschränken und sich mit langbewährten Bekannten zu begnügen, die sie so gut kennt, dass sie glaubt, nichts Schlimmes von ihnen erwarten zu müssen.

Lesen wir dazu den Bericht von Jacques (42), Hochschullehrer:

Soweit ich mich erinnere, fühlte ich mich immer »verschüchtert« und den anderen unterlegen. Dass mein Vater Militär war, machte die Sache nicht leichter. Zunächst einmal war er autoritär, ich hatte Angst vor ihm und besonders vor seinen Wutausbrüchen, die auch meine Mutter erschreckten. Ich habe also in meiner Kindheit und Jugend stets gekuscht, weil ich fürchtete, seinen Zorn zu reizen oder auch nur seine Aufmerksamkeit auf mich zu ziehen. Außerdem mussten wir jedes Mal umziehen, wenn er eine neue Stelle bekam, und beinahe jedes zweite Jahr fand ich mich in einer anderen Schule wieder. Immer war ich der »Neue«.

Diese Tage des Schulanfangs sind mir wie ein Alptraum im Gedächtnis geblieben; mit pochendem Herzen wartete ich, dass in der neuen

Klasse mein Name aufgerufen wurde. Es war für mich eine wahre Folter, unter dem Blick des Lehrers und meiner neuen Kameraden das Klassenzimmer betreten zu müssen. Ich wagte nicht, mich den anderen anzuschließen, und war es mir endlich geglückt, einen oder zwei Freunde zu gewinnen, kam für meinen Vater oft die Versetzung in die nächste Stadt.

Wie Sie sich denken können, hatte ich eine schwierige Jugend. In meinen ersten Jahren an der Universität fand ich endlich Aufnahme in eine »Clique« von Jungs und Mädchen. Ich stimmte allem zu, was sie sagten, als wollte ich völlig in der Gruppe aufgehen. Immer war ich bereit, anderen einen Gefallen zu tun, etwas zu verborgen, beim Umzug zu helfen. Feierte jemand von uns Geburtstag, war immer ich es, der das schönste Geschenk mitbrachte. Natürlich, ich war ständig allzu »nett«, aber damals bin ich mir dessen nicht wirklich bewusst gewesen. Die anderen akzeptierten mich, einige hatten mich gern, glaube ich, aber der eine oder andere Junge konnte es manchmal nicht lassen, mir kleine ironische Bemerkungen zuzuwerfen, auf die ich überhaupt nicht antworten konnte. In einer brutaleren Gruppe wäre ich wohl der Sündenbock geworden. Die Mädchen mochten mich, denn ich war feinfühliger als die übrigen, und sie zogen mich oft ins Vertrauen. Diese Rolle übernahm ich gern. Aber natürlich war es schwer, sich daraus wieder zu befreien, und wenn ich mich in eine von ihnen verliebte, begann ich sehr zu leiden, weil ich nicht wagte, mich offen zu erklären, und meine sporadischen Versuche führten alle zu nichts.

Am Ende fühlte ich mich zu einem Mädchen hingezogen, das sich noch ungeschickter anstellte als ich und vor dessen Urteil mir nicht bange war. Weil sie aus einem »niedrigeren« sozialen Milieu stammte, fühlte ich mich auch von ihrer Familie nicht eingeschüchtert.

Meine Berufswahl hat sich mir geradezu aufgedrängt: Weil ich überzeugt war, mich nie an den rauen Wettbewerb in der Arbeitswelt anpassen zu können, setzte ich alles daran, dort zu bleiben, wo ich mich wohlfühlte, an der Universität. Ich durchlief alle notwendigen Stufen und erhielt eine Dozentenstelle.

Jetzt begann ich mich besser zu fühlen, war doch die Fakultät eine beruhigendere Umgebung: Meine Kollegen sind nicht böswillig, und ich muss sie ohnehin nicht oft sehen. Außerdem bin ich in meinem Fach ein ziemlich bekannter Experte geworden und trage damit zum Renommee meiner Hochschule bei. Mit meiner Frau langweilte ich mich ein bisschen, aber sie gab mir auch Selbstvertrauen, und ich vergrub mich in die Arbeit.

Alles wurde über den Haufen geworfen, als sich eine meiner Studentinnen in mich verliebte. Natürlich hatte ich Skrupel und steuerte gegen, aber sie war stärker. Sie ähnelte den Mädchen, denen ich mich nicht zu nähern gewagt hatte, als ich zwanzig war. Die Erfahrung, von einer so verführerischen und brillanten jungen Frau geliebt zu werden, gab mir ein Selbstvertrauen, wie ich es vorher nie gekannt hatte. Es hört sich schrecklich an, aber ich glaube, sie ist für mich so etwas wie eine Therapie gewesen.

Schließlich ist unsere Beziehung zu Ende gegangen, und meine Frau hat nie etwas davon erfahren (oder jedenfalls tat sie so, als ob sie nichts ahnte). Ich bin ziemlich aufgewühlt, denn dieses neue Selbstvertrauen macht mir Lust auf ein anderes Leben. Ich spüre, dass ich nicht mehr derselbe Mensch bin wie damals, als ich meine Frau heiratete, um mein Selbstgefühl zu stärken. Gleichzeitig empfinde ich Zuneigung für sie und möchte sie nicht leiden lassen, ganz abgesehen davon, was mit den Kindern würde. Manchmal sage ich mir, ich würde ruhiger leben, wenn ich schüchtern geblieben wäre.

Dieses Beispiel veranschaulicht, dass eine für das Individuum a priori vorteilhafte Veränderung zur Quelle neuer Schwierigkeiten werden kann, ein Problem, vor dem man manchmal nach einer geglückten Psychotherapie steht. Im Übrigen hat Ehebruch für einen oder mehrere der Beteiligten oft einen hohen psychischen Preis, so dass man ihn nicht als Therapie weiterempfehlen kann!

WENN DIE SELBSTUNSICHERHEIT KRANKHAFT WIRD

Sozialangst ist jene Furcht, die uns ergreift, wenn wir uns dem Urteil der anderen ausgesetzt sehen. Vor einem Publikum das Wort ergreifen zu müssen, in ein Zimmer zu kommen, in dem uns mehrere Personen erwarten, eine Unterhaltung mit einer unbekannten Person zu beginnen – all das sind Situationen, in denen den meisten von uns ein bisschen mulmig zumute ist. Aber bei bestimmten Menschen ist diese Angst zu intensiv und wächst sich zu einer richtigen Phobie aus: sie werden versuchen, alle »riskanten« Situationen, bei denen sie dem Blick und dem Urteil der anderen preisgegeben sind, zu umschiffen. Die Sozialphobien kreisen um bestimmte Situationen: die Angst, öffentlich sprechen zu müssen, jemandem unvorhergesehen zu begegnen, unter dem Blick des anderen einen Scheck auszuschreiben oder zu unterzeichnen, die Furcht zu erröten ...

Zusammenfassend können wir drei Arten von Angst angesichts des Blickes der anderen unterscheiden[7]:

- die »normale« Sozialangst, die wir alle in gewissen Situationen verspüren, so etwa, wenn wir einer einflussreichen Person vorgestellt werden, wenn wir eine mündliche Prüfung oder ein Einstellungsgespräch hinter uns zu bringen haben oder wenn wir uns mit einer Person, die wir anziehend finden, bekannt machen wollen;
- die Sozialphobien, die eine stärkere Angst auslösen und das systematische Umschiffen bestimmter Furcht einflößender Situationen bewirken;
- die hintergründigere Angst der vermeidend-selbstunsicheren Persönlichkeit, ihre beinahe permanente Furcht, beurteilt und abgelehnt zu werden.

7 C. André / P. Légeron: *Bammel, Panik, Gänsehaut: die Angst vor den anderen.* Berlin (Aufbau) 2001.

WOHER KOMMT DAS BLOSS ALLES, HERR DOKTOR?

Studien haben bei manchen drei bis sechs Monate alten Babys eine ausgeprägte Ängstlichkeit vor allem Neuen aufgezeigt, die sich im Erwachsenenalter wiederfand.

Wie bei den anderen Persönlichkeitsstörungen variieren auch die Ursachen für die Herausbildung einer vermeidend-selbstunsicheren Persönlichkeit von Fall zu Fall. Die Genetik spielt wie bei allen Angststörungen eine Rolle. Vermeidend-selbstunsichere Persönlichkeiten haben häufig ängstliche Personen unter ihren Vorfahren oder Geschwistern. Aber man darf annehmen, dass auch Erfahrungen während der Erziehung bei einem Individuum das Gefühl auslösen können, es sei weniger wert als die anderen und laufe Gefahr, zurückgestoßen zu werden. Eine zu strenge Erziehung, ein Bruder oder eine Schwester von offensichtlich »überlegener« Art, Schwierigkeiten in der Schule oder physische Schwächen können in unterschiedlicher Proportion gewiss dazu beitragen, eine vermeidend-selbstunsichere Persönlichkeit auszubilden. Ebenso kann ein sehr selbstunsicheres Elternteil dem Kind modellhaft vor Augen führen, wie man sich den Schwierigkeiten des Lebens gegenüber verhält, ganz abgesehen vom möglichen Anteil, den die Vererbung am ängstlichen Verhalten hat.

Wie bei allen anderen Persönlichkeitsstörungen ist auch hier der Anteil des Angeborenen und der des Erworbenen schwer zu bestimmen.

UND DAS LÄSST SICH BEHANDELN?

Die vermeidend-selbstunsichere Persönlichkeit ist sicher die Persönlichkeitsstörung, die von modernen Behandlungsformen am meisten erhoffen darf.

Neben den Psychotherapien, von denen wir am Ende dieses Buches sprechen werden, können auch bestimmte Medikamente den vermeidend-selbstunsicheren Persönlichkeiten und den an Sozialphobie leidenden Menschen helfen.

In den 1980er Jahren bemerkten die Psychiater, dass manche Antidepressiva, die man gemeinhin zur Behandlung einer Depression verschrieb, auch bei der »Schüchternheit« vermeidend-selbstunsicherer Persönlichkeiten eine große Wirkung zeigten.

Der Wirkstoff, von dem in den Medien damals am häufigsten die Rede war, ist das Fluoxetin (die darauf basierenden Medikamente hießen in den USA Prozac, in Deutschland Fluctin). Sein weltweiter Erfolg liegt natürlich darin begründet, dass es ein wirkungsvolles und meist gut verträgliches Antidepressivum ist. Aber dann beschrieben auch Patienten, die bisher schüchtern und unauffällig waren, dass sie sich nach Einnahme dieses Medikaments nicht mehr so ängstlich fühlten, sondern selbstsicherer und ungezwungener im Umgang mit anderen Menschen. Dieser »Fluctin-Effekt« schaffte es bis auf die Titelseiten der Illustrierten. So machten sich viele Leute daran, das Mittel einmal zu »probieren«, sogar wenn sie nicht depressiv waren. Sie hofften, damit ihr Selbstvertrauen zu stärken und im öffentlichen Auftreten mehr Leichtigkeit zu gewinnen. Sie baten ihren Arzt also um ein Medikament, mit dem sie nicht eine Krankheit kurieren, sondern den Anforderungen des modernen Lebens besser begegnen wollten. Denn, man mag sich darüber freuen oder empören, das Leben in unserer Gesellschaft zwingt uns viele Situationen auf, in denen wir uns neuen Bekanntschaften gegenüber ungezwungen verhalten oder beruflich im Lichte der Öffentlichkeit immer in Bestform sein müssen.

Manche dieser Personen kamen durch eine solche Behandlung tatsächlich viel besser zurecht! Sie fühlten sich weniger verletzlich und wurden im Alltag selbstsicherer. Wenn man diese »Fluctin-Wundergeheilten« sorgfältig nach ihrem Zustand vor der Behandlung befragt, stellt man fest, dass manche von ihnen vorher Merkmale von vermeidend-selbstunsicheren Persönlichkeiten, von Dysthymien oder Sozialphobien aufwiesen, jedoch nie zielgerichtet behandelt worden waren.

Fluoxetin ist nicht der einzige Wirkstoff, der auf dieses Gefühl der Verletzlichkeit wirkt. Es gibt inzwischen eine ganze Reihe von Antidepressiva aus der Familie der Serotonin-Wiederaufnahmehemmer. Allen ist gemeinsam, dass sie den Kreislauf des Serotonins, eines natürlicherweise im Gehirn vorhandenen Botenstoffes, modifizieren.

Dennoch sind diese Medikamente keine Wundermittel für alle vermeidend-selbstunsicheren Persönlichkeiten:

- Sie sind nicht in allen Fällen wirkungsvoll.
- Bei manchen Personen wächst die Ängstlichkeit paradoxerweise sogar noch, so dass man die Behandlung zu Beginn sehr aufmerksam verfolgen muss.
- Sie machen nicht immer eine Psychotherapie überflüssig; oft sind nämlich Medikament und Psychotherapie zusammen wirksamer als bei isolierter Anwendung. Wenn man ein Medikament einnimmt und gleichzeitig eine Psychotherapie absolviert, ist das kein Widerspruch in sich: sie können ihre Wirkung gegenseitig verstärken. Wenn Sie eine vermeidend-selbstunsichere Persönlichkeit sind, sollten Sie über Ihren Fall mit Ihrem Hausarzt sprechen, der Ihnen vielleicht raten wird, einen Spezialisten aufzusuchen.

VERMEIDEND-SELBSTUNSICHERE PERSÖNLICHKEITEN IN FILM UND LITERATUR

Jean-Jacques Rousseau schildert in seinen *Bekenntnissen* mehrere Episoden, in denen er extrem verlegen war und in Gesellschaft errötete. Man darf im Übrigen annehmen, dass eine vermeidend-selbstunsichere Persönlichkeit sich zu geistigen Arbeiten hingezogen fühlt, die über einen langen Zeitraum reichen und oft eine regelmäßige Lebensführung und relative Einsamkeit erfordern.

Lewis Carroll, der an Stottern litt, schien sich sein ganzes Leben lang im Umgang mit Erwachsenen nicht wohlzufühlen. Er zog die Gesellschaft kleiner Mädchen vor, insbesondere die von Alice Liddell, für die er *Alice im Wunderland* schrieb. Aber sein Interesse für eine Welt der Träumerei und für die abstrakten Wissenschaften (Logik, Mathematik) könnte auch auf eine schizoide Persönlichkeit hindeuten.

In einer der schönsten Novellen von Tennessee Williams, *Die Glasmenagerie*, beschreibt der Erzähler seine jüngere Schwester, die im Haus ihrer Mutter in völliger Zurückgezogenheit lebt. Ihre Angst vor den anderen hindert sie daran, den Schreibmaschinenkurs zu besuchen, für den ihr die Mutter die Einschreibegebühren bezahlt hat; sie wagt aber nicht, es ihr zu gestehen. Sie lebt in Gesellschaft ihrer beiden Lieblingsbücher und ihrer Sammlung von Glastieren. »Ich denke nicht, dass meine Schwester wirklich verrückt war«, sagt der Erzähler. »Die Blütenblätter ihres Geistes waren nur einfach wie vor Angst ineinander gefaltet.«

Die Figur dieser vermeidend-selbstunsicheren Schwester taucht in Williams' Stück *Die Glasmenagerie* wieder auf.

In *Verliebt in scharfe Kurven* von Dino Risi aus dem Jahr 1962 stellt Jean-Louis Trintignant einen schüchternen und vermeidend-selbstunsicheren jungen Mann dar, den ein extravaganter Vittorio Gassmann in ein verrücktes Abenteuer in Italien verwickelt.

Sobald *Superman*, die von Schuster und Siegel erfundene Gestalt, seinen Übermenschendress ablegt, wird aus ihm wieder Clark Kent, der schüchterne und bebrillte Reporter beim »Daily Planet«. Clark zeigt Merkmale einer vermeidend-selbstunsicheren Persönlichkeit, besonders in der Unfähigkeit, der schönen Kollegin Loïs Lane seine Liebe zu gestehen.

In *Ich, beide & sie* der Brüder Farrelly aus dem Jahr 2000 verkörpert Jim Carrey einen Polizisten der Highway-Patrouille, der vor jedem

Konflikt flüchtet. Daher ist er unfähig, die Ordnung aufrechtzuerhalten; seine Mitbürger machen sich offen über ihn lustig, und seine Frau betrügt ihn. Daraufhin entwickelt er eine multiple Persönlichkeitsstörung in Form von Hank, seinem brutalen, furchtlosen Doppelgänger, einem echten Psychopathen in Uniform, der weit entfernt ist von seiner zuvor vermeidend-selbstunsicheren Persönlichkeit!

VOM UMGANG MIT VERMEIDEND-SELBSTUNSICHEREN PERSÖNLICHKEITEN

- **Wenn es Ihr Lebenspartner ist:**
  Bravo! Es ist Ihnen gelungen, ihm keine Angst zu machen.
- **Wenn es Ihr Chef ist:**
  Sie arbeiten wahrscheinlich im öffentlichen Dienst …
- **Wenn es Ihr Kollege ist:**
  Lesen Sie dieses Kapitel noch einmal.

Was Sie tun sollten

- **Schlagen Sie ihm Ziele mit allmählich wachsendem Schwierigkeitsgrad vor.**
  Die vermeidend-selbstunsichere Persönlichkeit fühlt sich minderwertig und fürchtet, abgewiesen oder lächerlich gemacht zu werden. Aber man kann ihr auch Vertrauen einflößen. Wie bei allen mit Ängstlichkeit verbundenen Störungen ist das beste Mittel, diese Ängstlichkeit zu verringern, wenn man die Leute in kleinen Schritten an die von ihnen gefürchteten Situationen heranführt und sie selbst bemerken lässt, dass sie dabei gar nicht so schlecht ihren Mann stehen.
  Die Anmerkung »in kleinen Schritten« ist wichtig. Laden Sie eine vermeidend-selbstunsichere Persönlichkeit nicht zu einem Abend mit dreißig ihr unbekannten Personen ein, weil Sie viel-

leicht hoffen, ihr so zu helfen, ihre Ängste zu überwinden. Sie würde befürchten, sich nicht korrekt vorzustellen, auf die anderen lächerlich zu wirken und zu so vielen Unbekannten nichts zu sagen zu wissen. Schlagen Sie ihr lieber vor, gemeinsam mit Ihnen und einer Ihrer Freundinnen, die sie ein wenig kennt, ins Kino zu gehen. Einen Film zusammen anzuschauen, ist keine sonderlich schwierige Situation, und wenn Sie hinterher gemeinsam ein Glas Wein trinken gehen, wird es immer Konversationsstoff geben – wenngleich es der vermeidend-selbstunsicheren Persönlichkeit schwerfallen dürfte, ehrlich ihre persönliche Meinung zu äußern …

Auf Arbeit sollten Sie ihr zunächst Funktionen anvertrauen, bei denen sie auf die Anforderungen gut vorbereitet und der Kritik der anderen nicht zu sehr ausgesetzt ist. Allmählich wird sie genügend Selbstsicherheit gewinnen, um auf eine höhere Ebene aufsteigen zu können. Jean-Luc, Handelsdirektor eines Unternehmens, berichtet:

Es stimmt schon, am Anfang hatte es Maria in unserer Firma schwer. Sie hatte bei uns ihren ersten Job, nämlich als Handelsbeauftragte, wofür sie allem Anschein nach durch ihre Praktikumserfahrungen und ihren Lebenslauf geeignet war. Sie sollte einige Kunden betreuen, deren Wünsche festhalten und versuchen, sie zufriedenzustellen, indem sie sich mit dem Produktionsteam absprach. Ich habe bald gemerkt, dass diese Arbeit für sie eine Qual war: Sie konnte den Forderungen der Kunden nicht widersprechen, und hinterher war sie nicht in der Lage, diese Forderungen bei den Leuten in der Produktion durchzusetzen. Beim ersten Zwischenfall kamen von allen Seiten Beschwerden: die Kunden sagten, sie hätte ihre Versprechungen nicht gehalten, die Leute von der Produktion meinten, sie ließe sich von den Kunden, die überzogene Ansprüche stellten, am Gängelband führen. Maria war so entmutigt, dass sie mir sogleich ihre Kündigung brachte. Weil ich aber dachte, dass sie kein schlechtes Entwicklungspotenzial hatte, nahm ich die Kündigung nicht an.

Wir hatten ein langes, klärendes Gespräch. Am Ende sagte sie mir, dass sie, als ich ihr diese Arbeit übertragen hatte, sofort spürte, dass es über ihre Möglichkeiten gehen würde; sie hatte aber nicht gewagt, es mir zu sagen. Ich erklärte ihr, dass man im Leben mindestens in neun von zehn Fällen genau das sagen sollte, was man denkt; das ist jedenfalls mein Standpunkt. Weil Tim, einer meiner Handelsverantwortlichen, seit Monaten eine Assistentin forderte, gab ich ihr schließlich diesen Posten. Sie hat dort eher Verwaltungsaufgaben und macht ihre Arbeit sehr gut. Ich habe von Tim auch verlangt, er solle sie mindestens zwei Tage pro Woche mit zu den Kunden nehmen, damit sie erlebe, wie er mit ihnen verhandelt. Sie hat daraus viel gelernt. Inzwischen beginnt er, ihr kleine Verhandlungen zu übertragen. Ich glaube, wir haben eher Glück gehabt mit ihr.

Auch hier kann man annehmen, dass auf eine Maria, die glücklicherweise in einem Betrieb landete, wo die Menschen und die Umstände ihr erlaubten, Fortschritte zu machen, sicherlich viele andere vermeidend-selbstunsichere Persönlichkeiten kommen, die entmutigt wurden, die man entlassen hat oder die auf einem Posten dahinvegetieren, der weit unter ihren Möglichkeiten liegt.

Zeigen Sie, dass ihre Meinung Ihnen wichtig ist.

Eine vermeidend-selbstunsichere Persönlichkeit neigt zu dem Glauben, ihre Meinung sei von geringem Wert, und noch mehr: Sie denkt, dass Sie sie von sich stoßen würden, falls sie Ihnen widerspricht. Es liegt in Ihrer Hand, sie eines Besseren zu belehren, indem Sie ihr erklären, dass Sie ihre ganz persönliche Meinung zu hören wünschen und nicht bloß ein Echo Ihrer eigenen.

Erwarten Sie nicht, dass Ihnen das beim ersten Anlauf gelänge! Die vermeidend-selbstunsichere Person wird sich Ihnen erst offenbaren, wenn sie durch mehrere ermutigende Begegnungen genügend Vertrauen gewonnen hat.

Sobald sie sich jedoch erst einmal überzeugt hat, dass Sie aufrichtig sind und dass Ihnen ihre Meinung etwas bedeutet, wird sie allmählich mutiger werden, und Sie werden dazu beigetragen haben, ihr Selbstvertrauen wieder aufzubauen.

Alban, leitender Angestellter im Marketingbereich, berichtet:

Ich glaube, dass ich meinem ersten Chef eine Menge verdanke. Ich war ein ziemlich schüchterner Typ und fühlte mich nicht wohl in meiner Haut. Sie können sich vorstellen, dass ich auf meiner ersten Stelle eher die graue Maus spielte. Auf Versammlungen war mir sehr unbehaglich zumute, und besonders fürchtete ich die Fragerunden, in denen einer nach dem anderen seine Meinung äußern sollte. Schlimm war vor allem, dass bei jeder neuen Ansicht die übrigen Anwesenden oft Widerspruch anmeldeten und dass man es verstehen musste, seinen Standpunkt in einer lebhaften Diskussion zu verteidigen. Im Allgemeinen begnügte ich mich damit zu sagen, ich sei mit meinem Vorredner einer Meinung. Meinem Chef fiel das auf, und eines Tages nahm er mich als Ersten dran. Nun gab es kein Ausweichen mehr!

Mit zitternder Stimme begann ich, dass ich zu diesem Tagesordnungspunkt keine besondere Meinung hätte, was aber nicht stimmte. Alle schauten mich an. Ein anderer hätte vielleicht nachgehakt, aber mein Chef fragte gleich den nächsten in der Runde nach seiner Ansicht. Ich wäre am liebsten im Erdboden versunken. Als die Sitzung vorbei war, bat er mich, ihm in sein Büro zu folgen. Ich geriet in Panik, und das merkte man auch. Um meine Verkrampftheit zu lösen, lobte mich mein Chef zunächst für meine Arbeit in den vergangenen Monaten. Dann fragte er mich, was mich an meiner Tätigkeit am meisten interessiere. Die Antwort fiel mir nicht schwer; hier wagte ich, mich zu äußern. Ich war jetzt entspannter, und er sagte: »Wissen Sie, ich habe oft den Eindruck, dass es Ihnen in der Sitzung schwerfällt, Ihre Meinung darzulegen. Ich bestehe aber darauf, dass Sie sie äußern, denn so können wir alle davon profitieren. Selbst wenn niemand einverstanden ist, wird durch eine andere Meinung immer das Gespräch vorangebracht. Okay?«

Seit jenem Tag setzte ich alles daran, meine Ansichten mitzuteilen, selbst wenn mich das viel Überwindung kostete. Es gelang mir nicht immer, in der anschließenden Diskussion Oberwasser zu behalten, aber im Allgemeinen griff mein Chef ein, wenn er fand, das Gespräch habe lange genug gedauert. Im Laufe der Zeit fühlte ich mich immer ungezwungener. Damals begann ich auch eine Gruppentherapie, die mir gutgetan hat. Aber es war wirklich ein Glücksfall, denn ich glaube, ein knallharter Chef hätte mir damals, als ich noch jung und schüchtern war, endgültig »das Rückgrat brechen« können.

Die Furcht, Missfallen zu erregen, ist eine schwere Bürde der vermeidend-selbstunsicheren Persönlichkeiten, aber Sie können sie auch als Stimulans einsetzen, indem Sie zeigen, dass Sie sie umso mehr schätzen würden, wenn sie sich weniger ausweichend verhielten. Genau das ist Albans Chef geglückt.

Zeigen Sie, dass Sie Widerspruch ertragen können.

Vermeidend-selbstunsichere Persönlichkeiten denken häufig: Wenn ich jemandem widerspreche, führt das zwangsläufig zu einem Konflikt, in welchem ich am Ende als Witzfigur dastehen werde. (Solche Gedankengänge werden übrigens von bestimmten sehr autoritären Chefs ausgelöst, die es manchmal hinbekommen, alle ihre Mitarbeiter vermeidend-selbstunsicher zu machen. Diese begreifen schnell, dass schon die kleinste abweichende Meinung bestraft wird. Sehr bald entwickeln sie sich zu Virtuosen des »Ganz richtig, Herr Direktor!« und des »Sehe ich ganz genauso!«.)

Wenn Ihnen eine vermeidend-selbstunsichere Persönlichkeit zum ersten Mal ihre Meinung mitzuteilen wagt, und Sie zeigen ihr unverblümt, dass Sie nicht einverstanden sind, wird sie bestürzt sein und noch stärker glauben, dass man am besten den Mund halten sollte. Es ist also entscheidend, ihr nicht von vornherein zu widersprechen. Sagen Sie ihr, die Meinung werde Sie zum Nachdenken anregen; loben Sie an ihrer Antwort alles, was Ihnen interessant erscheint. Wenn Sie ihr unbedingt widersprechen müssen, etwa in einer bestimmten Arbeitssituation, sollten Sie ihr zunächst immer danken, dass sie ihre Meinung gesagt hat. Dann können Sie ihr die Gründe für Ihre eigene Position erläutern, ohne jedoch die Haltung Ihres Gegenübers abzuwerten.

Hier ein Beispiel: »Sie meinen also, wir sollten neue Kunden werben. Ich freue mich, dass Sie mir Ihre Ansicht offen mitgeteilt haben und dass Sie mit uns allen nach einer Lösung suchen. Natürlich könnte es eine interessante Lösung sein, neue Kunden zu werben. Aber aus verschiedenen Gründen, die ich Ihnen gleich erklären möchte, scheint es mir dafür nicht der richtige Moment zu sein.«

»Meine Güte«, werden jetzt manche entgegnen, »wir sind bei der Arbeit und nicht in der Sprechstunde beim Psychiater! Wenn jemand etwas sagt, und ich finde, es ist eine schlechte Idee, dann sag ich es ihm, und damit basta! Man hat doch nicht Zeit wie Sand am Meer!«

Zunächst einmal dauert es nur eine Viertelminute, bis man die oben aufgeführten Sätze über die Lippen gebracht hat; es gibt wirklich zeitraubendere Dinge. Außerdem werden Sie, wenn Sie Ihren ängstlichen Mitarbeiter zum Reden und zum Darlegen seiner Ideen ermutigen, ein neues Potenzial von grauen Zellen erschließen und seine Fähigkeiten besser ausnutzen. Viele Unternehmen sind nicht aus Mangel an Ideen oder intelligentem Vorausblick zugrunde gegangen, sondern, weil man es nicht verstanden hatte, ideenreichen Personen zuzuhören, die das Unternehmen vorangebracht hätten.

Wenn Sie kritisieren wollen, sollten Sie mit einem allgemeineren Lob beginnen und dann mit Ihrer Kritik auf eine bestimmte Verhaltensweise zielen.

Wie jedem von uns unterlaufen auch den vermeidend-selbstunsicheren Persönlichkeiten Fehler, und allein schon ihr Verhalten kann einem manchmal auf die Nerven gehen. Verhehlen Sie ihnen das nicht, denn wenn man jemanden nicht kritisiert, nimmt man ihm eine Chance, sich zu bessern.

Weil die vermeidend-selbstunsicheren Menschen auf Kritik jedoch überempfindlich reagieren, müssen Sie ihnen verständlich machen,

- dass Sie nicht ihre Person, sondern eine ihrer Verhaltensweisen kritisieren;
- dass Sie sie trotz der Kritik die restliche Zeit über durchaus schätzen;
- dass Sie ihre Sichtweise verstehen.

Uff! Sie werden sagen, das seien eine Menge Dinge, die man diesen Leuten verständlich machen soll. Aber so kompliziert ist es gar nicht.

Nehmen wir zum Beispiel Fabrice, einen Zahnarzt, der seine Sprechstundenhilfe Myriam darauf aufmerksam machen will, dass sie dem Drängen ungeduldiger Patienten besser widerstehen und die Termine nicht zu eng aneinanderrücken soll. »Myriam«, wird er vielleicht sagen, »ich weiß, dass Sie es gut meinen und dass es nicht leicht ist, den Bitten der Kunden nicht nachzukommen *(»ich verstehe Ihren Standpunkt«)*. Aber wenn ich zu viele Patienten dicht hintereinander habe, strengt mich das zu sehr an, und außerdem kann ich die Zeit nicht halten *(Beschreibung der Folgen)*. Ich würde mich also freuen, wenn Sie Ihr Möglichstes täten, um Patienten, bei denen es nicht so eilt, einen späteren Termin zu geben *(Kritik in Form einer Bitte)*.«

Auf diese Weise wird sich Myriam weniger destabilisiert fühlen, und es könnte ihr ein bisschen klarer werden, dass Kritik nicht automatisch eine Abfuhr bedeutet.

Wenn Sie mit einer vermeidend-selbstunsicheren Persönlichkeit zu tun haben, sollten Sie sich vorstellen, Sie redeten mit einem Ausländer, der sich alle Mühe gibt, Deutsch zu sprechen. Sie werden ihn nicht bei jedem Grammatikfehler tadeln oder verspotten, sondern ihm zeigen, dass Sie seinen guten Willen,

Ihre Sprache zu sprechen, zu schätzen wissen. Das wird Sie aber nicht daran hindern, ihn von Zeit zu Zeit auf die korrekte Form hinzuweisen.

Geben Sie ihm das Gefühl, stets zu seiner Unterstützung da zu sein.

Nach allem, was Sie schon über die vermeidend-selbstunsicheren Persönlichkeiten erfahren haben, werden Sie sicher verstehen, dass diese Menschen, um Fortschritte zu machen, mehr Beruhigung und Ermutigung brauchen als die meisten von uns. Am meisten beruhigt und ermutigt es uns aber, wenn wir spüren, dass uns jemand so annimmt, wie wir sind, selbst wenn uns Fehler passieren. Dieses Talent findet man bei manchen Lehrern, die ihren Schülern das Gefühl vermitteln, sie ganz unabhängig von ihren Ergebnissen zu respektieren und zu schätzen, vorausgesetzt, sie machen mit und strengen sich an. In einer solchen ermutigenden Atmosphäre lernen Kinder und Erwachsene am schnellsten neue Verhaltensweisen.

Zeigen Sie den vermeidend-selbstunsicheren Persönlichkeiten also, dass Sie ihren guten Willen anerkennen, selbst wenn die Resultate nicht perfekt sein sollten.

Bewegen Sie ihn dazu, einen Psychiater zu konsultieren.

Unter allen »schwierigen« Persönlichkeiten sind die vermeidend-selbstunsicheren Menschen sicher jene, die sich von den Fortschritten der Medizin und der Psychologie am meisten erhoffen dürfen. Psychotherapien, neue Medikamente und Gruppentherapien können ihnen helfen, Fortschritte zu machen, die bisweilen spektakulär sind. Lesen wir den Bericht von Lucie, jener jungen Frau, von der ihre Schwester Marie zu Beginn dieses Kapitels gesprochen hatte:

Meine Schwester sagte mir, ich würde ein Leben zweiter Wahl haben, weil ich mich immer im Hintergrund hielte. Ich verstand, was sie damit ausdrücken wollte, aber ich glaubte auch, dass ein Leben zwei-

ter Wahl genau das war, was ich verdiente, fand ich mich doch weniger intelligent und weniger hübsch als sie.

Ich glaube, ich hatte mich damit abgefunden, so zu sein, wie ich eben war, bis ich zu arbeiten begann. Dort jedoch merkte ich, wie meine Haltung dazu führte, dass man mich ausbeutete. Ich konnte nicht verhandeln, um von dem Berg Arbeit, den man mir auftrug, wenigstens etwas wieder loszuwerden; die anderen luden ihre Aufgaben auf mich ab, und außerdem bekam ich keine Lohnerhöhung. Ich denke, dass alle (mein Chef mit eingerechnet) ganz zufrieden waren, so ein »gutmütiges Dummchen« als Mitarbeiterin zu haben.

Dazu kam, dass meine Schwestern geheiratet hatten und nun viel seltener ausgingen; es gab keine Abende mehr, an denen sie mich mitnahmen. Mir blieben meine Arbeit, die mich erschöpfte, und mein kleines Appartement, in dem ich mich abends ganz allein wiederfand; ich sagte mir, dass ich niemals heiraten würde, weil ich ja niemanden kannte, und bekam ernsthafte Depressionen.

Meine Schwester (schon wieder sie!) wurde darauf aufmerksam und riet mir, zu einem Psychiater zu gehen, der eine ihrer Freundinnen behandelt hatte. Ein Psychiater! Das jagte mir eine solche Angst ein, dass ich auf der Stelle ablehnte! Schließlich musste mich meine Schwester dorthin begleiten.

Beim ersten Mal fühlte ich mich sehr eingeschüchtert; die Psychiaterin war eine ziemlich distinguierte Dame von vielleicht vierzig Jahren. Aber ich merkte bald, dass sie sich für meine Worte interessierte und mich ermutigte, wenn ich Mühe hatte, mich auszudrücken.

Allein diese Ermutigung hat mir gutgetan: ich traute mich allmählich, vor einer Person, die in meinen Augen bedeutender war als ich, ganz ich selbst zu sein, ohne mich beurteilt oder zurückgestoßen zu fühlen. Sie hat mir auch zu Bewusstsein gebracht, dass ich Humor besaß, wenn ich mich einmal gehen zu lassen wagte.

Das schwierigste Problem der Therapie bestand darin, mir meine Grundüberzeugung »Ich bin weniger wert als die anderen« bewusst zu machen. Nach einigen Monaten schaffte ich es, im Gespräch mit ihr diesen Grundglauben infrage zu stellen: Ich akzeptierte, dass ich als menschliches Wesen meine Qualitäten hatte, dass ich Wertschätzung verdiente und nicht »minderwertig« war.

Aber im täglichen Leben gewannen meine alten Reflexe wieder die Oberhand, und ich begann von Neuem, mich klein zu machen. Sie schlug mir vor, an einer Selbstbehauptungs-Trainingsgruppe teilzunehmen, die sie gemeinsam mit einem anderen Psychiater betreute. Ich fand mich inmitten von zehn Leuten wieder, die sich genauso unbehaglich fühlten wie ich. Zunächst war es sehr einschüchternd, aber später sogar ermutigend. Die beiden Therapeuten baten uns, von Situationen aus unserem Alltag zu erzählen, in denen wir verlegen waren; dann spielten wir diese Szenen mit einem anderen Kursteilnehmer nach. Auf diese Weise habe ich jede Menge »Bitten um Gehaltserhöhung« durchgespielt, wobei die anderen die Rolle meines Chefs übernahmen, der meine Bitte zurückwies. Im Grunde hatte ich beim Rollenspiel fast ebenso großen Bammel wie in der realen Situation, aber durch das häufige Wiederholen fühlte ich mich in dem, was ich tun wollte, immer sicherer. Als ich meine erste Gehaltszulage bekommen hatte, erzählte ich es ganz stolz in der Gruppe, und alle haben applaudiert! Ich wirkte auch in den Rollenspielen der anderen mit und freute mich, zu ihren Fortschritten beizutragen. Diese Gruppe war in meinem Leben wirklich eine wichtige Erfahrung! Ich bin noch heute mit zwei jungen Frauen befreundet, die ich dort kennengelernt habe, und wir treffen uns häufig. Ich fürchte auch weniger, niemals zu heiraten, denn seit ich nicht mehr so angespannt wirke, finden mich die jungen Männer viel interessanter.

Das ist kein Feenmärchen! Es gibt wirklich Therapien, die auf die Schwierigkeiten der vermeidend-selbstunsicheren Persönlichkeiten abgestimmt sind. Voraussetzung ist natürlich, sie wollen sich wirklich ändern!

Was Sie lassen sollten

Machen Sie keine ironischen Bemerkungen.

Die vermeidend-selbstunsicheren Persönlichkeiten sind überempfindlich. Mit einer kleinen ironischen Spitze, die einen anderen nur ein wenig pieken würde, kann man sie grausam verletzen. Selbst wohlwollender Humor kann von einer vermeidend-selbstunsicheren Persönlichkeit, die sich ja den anderen unterlegen fühlt, falsch interpretiert werden. Machen Sie davon also nur Gebrauch, wenn Ihre Beziehung bereits solide verankert ist.

Regen Sie sich nicht auf.

Mit ihrer Zögerlichkeit und ihrer Neigung, die Konversation versanden zu lassen und voll Unbehagen oder Verlegenheit dazustehen, könnte eine vermeidend-selbstunsichere Persönlichkeit Ihnen schließlich auf die Nerven gehen, und eines Tages laufen Sie Gefahr, sie ein wenig grob zu kritisieren!

In diesem Fall dürfen Sie damit rechnen, diese Person bei Ihrer nächsten Begegnung noch selbstunsicherer und ängstlicher vorzufinden. Mit Ihrer aggressiven Kritik haben Sie ihre beiden Grundüberzeugungen bestärkt: »Ich bin weniger wert« und »Die anderen werden mich abfahren lassen«. Herzlichen Glückwunsch! Sie haben eine Art Therapie in die verkehrte Richtung unternommen …

Wenn Sie sich also eines Tages aufregen, sollten Sie versuchen, es später wieder auszubügeln, indem Sie noch einmal in ruhigerer Stimmung mit ihr reden. Hören wir dazu noch einmal Fabrice, den Zahnarzt, dessen Assistentin Myriam eine vermeidend-selbstunsichere Persönlichkeit ist, der es schwerfällt, sich gegenüber den Wünschen der Patienten zu behaupten.

Ich war sehr gestresst, weil ich eine Menge Patienten in zu kurzen Abständen behandeln musste, aber mich hielt der Gedanke aufrecht, dass der Patient für 16 Uhr abgesagt hatte und ich dann endlich eine Kaffeepause würde einlegen können. Doch als es vier schlug, teilte mir Myriam mit, dass im Wartezimmer ein anderer Patient sitze! Auf seine dringlichen Bitten hin hatte sie ihm den frei gewordenen Termin gegeben. Ich war durch den Gedanken an die verlorene Pause so frustriert, dass ich in die Luft gegangen bin: ich warf ihr vor, sie könne kein Bestellbuch ordentlich führen, ich sei ihr ganz schnuppe, und sie arbeite, ohne ihren Kopf dabei einzusetzen. Das alles war reichlich ungerecht, denn sie kommt nie mit den Terminen durcheinander, sie sorgt sich im Gegenteil sehr um mich, aber an diesem Tag hatte es mir wirklich gereicht! Ich sah, wie sie rot wurde und die Augen niederschlug; sie war nicht imstande, mir etwas zu entgegnen. Sie sah so bestürzt aus, dass mich ihr Anblick wieder beruhigte. Die nächsten Tage bekam sie Angst, sobald ich mich ihr näherte; jetzt unterliefen ihr auch Fehler. Mehrere Wochen und ein langes klärendes Gespräch waren nötig, damit sie wieder Vertrauen schöpfte.

Passen Sie auf, dass sie sich nicht immer für die Dreckarbeiten opfert.

Die vermeidend-selbstunsicheren Persönlichkeiten sind nicht gerne in der Gruppe, aber manchmal, zum Beispiel in der Firma, sind sie dazu gezwungen. Um sicherzugehen, dass die anderen sie nicht zurückweisen, sind sie oft bereit, ihren Platz in der Gruppe zu »bezahlen«, indem sie sich so nützlich wie möglich machen. (Dieses Verhalten bemerkt man auch bei den dependenten Persönlichkeiten, die weiter oben beschrieben wurden.) Sie werden versuchen, sich gegen eine mögliche Abfuhr durch die Gruppe zu versichern, indem sie sich aufopfern und allen gefällig sein wollen. Auf Arbeit wird diese Neigung manchmal von skrupellosen Chefs oder Kollegen ausgenutzt. Lise, Oberschwester in einem großen Pariser Krankenhaus, erzählt:

Maëlys ist eine junge Krankenschwester, die vor Kurzem bei uns angefangen hat. Ich merkte bald, dass sie sehr schüchtern war; in Sitzun-

gen wagte sie nie, das Wort zu ergreifen. Sie schien sich vor allem darum zu sorgen, von den anderen akzeptiert zu werden, sie verfolgte die Gespräche, ohne sich selbst besonders zu beteiligen, und lächelte bei den Späßen der anderen. Aber ansonsten fand ich sie sehr kompetent und gewissenhaft, und sie hat mein volles Vertrauen. Nach und nach wurde mir bewusst, dass sich eine ungesunde Situation aufbaute. Ich lasse den Schwestern eine gewisse Autonomie beim Ausarbeiten des Dienstplans, so dass sie sich untereinander absprechen können, wie sie die Wochenenden und die Feiertage gerecht aufteilen. Aber ich stellte fest, dass Maëlys an den Wochenenden übermäßig oft dran war. Mehr noch: wenn sie darum gebeten wurde, ersetzte sie manchmal Hals über Kopf eine andere Kollegin, so dass sich die Zahl ihrer Wochenenddienste noch mehr erhöhte. Ich begriff, was geschehen war: die Kolleginnen hatten Maëlys' Schwäche gespürt, ihre Unfähigkeit, sich zu widersetzen, und nutzten sie aus, um ihr die Tage anzudrehen, die keiner wollte!
In der Besprechung gab ich zu verstehen, dass mir die Aufteilung fürs kommende Trimester nicht gerecht erschien, wobei ich Maëlys nicht namentlich erwähnte, und dass ich einen neuen Dienstplan erwartete. Alle schauten peinlich berührt drein, aber wenig später brachten sie mir einen anständigen Plan. Dann hatte ich ein Gespräch mit Maëlys, bei dem ich ihr erklärte, sie dürfe nicht alles mit sich machen lassen. Ich spürte, dass sie meine Bemerkung als Tadel auffasste und noch verlegener wurde. Ich musste mich mit ihr eine halbe Stunde lang unterhalten, bis sie sich ein wenig entspannte und begriff, dass ich eine gute Meinung von ihr hatte. Das ist jetzt sechs Monate her, und inzwischen hat sie mehr Selbstsicherheit gewonnen.

Dieses Beispiel zeigt auch, welche entscheidende Rolle ein verständnisvoller Chef spielen kann, wenn es darum geht, einer vermeidend-selbstunsicheren Persönlichkeit wie Maëlys wieder Selbstvertrauen zu geben. Viele Chefs jedoch sind selbst gestresst, immer in Eile und von geschwätzigeren oder unbescheideneren Mitarbeitern in Beschlag genommen, so dass sie den vermeidend-selbstunsicheren Persönlichkeiten, die im Übrigen geradezu danach streben, übersehen zu werden, nicht die nötige Zeit oder Aufmerksamkeit widmen.

HABEN AUCH SIE ZÜGE

… einer vermeidend-selbstunsicheren Persönlichkeit?

	eher richtig	eher falsch
1. Ich habe schon Einladungen ausgeschlagen, weil ich fürchtete, mich dort nicht wohl in meiner Haut zu fühlen.		
2. Es waren eher meine Freunde, die mich ausgesucht haben, als umgekehrt.		
3. In Gesprächen schweige ich oft lieber, weil ich fürchte, sonst langweilige Sachen zu sagen.		
4. Wenn ich meine, mich vor jemandem lächerlich gemacht zu haben, möchte ich ihn am liebsten nie wiedersehen.		
5. Ich bewege mich in Gesellschaft weniger ungezwungen als die meisten Leute.		
6. Wegen meiner Schüchternheit habe ich im persönlichen und beruflichen Leben mehrere Gelegenheiten verpasst.		
7. Ich fühle mich nur in der Familie oder mit alten Freunden wirklich wohl.		
8. Ich fürchte oft, dass ich die anderen enttäusche oder dass sie mich nicht interessant finden.		
9. Mit Leuten, die ich gerade kennengelernt habe, kann ich nur schwer ein Gespräch anknüpfen.		
10. Ich habe schon mehrmals ein wenig Alkohol oder ein Beruhigungsmittel zu mir genommen, nur, um mich besser zu fühlen, wenn ich jemanden treffen musste.		

KAPITEL XIV

UND ALL DIE ANDEREN PERSÖNLICHKEITEN?

Natürlich glauben wir nicht, dass es uns gelungen wäre, in den vorangegangenen Kapiteln alle Arten von schwierigen Persönlichkeiten zu beschreiben. Das ist schon deshalb nicht möglich, weil es, um unseren Vergleich aus der Meteorologie noch einmal zu bemühen, nicht nur Cumulus-, Nimbus- oder Stratuswolken gibt, sondern auch Cumulonimbus- oder Nimbostratus-Wolken, also Mischformen. (Von den Cirruswolken ganz zu schweigen.)

Mit den Persönlichkeiten verhält es sich ebenso. Manche von ihnen vereinen in sich Merkmale verschiedener Typen. Zwei dieser Kombinationen seien hier aufgeführt, weil sie häufiger vorzukommen scheinen, als dass man es mit reinem Zufall erklären könnte.

DIE NARZISSTISCH-HISTRIONISCHE PERSÖNLICHKEIT

Dieser Persönlichkeitstyp zeigt das theatralische und verführerische Verhalten der histrionischen Persönlichkeit, besitzt dazu aber auch das Überlegenheitsgefühl und die Empfindlichkeit der narzisstischen Persönlichkeit. Karikaturistisch übertrieben könnte man sagen, dass diese »gemischte« Persönlichkeit einem großen Filmstar ähnelt, der das Foyer eines Luxushotels betritt und dabei alles tut, um bemerkt zu werden (histrionisch), und der, wenn er sich erst einmal niedergelassen hat, das Personal durch zahllose im Kommandoton vorgebrachte Extrawünsche aufregt (narzisstisch). Im Vergleich zu den »reinen« Histrionikern sind diese Persönlichkeiten weniger beeinflussbar, sondern eher starke Charaktere. Verglichen mit den reinen Narzissten sind sie eher von der Aufmerksamkeit der anderen abhängig, und ihr Selbstwertgefühl ist zerbrechlicher. In gemilderter Form kommen solche Persönlichkeiten ziemlich häufig vor. Solange sie in Bestform sind, dominiert ihre narzisstische Seite; brauchen sie jedoch Hilfe und Zuspruch, tritt die histrionische Komponente stärker hervor.

Alexis, die von Joan Collins in der Serie *Denver Clan* verkörperte Femme fatale, ist eine gute Illustration für eine narzisstisch-histrionische Persönlichkeit. In den amerikanischen »soap operas« wimmelt es ohnehin von narzisstischen und histrionischen Persönlichkeiten, eignen sie sich doch großartig für Szenen, in denen es um Verführung oder unbarmherzige Streitereien geht. Man könnte hier auch die furchterregende Sally Spectra aus *Reich und schön* anführen.

DIE DEPENDENT-VERMEIDENDE PERSÖNLICHKEIT

Wie Untersuchungen ergeben haben, stuft bisweilen der eine Psychiater einen Patienten als vermeidend-selbstunsichere Persönlichkeit ein, während sein Kollege bei einer neuerlichen Untersuchung eine dependente Persönlichkeit diagnostiziert. Es kommt zwischen beiden Diagnosen also zu einer gewissen Überschneidung.

Im Standardfall wird ein »rein vermeidend-selbstunsicherer« Mensch jeden sozialen Kontakt meiden, der ihn womöglich Verlegenheit oder Beklemmung verspüren lassen könnte. Die »rein dependente« Person wird hingegen nach der Gesellschaft der anderen streben, wobei sie zu allem bereit ist, um akzeptiert zu werden. Aber die Wirklichkeit ist oft vielschichtiger: der Vermeidend-Selbstunsichere wird von den Umständen dennoch dazu gebracht, soziale Kontakte zu knüpfen, zum Beispiel in der Schule und im Beruf oder weil er vielleicht Liebesdrängen verspürt. Weil er fürchtet, lächerlich zu erscheinen oder nicht »auf der Höhe zu sein«, wird er Akzeptanz erreichen wollen, indem er besonders beflissen, fügsam und »nett« ist, womit er typische dependente Verhaltensweisen annimmt. Umgekehrt wird sich der Dependente in einem Konfliktfall, selbst in einem belanglosen, äußerst unwohl fühlen, fürchtet er doch, aufgegeben zu werden; er wird in Verwirrung geraten, erröten, verlegen sein oder sogar die Flucht ergreifen, womit er Verhaltensweisen der vermeidend-selbstunsicheren Persönlichkeiten zeigt.

Wir haben diese beiden Mischformen angeführt, weil sie häufig vorkommen. Es gibt jedoch noch etliche mehr, was aus jeder schwierigen Persönlichkeit einen besonderen Fall macht.

Außer den Mischformen existieren andere Typen von schwierigen Persönlichkeiten, von denen wir in den vorangegangenen Kapiteln noch nicht gesprochen haben, sei es, weil sie so selten auftreten oder weil sie derart schwierig sind, dass unser erster Rat wäre, sie zwar nicht zurückzustoßen, aber zumindest eine vorsichtige Distanz zu ihnen zu wahren. Und wenn die Wechselfälle des Lebens es mit sich bringen, dass Sie in der Familie oder im Beruf regelmäßig mit einer solchen Person zu tun haben, empfehlen wir Ihnen, bei einem Spezialisten aus dem Gesundheitswesen Hilfe zu suchen. Hier also eine »Rollenliste« für wahre Tragikomödien.

DIE SCHIZOTYPISCHE PERSÖNLICHKEIT

Diese Persönlichkeiten haben bizarre Ansichten und Wahrnehmungen von den anderen, sich selbst und dem Rest der Welt. »Bizarr« definiert sich natürlich im Verhältnis zu den traditionellen Glaubensinhalten der kulturellen Gruppe, welcher das Individuum angehört. Ein haitianischer Bauer, der glaubt, die Toten stiegen aus ihren Gräbern, um sich zu rächen, wäre nicht »bizarr«, ein Pariser leitender Angestellter mit derselben Auffassung schon eher.

In unseren Kulturen werden sich die schizotypischen Persönlichkeiten von der Esoterik, den asiatischen Religionen und den New-Age-Glaubensinhalten angezogen fühlen, aber dennoch oft für sich bleiben, weil sie zu Misstrauen neigen und sich in der Gruppe unwohl fühlen. Sie sehen gern überall »Zeichen« – ein schizotypischer Patient erblickt zum Beispiel den Lieferwagen einer großen Brauerei und sieht darin sogleich ein Zeichen, dass seine Mutter von ihm angerufen werden möchte, denn sie trinkt häufig Bier von dieser Marke. Ebenso glauben diese Menschen oft an die Wiedergeburt (»Ich habe gespürt, dass es meine tote Schwester war, die durch meinen Mund gesprochen hat«), an parapsychologische Phänomene oder an die Außerirdischen. Für sie handelt es sich nicht einfach um ein interessantes Thema, sondern um tiefreichende Glaubensinhalte, deren Wahrheit sie in ihrem Alltagsleben »fühlen«.

In David Lynchs Fernsehserie *Twin Peaks* ist die »Frau mit dem Holzscheit« offensichtlich eine schizotypische Persönlichkeit. Sie lebt eher zurückgezogen und hält in ihren Armen ständig ein Holzstück, zu dem sie zärtlich spricht und das ihr telepathische Botschaften überbringt. Diese wunderbare Serie ist übrigens ganz und gar in eine hochgradig schizotypische Atmosphäre gehüllt; es gibt dort seltsame Erscheinungen, übernatürliche Zeichen, indianische Magie, Verwandlungen von Körpern und schreckenerregende Halluzinationen. Auch die Hauptgestalt, der FBI-Agent Dale Cooper, hat bizarre Ansichten und leicht abwegige Verhaltensweisen (er speichert seine täglichen Gedanken auf einem Diktiergerät, wobei er sich an eine Sekretärin namens Diane richtet, die in Wirklichkeit gar nicht existiert). Das soll nicht heißen, dass die Autoren von *Twin Peaks* schizotypische Persönlichkeiten wären, sondern nur, dass sich die Imaginationskraft von Künstlern Erfahrungen erschließen kann, die über den engen Kreis ihrer eigenen Persönlichkeit hinausreichen. So hat Dostojewski angemerkt, er habe es nicht nötig gehabt, eine alte Dame mit Axthieben zu töten, um die Grübeleien des Mörders in *Schuld und Sühne* schildern zu können.

Zwischen der schizotypischen Persönlichkeit und der Schizophrenie gibt es anscheinend eine gewisse Verwandtschaft: im familiären

Umfeld der an Schizophrenie erkrankten Patienten findet man einen überdurchschnittlich hohen Prozentsatz von schizotypischen Persönlichkeiten. Nichtsdestoweniger erhalten die schizotypischen Menschen einen besseren Kontakt zur Wirklichkeit aufrecht als die schizophrenen Patienten; sie haben nur selten solche Halluzinationen, wie sie für die verschärften Phasen von Schizophrenie typisch sind. Manche Psychiater glauben, dass die schizotypische Persönlichkeit eine mildere Form von Schizophrenie ist.

Diesen Persönlichkeiten fällt es oftmals schwer, sich an das Leben in der Gesellschaft anzupassen, eine Arbeit zu finden, bei der ihre bizarren Ansichten kein Hindernis sind (isoliert liegende Arbeitsplätze), oder zu einer Gruppe zu stoßen, in welcher sie ausreichend akzeptiert werden (seit vielen Jahren bekannte Arbeitsgefährten, so etwa in Gesellschaftsformen, die von der Landwirtschaft geprägt sind).

Wenn Sie eine schizotypische Persönlichkeit in Ihrer Umgebung haben, ähneln unsere Empfehlungen denen, die wir bei den schizoiden Persönlichkeiten gegeben haben. Respektieren Sie vor allem ihr Bedürfnis nach Ruhe. Wir glauben jedoch auch hier, dass es besser wäre, den Beistand eines Spezialisten zu suchen. Da es den schizotypischen Persönlichkeiten schwerfällt, sich an das Leben in Gesellschaft anzupassen, sind sie besonders stark depressions- und selbstmordgefährdet.

DIE SADISTISCHE PERSÖNLICHKEIT

Diese nicht gerade reizende Persönlichkeitsstörung ist durch Verhaltensweisen oder Haltungen gekennzeichnet, die darauf abzielen, andere Menschen leiden zu lassen oder sie zu beherrschen. Für den Sadisten sind das Leiden und die Unterwerfung der anderen ein »reines Vergnügen« und nicht etwa das Mittel, um ein anderes Ziel zu erreichen. (Schlägt man zum Beispiel jemanden zusammen, um ihn auszurauben, ist das nicht unbedingt ein sadistisches Verhalten.

Hauptziel des Angreifers ist ja, sein Opfer zu bestehlen, aber nicht, es leiden zu lassen.)

Eine sadistische Persönlichkeit kann sich so einrichten, dass sie die Gesetze nicht übertritt, sondern anderen Menschen durch »autorisierte« Verhaltensweisen Leid zufügt. Jemanden in der Öffentlichkeit durch beleidigende Bemerkungen demütigen, die eigenen Kinder überzogen hart bestrafen, die Untergebenen durch Strafandrohungen in Schrecken versetzen, Tiere quälen, sich am Leid anderer belustigen, seine Mitmenschen zu demütigenden oder herabwürdigenden Taten zwingen – all das können Anzeichen für eine sadistische Persönlichkeit sein. Die Störung kommt in den Jugendjahren zum Vorschein, in erdrückender Mehrheit bei Jungen.

In Kriegergesellschaften wurden sadistische Verhaltensweisen oftmals als Männlichkeitsbeweis und auch als Mittel, feindlichen Stämmen Schrecken einzujagen, positiv bewertet. Vom entwicklungsgeschichtlichen Standpunkt her betrachtet, kann man annehmen, dass Sadismus von Vorteil war, um Rivalen zu unterwerfen und Feinde auszulöschen. So erhöhte er die Chancen, Nachkommen in die Welt zu setzen. Bei gewissen nordamerikanischen Indianerstämmen mussten die Jugendlichen eine Probe ihrer Mannbarkeit liefern, indem sie ausgiebig Gefangene folterten (schon wieder eine Attacke auf den Mythos vom »edlen Wilden«!)[8]. Bei den Wikingern, einer anderen Kriegergesellschaft, erhielt im 9. Jahrhundert ein Anführer den Beinamen »Der Mann der kleinen Kinder«, denn er untersagte seinen Leuten, bei der Erstürmung feindlicher Städte die Kinder auf Lanzen zu spießen, wie es bislang Brauch gewesen war. Dieses Verbot beeindruckte seine Landsleute derartig, dass sie ihm den zärtlichen Beinamen verpassten.[9] Das vermittelt vielleicht eine Vorstellung vom »natürlichen« Sadismusniveau jener Epoche. In der späteren Geschichte ist es leider oftmals wieder durchgebrochen.

8 *Relation de quelques missions des pères de la Compagnie de Jésus dans la Nouvelle-France par le Révérend Père F. J. Bressani.* Montréal (Presses de la Vapeur) 1852.

9 D. Boorstin: *Les Découvreurs.* Paris (Robert Laffont) 1992.

Weniger blutrünstig als ihre Vorfahren, wenn auch bisweilen sehr grausam, können sich die jungen Sadisten unserer Tage als eifrige Teilnehmer an gewissen Aufnahmeritualen der Hochschulen entfalten, wo sie Vergnügen daraus schöpfen, jüngere Kommilitonen zu demütigen und zu versklaven.

In einer stabilen Demokratie sind sadistische Persönlichkeiten zum »Maßhalten« gezwungen, aber Kriege und Revolutionen eröffnen ihnen ungeahnte Perspektiven zur Selbstverwirklichung. Sie werden sich immer freiwillig zum Verhör eines Verdächtigen melden, werden die Konzentrationslager bewachen, Terrorakte begehen und die Zivilbevölkerung in Angst und Schrecken versetzen. Unter die Schrecken des Krieges muss man rechnen, dass ein sadistisches Verhalten am Ende zur Norm werden kann und so auch von bislang normalen Persönlichkeiten übernommen wird. Zu den Leistungen einer Demokratie gehört das Bemühen, selbst in Kriegszeiten einen solchen Verhaltenstyp unter den Soldaten zu kontrollieren und zu bestrafen. In den Armeen von Diktatoren stehen Sadisten seltener vor dem Kriegsgericht.

Fast in jedem zweiten Fall geht die sadistische Persönlichkeit mit einer anderen Persönlichkeitsstörung einher (besonders mit paranoiden, narzisstischen und antisozialen Persönlichkeiten).

SADISTISCHE PERSÖNLICHKEITEN IM FILM

In Peter Greenaways Film *Der Koch, der Dieb, seine Frau und ihr Liebhaber* (1989) scheint die vom kolossalen Michael Gambon gespielte Figur sowohl ein erschreckender Soziopath (er gehört zu den gefürchteten Bossen der kriminellen Unterwelt) als auch eine frappierende sadistische Persönlichkeit zu sein. Bei gargantuesken Festessen liebt er es, seine Umgebung mit verbaler und physischer Gewalt zu ängstigen und zu erniedrigen. Er lässt den Liebhaber seiner Frau auf schreckliche Weise töten. Später wird sie ihm seinen Sadismus gewissermaßen mit gleicher Münze heimzahlen.

In Victor Flemings bedeutender Stevenson-Verfilmung *Dr. Jekyll und Mr. Hyde* (1941) verwandelt sich der gute Doktor Jekyll (Spencer Tracy) unfreiwillig in den außergewöhnlichen Sadisten Mister Hyde, der unablässig Lust zieht aus den Qualen, die er anderen Menschen bereitet, besonders Ingrid Bergman, welche er mit großem Vergnügen demütigt und verängstigt.

Auf die gleiche Weise martert Dennis Hopper in David Lynchs beängstigendem *Blue Velvet* (1986) eine von Isabella Rossellini verkörperte dependente Frau. Das erschreckende Modell einer sadomasochistischen Beziehung!

In fast allen Filmen von Quentin Tarantino gibt es eine Szene, in der eine Figur sadistisches Vergnügen daran empfindet, ihr hilfloses Opfer mit jubilierender Geschwätzigkeit physisch oder psychisch zu quälen, bevor sie es tötet.

Aber machen wir uns nichts vor. Sadismus findet sich nicht nur bei Kriegsverbrechern oder Serienmördern; er schlummert in jedem von uns und kann unter bestimmten Umständen erweckt werden, etwa durch einen charismatischen Anführer, den Gruppeneffekt, das Bedürfnis, Frustrationen zu kompensieren, oder durch Rachegelüste.

DIE SELBSTSCHÄDIGENDE PERSÖNLICHKEIT

Die Existenz einer solchen Persönlichkeitsstörung ist sehr umstritten, und so ist sie in die neueste Version des DSM nicht mehr aufgenommen worden. Diesem Persönlichkeitsbild entsprechen Menschen, die ihre eigene Existenz bewusst zu untergraben scheinen, obwohl sie die Möglichkeit hätten, es anders zu machen. Um auch hier von Persönlichkeitsstörung sprechen zu können, muss sich das selbstschädigende Verhalten seit der Jugend in verschiedenen Lebensbereichen manifestieren: bei der Arbeit, bei sozialen Kontakten, Liebesbeziehungen und in der Freizeit. Dabei muss das Individuum die Chance zum Erfolg haben, sie aber nicht zu ergreifen verstehen.

Ein solcher Student wird zum Beispiel sehr oft zu spät zu Prüfungen erscheinen, die er dennoch gut vorbereitet hatte; eine solche Frau wählt immer brutale und unstete Partner, für welche sie sich aufopfert, und ein solcher Mann hält gegenüber Freunden seine Versprechungen nicht, obwohl ihm das leichtgefallen wäre, und provoziert so ein Zerwürfnis. Ein Angestellter harrt auf unterqualifizierten und schlecht bezahlten Posten aus, obwohl seine Diplome und seine Kompetenzen ihm Besseres ermöglichen würden. Erkrankt eine selbstschädigende Persönlichkeit, konsultiert sie erst einen Arzt, wenn ernstliche Komplikationen auftreten, und nimmt dann ihre Medikamente unregelmäßig ein, selbst wenn sie gut anschlagen und verträglich sind.

Wenn der selbstschädigenden Persönlichkeit etwas Angenehmes passiert, wird sie dieses positive Ereignis sofort auslöschen, indem sie zum Beispiel einen kostspieligen Unfall herbeiführt. Ein leitender Angestellter, den man für seine gute Leistung beglückwünscht und in der Lohngruppe heraufsetzt, wird kurze Zeit später einen schweren beruflichen Fehler begehen, der zu seiner Entlassung führt.

Solche Verhaltensweisen lösen in der Umgebung dieser Personen natürlich Zorn und Zurückweisung aus: »Verdammt noch mal, macht der das mit Absicht, oder was?«

Diese Persönlichkeitsstörung findet aus mehreren Gründen keine offizielle Anerkennung. Zunächst einmal belegen Studien, dass sie sehr häufig mit anderen Persönlichkeitsstörungen verbunden ist, insbesondere mit der dependenten, der selbstunsicheren, der passiv-aggressiven und der Borderline-Persönlichkeit. Man glaubt also, dass es vielleicht keine selbstschädigende Persönlichkeit gibt, sondern Verhaltensweisen, die aufs Scheitern zusteuern und unterschiedlichen Persönlichkeitsstörungen gemeinsam sind. Wenn ihnen zum Beispiel eine Beförderung in Aussicht gestellt wird, können die folgenden Persönlichkeiten aus ganz unterschiedlichen Gründen »Sabotage« betreiben:

- Die dependente Persönlichkeit »sabotiert« ihre Beförderung aus Furcht, persönliche Verantwortung übertragen zu bekommen.
- Die selbstunsichere Persönlichkeit aus Furcht, künftig stärker im Rampenlicht stehen zu müssen.
- Die passiv-aggressive Persönlichkeit, um ihren Chef zu »strafen«, der sich auf sie verlässt, auf den sie aber sauer ist.
- Die Borderline-Persönlichkeit, weil sie plötzlich in Zweifel darüber gerät, wo ihre wirklichen Wünsche liegen, und dabei einen abrupten Stimmungsumschwung durchmacht.
- Die depressive Persönlichkeit aus Furcht, nach der Beförderung, welche sie im Übrigen nicht zu verdienen glaubt, ihren Aufgaben nicht mehr gewachsen zu sein.

Ein weiterer Nachteil der Diagnose einer selbstschädigenden Persönlichkeit liegt darin, dass sie manchmal zu gefährlichen Abirrungen führt, die man mit dem Ausdruck »dem Opfer die Schuld zuschieben« zusammenfassen kann.[10]

Eine solche Diagnose schadet zum Beispiel Frauen, die von ihrem Mann geschlagen werden und trotzdem bei ihm bleiben. Indem sie solche Frauen als »selbstschädigende Persönlichkeiten« abqualifizieren, können die Rechtsanwälte der Männer sie für den Zustand ihrer Ehe verantwortlich machen und außerdem versuchen, ihnen das Sorgerecht für die Kinder zu entreißen. In Wahrheit leiden die misshandelten Frauen viel öfter an chronischem traumatischem Stress, der sie in einen ängstlich-depressiven Zustand versetzt und handlungsunfähig macht. Und wenn sie wirklich eine Persönlichkeitsstörung haben, handelt es sich viel häufiger um dependente Persönlichkeiten, die den ehelichen Herd nicht verlassen, weil sie fürchten, auf sich allein gestellt nicht zurechtzukommen. Wir sind also weit entfernt von Freuds »weib-

10 L. B. Rosewater: »A critical analysis of the proposed self-defeating personality disorder«, in: *Journal of Personality Disorders*, 1987, I, S. 190–195.

lichem Masochismus«, den ihm die Feministinnen noch immer nicht verziehen haben.

Auch die Therapeuten können es ausnutzen, dem Opfer die Schuld zuzuschieben. Wenn es einem Patienten trotz all unserer Bemühungen nicht besser geht, ist es bequem und verlockend, ihn selbst die Verantwortung fürs Fehlschlagen der Behandlung tragen zu lassen: »Na ja, das ist halt eine selbstschädigende Persönlichkeit.«

(Hierzu gibt es auch eine psychoanalytische Variante: »Seine Widerstände sind zu stark« oder »Er hat eine masochistische Freude daran, sich Misserfolge zu organisieren«.) Aus all diesen Gründen wird die Diagnose »selbstschädigende Persönlichkeit« heutzutage kaum noch gestellt.

DIE DURCH EIN TRAUMATISCHES EREIGNIS VERÄNDERTEN PERSÖNLICHKEITEN

Schon seit Langem haben die Psychiater bei Menschen, die schreckliche Erfahrungen durchmachten, Veränderungen der Persönlichkeit konstatiert. Zu den frühesten Beobachtungen zählt das KZ-Syndrom[11], eine Persönlichkeitsveränderung, welche an Überlebenden der nazideutschen und japanischen Konzentrationslager festgestellt wurde und im weiteren Verlauf der Geschichte dann bei den Gefangenen der Vietconglager und den Flüchtlingen aus Kambodscha.[12] Außer den durchlittenen Gewalttätigkeiten könnte auch die lang anhaltende starke Unterernährung zu den beobachteten Störungen beigetragen haben. Dieses »Überlebendensyndrom« kann über Jahre hinaus fortdauern und sich in einem ganzen Spektrum chronischer Symptome äußern: Angst, Desinteresse, sozialer Rück-

11 P. Chodoff: »Late effects of the concentration camp syndrome«, in: *Archives of General Psychiatry*, 1963, 8, S. 323–333.

12 J. D. Kinzie et al.: »Post-traumatic stress disorders among survivors of Cambodgian concentration camps«, in: *American Journal of Psychiatry*, 1984, 141, S. 645–650.

zug, affektives Abstumpfen, Schlafstörungen und ein anhaltendes Gefühl, noch immer bedroht zu sein.

All diese Symptome kann man in unterschiedlicher Stärke auch bei den posttraumatischen Belastungsstörungen ausmachen, die bei den Opfern von Gewalthandlungen oder den Überlebenden schwerer Unfälle oder Katastrophen beobachtet werden. Um die Gefahr psychischer Spätfolgen zu verringern, ist es wichtig, dass die betroffene Person nach dem Vorkommnis so schnell wie möglich behandelt wird, am besten schon in den ersten Stunden. Diese Behandlung ist zunächst einmal eine psychologische. Sie besteht darin, das Opfer von seinem Trauma berichten zu lassen, und zwar im Kontext einer beruhigenden therapeutischen Beziehung mit einem speziell ausgebildeten Gesprächspartner.

Die Früherkennung und Behandlung der posttraumatischen Belastungsstörung ist ein Problem, das für die öffentliche Gesundheit wahrhaft von Belang ist. Personen, die keine psychologische Betreuung erfahren, werden Gefahr laufen, später chronische Störungen auszubilden, die für sie selbst, ihre Familien und für die Gesellschaft als Ganzes einen hohen Preis haben.

DURCH EIN TRAUMATISCHES EREIGNIS VERÄNDERTE PERSÖNLICHKEITEN IM FILM

Zu Beginn von Ted Kotcheffs Film *Rambo* (1982) erleben wir Sylvester Stallone als ehemaligen Vietnamkämpfer, der manche Symptome einer schweren posttraumatischen Belastungsstörung zeigt: mangelhafte Eingliederung, abgestumpftes Interesse, sozialer Rückzug, Gefühl einer lauernden Gefahr. Als er von einem sadistischen Polizisten festgenommen wird, lässt die schlechte Behandlung, der man ihn unterwirft, die Erinnerungen an seine Gefangenschaft in den Händen des Vietcong wieder aufleben. Das provoziert – zur großen Freude der männlichen Jugend unter den Kinozuschauern – ein brutales Wiedererstehen seiner Kämpferpersönlichkeit ...

Zwei neuere *films noirs* rücken Kriegsveteranen ins Rampenlicht, deren Persönlichkeit durch die Traumata der Kämpfe offenbar verändert wurde, auch wenn man nichts über ihren früheren Charakter weiß.

In *Maryland* (2015) von Alice Winocour ist Vincent (Matthias Schoenaerts) ein wortkarger Soldat, der in Afghanistan im Einsatz war. Der Militärarzt erklärt ihn für dienstunfähig, und so findet er einen Job als Leibwächter von Jessie (Diane Kruger), der Gattin eines reichen libanesischen Geschäftsmannes, die abgeschottet in einer Luxusvilla an der Côte d'Azur lebt. Die starken Gefühle, die er ihr gegenüber empfindet, vermag er nicht auszudrücken, doch kann er seinen Wert unter Beweis stellen, als er sie beschützen muss.

In Lynne Ramseys Film *A Beautiful Day* (2017) verkörpert Joaquin Phoenix einen Kriegsveteranen, der nach außen hin leidenschaftslos wirkt, aber von schrecklichen traumatischen Flashbacks und Selbstmordimpulsen gequält wird. Er lebt bei seiner alten Mutter, um die er sich rührend kümmert, und verlässt sie nur, um gegen Bezahlung Jugendliche freizukämpfen, die man aus ihren Familien entführt hat. Dabei zeigt er sich extremer Gewalttätigkeiten gegen die Entführer fähig.

Auf einer ganz anderen Ebene beobachten die Mediziner dauerhafte Persönlichkeitsveränderungen auch nach verschiedenartigen Eingriffen ins Gehirn (Schädeltrauma, neurochirurgische Operation), aber das zu erörtern überschreitet den Rahmen dieses Buches.

UND DIE MULTIPLEN PERSÖNLICHKEITEN?

Obgleich diese Störung selten auftritt, erregt sie das Interesse der Öffentlichkeit und der Psychiater. Die multiple Persönlichkeit wird übrigens nicht als Persönlichkeitsstörung im engeren Sinne betrachtet, sondern als ein andersgeartetes Leiden.

Der Kranke präsentiert sich nacheinander in Form verschiedener

Persönlichkeiten, die sich manchmal nach Alter, kulturellem Niveau, Geschlecht und Charakter stark unterscheiden. Im typischen Fall hat jede dieser Persönlichkeiten eine Amnesie für die anderen, das heißt, sie erinnert sich kaum oder überhaupt nicht an das, was die anderen Persönlichkeiten gesagt, getan oder gedacht haben. Die durchschnittliche Anzahl dieser Persönlichkeiten beschränkt sich keineswegs wie in Stevensons *Dr. Jekyll und Mister Hyde* auf zwei, sondern variiert je nach Patient zwischen fünf und zehn. »Wirtspersönlichkeit« ist jene, die der sozialen Identität des Patienten entspricht, aber es braucht nicht unbedingt sie zu sein, die um ärztliche Hilfe bittet.

Eine für die Psychiatrie bemerkenswerte Tatsache ist, dass bei dieser Störung der auslösende Faktor wahrscheinlich bekannt ist: in fast allen Fällen stößt man auf ein traumatisches Ereignis in der Kindheit, das ohne affektiven Beistand durchgemacht wurde.

Wir waren Zeugen einer therapeutischen Sitzung, die ein auf diese Störung spezialisierter Psychiater mit einem Patienten abhielt, der mindestens drei Persönlichkeiten hatte: die eine, die normale »Wirtspersönlichkeit«, stimmte mit der Identität des Patienten überein. Es handelte sich um einen fünfzigjährigen Büroangestellten, der von seinen Kollegen und in der Familie sehr geschätzt wurde, aber häufig depressive Phasen durchlebte. Die andere Persönlichkeit, deren Auftreten immer allgemeines Erstaunen auslöste, war die eines weinerlichen und dependenten Fünfjährigen. Diese Persönlichkeit ergriff vom Patienten im Allgemeinen nach kleinen Alltagskonflikten Besitz. Der Kranke hatte noch eine dritte Persönlichkeit, die eines aggressiven und streitsüchtigen Mannes, die in mehrere Schlägereien mit Unbekannten verwickelt worden war. Wenn der Patient seine normale Persönlichkeit zurückerlangte, waren die Stunden, in denen er sich wie ein jammerndes Kind oder ein angriffslustiger Mann benommen hatte, völlig aus seinem Gedächtnis verschwunden.

Im Laufe der Sitzung bewirkte der Psychiater durch Hypnose die Rückkehr der Kleinkindpersönlichkeit. Der Patient ging dazu über, mit geschlossenen Augen zu sprechen; er hatte den Wortschatz und die Stimme eines fünfjährigen Kindes, das mit den Tränen kämpfte. Kein Stimmenimitator hätte es so gut spielen können. Der Psychiater ließ das »Kind« von einer weit zurückliegenden Szene berichten, die der Erwachsene völlig vergessen hatte. Sein Vater, ein notorischer Straftäter, hatte sich vor einer rivalisierenden Gang versteckt, die von ihm übers Ohr gehauen worden war. Die Leute von dieser Bande fanden den Patienten, der damals fünf war, und verlangten, er solle ihnen das Versteck seines Vaters verraten. Weil er sich weigerte, zückte einer von ihnen ein Messer, drückte die Schneide gegen das Handgelenk des Kleinen und drohte, er würde ihm die Hand abschneiden. Der völlig verängstigte Junge rückte mit dem Versteck heraus, und sein Vater wurde von den Bandenmitgliedern entdeckt und umgebracht.

Danach hatte das Kind niemanden, dem es von seiner Rolle in dieser Affäre erzählen konnte. Ein Teil seiner Persönlichkeit blieb auf das Alter fixiert, in dem es das Trauma erlitten hatte. Diese Persönlichkeit tauchte immer empor, wenn sich der Patient durch einen Konflikt gestresst fühlte, selbst in winzigen Angelegenheiten, die jedoch wahrscheinlich eine Emotion auszulösen vermochten, die der Erschütterung des Fünfjährigen ähnelte. Die Persönlichkeit des aggressiven und streitsüchtigen Mannes entsprach vielleicht einer Identifikation mit seinem Vater (oder einem seiner Mörder).

Wenn auch nicht in jedem Fall genauso dramatisch, waren die traumatischen Ereignisse, die man an den Ursprüngen der multiplen Persönlichkeiten aufdeckt, doch oft mit Lebensgefahr verbunden. Es handelte sich um Katastrophen, um aggressive Attacken oder sexuelle Gewaltakte, aber häufig stieß man auch auf Inzestbeziehungen. Die Störung ist vor allem bei Frauen beschrieben, aber bei Männern womöglich nur zu selten richtig diagnostiziert worden. Eine der Teilpersönlichkeiten hat oft die charakteristischen Merkmale einer Borderline-Persönlichkeit mit all ihren impulsiven und selbstzerstörerischen Verhaltensweisen. Das überrascht nicht, wo man doch weiß, dass in der Kindheit von fast jedem dritten Borderline-Patienten Inzest und sexueller Missbrauch festgestellt wurden.

Eine ähnliche Störung ist die dissoziative Fugue. Klassisches Beispiel dafür ist das artige und ordentliche Mädchen, das in bestimmten Abständen von zu Hause ausreißt und sich mehrere Tage lang ziellos mit Zufallspartnern herumtreibt, wobei es Straftaten begeht und Alkohol und Drogen zu sich nimmt. Am Ende findet es sich mit seiner gewöhnlichen Persönlichkeit und einem totalen Gedächtnisschwund für die vergangenen Tage wieder zu Hause ein.

Nicht bei jedem entwickelt sich nach einem Inzest oder Trauma eine multiple Persönlichkeitsstörung. Gewisse Personen scheinen eine Veranlagung dafür mitzubringen, indem es ihnen leichter fällt, ihr Bewusstsein in verschiedene Zustände »aufzuspalten«. Diese dissoziativen Phänomene umfassen eine ganze Reihe von Erfahrungen, angefangen vom flüchtigen Gefühl des Persönlichkeitsverlusts (man hat einige Sekunden lang den Eindruck, nicht mehr man selbst zu sein) bis hin zu Trancezuständen. Hierher gehören auch das Gefühl, außerhalb der eigenen Person zu stehen und sich selbst beim Handeln zuzuschauen, und schließlich die Hypnose, bei welcher die Person in einen Bewusstseinszustand tritt, der sich vom Wachen wie auch vom Schlafen unterscheidet. Es sieht ganz so aus, als wären die am leichtesten hypnotisierbaren Individuen auch jene mit der stärksten Veranlagung für dissoziative Störungen nach traumatischen Erlebnissen. Die Hypnose ist übrigens ein therapeutisches Verfahren, das zur Behandlung sowohl der multiplen Persönlichkeiten als auch der posttraumatischen Belastungsstörungen eingesetzt wird. In einer beruhigenden Atmosphäre durchgeführt, strebt sie in beiden Fällen danach, dem Individuum unerträgliche Erinnerungen und Emotionen wieder zu Bewusstsein zu bringen, welche es zu seinem Schutz »evakuiert«, das heißt, durch sogenannte dissoziative Mechanismen von seinem Bewusstsein abgetrennt hatte. Die dissoziativen Phänomene und ihr spektakulärster Aspekt, die multiple Persönlichkeitsstörung, sind ein weites und vielschichtiges Feld, das in einem ohnehin schon speziellen Bereich noch einmal eine wahrhaft spezielle Angelegenheit darstellt. Wir können sie hier nur skizzieren.

In Nordamerika scheint übrigens eine wahre Epidemie von multiplen Persönlichkeitsstörungen ausgebrochen zu sein. Diese offenbar spektakuläre Häufigkeitszunahme hat wohl mehrere Ursachen: weil die Störung heute besser bekannt ist, wird sie von den Spezialisten auch häufiger erkannt und diagnostiziert; man könnte aber ebenso schlussfolgern, dass leicht zu beeinflussende und zu hypnotisierende Patienten durch dieses wahrhafte Modephänomen dazu gebracht werden, sich selbst eine multiple Persönlichkeit zu fabrizieren, bisweilen mit der unfreiwilligen Hilfe eines Therapeuten, der von dem Gegenstand besessen ist.[13]

Natürlich können wir, auch ohne zu den multiplen Persönlichkeiten zu gehören, je nach Situation verschiedene Facetten unserer Persönlichkeit zeigen. Wer kennt nicht Leute, die auf Arbeit selbstsicher wirken und denen daheim unbehaglich zumute ist, oder im umgekehrten Fall Haustyrannen, die zu ihren Freunden liebenswürdig und hilfsbereit sind?

UND DAS SIND NOCH NICHT ALLE …

Ganz sicher werden Sie noch mehr schwierige Persönlichkeiten entdecken als die von uns beschriebenen. Wir hoffen aber, dass dieses Buch Ihnen hilft, sie besser zu verstehen und vielleicht auch zu respektieren, sind sie doch menschliche Wesen wie wir alle.

13 H. Merskey: »The manufacture of personality : The production of multiple personality disorder«, in: *British Journal of Psychiatry*, 1992, 160, S. 327.

KAPITEL XV

WIE KANN MAN DIE PERSÖNLICHKEITEN KLASSIFIZIEREN?

Schon in der Antike versuchte Hippokrates, ein Arzt aus dem Jahrhundert des Perikles, seine Mitmenschen nach ihrer Persönlichkeit zu klassifizieren. Seinerzeit meinte man, dass der Charakter eines Menschen vor allem von der Art der Körperflüssigkeit, die in seinem Organismus überwog, abhängig wäre. Nachdem sie beobachtet hatten, was bei Verwundungen und beim Erbrechen ans Tageslicht kam, unterschieden die alten Griechen Blut, Lymphe, schwarze und gelbe Galle. Hippokrates gelangte zu folgender Einteilung:

vorherrschender Körpersaft	Persönlichkeitstyp	Kennzeichen
Blut	sanguinisch	lebhaft, emotiv
Lymphe	phlegmatisch	langsam, kalt
gelbe Galle	cholerisch	zornig, bitter
schwarze Galle	melancholisch	düster, pessimistisch

Diese Einteilung ist aus mehreren Gründen interessant. Sie zeigt, dass der Wunsch, die Mitmenschen zu klassifizieren, sehr alt ist (4. Jahrhundert v. Chr.). Sie hat in der Alltagssprache ihre Spuren hinterlassen, denn man kann noch heute hören, dass jemand als cholerisch bezeichnet wird oder dass jemand zu viel schwarze Galle habe. Schließlich handelt es sich um einen bemerkenswerten Versuch, ein biologisches Merkmal einem Persönlichkeitszug zuzuordnen. (Wir werden sehen, dass Hippokrates damit in dieselbe Richtung geht wie die neuesten Forschungen zur Persönlichkeit.)

Trotz alledem spüren wir, dass seine Einteilung irgendwie unvollkommen ist: wenn wir auch Personen begegnen könnten, die den »reinen« sanguinischen oder melancholischen Typus verkörpern, so passen doch die meisten Leute in keine der vier Schubladen. Es gibt also mehr Persönlichkeitstypen als die vier von Hippokrates beschriebenen.

Im Laufe der Geschichte haben andere Wissenschaftler versucht, das Schema von Hippokrates zu verbessern, indem sie die Anzahl der Kategorien erhöhten oder der Persönlichkeit physische Merkmale zuordneten. Im Jahre 1921 hat zum Beispiel der deutsche Neuropsychiater Ernst Kretschmer einen eher großen und schlanken Körperbau mit einer kühlen und verschlossenen Persönlichkeit in Beziehung gebracht, während die Kleinen und Rundlichen emotiv, instabil und gesellig sein sollten. Er fügte noch zwei andere Kategorien hinzu, den Athleten und den Dysplastiker, und gelangte so zu vier großen Persönlichkeitstypen:

Die vier großen Persönlichkeitstypen nach Kretschmer (1921)

Typus	Gestalt	Persönlichkeit	Im Film verkörpert von:
Pykniker	klein und dick	mitteilsam, fröhlich, spontan, realistisch	Gérard Jugnot Danny de Vito Jack Black
Leptosom	groß und schlank	reserviert, kühl, träumerisch	Jean Rochefort Clint Eastwood
Athletiker	breitschultrig und muskulös	impulsiv, jähzornig	Lino Ventura Harvey Keitel James Gandolfini

Dysplastiker	Erschöpft, fühlt sich minderwertig	schlecht entwickelt, mit Anomalien behaftet	hatte im Kino keinen Erfolg

Auch hier könnte man einwenden, dass es im wirklichen Leben mehr als vier Persönlichkeitstypen gibt, sogar mehr als acht oder sechzehn, wenn man die Mischformen mitrechnet. Kretschmer hat solche Bemerkungen nicht in den Wind geschlagen; er räumte ein, dass es zwischen den einzelnen Typen Übergänge mit unendlich vielen Zwischenstufen gebe.

Darüber hinaus haben statistische Untersuchungen an einer großen Zahl von Individuen gezeigt, dass die Beziehungen zwischen dem physischen Typ und der Persönlichkeit viel komplizierter sind, als Kretschmer angenommen hatte.

Die Klassifizierungen von Hippokrates und Kretschmer stellen Persönlichkeitskategorien auf; es handelt sich um kategoriale Einteilungen. Ihr Vorteil ist offensichtlich: sie liefern recht anschauliche Beschreibungen von menschlichen Typen, die man leicht wiedererkennen kann, wenn man ihnen in der Wirklichkeit begegnet. Man merkt aber auch, wo die Nachteile liegen: die menschliche Gattung kennt mehr Varianten als die Handvoll Kategorien einer Klassifizierung. Jede solche Einteilung versucht, oft kontinuierlich abgestufte Objekte oder Phänomene in diskontinuierliche Klassen zu trennen.

Andere Wissenschaftler haben sich daher zum Ziel gesetzt, die Persönlichkeiten nicht mehr nach Kategorien, sondern nach Dimensionen zu unterscheiden.

DIMENSIONALE ANNÄHERUNGEN AN DIE PERSÖNLICHKEIT

Wenn wir etwa Autos klassifizieren wollten, könnten wir sie nach Marken und Modellen ordnen. Dies ist eine kategoriale Einteilung, bei welcher wir alle Modelle eines Herstellers in derselben Gruppe wiederfinden. Wir können sie aber auch klassifizieren, indem wir ihnen für bestimmte Eigenschaften Noten zwischen 0 und 10 geben (für Zuverlässigkeit, Leistung, Komfort, Unterhaltskosten etc.). Hier haben wir ein dimensionales Herangehen, bei dem weder Marke noch Modell, sondern nur die Eigenschaften des Wagens berücksichtigt werden. Die Autozeitschriften nutzen beide Einteilungsweisen, denn es ist nicht sinnvoll, einen kleinen Stadtwagen und eine große Limousine allein nach ihrer Leistung gegenüberzustellen. Bei einem Vergleichstest wird man alle kleinen Stadtwagen in einer Kategorie zusammenfassen, bevor man eine dimensionale Einteilung unter ihnen vornimmt.

Wie sieht nun eine dimensionale Annäherung an die menschliche Persönlichkeit aus? Die Forscher sind dabei natürlich vor zwei große Fragen gestellt: *Welche Dimensionen soll man wählen?* Wie kann man eine Persönlichkeit in zwei, vier oder sechzehn Dimensionen zergliedern, wo man doch weiß, dass schon bei einem Auto, einem einfacheren Ding als einem Menschen, mindestens zehn verschiedene Bewertungskriterien herangezogen werden? *Und wie soll man sie messen?* Hat man sich einmal für eine Dimension entschieden, zum Beispiel für die Neigung zum Misstrauen, welche Arten von Tests oder von Fragen gestatten es dann, das Misstrauen und genau diese eine Dimension richtig zu beurteilen?

Es gibt eine wissenschaftliche Disziplin, die Antworten auf diese beiden Fragen zu geben versucht – die Psychometrie. Sie bietet quantitative Messungen der Persönlichkeit an, die mithilfe von statistisch geprüften psychologischen Tests durchgeführt werden. Die Ergebnisse ihrer Forschungen erscheinen in eher schwierigen Fachaufsätzen. Wir möchten Ihnen an dieser Stelle nicht die Methoden dieser Wissenschaft erklären, sondern lieber ein paar Beispiele für dimensionale Einteilungen liefern, um Ihnen die Mischung aus Einbildungskraft und wissenschaftlicher Strenge, von der diese Forscher beseelt sind, vor Augen zu führen.

Einer der Vorreiter der dimensionalen Klassifizierungen war der britisch-amerikanische Psychologe Raymond Bernard Cattell, der die Statistik für psychologische Forschungen nutzbar machte. Cattell begann damit, alle Wörter der englischen Sprache zu untersuchen, mit denen man einen Charakter beschreiben kann: er listete nicht weniger als 4500 auf! Indem er alle Synonyme zusammenfasste, behielt er schließlich noch rund zweihundert Eigenschaftswörter zurück. Als er dann Tausende von Versuchspersonen mithilfe dieser Adjektive bewertete und die Ergebnisse statistisch erfasste, bemerkte er, dass gewisse Adjektive in den Charaktereinschätzungen stets gemeinsam auftauchten, dass sie also dieselbe Dimension kennzeichneten. Damit konnte man die Zahl der Persönlichkeitsmerkmale noch einmal verringern. Nach mehrjährigen Forschungen gelang es Cattell und seinem Team aus Psychologen und Statistikern, sechzehn Persönlichkeitszüge zu isolieren, die mit dem Test *16 PF* für jedes Individuum gemessen werden können. Dieser in den 1950er Jahren entwickelte Test findet heute noch Anwendung.

Die Dimensionen des »16 PF«-Tests

zurückgezogen .... gesellig
weniger intelligent .... intelligenter
emotional instabil .... emotional stabil
sich unterordnend .... dominant
reserviert .... enthusiastisch
opportunistisch .... gewissenstreu
schüchtern .... ohne Hemmungen
zäh .... empfindlich
vertrauensvoll .... misstrauisch
praktisch veranlagt .... phantasiebegabt

freimütig .... arglistig
gelassen .... ängstlich
konservativ .... radikal
unselbstständig .... selbstständig
Mangel an Selbstkontrolle .... selbstbeherrscht
locker .... angespannt

Für jede Dimension erhält die Testperson eine Punktzahl, die zwischen den beiden Extremen liegt.

Übung: Ein Gesellschaftsspiel, um sich unter Freunden aufzuregen
Schreiben Sie die sechzehn Dimensionen des Tests auf ein Blatt und lassen Sie auf jeder Zeile fünf freie Kästchen zwischen den gegensätzlichen Adjektiven. Bitten Sie jemanden, der Sie gut kennt, Sie einzuschätzen, indem er jeweils ein Kästchen ankreuzt. Schätzen Sie Ihre Persönlichkeit nach dem gleichen Prinzip selbst ein. Vergleichen Sie danach beide Beurteilungen! Diskutieren Sie, weshalb es zu Unterschieden kam, und tauschen Sie dann die Rollen. Richten Sie es so ein, dass ein Schiedsrichter mit von der Partie ist!

Der auf der ganzen Welt im Gesundheitswesen am häufigsten genutzte Test ist jedoch der MMPI (Minnesota Multiphasic Personality Inventory), der in den 1930er Jahren von Hathaway und McKinley entwickelt und später überarbeitet wurde. Er untersucht zehn Persönlichkeitskomponenten mithilfe von über 500 Fragen zur eigenen Person, die mit »richtig« oder »falsch« beantwortet werden müssen. Komplexe statistische Analysen haben auch erlaubt, vier Kontrollskalen aufzustellen, mit denen man herausfinden kann, ob der mentale Zustand der Versuchsperson sie beim Ablegen des Tests nicht behindert hat oder ob sie etwa gar die Ergebnisse in einer bestimmten Richtung bewusst zu verfälschen versuchte.

Ein neueres und offenbar einfacheres Modell kommt von Eysenck, einem englischen Forscher. Nach vielen Studien und statistischen Analysen schlug er vor, die Persönlichkeiten nach zwei großen Achsen zu klassifizieren:

- *eine Achse Introversion-Extraversion:* das extravertierte Individuum ist auf der Suche nach Anerkennung und Ermutigung, es ist schnell zu begeistern, von seiner Umgebung abhängig, eher spontan und gesellig. Der Introvertierte hingegen hat eine starke Selbstkontrolle, ist eher ruhig, zurückhaltend, verfolgt seine Ziele unabhängig von den äußeren Umständen und neigt dazu, seine Handlungen zu planen. Jeder kann auf einem Punkt der Achse Introversion-Extraversion seinen Platz finden.
- *eine Achse Neurotizismus-Stabilität:* der »Neurotiker« wird schnell und dauerhaft von unangenehmen Emotionen beunruhigt: Angst, Traurigkeit, Gewissensbisse. Der »Stabile« ist dagegen kaum emotiv und findet, wenn er doch einmal aus dem Gleichgewicht gebracht wurde, leicht zur normalen Stimmung zurück.

Wenn man den Persönlichkeitstest von Eysenck ablegt, kann man sich, einer dimensionalen Sichtweise gemäß, irgendwo auf dem Schema S. 410 einordnen. Wir haben dort schon einige berühmte Persönlichkeiten platziert.

Eysenck fügte noch eine dritte Dimension hinzu, den Psychotizismus, der solche Züge wie Kälte, Aggressivität, Impulsivität und Egozentrik vereint. Diese drei Dimensionen kann man für sich selbst anhand eines Fragebogens abschätzen, bei dem man 57 einfache Fragen mit »richtig« oder »falsch« beantworten muss.

Andere Wissenschaftler haben entdeckt, dass Eysencks Modell auch seine Grenzen hat: fast alle »schwierigen Persönlichkeiten« hatten zwar eine hohe Punktzahl in Neurotizismus, man konnte mit diesem Test jedoch nicht zwischen ihnen differenzieren. Offenbar beinhaltete der Neurotizismus also mehrere verschiedene Dimensionen und ermöglichte keine feineren Unterscheidungen zwischen

Personen, die auf ganz unterschiedliche Weise geplagt sind. Außerdem verringern sich bei Versuchspersonen, die Beruhigungsmittel einnehmen, zugleich der Neurotizismus und die Introversion, was darauf schließen lässt, dass beide Dimensionen voneinander nicht völlig unabhängig sind.

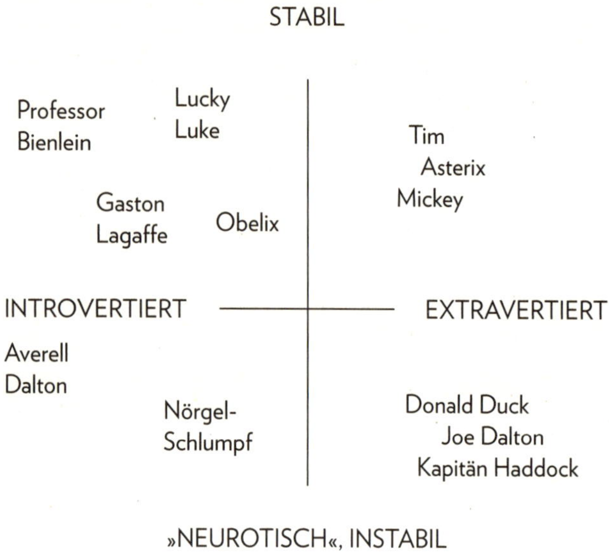

Persönlichkeitsklassifizierung nach Eysenck

Um diese Schwierigkeiten aus der Welt zu schaffen, sind von anderen Wissenschaftlern neue Modelle vorgeschlagen worden. Allergrößte Beachtung findet unter Spezialisten das Modell von Robert Cloninger von der Universität Saint Louis. Nach Studien an Labortieren und an Menschen, vor allem zu den Persönlichkeiten eineiiger und zweieiiger Zwillinge, schlägt er sieben Komponenten der Persönlichkeit vor. Zunächst unterscheidet er vier Dimensionen, die seiner Ansicht nach Bestandteile eines *Temperaments* und damit wahrscheinlich angeboren sind, denn sie zeigen sich schon im zartesten Alter und werden vererbt. Diese vier Dimensionen bestimmen unser frühestes Lernen. (Denken Sie einmal an das letzte Baby, dem Sie begegnet sind.)

Die vier Dimensionen des Temperaments (nach Cloninger)

- *Nach Neuem suchen.* Die Person oder das Baby mit einer hohen Punktzahl in dieser Dimension wird dazu tendieren, die Umgebung aktiv zu erkunden, voll Interesse auf Neues zu reagieren und bewusst Frustration zu vermeiden.
- *Der Bestrafung entgehen.* Neigt dazu, sich Sorgen zu machen, sich zu ducken, um böse Überraschungen zu verhüten; hält sich im Zweifelsfall aus Furcht vor ärgerlichen Konsequenzen zurück.
- *Belohnung nötig haben.* Braucht die Anerkennung der anderen, Unterstützung und häufige Belohnungen.
- *Ausdauernd sein.* Neigt dazu, eine Betätigung trotz Müdigkeit oder Frustration entschlossen fortzusetzen.

Hier ein amüsantes und vereinfachendes Beispiel: Im Restaurant wird der Herr, der Belohnung nötig hat, sogleich sein Lieblingsgericht bestellen und sich schon beim Gedanken daran ergötzen. Der Herr, der nach Neuem sucht, wird ein neues, ihm noch unbekanntes Gericht probieren wollen. Der Herr, der Bestrafungen entgehen will, wird auf der Karte vor allem nach schlechtverdaulichen Speisen fahnden, um einen Bogen um sie zu machen. Der ausdauernde Herr, ein bisschen verspätet, wird rund ums Restaurant lange nach einem Parkplatz suchen und sich dabei trotz seines knurrenden Magens weder aufregen noch entmutigen lassen.

Cloninger fügt seinem Modell drei weitere Dimensionen hinzu, von denen er annimmt, dass sie das definieren, was er den *Charakter* nennt. Im Gegensatz zum überwiegend angeborenen Temperament soll der Charakter stärker von Erziehungserfahrungen beeinflusst sein.

Die drei Dimensionen des Charakters (nach Cloninger)

- *Selbstkontrolle.* Dieser Komponente zugeordnet werden ein gutes Selbstwertgefühl, der Glaube, sein eigenes Leben in die Hand nehmen und auf seine Umgebung wirken zu können, die Fähigkeit, sich Ziele zu setzen.
- *Kooperationsfähigkeit.* Akzeptanz und Verständnis der anderen, Mitgefühl und Uneigennützigkeit sind die mit dieser Dimension verbundenen charakteristischen Merkmale.
- *Selbsttranszendenz.* Personen mit einer hohen Punktzahl bei dieser Dimension fühlen, dass ihr Leben einen Sinn hat, dass sie der Welt zugehörig sind; ihre Sichtweise ist eher spiritualistisch als materialistisch.

Cloningers Modell besitzt die Merkmale echter wissenschaftlicher Hypothesen: Man kann es testen, man kann Situationen oder Experimente ersinnen, um es auf den Prüfstand zu stellen, anders gesagt, man kann es bestätigen oder widerlegen.

Die vier Dimensionen des Temperaments können zum Beispiel an Tieren untersucht werden, um herauszufinden, ob sie durch Vererbung übertragen werden. Zur Abschätzung dieser Dimensionen beim Menschen kann man Fragebögen erarbeiten und die Resultate mit denen vergleichen, welche dieselben Personen in der Evaluation mit anderen Tests oder bei anderen Psychologen erreicht haben, oder man kann die Ergebnisse an dem messen, was Menschen, welche die Testperson seit Langem kennen und sie in verschiedenen Situationen erlebt haben, über ihr Temperament aussagen.

Die Resultate können zum Gegenstand statistischer Analysen werden, um festzustellen, ob die sieben Komponenten wirklich alle voneinander unabhängig sind. Man kann auch Individuen, die ähnliche Ergebnisse erreichten, miteinander vergleichen, um herauszufinden, ob es zwischen ihnen nicht vielleicht Unterschiede gibt, die das Modell nicht »gesehen« hat, usw.

DIE BIG FIVE, EIN KONSENSUALES MODELL

In den 1980er Jahren entwickelten die US-amerikanischen Psychologen Costa und McRae das Modell der Big Five (auch als Fünf-Faktoren-Modell bezeichnet). Forscher aus mehreren Ländern trugen alle Wörter zusammen, die in verschiedenen Sprachen dazu dienen, den Charakter zu beschreiben, und ordneten sie danach, ob sie mehr oder weniger häufig miteinander gekoppelt waren, um dieselben Personen zu beschreiben. So gelangten sie zu einem gemeinsamen Ergebnis: Die menschliche Persönlichkeit könnte sich in allen Breitengraden anhand von fünf großen Dimensionen beschreiben lassen, die man folgerichtig »Big Five« nannte.

In jeder dieser Dimensionen wird ein Individuum zwischen den beiden Extremen »stark ausgeprägt« (↗) und »schwach ausgeprägt« (↘) eingeordnet, je nachdem, wie viele Merkmale aus der Beschreibung der Dimension es in sich vereint.

Die Big Five: Wo sehen Sie sich in jeder dieser Dimensionen?

Offenheit ↗ phantasievoll, bevorzugt Abwechslung und Neues, ist offen für die Werte der anderen, …	**Offenheit ↘** um das Gegenwärtige kreisend, bevorzugt das Gewohnte, hat nur wenige Interessengebiete, konservativ, …
Gewissenhaftigkeit ↗ kompetent, gewissenhaft, auf das Ergebnis konzentriert, besonnen, …	**Gewissenhaftigkeit ↘** oftmals schlecht vorbereitet, sorgt sich wenig um das Ergebnis, leicht abzulenken, spontan, …

Extraversion ↗ kameradschaftlich, gesellig, bestimmt im Auftreten, liebt äußere Stimuli, enthusiastisch, …	**Extraversion ↘** ist gern allein, zurückhaltend, langsam, kein Bedürfnis nach äußeren Stimuli, förmlich, …
Altruismus ↗ vertrauensvoll, offen, hilfsbereit, verträglich, bescheiden, rasch emotional bewegt, …	**Altruismus ↘** misstrauisch, reserviert, kühl, geizt mit seiner Hilfe, fühlt sich den anderen überlegen, …
Emotionale Stabilität ↗ entspannt, langmütig, nicht so schnell zu entmutigen, selten verlegen, kann gut mit Stress umgehen, …	**Emotionale Stabilität ↘** sorgenvoll, zornig, leicht zu entmutigen, schnell verlegen, gestresst, …

Um ein objektiveres und präziseres Resultat zu bekommen, absolviert man natürlich besser einen Test, der eigens zur Messung der Big Five entwickelt wurde.[14]

Je nach Ihrem Profil in diesen fünf Dimensionen werden Sie mehr bzw. weniger empfänglich für bestimmte Aspekte des Glücks sein. Die Forschung hat das tendenziell bestätigt, besonders, was den Zusammenhang zwischen Freude und Extraversion, Befriedigung und Kontrolle angeht.

Beziehung zwischen Persönlichkeitskomponenten und Sicht auf das Glück

Vorherrschende Komponente(n) Ihrer Persönlichkeit	Glückstyp, für den Sie besonders empfänglich sind	Figur aus »Tim und Struppi«, die das beispielhaft illustriert
Extraversion ↗	Freude	Fridolin Kiesewetter Bianca Castafiore
Offenheit ↗	Entdeckerfreude	Tim

14 Hier eine Kurzversion, die man im Internet finden kann: https://www.idrlabs.com/short-big-five/test.php.

Altruismus ↗	Zufriedenheit Glücksgefühl aus menschlichen Bindungen	Senhor Oliveira
Kontrolle ↗	Tätigsein Befriedigung angesichts der erreichten Ziele	Nestor
Emotionale Stabilität ↗	Gemütsruhe?	Professor Bienlein (*Gegenpol:* Kapitän Haddock)

Die Bedeutung des Fünf-Faktoren-Modells liegt allerdings gerade auch darin begründet, dass mehrere Persönlichkeitskomponenten in einem Individuum in unterschiedlichen Anteilen auftreten können:

- Professor Bienlein: Er hat eine hohe »Punktzahl« in emotionaler Stabilität, aber auch in Offenheit, wovon sein Interesse an neuen Erfindungen in verschiedenen Bereichen zeugt, und schließlich auch in Kontrolle, denn das ist notwendig, um langwierige Forschungen durchzuführen.
- Tim: Er steht modellhaft für Offenheit, punktet aber auch in Altruismus, denn ihn rührt das Leid anderer Menschen an, und er mag es, wenn die Leute gut miteinander auskommen.
- Was Kapitän Haddock angeht, so bringen ihm seine Neigung zu Wutausbrüchen, zu Reizbarkeit und schnell eintretender Mutlosigkeit wahrscheinlich eine hohe Punktzahl in Neurotizismus ein, dem Gegenteil von emotionaler Stabilität. Die Tatsache, dass er Alkoholiker ist, ist gewiss kein Zufall, denn Alkohol ist ein großes Betäubungsmittel für negative Emotionen. Aber er hat auch hohe Werte in Altruismus – Ungerechtigkeit schockiert ihn, und er ist bereit, zu helfen.

Wie alle echten wissenschaftlichen Modelle werden sich auch das von Cloninger und die Big Five weiterentwickeln oder durch andere ersetzt werden, welche die Wirklichkeit besser erklären können. So schreitet die Erkenntnis – ganz wie in der Astronomie oder der Medizin – durch die Konfrontierung der Theorien mit den beobachteten Tatsachen voran.

Das Studium der Persönlichkeit ist also ein in voller Entwicklung begriffenes Forschungsgebiet; es kann eine wertvolle Hilfe bei der Kindererziehung sein, aber auch bei der Prävention psychischer Störungen und der Vervollkommnung von Psychotherapien.

KAPITEL XVI

URSACHEN FÜR DIE ENTSTEHUNG EINER SCHWIERIGEN PERSÖNLICHKEIT

Wie wir bereits erwähnten, sind die Anteile des Angeborenen und des Erworbenen bei der Herausbildung der Persönlichkeit sehr schwer zu bestimmen, vor allem, weil es sich nicht um ein einfaches Verhältnis handelt, sondern vielmehr um eine komplexe Wechselbeziehung, bei welcher beide Faktoren in verschiedenen Lebensetappen ineinandergreifen.

Die Zeit der großen und umfassenden Theorien zu den Ursprüngen der Persönlichkeit ist allmählich abgelöst worden durch Studien, die Ereignisse des Lebens, Persönlichkeitsmerkmale und Vererbung miteinander in Beziehung zu setzen versuchen. Bisher haben wir uns damit begnügt, auf einige Beobachtungsergebnisse hinzuweisen, sofern sie durch mehrere Studien untermauert wurden (zum Beispiel die Häufigkeit von Inzest und sexuellem Missbrauch in der Kindheit von Borderline-Persönlichkeiten oder die Bedeutung genetischer Faktoren bei der schizotypischen Persönlichkeit). Auf jeden Fall herrscht bei den Forschern Einigkeit darüber, dass eine Persönlichkeit ein komplexes Produkt ist aus angeborenen, durch Vererbung übertragenen Veranlagungen und aus Einflüssen der Umgebung, die auf das Baby vom ersten Lebenstag an wirken (in manchen Fällen bereits vor der Geburt). Die Diskussionen kreisen heute und sicher noch lange um das Verhältnis von Vererbung und Umgebung, das wahrscheinlich je nach Individuum variiert und auch, wie wir gleich sehen werden, je nach dem betreffenden Persönlichkeitsmerkmal.

KANN DIE PERSÖNLICHKEIT VERERBT WERDEN?

In Frankreich haftet der Idee, dass gewisse Persönlichkeitsmerkmale durch Vererbung übertragen werden können, etwas Schockierendes an.

Vier Gründe, weshalb viele Leute schockiert sind, wenn man von Persönlichkeitsgenetik spricht

- *Die jüdisch-christliche Tradition.* Der Religion zufolge besitzt der Mensch einen freien Willen; es steht ihm frei, zu sündigen oder das Gute zu tun. Die Vorstellung, dass bestimmte Charakterzüge genetisch bestimmt sein könnten, läuft dieser religiösen Tradition zuwider, denn daraus folgt, dass unsere Freiheit viel geringer ist, als wir glauben. (Aber das »Gleichnis von den anvertrauten Talenten« im Neuen Testament kann als eine Anerkennung der genetischen Ungleichheit unter den Menschen gelesen werden.)
- *Die republikanische Tradition.* Diese Tradition setzt das Schwergewicht auf die Chancengleichheit, die man allen gewähren soll, und auf die Bedeutung der Erziehung bei der Entwicklung eines Individuums. Spricht man von genetischen Unterschieden, kann das als ein Sich-Abfinden mit den Ungleichheiten oder als Geringschätzung der Ausbildung interpretiert werden. (Dabei ist es überhaupt kein Widerspruch, wenn man einen genetischen Einfluss auf die Persönlichkeit anerkennt und zugleich die wichtige Rolle der Erziehung betont.)
- *Die psychoanalytische Tradition.* Sie akzentuiert die Bedeutung, die Ereignisse aus der Kindheit bei der Ausprägung der Persönlichkeit haben. Weist man auf den Einfluss des Erbmaterials hin, kann das von bestimmten Psychoanalytikern als ein Versuch verstanden werden, die Wichtigkeit ihrer Disziplin herunterzuspielen.

- *Furchtbare Erinnerungen.* Die Nazis haben unter Berufung auf wahnwitzige genetische Theorien Gräueltaten verübt. Diese rassistischen Dogmen haben mit der gegenwärtigen genetischen Forschung nichts zu tun, aber seitdem hat das Wort »Genetik« einen gewissen Schwefelgeruch behalten.

Immer zahlreichere Untersuchungen bestätigen indessen, dass bestimmte Persönlichkeitsmerkmale teilweise durch Vererbung übertragen werden. (Mütter und Väter kinderreicher Familien wussten das schon lange.) Aber wie kann man das bei menschlichen Wesen nachweisen? Wie lässt sich das Angeborene vom Erworbenen unterscheiden?

Die vor dieses Problem gestellten Forscher haben verschiedene Untersuchungsmethoden erdacht, um den jeweiligen Einfluss von Vererbung und Umgebung studieren zu können.

- *Zwillingsstudien.* Man vergleicht die Häufigkeit eines Charakterzugs oder einer psychischen Störung bei identischen (eineiigen) Zwillingen, die das gleiche Erbmaterial haben, mit seiner Häufigkeit bei zweieiigen Zwillingen, die einander so ähnlich sind wie gewöhnliche Geschwister. Findet sich bei eineiigen Zwillingen ein Charakterzug des Zwillings A häufiger auch beim Zwilling B wieder, als das bei zweieiigen der Fall ist, belegt das die Rolle der Vererbung bei der Herausbildung dieses Charakterzuges.
- Noch interessanter ist die *Untersuchung eineiiger Zwillinge, die getrennt voneinander aufgewachsen sind* (so etwas kommt vor). Das erlaubt eine bessere Differenzierung der Auswirkungen von Vererbung bzw. Erziehung.
- *Adoptionsstudien.* Man kann auch die Persönlichkeitsmerkmale von gleich nach ihrer Geburt adoptierten Kindern mit denen ihrer »wirklichen« biologischen Eltern und denen der Adoptiveltern vergleichen. Wenn bestimmte psychische Merkmale der biologischen Eltern häufiger auch bei den adoptier-

ten Kindern auftreten, während sie bei den Adoptiveltern nicht vorhanden sind, darf man glauben, dass sie durch Vererbung übertragen wurden. Mit dieser Untersuchungsmethode konnte zum Beispiel gezeigt werden, dass es eine erbliche Veranlagung für gewisse Arten von Alkoholismus oder Schizophrenie gibt.

- *Familienstudien.* Hierbei geht es darum, die Häufigkeit eines Merkmals bei den näher oder entfernter verwandten Mitgliedern einer Familie zu untersuchen.

  Diese Methode erlaubte zum Beispiel unter anderem den Nachweis, dass man in der Verwandtschaft schizophrener Patienten überdurchschnittlich häufig auf schizotypische Persönlichkeiten stößt. Diese Tatsache lässt uns eindeutig annehmen, dass beide Störungen eine gemeinsame genetische Grundlage haben müssen.

Aber Achtung! Der Fakt, dass eine Veranlagung genetisch ist und durch Vererbung übertragen wird, bedeutet nicht, dass sie durch Erziehung oder Umgebung nicht modifiziert werden könnte. Wenn etwa jemand eine genetische Veranlagung für Alkoholismus mitbringt, kann er sehr wohl sein ganzes Leben nüchtern bleiben, falls seine Erziehung ihm hilft, Spannungen anders zu bewältigen, und falls er sich von Milieus oder Umständen, in denen die Verlockung groß ist, fernzuhalten weiß.

UND DER EINFLUSS UNSERER UMGEBUNG?

Wer sich für die Genetik der Persönlichkeitsmerkmale interessiert, braucht deshalb den Einfluss der Erziehung oder bestimmter Kindheitsereignisse noch lange nicht zu leugnen.

Zahlreiche Forscherteams interessieren sich nicht nur dafür, was ihnen die Patienten über ihre Kindheit oder ihr Leben erzählen, sondern auch für Informationen, die von außenstehenden Beobachtern wie dem Standesamt oder den Sozial- und Gesundheitsbehörden geliefert werden. Darunter fallen etwa:

- soziodemographische Merkmale einer Familie;
- frühzeitige Todesfälle;
- schwere Krankheiten von Familienmitgliedern;
- Gewalt in der Ehe, Misshandlungen, sexueller Missbrauch;
- sofern er sich beobachten lässt, der Erziehungs- oder Kommunikationsstil innerhalb der Familie.

Ein Beispiel aus der Forschung, an dem man den jeweiligen Einfluss von Vererbung bzw. Umgebung gut aufzeigen kann, ist das der Krankheit Schizophrenie.

Mithilfe von Untersuchungen an Kindern, die gleich nach der Geburt adoptiert wurden, hat man gezeigt, dass bei der Schizophrenie die Vererbung eine Rolle spielt: Wenn von den biologischen Eltern ein Elternteil schizophren ist, gibt es für das Kind ein Risiko von 10%; sind beide Elternteile schizophren, liegt das Risiko bei 50%.

Als man bei den Jugendlichen, die am meisten gefährdet schienen, schizophren zu werden (schizotypische Persönlichkeit), den Kommunikationsstil innerhalb ihrer Familie untersuchte, zeigte sich jedoch, dass in jenen Familien, die sehr schlecht kommunizierten, für die Heranwachsenden ein erhöhtes Risiko bestand. Bei denen, die tatsächlich schizophren wurden, waren die Rückfälle häufiger, wenn sie in kritischen oder emotional zu stark beteiligten Familien lebten.

Bestätigung der Hypothese: Wenn man mit der Familie ein Kommunikationstraining machte, hatte das eine Verringerung von Häufigkeit und Dauer der Rückfälle bei der schizophrenen Person zur Folge.

Diese Studien sind aber kontrovers diskutiert worden, denn vielleicht gibt es einen umgekehrten Effekt: je schwerwiegender die Symptome beim Jugendlichen sind, desto mehr wirbelt es das Familienleben durcheinander, und desto schlechter funktioniert die Kommunikation.

GENETIK/UMGEBUNG: EIN PAAR VERSTREUTE FAKTEN[15]

Für einen genetischen Einfluss bei Persönlichkeitsstörungen sprechen mehrere Argumente:

- Hat ein Zwilling eine zwanghafte Persönlichkeit, ist auch für den anderen das Risiko größer, zwanghaft zu sein, vorausgesetzt, es handelt sich um eineiige Zwillinge.
- In der Verwandtschaft schizophrener Patienten findet man mehr schizotypische Persönlichkeiten als in einer Vergleichspopulation.
- In der Verwandtschaft von Borderline-Persönlichkeiten stößt man auf mehr Stimmungsstörungen (Depressionen) als in einer Vergleichspopulation.
- Unter den Verwandten paranoider Persönlichkeiten findet man mehr Personen, die von Wahnstörungen betroffen sind, als in einer Vergleichspopulation.

Die Verwandtschaft, von der wir sprechen, umfasst auch die Vorfahren und Seitenzweige einer Familie, also Personen, die in unterschiedlichen Haushalten aufgewachsen sind.

Die von uns beschriebene ängstliche Persönlichkeit steht der generalisierten Angststörung nahe, bei welcher man in der Verwandtschaft betroffener Patienten mehr Angststörungen antrifft als anderswo. Ebenso ist die depressive Persönlichkeit schwer von der

15 P. McGuffin, A. Thapar: »The Genetics of Personality Disorders«. In: *British Journal of Psychiatry*, 1992, 160, S. 12–23

Dysthymie zu unterscheiden, bei der es wie bei den anderen Formen von Depression eine erbliche Komponente gibt.

ZURÜCK ZUR DIMENSIONALEN EINSCHÄTZUNG VON PERSÖNLICHKEITSZÜGEN

Doch statt von »schwierigen Persönlichkeiten«, also in Kategorien, zu sprechen, sollten wir lieber kurz auf die dimensionalen Aspekte der Persönlichkeit zurückkommen. Sie erlauben feinere Analysen. Wenn zum Beispiel ein Forscher die Verwandtschaft einer zwanghaften Persönlichkeit untersucht, ist es möglich, dass er in der Familie niemand anderen findet, der den Kriterien für eine zwanghafte Persönlichkeit entspricht. Daraus könnte er schließen, dass es bei zwanghaften Persönlichkeiten keinen erblichen Einfluss gibt. Aber wenn sich derselbe Forscher daranmachte, die Familienmitglieder mithilfe einer »Zwanghaftigkeitsskala« zu messen (Neigung zu Ordnungsliebe, zu Präzision und Gewissenhaftigkeit), wird er vielleicht bemerken, dass einige Personen dieser Familie, selbst wenn sie nicht als zwanghafte Persönlichkeiten eingestuft werden können, auf dieser Skala einen höheren Wert erreichen als der Bevölkerungsdurchschnitt. In diesem Fall darf man vermuten, dass die Dimension »Zwanghaftigkeit« teilweise erblich ist. Man wird versuchen, die Hypothese zu bestätigen, indem man getrennt aufgewachsene Zwillinge untersucht. Die Person mit der zwanghaften Persönlichkeit ist also, was die Zwanghaftigkeit in dieser Familie betrifft, gewissermaßen nur die sichtbar gewordene Spitze des Eisbergs.

Zum Anteil der Vererbung haben die verschiedenen Typen von Zwillingsstudien (an eineiigen, zweieiigen, gemeinsam oder getrennt aufgewachsenen) relativ ähnliche Ergebnisse erbracht. Als Beispiel möchten wir hier die Resultate einer Studie zu 175 erwachsenen Zwillingspaaren anführen. Nach vielen methodologischen Absicherungen gelangten die Forscher zu Schlussfolgerungen, die früheren Studien nahekommen. Die Vererbung soll bei den folgenden Eigenschaften eine bedeutende Rolle spielen (das bedeutet eine Varianz von mindestens 45% in der jeweiligen Dimension[16], hier geordnet nach abnehmender Prozentzahl):

- Narzissmus im Sinne von Wichtigtuerei, Hunger nach Bewunderung, Beachtung und Wertschätzung (64%)
- Identitätsprobleme (59%): chronisches Gefühl der Leere, instabiles Selbstbild, Pessimismus. Dieses Ergebnis hat die Forscher selbst überrascht, erwarteten sie doch, dass diese Dimension eher durch Erfahrungen und Erziehung beeinflusst würde.
- »Härte« (56%): Mangel an Mitgefühl, Egozentrik, Verachtung der anderen, Sadismus
- Streben nach starken Reizen (50%)
- Ängstlichkeit (49%)
- emotionale Instabilität (49%)
- Misstrauen (48%)
- Introversion (47%)
- soziale Selbstunsicherheit (47%)
- Feindseligkeit, Dominanz, starre Haltung (45%)

Nichtsdestoweniger belässt das dem Erziehungsumfeld einen Einfluss von ungefähr 50%. Das belegt, dass ein Interesse an der Genetik nicht gleich zu Desinteresse an den Umweltfaktoren führen darf. Freilich wirken beide Faktoren manchmal in dieselbe Richtung: Ein Kind, welches schon eine genetische Veranlagung für Ängstlichkeit mitbringt, kann durch sein ängstliches Elternteil eine angsterzeugende Erziehung erfahren; ein Kind mit Veranlagung zum Misstrauen kann sich ein misstrauisches Elternteil zum Vorbild nehmen usw., sofern nicht das andere Elternteil oder jemand anders unter seinen Nächsten Merkmale aufweist, die ausgleichend wirken.

16 Es sei daran erinnert, dass die Varianz die durchschnittliche quadratische Abweichung von einem Mittelwert darstellt.

Bei den zwanghaften Zügen soll die Erblichkeit nur für 39 % der Dimension verantwortlich sein.

Die gleiche Untersuchung zeigt auch, dass die Rolle der Vererbung zum Beispiel bei den folgenden Dimensionen anscheinend gering ist:

- Beeinflussbarkeit/Tendenz zur Unterordnung
- affektive Unsicherheit (Trennungsangst, Suche nach Nähe, schlecht ertragenes Alleinsein)
- Intimprobleme (sexuelle Gehemmtheit, Bindungsangst)

Die drei letztgenannten Dimensionen betreffen die Beziehungen zu sehr nahestehenden Personen, und man könnte annehmen, dass sie durch in der Mutter-Kind-Bindung frühzeitig Erlerntes stark beeinflusst werden.

Noch eine kleine Anmerkung zu den Umgebungsfaktoren: Dependente Persönlichkeiten findet man häufiger unter den kleinen »Nachzüglern« oder »Nachzüglerinnen« sowie unter Personen, die während ihrer Kindheit an einer chronischen Krankheit litten.

Zusammenfassend kann man feststellen, dass die Angaben zu den Ursprüngen der schwierigen Persönlichkeiten noch recht fragmentarisch sind. Die in diesem Prozess wirkenden Mechanismen der Vererbung und der Umgebung eröffnen für die kommenden Jahre ein spannendes Forschungsfeld, das ohne ideologische Voreingenommenheit erkundet werden sollte.

KAPITEL XVII

SCHWIERIGE PERSÖNLICHKEITEN UND VERÄNDERUNG

»Ich bereue im Leben nur eins:
dass ich nicht ein anderer bin.«

Woody Allen

Leben bedeutet, sich zu wandeln, um sich anzupassen, und sich dabei selbst treu zu bleiben. Dieser Prozess der persönlichen Veränderung, der einer fortwährenden Justierung unseres Verhältnisses zu den Mitmenschen entspricht, vollzieht sich oftmals auf unbewusste Weise. Den schwierigen Persönlichkeiten gelingt diese Wandlung nicht so gut, bei ihnen verläuft sie fehlerhaft und unvollständig. Aber wie kann man problematische Existenzweisen ändern? Muss der schwierige Mensch, und nur er allein, die nötigen Anstrengungen unternehmen? Soll seine Umgebung, die sich über seine Verhaltensweisen aufregt oder unter ihnen leidet, Druck auf ihn ausüben? Oder soll der Psychiater eingreifen, um bestimmte Persönlichkeitsmerkmale zu modifizieren? Wie man schon ahnen wird, gibt es auf keine dieser Fragen eine schnelle Antwort ...

SICH WANDELN

»Wenn man sich geirrt hat, sagt man sich: Beim nächsten Mal weiß ich, wie ich es machen muss. Dabei sollte man besser sagen: Ich weiß schon vorher, wie ich es beim nächsten Mal machen werde ...« Mit diesen knappen Worten, die von einem für sein ganzes Werk charakteristischen Pessimismus geprägt sind, unterstrich der italienische Schriftsteller Cesare Pavese unbarmherzig eine augenscheinliche Wahrheit: es ist außerordentlich schwer, seine Persönlichkeit zu verändern. In allen Sprachen und Zeitaltern gibt es Sprichwörter, die diese Einsicht ausdrücken: »Man kann nicht aus seiner Haut«, »Niemand kann über seinen Schatten springen«, usw.

Wie soll man es erklären, dass der menschliche Geist, der doch fähig ist, Sinfonien zu komponieren oder Sonden auf den Mars zu entsenden, bei der Veränderung einiger Verhaltensgewohnheiten versagt? Eine bewusste Änderung der Existenzweise ist fraglos die schwierigste Unternehmung, die man sich vorstellen kann. Auch außergewöhnlichen Menschen ergeht es da nicht anders: eine höchst interessante Untersuchung hat erwiesen, dass es unter rund 300 Berühmtheiten der beiden letzten Jahrhunderte einen hohen Anteil von schwierigen (um nicht zu sagen schlichtweg pathologischen) Persönlichkeiten gab. Darunter findet man nicht wenige unserer nationalen Größen, so Pasteur und Clemenceau. Diese Menschen, die imstande waren, den Lauf der Geschichte und die Entwicklung der Wissenschaften und Künste zu beeinflussen, konnten ihren eigenen Charakter nicht ändern. Aber hat dieser Charakter nicht alles in allem auch zu ihrer Größe beigetragen? Hätte die Kreativität manches Ausnahmekünstlers eine vorbildlich durchgeführte Psychotherapie oder eine wirkungsvolle Behandlung mit Antidepressiva überlebt? Und vielleicht hätte Churchill nicht eine solche Entschlossenheit gegenüber Hitler und der faschistischen Bedrohung bewiesen, wenn er nicht mit einer schwierigen Persönlichkeit, die durch übermäßigen Alkoholgenuss noch problematischer wurde, ausgestattet gewesen wäre?

Können schwierige Persönlichkeiten sich unter außergewöhnlichen Umständen auch entfalten und sogar voll aufblühen, so sind sie an das Alltagsleben doch schlecht angepasst. Aus welchen Gründen macht es uns solche Mühe, uns selbst zu ändern?

»ABER ICH BIN SCHON IMMER SO GEWESEN!«

Unsere Persönlichkeit formt sich seit den ersten Tagen unserer Existenz (und sogar schon früher, was gewisse Merkmale angeht, für welche es eine partielle genetische Veranlagung gibt). Wenn wir uns der Tatsache bewusst werden, dass sich unsere Seinsweise ändern müsste, sind wir mindestens zwanzig oder dreißig Jahre alt, und die problematischen Züge haben sich uns schon tief eingeprägt. Je frühzeitiger sich eine Verhaltensgewohnheit ausgebildet hat, desto anstrengender wird es, sie zu verändern. Das entmutigt häufig Personen, die sich ändern wollen, schon im Voraus. Yasmine (27), eine vermeidend-selbstunsichere Persönlichkeit, meint dazu:

> *Ich weiß, dass ich mehr auf die Leute zugehen müsste, dass ich weniger empfindlich gegen Kritik sein sollte und mir nicht so viele Fragen nach meiner Bewertung durch die anderen stellen dürfte ... Aber es gelingt mir einfach nicht; das alles scheint mir eine derart riesige, komplizierte und langwierige Aufgabe zu sein, dass ich schon im Voraus aufgebe. Wenn ich recht überlege, habe ich niemals wirklich versucht, meine Gewohnheiten und Überzeugungen umzukrempeln. Ich erkenne meine Schwächen, sie machen mich traurig, und das ist dann alles. Ich bin schon immer so gewesen: als Kind fürchtete ich den Blick der anderen und schützte mich, indem ich mich abseits hielt. Meine Eltern haben mir ihre eigene Sichtweise weitergegeben – ›wir sind nicht groß wer, und besser, die anderen Leute merken das nicht‹ ... Wenn man das so viele Jahre in seinem Kopf herumgetragen hat, kann man da noch etwas ändern?*

»EIN PROBLEM? WAS FÜR EIN PROBLEM?«

Weil ihnen ihre Existenzweise schon lange Zeit eigen ist, betrachten schwierige Persönlichkeiten ihr Verhalten nicht immer als unangemessen. Meist ist es ihre Umgebung (Familie, Freundeskreis, Arbeitskollegen), die sie auf ihre Haltungen aufmerksam macht. Das kann auf direkte Weise durch Bemerkungen oder Kritik erfolgen, aber auch indirekt durch Distanznahme oder ein Abkühlen der Beziehungen. Und selbst diese Botschaften aus der Umgebung werden nicht immer als wohlbegründet wahrgenommen oder anerkannt: es ist nie leicht, auf der Stelle die eigenen Haltungen kritisch zu befragen. (»Ich rege mich überhaupt nicht auf, ich spreche bloß aus, was ich meine«, werden Ihnen die Persönlichkeiten vom Typ A sagen.) Dennoch besteht die erste und unumgängliche Etappe eines jeden persönlichen Wandlungsprozesses darin, dass man sich der Probleme, die man den anderen bereitet, bewusst wird. Hören wir dazu Yanis (34), einen Ingenieur mit einer zwanghaften Persönlichkeit.

Als ich das erste Mal mit einer Freundin zusammengezogen bin, bemerkte ich, dass meine Lebensweise Probleme mit sich brachte. Bis dahin hatte ich bei meinen Eltern gelebt, die mir ein bisschen ähnelten und es gewohnt waren, mich zu nehmen, wie ich bin ... Meinen Alltag mit einer Person zu verbringen, die nicht die gleichen Gewohnheiten hatte, wurde mir jedoch bald zur Hölle. Ich bin eher ein bisschen manisch, ich liebe es, wenn jedes Ding an seinem Platz liegt, ich brauche Exaktheit und die genaue Einhaltung aller Regeln, ich zeige nicht schnell meine Gefühle und bin starrsinnig ... Meine Freundin war das genaue Gegenteil. Meine junggesellenhafte Seite, die sie am Anfang sehr rührend fand, hat sie nach und nach aufgebracht. Sie warf mir pausenlos vor, ich würde meiner Arbeit und den Gegenständen mehr Zeit widmen als ihr. Nach einer Weile begann sie, absichtlich alles in Unordnung zu bringen, mich vor meinen Freunden zu kritisieren und ihnen kleine ärgerliche Details über mich zu enthüllen ... Das machte mich außerordentlich unglücklich, und am Ende haben wir uns getrennt. Lange Zeit war ich schrecklich sauer auf sie, und manchmal im Streit habe ich sie sogar als Hysterikerin bezeichnet. Aber heute, mit dem nötigen Abstand, merke ich, dass sie im Grunde nicht unrecht hatte. Sie war die erste

Person, die mir nahe genug gekommen war, um meine Probleme benennen zu können …

»ES IST STÄRKER ALS ICH!«

Jene schwer unterdrückbare Neigung, die uns manchmal gegen unseren Willen systematisch dieselben Fehler wiederholen lässt, haben Freud und die Psychoanalytiker schon vor langer Zeit unter dem Namen »Wiederholungszwang« beschrieben. Selbst wenn wir unsere Charakterzüge klar identifiziert haben, dauern sie fort. Und sie treten all unseren guten Absichten zum Trotz wieder hervor, wenn wir mit einer Lage konfrontiert werden, die man »Triggersituation« nennen könnte. Hier der Bericht von Amandine (45), einer passiv-aggressiven Krankenschwester:

Ich habe schon so oft versucht, mich zu ändern, dass ich mich wirklich frage, ob das in meinem Fall überhaupt möglich ist. Ich habe Bücher gelesen, mir die guten Ratschläge aller mir nahestehenden Menschen angehört und sogar eine Psychoanalyse absolviert. Ich glaube, dass ich viele Dinge über mich selbst und meine Weltsicht erfahren habe, jedenfalls darüber, was in mir falsch läuft und mich leiden lässt. Aber ich habe den Eindruck, wie ein schlechter Schüler zu sein, der zu Beginn des Schuljahrs gute Vorsätze fasst und bei dem dann im Laufe der Zeit die schlechten Gewohnheiten wieder die Oberhand gewinnen. Ich schaffe es, mich ein paar Tage zusammenzureißen, und dann fängt alles von vorn an. Es reicht schon, dass ich aufs Neue mit bestimmten Situationen konfrontiert werde, in denen ich finde, dass man mir etwas aufzwingen will. Dann fühle ich, wie ich auf der Stelle zu einer Art von bockigem und abweisendem Kind werde …

»ICH HABE MEINE GUTEN GRÜNDE, SO ZU HANDELN …«

Auch wenn sie zahlreiche Probleme hervorrufen, entbehren die von den schwierigen Persönlichkeiten angenommenen Haltungen doch nicht jeder Grundlage. Wie wir in diesem Buch gezeigt haben, bringen bestimmte Charakterzüge, selbst wenn sie überzogen sind, auch Vorteile mit sich: eine dependente Persönlichkeit erhält oft Unterstützung, der Paranoiker wird sich nicht so leicht hereinlegen lassen, der Zwanghafte vergisst selten seine Schlüssel … Diese »Sekundärgewinne« sind lächerlich gering, wenn man die Masse der mit ihnen verbundenen Nachteile dagegenhält, aber sie dienen den betroffenen Menschen manchmal zur Rechtfertigung ihrer Denk- und Verhaltensweisen. Hadrien (24), Student, berichtet:

> *Meine Mutter war überängstlich, und wir verlebten unsere Kindheit übertrieben behütet. Unser Haus glich einer Orbitalstation, und der kleinste Schritt hinaus war komplizierter und gefahrvoller als ein Ausstieg ins freie Weltall! Am Strand bekamen wir Mützchen und Sonnenbrillen verpasst, wir mussten zum Schutz vor Seeigelstacheln in Sandalen herumlaufen und wurden einmal pro Stunde mit Sonnencreme eingeschmiert … Als wir in das Alter kamen, wo wir abends Freunde besuchten, mussten wir nach unserer Ankunft sogleich zu Hause anrufen, selbst wenn wir nur drei Häuserblocks entfernt waren. Sie bauschte jeden Zwischenfall mächtig auf und unterstrich dabei, wie recht sie letztendlich doch mit ihren Vorsichtsmaßnahmen gehabt hätte. Bei jedem Klacks war ihr erster Satz: »Das hab ich ja gleich gewusst«, »Ich habe schon so etwas geahnt« oder »Hab ich es dir nicht gesagt!«. Weil sie stets das Schlimmste voraussagte, hatte sie von Zeit zu Zeit recht, und sie schaffte es, auch uns davon zu überzeugen. Sie hatte einen ganzen Vorrat an lehrreichen Geschichten und erzählte zum Beispiel, wie sich meine Schwester das einzige Mal, als sie bei einer Freundin übernachten durfte, gleich eine Bronchitis geholt hatte*

oder wie der kleine Junge von nebenan von einem Auto erfasst wurde, als er ohne seine Eltern mit dem Rad unterwegs war. In unseren Kinderaugen schien der Lauf der Welt ihr recht zu geben. Erst in der Jugend haben wir zu begreifen begonnen, dass das Leben auch ohne solche erdrückenden Vorsichtsmaßnahmen funktionieren kann …

»SO IST MEINE PERSÖNLICHKEIT EBEN!«

Wir hängen sehr an unserer Persönlichkeit mit all ihren Vorzügen und ihren Fehlern, und das ist logisch, denn sie macht einen beträchtlichen Teil unserer Identität aus. Aber es kommt auch vor, dass wir gern einige Gewohnheiten ablegen würden: wir möchten weniger ängstlich sein, flexibler, weniger eifersüchtig, optimistischer, nicht so empfindlich usw. Meistens ist uns bewusst, dass diese Veränderung das, was wir sind, nicht ernstlich infrage stellen würde, und falls doch, würden wir das akzeptieren. Bei schwierigen Persönlichkeiten ist das jedoch nicht immer der Fall. Oftmals werden sie sich auf einen Wandlungsprozess nicht einlassen wollen, weil sie fürchten, danach nicht mehr »sie selbst« zu sein und »ihre Persönlichkeit zu verlieren«, ein bisschen so, als ob man seine Seele verlöre. Diese Gefahr, »die Persönlichkeit zu wechseln«, besteht dennoch nur theoretisch. Wie wir noch sehen werden, bezeichnen die meisten Psychiater und Psychologen ihre Arbeit mit pathologischen Persönlichkeiten eher als ein Abstimmen und Geschmeidigmachen. Niemand hat auch nur den Wunsch nach einem radikalen Bruch …

Das Verständnis der Ausdrücke »die Persönlichkeit wechseln« und »seine Persönlichkeit wechseln« geht in den Köpfen vieler Menschen oftmals noch durcheinander. Dabei sind pathologische Charakterzüge viel häufiger eine Fessel als ein Ausdruck individueller Freiheit. Trennt man sich von ihnen, statt sie zu bewahren, gelangt man leichter zu dem, was man wirklich sein und tun möchte. Die Anhänglichkeit an unsere Fehler ist in gewissem

Sinne auch eine besondere Form von »Personenkult«, wobei die Beweihräucherung der eigenen Schwächen blind macht für ihre Nachteile. Lucien (67), pensionierter Vorarbeiter und Persönlichkeit vom Typ A, berichtet:

> *Ich lasse mit mir nicht alles machen, und die Leute treten mir besser nicht auf die Zehen. Wer mich kennt, weiß genau, dass man mich nicht zu sehr reizen darf. So bin ich halt, und ich sehe nicht ein, weshalb ich mich ändern soll, es ist halt meine Art. Manchmal weiß ich, dass ich ein bisschen zu weit gehe, aber ich habe keine Lust, mich andauernd zu kontrollieren. Man akzeptiert mich halt, oder man lässt es sein. Pech, wenn ich mich mit den Leuten verkrache. Das ist halt meine Persönlichkeit. Soll ich mich etwa in ein Ektoplasma verwandeln, um den Leuten zu gefallen, oder was?*

ICH-SYNTONIE UND ICH-DYSTONIE

In Psychiatrie und Psychologie zählen nicht nur die Symptome selbst. Auch die Art und Weise, in welcher die Individuen ihre eigenen Schwierigkeiten empfinden, und die Haltung, die sie ihnen gegenüber einnehmen, sind von enormer Wichtigkeit. In manchen Fällen fühlt sich die Person von ihren Fehlern im Alltagsleben gestört: ein deprimierter Mensch wird sich gegen seine Unfähigkeit zum Handeln auflehnen, jemand, der eine Phobie hat, wird sich seiner Ängste schämen, usw. Das Individuum erkennt den unwillkommenen Charakter seiner Schwierigkeiten, denn sie treiben es zu Handlungsweisen, die seinen eigenen Werten oder dem Bild, welches es gern von sich hätte, nicht entsprechen. Es ist sich der Unangemessenheit seines Verhaltens bewusst und strebt danach, sich von ihm zu befreien. Dieses Verhältnis zu den eigenen Symptomen wird als »ich-dyston« bezeichnet.

Eine Haltung, welche im Gegensatz dazu durch größere Toleranz gegenüber den eigenen Störungen gekennzeichnet ist und zwischen

Verkennung und Akzeptanz schwankt, nennt man »ich-synton«. In diesem Fall betrachtet das Individuum seine schwierigen Züge als integralen Bestandteil seiner Persönlichkeit und meint, sie entsprächen mehr oder weniger seinen persönlichen Wertvorstellungen oder seiner Weltsicht. Die Motivation zu einer Veränderung ist hier viel schwächer als bei der erstgenannten Haltung. Die Spezialisten für Nikotinentwöhnung kennen dieses Problem recht gut; sie wissen, dass ihre Patienten zu einer solchen Entwöhnung nur wirklich bereit sind, wenn sie »motiviert« sind, das heißt, wenn ihnen selbst ihr Raucherverhalten unerwünscht geworden ist. Es ist zwecklos, mit dem Nikotinkonsum aufhören zu wollen, wenn man nicht vorher den Schritt von einer ich-syntonen zu einer ich-dystonen Einstellung getan hat. Der Erfolg ist auch dann nicht garantiert, aber zumindest wird er möglich ...

Die meisten schwierigen Persönlichkeiten sind ich-synton. Daher setzen sie einer Veränderung großen Widerstand entgegen. Befinden sie sich in einem Gleichgewichtszustand, sind sie selten für eine Wandlung motiviert. Oftmals sind der Druck der Angehörigen oder der Zwang der Umstände, eine Kette von Schwierigkeiten oder Fehlschlägen, ja sogar eine Depression vonnöten, damit der Betreffende seine eigene Person kritisch befragt und seine gewohnten Haltungen auf den Prüfstand stellt. Manche Arten von schwierigen Persönlichkeiten (ängstliche, depressive oder dependente Menschen) haben mitunter – vielleicht, weil sie stärker leiden – ein klareres Bewusstsein von ihren Störungen als andere (z. B. Paranoiker, Narzissten oder Typ-A-Persönlichkeiten).

DIE VERÄNDERUNG UNTERSTÜTZEN

Oft wird die Veränderung von der Umgebung angeschoben. Verärgerung oder Verlegenheit, welche man einer schwierigen Persönlichkeit gegenüber empfindet, manchmal aber auch die Traurigkeit, einen geliebten Menschen in selbstzerstörerische Haltungen verstrickt zu sehen, sind häufig die Ursache für dringendes Zureden oder mehr oder minder direkte Einmischung. Schon La Rochefoucauld bemerkte: »Mit nichts ist man freigiebiger als mit gutem Rat« ... Aber solche guten Absichten und Ratschläge werfen oftmals auch Probleme auf. Der Druck, den man auf einen Menschen ausübt, um ihn zu einer Veränderung zu bewegen, kann übel aufgenommen und als Zwang verstanden werden. Bisweilen riskiert man damit sogar, ihn in seinen Überzeugungen zu bestärken. Das ist etwa bei paranoiden Persönlichkeiten der Fall, für die nichts verdächtiger ist als ein Satz wie: »Haben Sie keine Furcht, wir wollen doch nur Ihr Bestes.« ... Der Wunsch, beim anderen eine Wandlung zu erreichen, liegt auch nicht wenigen Enttäuschungen in der Ehe zugrunde. Manchmal etabliert sich eine Partnerschaft auf der idealisierten Wunschvorstellung, einem der beiden zu einer Veränderung zu verhelfen (manch eine Frau wird einen Alkoholiker heiraten, weil sie hofft, ihn von der Flasche wegzubringen ... und am Ende wird sie sagen, ihr Partner habe sie enttäuscht). Andere Paare werden sich trennen, weil einer der beiden sich nicht an den veränderten Geschmack des Partners, den er zunächst in vollem Wissen um seine schwierigen Züge ausgewählt hatte, anzupassen verstand. (So wird vielleicht ein Mann seine Beziehung zu einer jüngeren und sehr dependenten Frau abbrechen, weil er nicht länger darauf warten mag, dass sie endlich »reifer« wird ...) Schließlich verwandeln sich enttäuschte Hoffnungen der Umgebung, die große Anstrengungen unternommen zu haben glaubt, schnell in eine Zurückweisung des Individuums mit einer schwierigen Persönlichkeit, wobei Letzteres doch im Grunde von niemandem auch nur das Geringste gewollt hatte, weder Hilfe noch Schmähungen ...

Gibt es überhaupt einfache Regeln, mit denen man die Wirksamkeit der Bemühungen um Veränderung steigern kann? Wir haben Ihnen in diesem Buch schon einige mitgegeben, aber hier folgen noch ein paar Anmerkungen, welche die wichtigsten Aspekte zusammenfassen.

VERSTEHEN UND AKZEPTIEREN

Im Allgemeinen legt eine schwierige Persönlichkeit ihr problematisches Verhalten nicht zum Vergnügen an den Tag, sondern aus Angst: sie befürchtet, alleingelassen, missverstanden oder angegriffen zu werden, in Gefahr zu sein oder die Menschen, die sie liebt, in Gefahr zu bringen ... Wenn man keinen Blick für diese Ursache hat und nicht versucht, hinter der störenden Haltung die Verletzlichkeit des Individuums zu erkennen, begibt man sich schnurstracks auf eine Bahn, die auf Konflikte oder Missverständnisse zuläuft. Hören wir dazu Simon, einen Architekten (49):

Einer meiner Kollegen regte mich furchtbar auf mit seiner narzisstischen Art. Im Geschäft mit unseren Kunden schnappte er sich immer die besten Brocken; er meinte, ihm würde alles zustehen, und er brauche für die anderen keinen Finger krumm zu machen. Die erste Zeit sind wir uns oft in die Haare geraten. Er machte mich wirklich wütend, und ich fand ihn alles andere als sympathisch. Später, bei genauerem Hinschauen, entdeckte ich, dass er gar nicht so selbstsicher war. Eigentlich versuchte er sich mehr einzureden, den anderen überlegen zu sein, als dass er wirklich davon überzeugt gewesen wäre. Einen Moment hatte ich Lust, ihm das zu sagen, um ihn so aus dem Gleichgewicht zu bringen, oder ihm nicht mehr die nötigen Informationen zu übermitteln. Dann begriff ich, dass dies zu nichts führen würde. Wir haben also ein paar Aussprachen gehabt, bei denen ich ihm sagte, wo ich meine Grenzen setze, und dann haben wir versucht, miteinander auszukommen. Er weiß jetzt, wie weit er bei mir gehen darf, und ich bin bereit, in Detailfragen einzulenken. Seitdem ich seine Schwachstelle erkannt habe, kann ich ihn besser verstehen und eher tolerieren. Und schließlich ist mir auch klar geworden, dass er mir etwas beigebracht hat und dass er nicht in allen Punkten unrecht hatte: durch den Umgang mit ihm habe ich gelernt, mehr aus dem Schatten zu treten, während ich vorher überzeugt war, dass man auf meinen Wert auch aufmerksam würde, wenn ich mich im Hintergrund hielt ...

Ein solches Verständnis darf nicht mit Laxheit oder Gleichgültigkeit verwechselt werden. Es darf auch nicht zu einer Art »Biertischpsychologie« führen, die mit dem gewürzt ist, was die Psychologen »wilde Interpretationen« nennen: »Mein lieber Freund, du musst ein großes Problem haben, dass du dich so benimmst; ich nehme mal an, das kommt aus deiner Kindheit ...« Wenn man den anderen akzeptiert, wird man letztendlich auch über sich selbst nachdenken: Wieso können wir dieses oder jenes Verhalten nicht tolerieren, während andere in der gleichen Situation gelassener reagieren? Welche unserer eigenen Werte sind dabei verletzt worden? Worin sind diese Werte denen der Person, die sich unserer Meinung nach ändern soll, überlegen? Und was kann uns der Mensch mit der schwierigen Persönlichkeit, der wie jeder von uns auch seine guten Seiten hat, lehren und nahebringen? Unsere Verärgerung und unsere Urteile über die schwierigen Persönlichkeiten zeugen auch von unseren eigenen Schwächen. Ganz, wie Paul Valéry boshaft bemerkte: »Alles, was du sagst, spricht von dir. Besonders, wenn du über einen anderen sprichst.«

DIE SCHWIERIGKEITEN DER WANDLUNG ANERKENNEN

Auch wenn das Individuum erst einmal sein Problem erfasst hat und zur Wandlung motiviert ist, bleibt die Veränderung der Persönlichkeit ein schwieriges Unterfangen, stellt sie doch einen langen und aufwändigen Prozess der »Zerstörung und Rekonstruktion« dar. Es geht nicht bloß darum, ein paar Verhaltensregeln zu lernen, wie es auch ein Kind könnte, sondern man muss sich zunächst einmal von all jenen befreien, die man sich in der Vergangenheit zu eigen gemacht hat. Das erklärt die Langwierigkeit des Veränderungsprozesses und die zahlreichen »Rückfälle«, die ihn begleiten. Eine der wichtigsten Regeln auf unserem Gebiet besagt, dass man dem Individuum Zeit lassen muss, die Veränderung zu »verdauen« ... Natacha (35), eine Arbeitsmedizinerin, erzählt:

Mein Lebensgefährte ist ein bisschen schizoid; als wir uns kennenlernten, nannten ihn seine Kameraden den »Autisten« … Ich mag aber Leute, die nachdenken, bevor sie reden. Als unser erster Sohn kam, war ich dennoch beunruhigt, denn ich fand, dass mein Mann nicht genug mit ihm sprach und sich nicht mit so viel Zuneigung um ihn kümmerte, wie ich gewünscht hätte. Ich hatte immer gedacht, bei seinen eigenen Kindern würde er lockerer werden … Ich fürchtete, unser Sohn könnte darunter leiden. In den ersten Monaten machte ich meinem Mann Vorwürfe, aber je mehr ich ihn kritisierte, desto stärker verschloss er sich. Dann habe ich mich beruhigt und mir gesagt, dass ich ihn nicht weiter plagen, sondern ihm lieber den Weg freiräumen sollte. Schließlich war er selber ein Einzelkind und kannte sich mit Babys nicht aus. Ich gab ihm keine Anweisungen mehr und kritisierte ihn auch nicht. Wenn er sich aber nach meinen Wünschen verhielt, zeigte ich ihm, dass ich mich freute. Nach und nach, im Rhythmus der Entwicklung unseres Sohnes, hat er sich geändert. Das Kind ist inzwischen drei Jahre alt, es liebt seinen Vater sehr, und auch mein Mann hat gelernt, dem Sohn gegenüber seine ganze Zuneigung auszudrücken, und sie kommunizieren mit größerer Leichtigkeit. Mein Mann ist sogar gegenüber dem Rest der Familie ein wenig extravertierter geworden …

Eine andere wichtige Regel ist, dass man auch Veränderungen akzeptieren muss, die nicht perfekt oder nicht vollständig sind. Das Denken und Handeln schwieriger Persönlichkeiten wurzelt in ihrer persönlichen Entwicklungsgeschichte (und manchmal in einem biologisch vorgeprägten Temperament), die man niemals zu 100% »korrigieren« können wird. Genau das erzählt uns Yanne (42), eine leitende Angestellte:

Meine Kollegin im Büro ist zwanghaft. Sie will, dass jedes Ding am rechten Platz liegt und dass alles nach ihren Vorstellungen abläuft. Weil wir uns das Zimmer und eine Menge Material teilen müssen, gab es tüchtige Konflikte, als ich neu in den Betrieb gekommen war.

Sie hatte meine Vorgängerin tyrannisiert, aber so konnte sie mit mir nicht umspringen! Nach einer Woche war wirklich die Hölle los! Ich sollte alles nach ihren Wünschen zurechtlegen, bestimmte Uhrzeiten respektieren, beim kleinsten Fehler alles von vorn beginnen ... Wahre Sklaverei war das. Ich sagte ihr, sie sei eine alte Schnepfe, aber nachdem ich beinahe gekündigt hätte, beruhigte ich mich. Ich beschloss, in kleinen Schritten mit ihr zu verhandeln. Das fiel mir leichter, nachdem mir bewusst geworden war, dass sie auch gute Eigenschaften hat: wenn man ihre Rituale respektiert, ist sie eher hilfsbereit und nett. Und dazu ist sie sehr verlässlich, was mir aus der Verlegenheit helfen kann, denn ich bin ein bisschen schusselig. Sie hat mich im Betrieb schon mehrmals aus brenzligen Situationen gerettet. Also nehme ich manche ihrer Eigenheiten hin, nicht alle, sondern nur die, die mich am wenigsten stören. Und so versucht sie auch seltener, mir die übrigen aufzuzwingen. Im Moment kommen wir ganz gut miteinander aus ...

SPIELEN SIE NICHT DEN MORALAPOSTEL

Wünscht man, dass jemand sich verändert, landet man letztendlich bei der Kernfrage: »Aus welchem Grund soll man ihn dazu drängen?« Mit welchem Recht kann ich entscheiden, was für jemanden gut ist und was nicht, und es ihm aufzwingen oder zumindest nachdrücklich ans Herz legen? Die Antwort ist einfach: von dieser Seite dürfen Sie das Pferd nicht aufzäumen! Selbst wenn manche Seinsweisen offensichtlich Vorteile haben (so, wenn man flexibel, positiv oder selbstständig ist und nicht starr, zum Jammern neigend oder abhängig), wird jedes normative oder moralisierende Vorgehen den Anderen kaum zur Veränderung motivieren. Die betreffende Person wird nicht wie ein Kind behandelt werden wollen, dem man beibringt, was gut und was böse ist. Das Problem der schwierigen Persönlichkeiten besteht ja gerade darin, dass sie eine zu starre und normative Sicht auf die Dinge haben: sie handeln eher nach vorgefertigten persönlichen Lebensregeln, als dass sie sich auf Situationen oder Personen einstellen.

Es nützt also nichts, da noch etwas an Normen draufzulegen; sie werden sie nur zu ihren Gunsten verdrehen (»Du hast mir ja gesagt, ich soll die anderen nicht immer um Rat fragen. Da siehst du, was dabei rauskommt ...«) oder sie karikieren (»Wenn man in diesem Haus keine Kritik mehr aussprechen darf, sage ich eben gar nichts mehr ...«). Jede Motivation zur Veränderung kann nur Erfolg haben, wenn sie auf persönlicher Ebene daherkommt: die schwierige Persönlichkeit wird ihre Haltungen modifizieren, weil andere Personen ihr aufrichtig und ohne Aggressivität gesagt haben, welche Probleme sie ihnen bereitet. Deshalb ist es, wie wir überall in diesem Buch zu zeigen versucht haben, im Allgemeinen besser, von seinen eigenen Bedürfnissen zu reden als an den Gesprächspartner Forderungen zu richten; es bringt mehr, von konkreten Situationen auszugehen, statt sich auf eherne Grundsätze zu berufen, und man spricht besser über ein bestimmtes Verhalten als über die Person. Das veranschaulicht uns der Bericht von Marina (33), Hausfrau und Mutter:

Mein Mann ist sehr eifersüchtig, und deswegen hatten wir lange Zeit die schlimmsten Szenen. Ich habe ihm gesagt, er sei total verrückt, er solle sich in Behandlung begeben, ich brauche keinen Aufseher, ich könne tun, was ich wolle, und reden, mit wem immer ich reden möchte ... Schließlich bin ich zu einem Psychiater gegangen, um das Problem vielleicht besser zu verstehen. Mein Mann war ja nicht in die Sprechstunde zu kriegen, weder allein noch mit mir zusammen. Der Psychiater hat mich dazu gebracht, dass ich über mich selbst nachdachte, aber vor allem half er mir, mit meinem Mann anders umzugehen. Ich habe zum Beispiel gelernt, keine aggressiven Antworten zu geben, sondern ihm meine Gefühle direkt mitzuteilen: ich sagte ihm, wie traurig es mich machte, wenn er mir kein Vertrauen schenkte, oder wie es mich aufbrachte, wenn er meine Freiheit antastete ... Er nahm das nicht gerade mit einem Lächeln auf, aber es brachte ihn mehr aus dem Konzept als meine früheren Tiraden. Und zumindest sind unsere Streitereien nicht mehr ausgeartet. Nach und nach lagen wir uns immer seltener in den Haaren. Ich glaube, ich habe es geschafft, ihn in dieser Beziehung zu beruhigen …

GEBEN SIE IN DER SACHE NICHT NACH

Für Menschen in der Umgebung schwieriger Persönlichkeiten, besonders für Familienangehörige, ist die Verlockung groß, den Forderungen dieser Personen nachzugeben und sich auf ihr Spiel einzulassen. Der von schwierigen Persönlichkeiten ausgeübte Druck ist in der Tat nicht gering und kann rasch anwachsen, wenn man sich ihnen nicht fügen will: ihr Register umfasst Wutausbrüche, Eingeschnapptsein, Tränen, das Einflößen von Schuldgefühlen … Gibt man oft nach, wird die schwierige Persönlichkeit daraus ableiten, dass sie mit der entsprechenden Starrköpfigkeit alles erreichen kann, was sie will, und bei nächster Gelegenheit wird sie sich gewiss daran erinnern. Nicole (61), Rentnerin, berichtet:

Eine meiner Schwiegertöchter ist sehr autoritär und will bei Familientreffen alles bestimmen. Sie regt alle schrecklich auf, indem sie mit guten Ratschlägen nur so um sich wirft oder indem sie erklärt, ihre Kinder und ihr Gatte seien die Allerschönsten und Allerklügsten. Außerdem verträgt sie keinen Einspruch, und ihr Sinn für Humor ist sehr beschränkt, wenn es um ihre eigene Person geht. In der Familie haben sich alle auf ihre Art eingelassen – ein bisschen aus Gewohnheit, ein bisschen aus Feigheit, und um Konflikte zu vermeiden. Wenn man nämlich etwas macht, was ihr nicht passt, ist sie eingeschnappt, oder sie weigert sich, während der nächsten Wochen ihre Verwandten wiederzusehen. Einmal regte sich der Mann meiner jüngsten Tochter, der gerade neu zu unserer Familie gestoßen war, über sie und ihre Forderungen auf: er sagte ihr, dass sie mit dem lehrerhaften Gehabe aufhören solle. Das nahm sie sehr übel, und wir bekamen sie ein halbes

Jahr nicht zu Gesicht. Alle fanden, er wäre ein wenig zu weit gegangen, und auch er selbst hatte Schuldgefühle. Aber ich dachte, dass er richtig gehandelt hat, und stand ihm bei, obgleich auch mir diese Geschichte Kummer bereitete. Als dann meine Schwiegertochter schließlich wieder auf Familientreffen erschien, trat sie viel zurückhaltender und weniger anmaßend auf. Ich glaube, die Lektion hat gesessen. Wir versuchen weiterhin, vorsichtig mit ihr umzugehen und ihr Kritik zu ersparen, aber sie selbst hat es aufgegeben, alle naselang an den anderen herumzukritteln …

Beim Umgang mit schwierigen Persönlichkeiten

sollten Sie Folgendes tun:	**sollten Sie Folgendes lassen:**
Versuchen Sie, deren Verhalten zu ändern	Versuchen Sie nicht, deren Weltsicht zu ändern
Begreifen Sie, welche Befürchtungen und welche Auffassungen ihrem schwierigen Verhalten zugrunde liegen	Denken Sie nicht, es handle sich bloß um schlechten Willen
Akzeptieren Sie eine allmähliche Veränderung	Verlangen Sie keine rapide Veränderung
Sprechen Sie von Ihren Bedürfnissen und zeigen Sie, wo Sie Ihre Grenzen abgesteckt haben	Halten Sie keine Moralpredigten
Nehmen Sie eine unvollständige Veränderung in Kauf	Fordern Sie keine Perfektion, um dann schließlich alles hinzuwerfen
Machen Sie in den wesentlichen Punkten keine Abstriche	Zeigen Sie nicht nur Mitleid; lassen Sie sich nicht in ihr Spiel hineinziehen

Psychiater (oder Psychologen) und pathologische Persönlichkeiten können einander unter verschiedenen Umständen begegnen. Am häufigsten kommt es wahrscheinlich vor, dass ein Patient wegen eines anderen Problems um Rat bittet. Es sieht tatsächlich ganz so aus, als litten zwischen 20% und 50% der Menschen, die in die Sprechstunde eines Psychiaters kommen, an Persönlichkeitsstörungen. Ihr Wunsch nach Behandlung wird von den Folgen dieser Störungen ausgelöst: Depressionen, Angstzustände, Alkoholismus usw. In anderen Fällen kommt nicht der Patient selbst in die Sprechstunde, sondern seine besorgten oder zur Erschöpfung getriebenen Nächsten rufen Hilfe herbei. Die Psychiater können ein Lied davon singen, denn häufig alarmieren die Angehörigen eines solchen Menschen sie mit Telefonanrufen wie diesem: »Ich weiß nicht mehr, was ich machen soll, er (oder sie) will nicht zum Psychiater gehen, und dabei wird unser Leben durch sein (oder ihr) Verhalten total ruiniert. Was kann man da bloß tun?« Seltener kommen Patienten von allein in die Sprechstunde, weil sie meinen, ein Persönlichkeitsproblem zu haben und gegen Tendenzen ankämpfen zu müssen, die ihnen über den Kopf wachsen.

Obgleich man sehr häufig auf schwierige Persönlichkeiten trifft (sie machen etwa 10% bis 15% der Gesamtbevölkerung aus), interessiert sich die Psychiatrie für sie nicht immer im gleichen Maße. Pathologische Persönlichkeiten sind nämlich schwer zu behandelnde Patienten: wenn sie ängstlich oder deprimiert sind, werden die therapeutischen Resultate schlechter ausfallen als bei Patienten ohne Persönlichkeitsstörung (was für den Narzissmus der Therapeuten nicht gerade erhebend ist). Seit einigen Jahren jedoch streben immer mehr Studien danach, die Hilfsmöglichkeiten für solche Menschen zu verbessern, sei es durch den Einsatz von Medikamenten oder durch Psychotherapien.

Manche Patienten zögern, wenn ihr Arzt sich anschickt, Psychopharmaka zu verschreiben. Sie fürchten, dass eine solche Behandlung ihre Persönlichkeit verändert. Antidepressiva oder Tranquilizer werden, wenn sie aus gutem Grund verordnet wurden, die Weltsicht dieser Personen tatsächlich ändern: unter Anxiolytika werden die Ängstlichen von ihrer bangen Unruhe weniger destabilisiert, und bei einer Behandlung mit Antidepressiva werden deprimierte Menschen alle Ereignisse mit weniger Pessimismus oder Verzweiflung wahrnehmen. Einige Neuroleptika helfen impulsiven Patienten, sich besser zu kontrollieren, und manche Stimmungsstabilisierer lassen sie emotionale Achterbahnfahrten vermeiden. Obwohl diese Veränderungen bisweilen spektakulär sind, werden die so behandelten Patienten nicht den Eindruck haben, dass ihre Persönlichkeit verändert worden ist. Sie haben einfach das Gefühl, dass sie jetzt weniger leiden, was schon eine Menge wert ist, oder dass sie wieder sie selbst geworden sind und ihre Persönlichkeit wiedererlangt haben, aber von der Last ihres Leidens befreit sind.

In welchen Fällen sind Medikamente hilfreich?

- Psychopharmaka werden nur dann verschrieben, wenn die Person erheblich leidet.
- Meistens soll ihr dies helfen, bestimmte Symptome zu reduzieren, die mit ihrer Persönlichkeitsstörung verbunden sind, wie Angst, Depression, Impulsivität usw.
- Die Verbesserung dieser sogenannten »emotionalen« Symptome trägt oft dazu bei, die Persönlichkeitsstörung selbst zu verbessern.
- Bisher gibt es kein Medikament, das spezifisch diese oder jene Persönlichkeitsstörung behandelt.
- In jedem Fall sollte nicht nur die Verschreibung eines Medikaments erfolgen: sie sollte zumindest mit einer psychologischen

Betreuung und idealerweise mit einer Psychotherapie einhergehen.

Es kommt aber auch vor, dass bestimmte Antidepressiva eine breitere Wirkung haben, wie zum Beispiel Fluctin und seine Nachfolger, die als »Serotonin-Wiederaufnahmehemmer« bezeichnet werden (weil sie vor allem auf das Serotonin, einen wichtigen Botenstoff im Gehirn, wirken). Diese Substanzen, die bei Depressionen und bestimmten Angststörungen wirksam sind, scheinen auch manche Persönlichkeitszüge verändern zu können, so die übertriebene Kritikempfindlichkeit der vermeidend-selbstunsicheren Persönlichkeiten oder das Negativdenken und den Pessimismus bei depressiven Persönlichkeiten. Aber ihre Wirkung ist von Patient zu Patient sehr unterschiedlich und unvorhersehbar.

Einige aktuelle Arbeiten über die Neurobiologie der Temperamente stellen vielleicht die ersten Vorzeichen einer tiefgreifenden Entwicklung im Bereich der medikamentösen Behandlung von Persönlichkeitsstörungen dar: Es ist möglich, dass wir durch Neurobildgebung eines Tages über messbare »Signaturen« von bestimmten psychischen Störungen oder Persönlichkeitsmerkmalen verfügen werden und dass diese Signaturen uns darauf hinweisen werden, welches spezielle Medikament in diesem Fall wirkungsvoll etwas korrigieren kann.

Die Fragen, die hier nach und nach auftauchen, sind von großer Bedeutung für die Individuen wie für die Gemeinschaft. Ist es im Grunde gut oder verwerflich, wenn bestimmte Wirkstoffe die Züge einer Persönlichkeit beeinflussen?

Fürs Erste sollte die Verordnung von Medikamenten bei erwiesenen Persönlichkeitsstörungen systematisch durch psychotherapeutische Maßnahmen begleitet werden. Das wird den Therapeuten und den Patienten helfen, die auftretenden Veränderungen genauer zu verstehen und besser zu begleiten. Andernfalls besteht die Gefahr des Missbrauchs der verschriebenen Medikamente. Das kann in Form von Überkonsum und Abhängigkeit geschehen oder durch mangelhafte Einhaltung der Vorschriften, wenn die Medikamente nicht regelmäßig oder über einen längeren Zeitraum hinweg eingenommen werden.

PSYCHOTHERAPIE ODER PSYCHOTHERAPIEN?

Es gibt zahlreiche Arten von Psychotherapien, doch kann man sie, zumindest im Bereich der Betreuung schwieriger Persönlichkeiten, zwei großen Richtungen zuordnen.

Die erste Richtung ist natürlich die Psychoanalyse einschließlich aller von ihr abgeleiteten Formen. Diese älteste und wenigstens in Frankreich bedeutendste psychotherapeutische Methode basiert auf dem Grundsatz, dass es dem Individuum helfen wird, seine Schwierigkeiten zu überwinden, wenn es sich allmählich ihrer Ursprünge und Entwicklungsmechanismen bewusst wird. Das funktioniert hier besonders gut, da diese Bewusstwerdung im Rahmen einer genau festgelegten therapeutischen Beziehung erfolgt, welche die »Übertragung« erleichtert: die Kindheitskonflikte des Patienten werden an der Person des Therapeuten aktualisiert. Die Psychoanalyse hat den Vorteil, eine besonders reichhaltige und komplexe Theorie zu besitzen, und sie stellt eine spannende intellektuelle Erfahrung dar. Die zahlreichen Querelen zwischen ihren einzelnen Schulen und ihre grundsätzliche Ablehnung jeder Form von wissenschaftlicher Überprüfung ließen ihren Einfluss unter Forschern und praktizierenden Psychiatern jedoch zurückgehen. Und auf dem Gebiet der Persönlichkeitsstörungen hat sie bisher nur wenige schlüssige Studien hervorgebracht.

Die zweite Richtung ist die der kognitiven Therapien und der Verhaltenstherapien. Sie ist deutlich jüngeren Datums als die Psychoanalyse, und es gibt zu ihr eine größere Zahl internationaler wissenschaftlicher Publikationen. Kognitive Therapien und Verhaltenstherapien beruhen auf einem einfachen Grundsatz: wenn man eine Verhaltens- oder Denkweise ändern will, ist es am wirkungsvollsten, zu untersuchen, wie sie erlernt worden ist, und dem Patienten aktiv zu helfen, neue Verhaltens- oder Denkweisen zu erlernen. Hinter diesem Prinzip, das aus den Erziehungswissenschaften hervorgegangen ist, verbirgt sich ein ganzes Spektrum verschiedener Techniken, die bei zahlreichen Störungen ihre Wirksamkeit bewiesen haben. Seitdem Verhaltenstherapien und kognitive Therapien bei Persönlichkeitsstörungen eingesetzt werden, haben sie gute Ergebnisse erzielt.

Psychodynamische Therapien	Verhaltenstherapien und kognitive Therapien
Kreisen vor allem um die Vergangenheit oder die Schnittstelle zwischen Vergangenheit und Gegenwart	Kreisen vor allem um das Hier und Heute
Wollen Elemente der persönlichen Biographie wieder lebendig werden lassen und sie verständlich machen	Wollen zum Erwerb von Kompetenzen für die Meisterung aktueller Schwierigkeiten führen
neutraler Therapeut	interaktiver Therapeut
Therapeut liefert kaum Detailinformationen über die Therapie	Therapeut liefert viele Detailinformationen über die Störung und die Therapie
Ziele und Dauer nicht genau abgesteckt	Ziele und Dauer festgelegt
Hauptziel ist die Veränderung der zugrunde liegenden psychischen Struktur (was eine nachfolgende Veränderung der Symptome und des Verhaltens erlauben soll)	Hauptziel ist die Veränderung der Symptome und des Verhaltens (was eine nachfolgende Veränderung tieferliegender psychischer Strukturen erlauben soll)

Vereinfachende Charakterisierung der beiden bei Persönlichkeitsstörungen eingesetzten psychotherapeutischen Strömungen

Jenseits der theoretischen Unterschiede sollte beachtet werden, dass Therapeuten ihren Patienten sehr oft integrative Therapien anbieten, die Elemente aus der psychoanalytischen Perspektive (Arbeit an der

Vergangenheit) und der Perspektive der Verhaltens- und Kognitionstherapien (Arbeit an gegenwärtigen Reaktionsmustern) kombinieren.

Da das aber noch in den Anfängen steckt, haben wir beschlossen, hier die kognitiven Therapien näher vorzustellen, da es sich um eine moderne und anerkannte Herangehensweise bei der Behandlung von Persönlichkeitsstörungen handelt.

DIE KOGNITIVEN THERAPIEN

Sie sitzen im Restaurant und warten auf einen Freund. Ein paar Tische weiter sitzt jemand, der verstohlen, aber ausdauernd in Ihre Richtung schaut. In einer solchen Situation können Ihnen verschiedene Gedanken in den Sinn kommen: positive (»Ich scheine ihm zu gefallen«), negative (»Er findet mich hässlich«) oder auch neutrale (»Er erinnert mich an jemanden«). Diese Gedanken nennt man Kognitionen; es sind also Ideen, die Ihnen angesichts einer bestimmten Situation automatisch im Bewusstsein erscheinen. Die Kognitionen zeugen von der Art und Weise, in welcher wir unsere Umwelt wahrnehmen und deuten. Das entdeckten schon die stoizistischen Philosophen vor fast zweitausend Jahren, so etwa Mark Aurel: »Wenn dir irgendein Ding der Außenwelt Kummer bereitet, so ist es nicht dieses Ding selbst, sondern dein Urteil über dieses Ding, das dich bedrückt.« Heutzutage haben die Kognitivisten dieses alte Prinzip unter dem wissenschaftlicher klingenden Namen »Informationsverarbeitung« wieder aufgenommen.

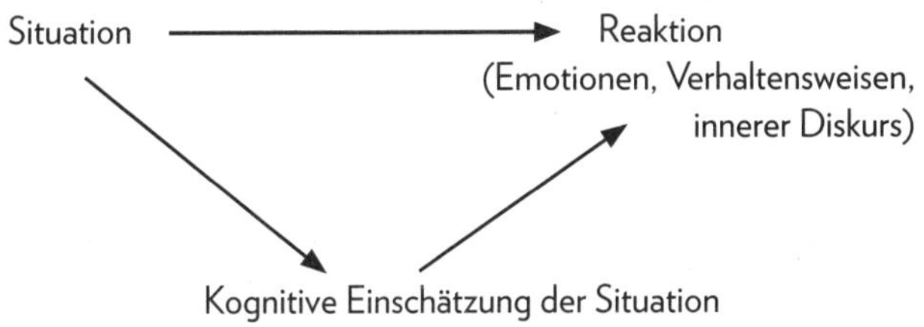

Die Informationsverarbeitung

Die Theorie von der Informationsverarbeitung geht davon aus, dass unsere Reaktionen nicht nur durch die Situation bestimmt werden, sondern ebenso durch die Art und Weise, in der wir diese Situation beurteilen. Greifen wir noch einmal unser Beispiel mit dem Restaurant auf: Wenn Ihre Kognitionen vom Typ »Ich gefalle dieser Person« sind, werden Sie (sofern Sie ein kleines bisschen histrionisch sind und es lieben, anderen zu gefallen) eher angenehme Gefühle verspüren. Ihr Verhalten wird darin bestehen, dass Sie dieser Person zulächeln oder sich ins rechte Licht rücken, und Ihre Gedanken werden um das Thema »Ich habe einen gewissen Charme« kreisen. Wenn Sie hingegen Merkmale einer vermeidend-selbstunsicheren Persönlichkeit an sich haben, werden Ihre Kognitionen eher lauten: »Diese Person studiert gerade meine Schwächen«, was unerfreuliche Gefühle wie Verlegenheit und Unbehagen sowie ein Ausweichverhalten (den Blick abwenden oder einen anderen Tisch wählen) nach sich ziehen wird. So kann dieselbe Situation von einem Individuum zum anderen sehr unterschiedlich eingeschätzt werden und völlig verschiedene Reaktionen auslösen.

Eine klare Einsicht in die für uns typische Art und Weise, Ereignisse zu interpretieren, gehört zu den wichtigsten Voraussetzungen für die Veränderung unserer Haltungen.

Wie sehen Sie die Welt?

Für die Kognitivisten beruht demnach die Mehrzahl unserer Haltungen und unserer Verhaltensweisen vor allem auf unserer Weltsicht.

Diese Weltsicht setzt sich zusammen aus oftmals unbewussten Überzeugungen, die uns selbst betreffen (zum Beispiel: »Ich bin schwach und verletzlich« oder im Gegenteil: »Ich bin ein Ausnahmewesen«), aber auch die anderen Menschen (»Andere Leute sind stärker und kompetenter als ich« oder »Man darf niemandem trauen«) oder die Welt im Allgemeinen (»Hinter jeder harmlosen Situation kann eine Gefahr lauern«). Diese Überzeugungen haben wir meist während der Kindheit erworben, im Kontakt mit unseren

Nächsten oder infolge von Ereignissen in unserer Biographie. Sie sind tief in uns verankert, und wir sind uns ihrer schließlich nicht mehr bewusst, ein wenig, als vergäße man, dass man eine Brille mit getönten Gläsern auf der Nase hat …

Diese Überzeugungen gruppieren sich oftmals zu sogenannten »Konstellationen«. Bei einer dependenten Persönlichkeit treten zum Beispiel die Assoziationen »Ich bin verletzlich« und »Die anderen sind stark und fähig« gemeinsam auf. Solche kognitiven Konstellationen führen die Menschen dazu, sich Lebensregeln zu erarbeiten, also eine Reihe präziser Strategien zur besseren Anpassung an die Welt, wie sie sie verstehen. Wenn wir bei unserem Beispiel mit der dependenten Persönlichkeit bleiben wollen, so lauten diese Regeln etwa: »Ich muss mich den anderen unterordnen, um ihr Wohlwollen zu erlangen« oder »Tritt ein Problem auf, darf ich nichts allein entscheiden« …

Die wichtigsten kognitiven Charakteristika schwieriger Persönlichkeiten

Persönlichkeit	Überzeugungen und Weltsicht	persönliche Lebensregeln
Borderline	»Ich bin zerbrechlich, habe keine Kontrolle über meine Reaktionen.« »Man darf mich nicht im Stich lassen oder beiseite schieben, sonst bin ich in Gefahr.« »Ich bin zum Schlimmsten fähig.«	»Wenn es mir zu schlecht geht, muss ich etwas tun, um mein Leiden zu beenden. Ich kann mich nicht beruhigen oder warten, bis es vorübergeht.« »Wenn du Streit suchst, bist du hier richtig!« »Ich muss es unbedingt vermeiden, mir selbst und meinen Dämonen gegenüberzustehen. Ich muss was tun und mit Leuten zusammen sein, sonst rutsche ich ab.«

psycho-pathisch	»Im Leben gibt es Starke und Schwache. Ich stehe lieber aufseiten der Starken.« »Solange es keiner sieht …« »Regeln sind dazu da, gebrochen zu werden.«	»Ich greife lieber zu, als abzuwarten.« »Anderer Leute Sorgen kümmern mich nicht – jeder muss selbst zurechtkommen!«
narzisstisch	»Ich bin außergewöhnlich.« »Die anderen sind nach mir dran.«	»Mir steht alles zu.« »Die anderen müssen erfahren, wie bemerkenswert ich bin.«
ängstlich	»Die Welt ist voller Gefahren.« »Wenn man nicht wachsam ist, setzt man sich den schlimmsten Risiken aus.«	»Ich muss die Probleme schon vorher erkennen und immer mit dem Schlimmsten rechnen.«
paranoid	»Ich bin verletzlich.« »Die anderen sind vielleicht gegen mich und verheimlichen mir etwas.«	»Ich muss immer misstrauisch sein und hinter das blicken, was die anderen sagen oder zeigen.«
histrionisch	»Einfach so wird sich niemand für mich interessieren.« »Verführen bedeutet, seinen Wert zu beweisen.«	»Um mir meinen Platz zu sichern, muss ich auf mich aufmerksam machen.« »Ich muss die anderen rundum blenden und bezaubern.«
zwanghaft	»Alle Sachen müssen perfekt erledigt werden.« »Improvisation und Spontaneität führen zu nichts Gutem.«	»Ich muss alles kontrollieren.« »Alles muss den Regeln gemäß gemacht werden.«
schizoid	»Ich bin anders als die anderen.« »Das soziale Leben ist eine Quelle von Komplikationen.«	»Ich muss für mich bleiben und darf mich nicht auf zu enge Beziehungen einlassen.«

Verhaltensweisen vom Typ A	»Nur Platz eins zählt.« »Die Leute müssen zuverlässig und kompetent sein.«	»Ich muss jede Herausforderung annehmen.« »Ich muss meine Aufgaben schnellstmöglich erfüllen.«
depressiv	»Wir sind auf Erden, um zu leiden.« »Ich habe kein Recht auf zu viel Vergnügen.«	»Man freut sich immer zu früh.« »Ich muss hart arbeiten, um auf der Höhe zu bleiben.«
dependent	»Ich bin schwach und ziemlich unfähig.« »Die anderen sind stark.«	»Bei einem Problem muss ich sofort Hilfe suchen.« »Ich darf die anderen nicht verärgern.«
passiv-aggressiv	»Ich hätte Besseres verdient.« »Die anderen sind auch nicht mehr wert als ich, aber sie wollen immer die erste Geige spielen.« »Wenn man ihnen zu offen widerspricht, können sie aggressiv werden.«	»So können die mit mir nicht umspringen; ich weiß, was sich gehört.« »Wenn man nicht einverstanden ist, muss man indirekt Widerstand leisten.«
vermeidend-selbstunsicher	»Ich bin nicht interessant.« »Wenn die anderen erkennen, wer ich bin, werden sie mich links liegenlassen.«	»Ich darf mich nicht offen zu erkennen geben.« »Ich muss mich abseits halten. Wenn nicht, werde ich nicht mitziehen können.«

Stereotype Szenarien?

Die Menschen in der Umgebung schwieriger Persönlichkeiten sind oftmals verblüfft über den Wiederholungscharakter der Verhaltensweisen solcher Personen: das Leben des Paranoikers ist eine lange Kette aus Zerwürfnissen und Konflikten, beim Histrioniker gibt es ständig ein Umschlagen von Idealisierung in Enttäuschung, der Dependente treibt immerzu im Kielwasser seiner Beschützer …

All die kognitiven Phänomene, die wir gerade beschrieben haben, also die Grundüberzeugungen und die aus ihnen abgeleiteten Regeln, münden tatsächlich in für jedes Persönlichkeitsprofil spezifische Haltungen, sobald ein Ereignis ganz bestimmter Art auftritt (wir wollen es hier die »Triggersituation« nennen). Solche Situationen bilden in gewisser Weise den »Anlasser« für Reaktionen, die repetitiv, vorhersehbar und stereotyp sind, egal, ob es sich um Gefühle, Verhaltensweisen oder Gedanken handelt. Um in unserem Beispiel zu bleiben: wird eine vermeidend-selbstunsichere Person kritisiert, bewirken die von uns beschriebenen Phänomene, dass diese Kritik in ihr ein Gefühl von Bestürzung und Angst auslöst, auf Verhaltensebene Unterordnung und das Streben nach Wertschätzung hervorruft und Gedanken erregt wie etwa »Wenn man mich kritisiert, laufe ich Gefahr, endgültig abgewiesen zu werden«, »Lieber meinen Standpunkt aufgeben, um den Konflikt zu dämpfen« oder »Sicher habe ich unrecht« …

Diese »Szenarien« der schwierigen Persönlichkeiten erinnern letztendlich an Remakes im Kino oder bei Fernsehserien; immer sind es Variationen zum selben Thema, und man weiß schon im Voraus recht genau, was passieren wird. Es scheint, als würden die Erfahrungen des täglichen Lebens an den schwierigen Persönlichkeiten beinahe wirkungslos abperlen: sie werden dazu neigen, alles, was ihre Überzeugungen infrage stellen könnte, zu ignorieren oder umzuinterpretieren. Eine vermeidend-selbstunsichere Persönlichkeit ist überzeugt, für die anderen nicht von Interesse zu sein. Wenn man ihr seine Aufmerksamkeit schenkt, wird sie wahrscheinlich meinen, das geschehe nur aus Mitleid, Herablassung oder Berechnung. Dadurch stellt sie ihre Überzeugung »Ich bin uninteressant« nicht infrage.

Persönlichkeit	Triggersituationen	vorhersehbare Reaktionen
Borderline	Eindruck, dass sich die Menschen entfernen und auf Distanz gehen. Müdigkeit, Stimmungstief … Alkohol- oder Drogenkonsum.	Gefühl, dass das Leben nicht lebenswert sei. Bedürfnis, sich zu verletzen. Drang, andere verbal anzugreifen oder Dinge zu zerschlagen. Verlangen, sich mit Alkohol oder Drogen zu betäuben.
psychopathisch	Mit dem Erfolg anderer, ihrem Reichtum und Glück konfrontiert werden. Sich angegriffen oder abgewertet fühlen. Sich in einer Situation der Straflosigkeit befinden (keine Zeugen, Abwesenheit von Ordnungskräften).	Tut alles, um die gleichen Vorteile zu erlangen, ist bereit, sich direkt zu bedienen … Reagiert unverhältnismäßig und gewalttätig (physisch oder sozial). Schreitet zur Tat und übertritt dabei die Regeln.
narzisstisch	Nicht an erster Stelle stehen, z. B.: einem wird nicht der Respekt erwiesen, den man für notwendig erachtet.	Weist barsch auf seine Verdienste und Vorrechte hin. Reißt das Wort an sich, um von sich und seinen Werken zu reden.
ängstlich	Fehlen von eindeutig beruhigenden Zeichen oder Informationen. Unbekanntes, Ungewissheit, z. B.: keine Nachricht haben von einem Angehörigen, der auf Reisen ist.	Macht sich Sorgen, sucht ein Maximum an Informationen. Ergreift vorbeugend die höchstmöglichen Vorsichtsmaßnahmen.

paranoid	Unübersichtliche Situationen, Widerspruch, z. B.: wissen, dass die anderen heimlich über einen geredet haben.	Nimmt Fehldeutungen vor, reitet auf Details herum. Beschuldigt und verdächtigt andere. Überwirft sich mit anderen Leuten.
histrionisch	Anziehende oder unbekannte Personen, Gruppensituationen, z. B.: einer Person vom anderen Geschlecht vorgestellt werden.	Möchte verführerisch wirken und das Interesse des Gesprächspartners auf sich ziehen.
zwanghaft	Dringende Aufgaben. Neues, Unvorhersehbares, Verlust der Kontrolle über die Ereignisse, z. B.: aus Zeitmangel dazu gezwungen zu sein, etwas schnell und unvollkommen zu erledigen.	Überprüft und überprüft das schon Überprüfte aufs Neue. Macht Pläne. Gerät ins Zweifeln, grübelt über eine Sache.
schizoid	Schnell wechselnder Umgang, erzwungene enge Kontakte, z. B.: an einer Gruppenreise teilnehmen.	Verzieht sich in seine Ecke, redet nicht aus eigenem Antrieb. Zeigt für die anderen kein Interesse.
Verhaltensweisen vom Typ A	In einer Wettbewerbssituation stehen. Am Handeln gehindert werden, z. B.: ungebührlich lange in einer Warteschlange stehen müssen.	Regt sich auf, wird laut, versucht, die Situation in den Griff zu bekommen, selbst auf aggressive Weise.
depressiv	Wirkliches oder eingebildetes Scheitern. Anerkennung, die man für ungerechtfertigt hält. Z. B.: es nicht schaffen, eine Arbeit zu Ende zu bringen.	Arbeitet noch härter, verbietet sich alle Freuden. Wirft sich selbst vor, nicht auf der Höhe zu sein.

dependent	Entscheidungen, die man allein treffen muss, gewichtige Aufgaben, die vor einem stehen. Einsamkeit, z. B.: ein Wochenende allein zubringen müssen.	Versucht, die Hilfe oder die Anwesenheit der anderen zu erlangen. Ist dafür bereit, ihnen in allem nachzugeben.
passiv-aggressiv	Irgendeine Autorität oder Vorrangstellung akzeptieren; einer Weisung gehorchen müssen, z. B.: einen Beschluss akzeptieren müssen, mit dem man nicht einverstanden war.	Übt Widerstand. Streitet kleinlich um Einzelheiten, betont ständig die potenziellen Probleme. Nimmt eine negative Haltung an. Ist eingeschnappt.
vermeidend-selbstunsicher	Sich offenbaren müssen, dem Urteil der anderen ausgesetzt sein, z. B.: in Anwesenheit von Personen, die für einen wichtig sind, von sich selbst sprechen müssen.	Meidet die Konfrontation. Nimmt bei sozialen Kontakten eine distanzierte oder gehemmte Haltung an. Ergreift die Flucht.

Was tun, Herr Doktor?

Angesichts dieser Erscheinungen setzen es sich die kognitiven Therapeuten zum Ziel, dem Individuum seine Denkweisen besser bewusst zu machen. In einem zweiten Schritt wollen sie deren Richtung modifizieren. Wie wir schon beschrieben haben, liegt die Schwierigkeit darin, dass diese Denkmechanismen fest eingefahren sind und in den Augen des Individuums einen identitätsstiftenden Charakter haben (»Das ist meine Persönlichkeit!«). Um ein so tief in die Psyche des Patienten eindringendes Vorhaben umzusetzen, gehen die kognitivistischen Therapeuten auf sehr spezifische und genau kodifizierte Weise vor, und die Form ihrer Beziehung zum Patienten ist in der Welt der Psychotherapie wirklich ungewöhnlich.

Das Verhältnis zum kognitivistischen Therapeuten

Das Verhalten der Kognitivisten während der Therapie unterscheidet sich recht stark von dem, was die meisten Patienten erwartet hatten. Für viele Leute ist ein Psychotherapeut jemand, der wenig spricht, viel zuhört und nur selten seine Meinung äußert. (Eine solche Haltung entspräche dem klassischen psychoanalytischen Modell.)

Die kognitive Therapie möchte eine sogenannte sokratische Beziehung zum Patienten aufbauen: wenig allgemeine »gute Ratschläge« (der Therapeut soll keine Guru-Pose einnehmen und nicht den Beichtvater spielen), sondern eine Reihe von Vorschlägen, Fragen und Hilfsmitteln, die den Patienten seine psychische Fehlfunktion erkennen lassen. Ein bisschen so, wie der griechische Philosoph Sokrates sich als »Seelen-Hebamme« seiner Schüler begriff …

Der kognitivistische Therapeut ist aktiv und interaktiv. Er antwortet auf alle erdenklichen Fragen des Patienten, lehnt kein Gesprächsthema ab, versteht sich als Beteiligter und engagiert sich in der Therapie. Er wird seinem Patienten Anweisungen geben und ihm Übungen auftragen; er erläutert ihm genau, welche Richtung die Therapie nehmen soll, und steht ihm beim Aufbau neuer Beziehungs- oder Alltagsstrategien zur Seite. Viele Patienten haben nämlich keine klare Vorstellung von den Anstrengungen, die sie unternehmen müssen, und brauchen daher zunächst Unterstützung und Orientierungshilfen. Aber der kognitivistische Therapeut ist außerdem anspruchsvoll und präskriptiv. Er wird von seinem Patienten verlangen, dass er bestimmte Aufgaben und Übungen ausführt und so seine Heilung selbst in die Hand nimmt.

Schließlich ist der kognitivistische Therapeut auch explizit und pädagogisch. Er wird sich Zeit dafür nehmen, den Patienten die Mechanismen seiner Schwierigkeiten selbst entdecken zu lassen, er wird ihm bestimmte Texte zur Lektüre empfehlen und ihm seine Ratschläge und Therapieschritte begründen. Er ist der Meinung, dass ein gut informierter Patient, der begreift, was im Laufe der Therapie geschieht, sich innerlich stärker beteiligen und mehr anstrengen kann.

Während der Therapie muss der Kognitivist übrigens auch selbst den Fallstricken der Beziehung, welche der Patient zu ihm aufbauen möchte, ausweichen: ein Histrioniker wird natürlich versuchen, seinen Therapeuten zu verführen oder ihm wenigstens zu gefallen, ein Paranoiker wird ihm nicht so schnell sein Vertrauen schenken, ein dependenter Patient wird sich verzweifelt an seine Ratschläge klammern, ohne zu versuchen, sein Schicksal selbst in die Hand zu nehmen, usw. In dieser Beziehung stehen die Kognitivisten vor ähnlichen Fragen wie die Psychoanalytiker, die schon vor langer Zeit auf das Phänomen der »Übertragung« des Patienten in Richtung seines Therapeuten aufmerksam geworden sind …

In der folgenden Übersicht haben wir einige Kognitionen versammelt, die Patienten mit schwieriger Persönlichkeit in den Sinn kommen können, wenn sich ihr Therapeut verspätet. Sie wissen nun schon einiges über diese Persönlichkeiten, also malen Sie sich ein paar Augenblicke lang zum Spaß aus, wie diese wohl reagieren würden, wenn ihr Therapeut sie mit einer halben Stunde Verspätung endlich in sein Sprechzimmer bittet … Im Rahmen einer kognitiven Therapie steht der Therapeut vor der Aufgabe, seinem Patienten diese Denkmuster bewusst zu machen.

Persönlichkeit	**innerer Diskurs bei einer Verspätung des Therapeuten**
Borderline	»Wenn er mich nicht behandeln will, braucht er es mir nur ins Gesicht zu sagen. Ich werde von meinen Problemen niemals loskommen, nicht mit ihm und nicht mit anderen. Eigentlich kann ich mich auch gleich umbringen. Warum nicht hier und jetzt?«
psychopathisch	»Der pfeift doch auf mich. Aber ich werde ihm zeigen, dass man das mit mir nicht machen kann …«
narzisstisch	»Macht der sich über mich lustig, oder was? Für wen hält er sich eigentlich?«
ängstlich	»Ihm muss etwas passiert ein. Ob ich vielleicht lieber die Feuerwehr anrufe?«

paranoid	»Was versucht er mir damit zu beweisen? Er will wohl meine Reaktion testen?«
histrionisch	»Ich gefalle ihm nicht. Aber warum bloß?«
zwanghaft	»Ich habe mich wohl in der Zeit geirrt ... Vielleicht war es sogar ein anderer Tag? Wie kann so etwas passieren? Ich werde gleich im Terminkalender nachschauen ... Also, dieser Arzt scheint mir nicht gerade verlässlich zu sein ...«
schizoid	»In diesem Warteraum sind ja wieder mal Massen von Leuten ...«
Verhaltensweisen vom Typ A	»Was trödelt er da herum? Mir läuft meine kostbare Zeit davon. Ich hätte schon mindestens fünf Telefonate erledigen und mehrere Akten lesen können ...«
depressiv	»Mein Tag ist im Eimer. Aber ich hätte mich auf diese Psychotherapie gar nicht erst einlassen sollen – nun muss ich eben die Folgen tragen ...«
dependent	»In diesem Warteraum ist es wirklich angenehm. Ich sollte hin und wieder zum Lesen herkommen. Hoffentlich behält er mich trotz seiner Verspätung wieder so lange drin wie beim letzten Mal ...«
passiv-aggressiv	»Das lasse ich ihm nicht durchgehen. Wenn ich will, kann ich es auch den anderen zeigen ...«
vermeidend-selbstunsicher	»Letztes Mal muss ich was Idiotisches gesagt haben. Er trödelt, weil er von mir die Nase voll hat ... Vielleicht gehe ich lieber wieder nach Hause?«

Abstand gewinnen

Die kognitive Therapie ist eine grundsätzlich pragmatische und empirische Therapie: sie geht von einer aufmerksamen und umfassenden Beobachtung aller Situationen aus, in denen die Schwierigkeiten zum Vorschein kommen.

So bittet der Therapeut seinen Patienten, die systematische Wiederholung bestimmter konfliktgeladener oder schmerzlicher Szenarien mit seinem Umfeld aufmerksam zu verfolgen. Diese Aufgabe ist im Allgemeinen nicht einfach und nicht von heute auf morgen zu lösen, denn die Patienten verkennen häufig die Rolle, die sie bei ihren eigenen Schwierigkeiten spielen. Wie hilft man einem Patienten mit paranoider Persönlichkeit, sich bewusst zu machen, dass er es selbst ist, der seine Angehörigen zur Heimlichtuerei treibt, weil sie sich auf diese Weise endlose Erklärungen ersparen wollen? Wie soll man einem Narzissten zeigen, dass die von ihm ausgelösten Antipathien nicht alle der bloßen Eifersucht geschuldet sind, sondern auch dem Ärger über seinen mangelnden Respekt vor den Rechten der anderen?

Die Dinge werden manchmal erleichtert, wenn der Mensch mit der schwierigen Persönlichkeit aufgrund zusätzlicher psychischer Schwierigkeiten in die Sprechstunde kommt (meist wegen Depressionen, aber auch wegen Angststörungen etc.). Solch ein Kontext macht es leichter, die Schwierigkeiten zur Sprache zu bringen, während sich die betreffende Person ansonsten trotz ihrer Unausgeglichenheit »gut fühlt« und es nicht gewohnt ist, sich über ihre schwierigen Charakterzüge den Kopf zu zerbrechen. Der Therapeut wird seinem Patienten beibringen, seine wichtigsten Triggersituationen und die aus ihnen hervorgehenden Kognitionen klar zu identifizieren. Dazu wird er wiederholt in Dialogen die Ereignisse der gerade verstrichenen Woche aufgreifen, aber den Patienten auch Selbstbeobachtungsprotokolle wie das folgende anfertigen lassen:

Triggersituationen	Emotionen	Kognitionen
Ich rufe meine Mutter an, und sie fragt mich nicht, wie es um meine Gesundheit steht.	Verärgerung	Es ist ihr völlig schnuppe, was mit mir passiert.
Mein großer Sohn lässt mich abblitzen, wenn ich ihn um einen Gefallen bitte.	Traurigkeit	Keiner respektiert mich mehr …

Der Arzt weigert sich, einen Hausbesuch zu machen, denn er sei überlastet.	Zorn	Dieser kleine Allgemeinmediziner, hält der sich für einen Star?
Ich habe eine Auseinandersetzung mit meinem Ehemann.	Unruhe	Er gibt sich mit mir nicht die geringste Mühe mehr.
Eine Freundin redet am Telefon lang und breit über ihre Herzensangelegenheiten.	Entnervtsein	Was denkt die denn? Ich habe auch meinen Kummer, und sogar schlimmeren als sie. Sie könnte langsam zum Ende kommen.
An einem Abend unter Bekannten stehe ich abseits.	Groll	Sind die alle undankbar! Wenn sie mal traurig sind, dann gehe ich auf sie zu, aber sie lassen mich einfach stehen.

Selbstbeobachtungsprotokoll von Rebecca (35), einer Zahnärztin, Patientin mit narzisstischer Persönlichkeit in einer depressiven Phase

Ausgehend von dieser minutiösen Selbstbeobachtungsarbeit identifiziert der Therapeut nach und nach die hauptsächlichen Anlässe, bei denen die schwierigen Persönlichkeitsmerkmale seines Patienten hervortreten. Dann wird er ihn zur Einsicht führen, dass seine Kognitionen keine Tatsachen, sondern lediglich Hypothesen sind, und ihm beim Ersinnen alternativer Hypothesen helfen.

In unserem Beispiel ist die Patientin wirklich überzeugt, dass ihre Mutter sich keinen Deut um ihre Gesundheit schert und dass ihre Freunde undankbare Geschöpfe sind. Der Therapeut möchte indessen nichts weiter, als ihr zur Erkenntnis zu verhelfen, dass es sich bei alledem um ihre persönliche Sicht auf die Situation handelt, um ihre Lesart sozusagen, und dass ihre Gesprächspartner die Dinge wahrscheinlich anders sehen. So kann es sein, dass ihre Mutter sich nicht nach ihrem Wohlbefinden erkundigt hat, weil sie sie nicht zwingen wollte, ein vielleicht unangenehmes Thema anzuschneiden, und der Hausarzt kann durchaus ein pflichtbewusster und selbstloser Mediziner sein, der an jenem Tag einfach nur überlastet war.

Diese Erweiterung des Blickfeldes beim Patienten ist einer der springenden Punkte der Psychotherapie. Indem der Therapeut den Wiederholungscharakter der Problemsituationen unterstreicht, bringt er seinen Patienten nach und nach dazu, die in ihm verborgenen Regeln und Grundüberzeugungen, welche seine Weltsicht und sein Verhalten bestimmen, zu identifizieren. Bei der Patientin in unserem Beispiel wäre eine dieser Grundüberzeugungen: »Die Leute müssen mir vorrangig und immerzu Aufmerksamkeit widmen, denn das habe ich wirklich verdient.«

Sind diese Überzeugungen erst einmal herausgestellt, werden sie ausführlich bewertet und diskutiert, so dass ihre Vorzüge für den Patienten, aber auch ihre Nachteile begreiflich werden. Der Therapeut versucht nicht, die Überzeugungen seines Patienten radikal zu ändern, sind sie doch nicht vollkommen absurd, sondern lediglich überzogen und zu starr. Er wird sich also bemühen, sie flexibler zu machen und ihren kategorischen Charakter zu modifizieren.

Überzeugung: »Die anderen schulden mir Aufmerksamkeit.«

Vorteile dieser Überzeugung	Nachteile dieser Überzeugung
»Ich kriege es hin, dass man sich um mich kümmert; ich mag das.«	»Ich weiß, dass sich viele über mich aufregen.«
»Die Leute sind egoistisch; man muss sie zur Ordnung rufen, um von ihnen etwas zu erreichen.«	»Ich bin zu abhängig vom Blick der anderen.«

»Ich bin nicht irgendwer, ich verdiene das Interesse der Anderen.«	»Bei mir dreht sich alles zu sehr um mich selbst.«
»Man muss für sich selbst Werbung machen und die eigenen Interessen verteidigen, denn es kümmert sich kein anderer darum.«	»Am Ende zweifle ich an mir, denn die Aufmerksamkeit, die man mir widmet, ist niemals spontan. Ich lasse den Anderen gar keine Zeit dazu.«

Erörterung einer Grundüberzeugung von Rebecca, einer narzisstischen Persönlichkeit

Meist wird eine so gründliche Erforschung der Überzeugungen auch die Frage ihrer Entstehung berühren. Im Fall von Rebecca scheinen mehrere Erklärungen plausibel: ihr Vater, ein Chirurgieprofessor, war narzisstisch, ihre Mutter beschützte die Kinder immer und flößte ihnen seit der frühesten Kindheit das Gefühl sozialer und intellektueller Überlegenheit ein. Die Verwandtschaft bestand aus ziemlich schillernden und oberflächlichen Personen, und wenn man auf Familientreffen oder im Urlaub den gebührenden Platz einnehmen wollte, musste man sehr früh lernen, sich in den Vordergrund zu schieben. Rebecca war eine intelligente und ziemlich hübsche junge Frau, sie war es von jeher gewohnt, die Blicke auf sich zu ziehen und umschwärmt zu werden … Es war also leicht einzusehen, weshalb die narzisstischen Überzeugungen in ihr solche Geltung erlangten. Die Auseinandersetzung mit ihrer persönlichen Geschichte erlaubte ihr die Einsicht, dass manches, was ihr immer ganz natürlich vorgekommen war (»Ich habe einen Anspruch darauf, dass die anderen mir ihre Achtung erweisen«), in Wirklichkeit nur ein geistiges Konstrukt war, das sich aus ihrem persönlichen Umfeld erklären ließ. Das war ihr erster Schritt zu mehr Flexibilität.

Die Existenzweise ändern

Aber diese Bewusstmachung bildet nur einen Teil der kognitiven Herangehensweise, denn diese ist auch auf eine konkrete Veränderung des gewohnten Handelns gerichtet. Eines der besten Mittel, um seine Überzeugungen zu verändern, ist noch immer, dass man seine Verhaltensweisen ändert. Daher sind die meisten Kognitivisten gleichzeitig Verhaltenstherapeuten, und sie ergänzen ihre kognitive Behandlung in weitem Maße durch verhaltenspsychologische Methoden.

Man lässt den Patienten zum Beispiel überprüfen, ob seine Vorhersagen so begründet sind, wie er glaubt. Das sind die sogenannten »Wirklichkeitsproben«. So könnte der Therapeut seinen ängstlichen Patienten auffordern, einen Wochenendausflug ohne Hotelreservierung und ohne Straßenkarte zu unternehmen, um ihn herausfinden zu lassen, ob das Resultat katastrophal oder ganz annehmbar sein wird. Damit soll die Überzeugung »Das Schlimmste ist immer möglich« entkräftet werden, und das Individuum soll sich von seinem blinden Befolgen der Regel »Du musst immer alles voraussehen und planen« befreien. Ebenso könnte der Therapeut einen zwanghaften Patienten ermuntern, eine Aufgabe mangelhaft oder unvollständig zu erfüllen, zum Beispiel seinen Rasen nur zur Hälfte zu mähen oder ein Regal schluderig zu streichen, um seine Überzeugung »Wenn nicht alles ordnungsgemäß erledigt wird, ist das eine Katastrophe« zu widerlegen.

Eine andere Möglichkeit, das gewohnte Verhalten des Individuums zu ändern, wird darin bestehen, dass man ihm hilft, sich gefürchteten Situationen auszusetzen. Wenn eine dependente Persönlichkeit von Zeit zu Zeit nein zu sagen wagt, wird sie merken, dass dies nicht automatisch Konflikte und Abweisung nach sich zieht. Eine vermeidend-selbstunsichere Persönlichkeit, die Einladungen annimmt, wird entdecken, dass das Leben in Gesellschaft manchmal auch angenehm sein kann.

Schließlich ist es oft notwendig, Patienten mithilfe von Rollenspielen zu schulen. Wenn man einer narzisstischen Person beibringt,

Fragen zu stellen und ihren Gesprächspartnern zuzuhören, wird sie leichter verstehen, weshalb nicht immer alle ihrer Meinung sind. Zeigt man einem passiv-aggressiven Menschen, dass man Nichteinverständnis auch mit einem Lächeln und mit offenem Blick ausdrücken kann, wird er entdecken, dass viele Meinungsverschiedenheiten auf diese Weise besprochen und gelöst werden können. Dieses Training in »sozialer Kompetenz« ist für schwierige Persönlichkeiten sehr oft von großem Nutzen.

Die Schema-Therapie: eine Weiterentwicklung der kognitiven Therapien für Persönlichkeitsstörungen

Ein neuer Ansatz, der auf dem Prinzip der kognitiven Therapie beruht, hat unser Verständnis der Persönlichkeitsstörungen bereichert. Er hat insbesondere gezeigt, dass eine Person ausgehend von einer unangemessenen Überzeugung (oben haben wir Beispiele dafür genannt) unbewusst verschiedene Reaktionen wählen kann. Das erklärt, weshalb sich bei gleicher Weltsicht die existenziellen Einstellungen stark voneinander unterscheiden können.

Nehmen wir als Beispiel eine Überzeugung wie diese: »Ich bin anderen unterlegen.« Darauf sind drei Bewältigungsreaktionen möglich:

- Die Akzeptanzreaktion: die Person wird so handeln, als ob sie tatsächlich den anderen unterlegen wäre. Sie wird sich im Hintergrund halten, sich dominieren und ausbeuten lassen, ohne zu widersprechen; sie wird ihre Bedürfnisse nicht zu artikulieren oder ihre Rechte nicht geltend zu machen wagen.
- Die Vermeidungsreaktion: die Person wird alles tun, um nicht in Situationen zu geraten, die ihre Überzeugung wachrufen und aktivieren. Um sich anderen nicht unterlegen zu fühlen, wird sie soziale Kontakte so viel wie möglich zu vermeiden suchen, vor allem Wettbewerbssituationen, egal, ob in der Freizeit (Gesellschaftsspiele, Sport) oder im Beruf (Annahme einer Beförderung oder eines herausgehobenen Auftrags); das

gilt auch für zwischenmenschliche Beziehungen (Verzicht auf ein Liebesleben, um nicht zu riskieren, aufgrund vermeintlicher Minderwertigkeit zurückgewiesen zu werden).

- Die Kompensationsreaktion: die Person wird mit aller Macht dagegen ankämpfen, um ihre Überzeugung und ihre inneren Zweifel zu besiegen. In unserem Beispiel wird sie ohne Unterlass versuchen, ihre Kompetenz und ihren Wert unter Beweis zu stellen, sie wird sich in allen möglichen sozialen Situationen beurteilt und bedroht fühlen und die Initiative ergreifen, um ihre Fähigkeiten herauszustellen. Dieses Reaktionsmuster wird sich natürlich oft bei narzisstischen Persönlichkeiten finden, deren Eigenreklame manchmal tiefgreifende Zweifel und Ängste kaschiert. Auch bei histrionischen Persönlichkeiten ist es häufiger zu finden: sie wollen sich auf diese Weise überzeugen, dass sie es wert sind, geliebt oder begehrt zu werden.

Verschiedene kontrollierte Studien haben die Wirksamkeit der Schematherapie vor allem bei Borderline-Persönlichkeiten bestätigt.

Weitere Therapien, die bei Persönlichkeitsstörungen infrage kommen

Hier gäbe es zum Beispiel Therapien, die auf Achtsamkeitsmeditation basieren. Letztere besteht darin, dass man sich täglich darin übt, seinen Geist auf den gegenwärtigen Moment zu konzentrieren, um das eigene mentale Funktionieren zu beobachten und zu verstehen: in welchem Zustand ist mein Körper, welche Gedanken gehen mir durch den Kopf, welche Wünsche und welche Impulse entstehen in mir als Reaktion auf die Situation, die ich gerade erlebe oder im Geist wiedererlebe? Bei solchen Herangehensweisen wird oft vorgeschlagen, dass man an Selbstfürsorge arbeitet. Man soll lernen, zu beobachten, wie man sich als Reaktion auf seine vermeintlichen Mängel oft mit Vorwürfen oder Selbstkritik drangsaliert. Meditation gestattet es, Wohlwollen und Selbstfürsorge zu entwickeln und auszubauen. Das schwächt eine Reihe von Persönlichkeitsstörungen ab und ist besonders wertvoll für Borderline-Persönlichkeiten, die schnell zu Attacken auf die eigene Person und sogar zu Selbstverstümmelung neigen.

EMDR (*Eye Movement Desensitization and Reprocessing*, deutsch etwa: Desensibilisierung und Aufarbeitung durch Augenbewegungen) ist eine Therapie, die zunächst einmal seltsam wirkt: Der Patient wird gebeten, dem Finger des Therapeuten zu folgen, der sich in seinem Gesichtsfeld regelmäßig von rechts nach links bewegt. Dabei soll er einige traumatische oder schmerzliche Momente seiner ferneren oder jüngeren Vergangenheit in sich wieder aufleben lassen. Zahlreiche wissenschaftliche Studien haben bestätigt, dass diese Therapie wahrscheinlich am wirksamsten ist, wenn die betroffenen Personen ein schweres traumatisches Ereignis erlebt haben und an Folgeerscheinungen, dem sogenannten posttraumatischen Stress, leiden – an wiederkehrenden Alpträumen, Angst vor Situationen, die sie an das Erlebnis erinnern, Flashbacks des Ereignisses (das sind plötzliche und aufdringliche Erinnerungen, die sehr beängstigend sind). Traumatische Erlebnisse, aber auch verbale Misshandlungen in der Kindheit sind bei bestimmten Persönlichkeitsstörungen häufig zu finden und müssen systematisch erforscht werden. Wenn Patienten durch das Wachrufen dieser Erinnerungen emotional geprägt bleiben, ist EMDR oft ein guter Weg, um die emotionale Belastung dieser Erinnerungen auf ein zwar unangenehmes, aber nicht mehr traumatisches Niveau zu reduzieren. Dadurch können sie die Gegenwart nicht mehr vergiften.

EIN LANGER WEG …

Alle psychotherapeutischen Schulen und alle ihre Vertreter stimmen darin überein, dass die Psychotherapien bei schwierigen Persönlichkeiten oft langwierig und schwierig sind. Sie erfordern daher erfahrene Therapeuten, die es verstehen, die Motivation ihrer Patienten aufrechtzuerhalten. Die kognitiven Therapien von Persönlichkeitsstörungen dauern im Allgemeinen ziemlich lange, häufig mehrere Jahre. Es gibt inzwischen gründliche Untersuchungen an Patienten mit vermeidend-selbstunsicherer Persönlichkeit, aber auch an noch zerbrechlicheren Persönlichkeiten, etwa den Borderline-Patienten, die von Instabilität und Impulsivität besonders in ihren affektiven Beziehungen geprägt sind. Diese Studien erlauben den Schluss, dass die kognitiven und verhaltenspsychologischen Techniken in Verbindung mit Meditationstraining und der Einübung von emotionaler Distanz wirklich effizient sind. Man muss freilich anmerken, dass die meisten dieser Forschungen von speziell ausgebildeten Teams mit hoher Disponibilität durchgeführt wurden: in der Studie über die Borderline-Persönlichkeiten gab man den Patienten eine Telefonnummer, unter der sie rund um die Uhr Rat suchen konnten, usw. Auf das gewöhnliche psychotherapeutische Milieu (ein allein arbeitender Therapeut, der nicht immer erreichbar ist und sich auch seinen anderen Patienten widmen muss) werden sich diese Forschungsergebnisse also nur mit Vorsicht übertragen lassen.

Wir dürfen heute dennoch annehmen, dass die bedeutenden Fortschritte der Forschungen auf dem Gebiet der Neurobiologie von Temperamenten und Persönlichkeitsstörungen es ermöglichen werden, immer bessere Therapien für Menschen zu entwickeln, bei denen die Therapeuten bislang häufig das Handtuch werfen mussten und die deshalb weiterhin gezwungen sind, mit ihren Schwierigkeiten zu leben.

SCHLUSSWORT

Am Ausgang dieses Werkes wollen wir Sie nicht in dem Gefühl zurücklassen, dass die Menschheit nur aus schwierigen, bizarren, komplizierten und anstrengenden Persönlichkeiten bestünde!

Die meisten Menschen streben nur danach, glücklich und in Frieden mit ihren Nachbarinnen und Nachbarn zu leben. Gewiss wählen sie dabei nicht immer die beste, logischste oder verständlichste Vorgehensweise, aber das Bemühen ist da, und das macht es meistens leicht, mit ihnen zusammenzuleben, sofern beide Seiten ein wenig Wohlwollen und Toleranz aufbringen.

Außerdem ist diese Vielzahl von schwierigen Persönlichkeiten doch ein lebender Beweis für das, was wir gern »Psychodiversität« nennen. Genau wie die Biodiversität (die Artenvielfalt) in der Pflanzen- oder Tierwelt eine Quelle des Reichtums und eine Garantie für erfolgreiche Anpassung an alle denkbaren Milieus, an Klimawandel oder Umweltveränderungen darstellt, beschert die Psychodiversität den menschlichen Gesellschaften eine andere Form von Reichtum – es werden sich hoffentlich immer genügend Zwanghafte finden, die die Fehler der anderen aufspüren, genügend Histrioniker, die langweilige Partys aufmischen, genügend Vermeidend-Selbstunsichere, die uns eine Weile lang Ruhe und Stille spenden, wenn die Narzissten und die Leute vom Typ A vorbeigerauscht sind …

Und noch einen Vorteil haben die schwierigen Persönlichkeiten: sie können uns dabei helfen, selber Fortschritte zu machen!

Zunächst einmal, indem sie uns – wie wir schon gesehen haben – regelmäßig Anlass zur Selbstbefragung geben: Sind nicht auch wir bisweilen schwierige Persönlichkeiten für die anderen, zumindest zeitweise?

Dann, indem sie uns mit ihren Daseinsweisen inspirieren – nämlich zu großen Anstrengungen, ihnen nicht ähnlich zu werden! Darin liegt der Nutzen von sogenannten Gegenmodellen, also Personen, die uns deutlich zeigen, welche Reaktionen wir vermeiden müssen.

Und schließlich, indem sie uns lehren, Haltungen zu entwickeln, die für das Leben in Gesellschaft von Nutzen sind: Neugier auf den anderen und seine psychischen Funktionsweisen, Flexibilität und Kreativität angesichts seiner Reaktionen, Toleranz und Wohlwollen – und natürlich Selbstbehauptung! Alles, was uns dabei hilft, mit schwierigen Persönlichkeiten besser umzugehen, wird uns auch in schwierigen Situationen hilfreich sein.

KOMMENTIERTE BIBLIOGRAPHIE

Wir haben uns dafür entschieden, vergriffene Werke nicht aufzuführen sowie stets die neueste Auflage der zitierten Bücher und nicht ihre Erstausgabe anzugeben.

ALLGEMEINE WERKE ÜBER DIE PERSÖNLICHKEIT

Fachbücher

Quentin Debray / Daniel Nollet: *Les personnalités pathologiques: Approche cognitive et thérapeutique.* Paris (Masson) 6. Aufl. 2011

▹ *Ein klares und lebendig geschriebenes Handbuch über Persönlichkeitsstörungen, in dem auch die verschiedenen Hypothesen zu ihrer Entstehung behandelt werden.*

Richard Davidson / Sharon Begley: *Warum regst du dich so auf? Wie die Gehirnstruktur unsere Emotionen bestimmt.* München (Goldmann) 2017

▹ *Ein innovatives und vielleicht wegweisendes Werk, das zeigt, wie sich unsere Persönlichkeit durch unsere emotionalen Reaktionen auf Ereignisse im Leben erklären lässt, wie Neuroimaging es ermöglicht, diese Reaktionsprofile individuell zu differenzieren, und wie künftige Psychotherapien von all dem angeregt werden könnten, um besser vorherzusagen, welche Behandlungen sich als geeignet erweisen werden und welche nicht.*

Julien Hansenne: *Psychologie de la personnalité.* Brüssel (De Boeck) 5. Aufl. 2018

Michael Ashton: *Individual Differences and Personality.* New York (Elsevier) 2022

▹ *Zwei bedeutende und umfassende wissenschaftliche Handbücher (ein amerikanisches und ein europäisches) über die Persönlichkeit: wie sie gemessen und bewertet wird, ihre Klassifikationen, Ursprünge, Mechanismen usw.*

Diagnostisches und statistisches Manual psychischer Störungen – DSM-5. Göttingen (Hogrefe) 2015

▹ *Übersetzung der fünften Ausgabe der in der ganzen Welt benutzten Klassifizierung der Amerikanischen Gesellschaft für Psychiatrie. Dieses Werk enthält alle diagnostischen Kriterien für die verschiedenen Persönlichkeitsstörungen.*

Wissenschaftliche Aufsätze

O. Plaisant / J. Guertault / R. Courtois / C. Réveillère / G. A. Mendelsohn / O. P. John: »Histoire des »Big Five«: OCEAN des cinq grands facteurs de la personnalité. Introduction du Big Five Inventory français ou BFI-FR«. In: *Annales médico-psychologiques, revue psychiatrique*, 2010, 168 (7), S. 481–486 (https://hal.archives-ouvertes.fr/hal-00672284/document)

▹ *Ein Artikel, der die Geschichte des Big-Five-Modells (auch Fünf-Faktoren-Modell) sehr klar darstellt. Er stammt von den Autoren der französischen Übersetzung und Validierung eines Big-Five-Fragebogens.*

A. Pelissolo: »Le modèle de personnalité de Cloninger et le questionnaire TCI«, https://chu-mondor.aphp.fr/wp-content/blogs.dir/163/files/2014/08/Le-TCI-et-le-modèle-de-Cloninger-A.-Pelissolo1.pdf.

▹ *Ein Aufsatz, der das Cloninger-Modell umfassend darstellt und mit dem Fünf-Faktoren-Modell vergleicht.*

BORDERLINE-PERSÖNLICHKEITEN

Populärwissenschaftliche Bücher

Bernard Granger / Daria Karaklic: *Les Borderlines.* Paris (Odile Jacob) 2014

▹ *Ein klar geschriebenes, umfassendes Buch mit Beispielen, verfasst von einem Professor für Psychiatrie und einer Psychologin, die auf diese Störung spezialisiert sind.*

Martin Desseilles / Bernadette Grosjean / Nader Perroud-Linehan: *Le Manuel du borderline.* Paris (Eyrolles) 2014

Dominique Page: *Borderline. Retrouver son équilibre.* Paris (Odile Jacob) 2006

▹ *Zwei gute Essays, die sich sowohl an die Patienten richten als auch an ihre Mitmenschen, denen es oft nicht gelingt, sie zu verstehen und ihnen zu helfen.*

Déborah Ducasse / Véronique Brand-Arpon: *Borderline: cahier pratique de thérapie à domicile.* Paris (Odile Jacob) 2017

▹ *Ein sehr konkretes Handbuch mit vielen praktischen Ratschlägen.*

Benedict Carey: »Expert in mental illness reveals her own fight«. *New York Times* vom 23. Juni 2011 (https://www.nytimes.com/2011/06/23/health/23lives.html?searchResultPosition=5.)

▹ *Die Geschichte von Marsha Linehan, einer weltweit anerkannten Spezialistin für Borderline-Störungen. Der Artikel enthüllt, dass Linehan als Jugendliche selbst an dieser Störung gelitten hat.*

Fachbücher

Otto Kernberg: *Borderline-Störungen und pathologischer Narzißmus.* Frankfurt/M. (Suhrkamp) 8. Aufl. 1995

▹ *Ein psychoanalytisch inspirierter Klassiker, geschrieben aus reicher klinischer Erfahrung.*

Marsha Linehan: *Dialektisch-behaviorale Therapie der Borderline-Persönlichkeitsstörung.* München (CIP-Medien) korr. Aufl. 2008

▹ *Das Buch bedeutete eine Revolution im Verständnis und in der psychologischen Betreuung dieser Persönlichkeiten, indem es insbesondere Verhaltens-, kognitive und Meditationstherapien kombinierte.*

Marsha Linehan: *Trainingsmanual zur dialektisch-behavioralen Therapie der Borderline-Persönlichkeitsstörung.* München (CIP-Medien) 1996

▹ *Ein Handbuch für Patienten, das die Umsetzung der in der vorherigen Abhandlung dargelegten praktischen Übungen behandelt.*

Wissenschaftliche Aufsätze

L. W. Choi-Kain et al.: »What works in the treatment of borderline personality current behavioral«. In: *Neuroscience Reports*, 2017, 4, S. 21–30

A. Feliu-Soler et al.: »Fostering self-compassion and loving-kindness in patients with borderline personality disorder: A randomized pilot study«. In: *Clinical Psychology and Psychotherapy*, 2017, 24 (1), S. 278–286

J. Giesen-Bloo et al.: »Outpatient psychotherapy for borderline personality disorder. Randomized trial of schema-focused therapy vs transference-focused psychotherapy«. In: *Archives of General Psychiatry*, 2006, 63, S. 649–658

J. G. Gunderson / A. N. Sabo: »The phenomenological and conceptual interface between borderline personality disorder and PTSD«. In: *American Journal of Psychiatry*, 1993, 150, 1, S. 19–27

M. S. Harned / K. E. Korslund / M. M. Linehan: »A pilot randomized controlled trial of Dialectical Behavior Therapy with and without the Dialectical Behavior Therapy Prolonged Exposure protocol for suicidal and self-injuring women with borderline personality disorder and PTSD«. In: *Behaviour Research and Therapy*, 2014, 55, S. 7–17

M. Linehan et al.: »Cognitive-behavioral treatment of chronically parasuicidal borderline patients«. In: *Archives of General Psychiatry*, 1991, 48, S. 1060–1064

S. N. Ogata / K. R. Silk / S. Goodrich: »Childhood sexual and physical abuse in adult patient with personality disorder«. In: *American Journal of Psychiatry*, 1990, 147, S. 1008–1013

J. M. Oldham: »Borderline personality disorder and suicidality«. In: *The American Journal of Psychiatry*, 2006, 163 (1), S. 20–26

J. Paris: »Clinical features of borderline personality disorders«. In: W. J. Livesley / R. Larstone (Hg.), *Handbook of Personality Disorders, Theory Research and Treatment*, New York (The Guildford Press) 2. Aufl. 2018, S. 419–425

H. J. Scheibner et al.: »Self-compassion mediates the relationship between mindfulness and borderline personality disorder symptoms«. In: *Journal of Personality Disorders*, 2017, 31, S. 1–19

PSYCHOPATHISCHE PERSÖNLICHKEITEN

Thierry H. Pham: »Fuyez les individus délétères«. In: *Cerveau et psycho*, November 2019, 115, S. 42–47

- *Ein erhellendes Interview mit einem akademischen Spezialisten für diese Persönlichkeitsstörung.*

Paul Babiak / Robert D. Hare: *Menschenschinder oder Manager: Psychopathen bei der Arbeit*. München (Hanser) 2007

- *Ein wegweisendes Buch über »erfolgreiche Psychopathen«, verfasst von Pionieren der Psychopathieforschung und Erfindern der Checkliste für Psychopathie.*

Inserm (Hg.): *Troubles de conduites chez l'enfant et l'adolescent. Synthèse et recommandations.* Paris (Les Éditions Inserm) 2005 (http://www.ipubli.inserm.fr/bitstream/handle/10608/141/expcol_2005_trouble_synthese_fr.pdf?sequence=3.)

▹ *Enthält die Vorschläge des Nationalen Instituts für Gesundheit und medizinische Forschung (Inserm) für den Umgang mit Verhaltensstörungen.*

Le collectif »Pas de zéro de conduite«. http://www.pasde0deconduite.org/

Fachbücher

Abigail Marsh: *The Fear Factor: How One Emotion Connects Altruists, Psychopaths, and Everyone In-Between.* New York (Basic Books) 2017

▹ *Eine spannende wissenschaftliche Bestandsaufnahme über das Gehirn von Psychopathen im Vergleich zu ihren (nicht-pathologischen) Antipoden, den Altruisten. Behandelt eher die extremen Formen der Psychopathie, ist aber trotzdem wertvoll für das Verständnis all dieser Persönlichkeiten.*

Kevin Dutton: *Psychopathen: Was man von Heiligen, Anwälten und Serienmördern lernen kann.* München (dtv) 2013

▹ *Dutton wirft einen provokativen Blick auf diese Störung: Können Psychopathen ihren Platz in der Gesellschaft haben und uns mit ihrer Distanziertheit und Furchtlosigkeit vielleicht sogar inspirieren? Im Gegensatz zum vorhergehenden Buch geht es eher um die angepassten Persönlichkeiten.*

Haute Autorité de Santé: »Prise en charge de la psychopathie. Recommandation de bonnes pratiques«. 2006 (https://www.hassante.fr/jcms/c_272478/fr/prise-en-charge-de-la-psychopathie.)

▹ *Bericht von einer Anhörung verschiedener Fachleute aus allen Bereichen, die vom Problem der Psychopathie berührt sind (Gesundheit, Justiz, Soziales).*

Wissenschaftliche Aufsätze

S. A. Johnson: »Understanding the violent personality: Antisocial personality disorder«. In: *Forensic Research and Criminology International Journal,* 2019, 7 (2), S. 76–88

R. De Oliveira-Souza et al.: »Gender and hemispheric asymmetries in acquired sociopathy«. In: *Frontiers in Psychology,* 2019, 10, Article 346

J. M. Murphy: »Psychiatric labeling in cross-cultural perspective«. In: *Science*, 1976, 191 (1019), S. 1026

K. A. Kiehl / M. B. Hoffman: »The criminal psychopath, history neuroscience, treatment and economics«. In: *Jurimetrics*, 2011, 51, S. 355–397

▹ *Exzellente Zusammenfassung besonders der Studien zum Neuroimaging (Teil IV).*

NARZISSTISCHE PERSÖNLICHKEITEN

Populärwissenschaftliche Bücher

Laurent Schmitt: *Le Bal des ego*. Paris (Odile Jacob) 2014

Jean Cottraux: *Tous narcissiques*. Paris (Odile Jacob) 2017

Marie-France Hirigoyen: *Die toxische Macht der Narzissten und wie wir uns dagegen wehren*. München (C. H. Beck) 2020

▹ *Drei spannende Abhandlungen über narzisstische Persönlichkeiten, von denen die erste einen psychiatrischen Blick bietet, die zweite einen verhaltenspsychologischen und die dritte einen psychoanalytischen.*

Didier Pleux: *De l'enfant roi à l'enfant tyran*. Paris (Odile Jacob) 2006

Didier Pleux: *Les Adultes tyrans*. Paris (Odile Jacob) 2014

▹ *Zwei Bücher, die zeigen, dass viele liebevolle Eltern ihre Kinder zu Tyrannen mit vielen narzisstischen Persönlichkeitszügen machen, da sie ihnen nicht beibringen, Verzicht zu ertragen (indem sie einfach sagen: »Nein, das ist nicht möglich«). Solche Kinder neigen dann dazu, auch im Erwachsenenalter Tyrannen zu bleiben.*

Fachbücher

Christopher Lasch: *Das Zeitalter des Narzißmus*. Hamburg (Hoffmann und Campe) 1995

▹ *Ein theoretisches Werk, dessen zentrale These lautet, dass der Ich-Kult, dessen sich die Konsumgesellschaft bedient, um ihre Waren besser verkaufen zu können, die Bürger in Konsumenten verwandelt und sie damit sowohl von politischen Kämpfen als auch vom Glück fernhält.*

Otto Kernberg: *Narzißtische Persönlichkeitsstörungen.* Stuttgart, New York (Schattauer) 1996

▹ *Ein großer Klassiker von einem der ersten Psychiater, die die narzisstische Persönlichkeit identifiziert und beschrieben haben.*

Wissenschaftliche Aufsätze

S. M. Bergman et al.: »Millennials, narcissism, and social networking: What narcissists do on social networking sites and why«. In: S. M. Bergman et al.: *Personality and Individual Differences,* 2011, 50, S. 706–711 (http://citeseerx.ist.psu.edu/viewdoc/download?doi=10.1.1.592.7352&rep=rep1&type=pdf.)

J. T. Cheng et al.: »Are narcissists hardy or vulnerable? The role of narcissism in the production of stress-related biomarkers in response to emotional distress«. In: *Emotion,* 2013, 13 (6), S. 1004–1011

J. M. Twenge / J. D. Foster: »Birth cohort increases in narcissistic personality traits among American college students, 1982–2009«. In: *Social Psychological and Personality Science,* 2010, 1 (1), S. 99–106

A. Vater / S. Moritz / S. Roepke: »Does a narcissism epidemic exist in modern western societies? Comparing narcissism and self-esteem in East and West Germany«. In: *PLoS One,* 2018, 13 (5), e0198386 (https://journals.plos.org/plosone/article?id=10.1371/journal. pone.0198386.)

J. W. Westerman et al.: »Are universities creating millennial narcissistic employees? An empirical examination of narcissism in business students and its implications«. In: *Journal of Management Education,* 2012, 36 (1), S. 5–32

ÄNGSTLICHE PERSÖNLICHKEITEN

Populärwissenschaftliche Bücher

Jean-Luc Ducher: *Vaincre son anxiété par soi-même.* Paris (Odile Jacob) 2018

▹ *In 100 Fragen und Antworten wird das Wesentliche über die verschiedenen Ängste dargelegt, die tatsächlich alle schwierigen Persönlichkeiten betreffen können.*

Albert Ellis: *How To Control Your Anxiety Before It Controls You,* New York (Citadel Press Books) 2016

▹ *Klassiker von einem der Väter der kognitiven Therapie; schon vor vielen Jahren erschienen, aber mit immer noch wertvollen Ratschlägen.*

Scott Stossel: *Angst: wie sie die Seele lähmt und wie man sich befreien kann.* München (dtv) 2016

▹ *Die spannende Geschichte einer ängstlichen Persönlichkeit, ihres Lebens, ihrer Symptome, aber auch ihrer Suche nach wissenschaftlichen Erklärungen für ihre Probleme und nach Lösungen, um sie zu lindern. Humorvoll und mit vielen Quellen: aufmunternd!*

Wissenschaftliche Aufsätze

R. Durham / T. Allan: »Psychological treatment of generalized anxiety disorder«. In: *British Journal of Psychiatry,* 1993, 163, S. 19–26

R. C. Durham et al.: »Cognitive therapy, analytic psychotherapy and anxiety management training for generalized anxiety disorder«. In: *British Journal of Psychiatry,* 1994, 165, S. 315–323

C. Favarelli / S. Pavanti: »Recent life events and panic disorder«. In: *American Journal of Psychiatry,* 1989, 146, S. 622–626

J. Kenardy / L. Fried / H. C. Kraemer / C. B. Taylor: »Psychological precursors of panic attacks«. In: *British Journal of Psychiatry,* 1992, 160, S. 668

K. S. Kendler et al.: »Generalized anxiety in women: A population-based twin study«, In: *Archives of General Psychiatry,* 1992, 49, S. 267

S. Markett et al.: »Anxious personality and functional efficiency of the insular-opercular network: A graph-analytic approach to resting-state fMRI«. In: *Cognitive, Affective and Behavioral Neuroscience,* 2016, 16, S. 1039–1049

PARANOIDE PERSÖNLICHKEITEN

Populärwissenschaftliche Bücher

Hannah Arendt: *Elemente und Ursprünge totaler Herrschaft: Antisemitismus, Imperialismus, Totalitarismus.* München (Piper) 12. Aufl. 2008

▹ *Eine Abhandlung, die zeigt, wie paranoide Logik (und sehr oft paranoide Per-*

sönlichkeiten) in totalitären Regimen am Werk sind, ob sie sich nun zum Faschismus oder zum Kommunismus bekennen.

Robert Conquest: *Der große Terror. Sowjetunion 1934–1938.* München (Langen Müller) 2. Aufl. 2001

▹ *Nachdem ein Paranoiker (Stalin) die Macht ergriffen und sich vorgenommen hat, seine Feinde zu eliminieren und Ungehorsam zu bestrafen, werden ihm mehr als 20 Millionen Menschen zum Opfer fallen. Eine auf Quellen beruhende und erschreckende historische Abhandlung.*

Alexander Laban Hinton: *Why Did They Kill? Cambodia in the Shadow of Genocide.* Vorwort von R. J. Lifton. Oakland (University of California Press) 2004

▹ *Eine tiefgehende Analyse der Ursachen des kambodschanischen Genozids, verfasst von einem Anthropologen und Psychiater.*

Henri Locard: *Le Petit Livre rouge de Pol Pot.* Paris (L'Harmattan) 2000

▹ *300 Slogans der Roten Khmer, die manchmal wie die innere Rede eines paranoiden »Kämpfers« klingen, zusammengestellt von einem Kambodscha-Spezialisten.*

Wissenschaftliche Aufsätze

B. Crespi et al.: »A genetic locus for paranoia«. In: *Biological Letter,* 2018, 14, https.doi.org/10.1098/robl.2017.0694

A. H. Moncany: »La paranoïa: des aliénistes au *DSM-5*«. In: *Annales médico-psychologiques,* 2018, 176 (7), S. 687–690

C. Prudent et al.: »La classification de la paranoïa dans la psychiatrie américaine contemporaine: une revue de la littérature«. In: *L'Évolution psychiatrique,* 2017, 82 (1), S. 191–216

HISTRIONISCHE PERSÖNLICHKEITEN

Wissenschaftliche Aufsätze

E. M. Cale / S. O. Lilienfeld: »Histrionic personality disorder and antisocial personality disorder: Sex-differentiated manifestations of psychopathy?«. In: *Journal of Personality Disorders,* 2002, 16 (1), S. 52–72

F. Novais / A. Araújo / P. Godinho: »Historical roots of histrionic personality disorder«. In: *Frontiers in Psychology*, 2015, 6, S. 1463

A. Ritzl et al.: »Facial emotion recognition deficits and alexithymia in borderline, narcissistic, and histrionic personality disorders«. In: *Psychiatry Research*, 2018, 270, S. 154–159

M. Savci et al.: »Histrionic personality, narcissistic personality, and problematic social media use: Testing of a new hypothetical model«. In: *International Journal of Mental Health and Addiction*, abgerufen am 24. Oktober 2019

S. J. Van der Wal et al.: »Longitudinal relationships between personality disorder dimensions and depression in a community sample«. In: *Neurology, Psychiatry and Brain Research*, 2018, 30, S. 56–61

ZWANGHAFTE PERSÖNLICHKEITEN

Populärwissenschaftliche Bücher

Alain Sauteraud: *Je ne peux pas m'arrêter de laver, vérifier, compter*. Paris (Odile Jacob) 2. Aufl. 2002

Franck Lamagnère: *TOC ou pas TOC? Reconnaître un trouble obsessionnel compulsif et le guérir*. Paris (Odile Jacob) 2016

▹ *Zwei wertvolle und leicht zugängliche Ratgeber für Menschen mit Zwangsstörungen und ihre Umgebung, verfasst von den beiden besten französischen Spezialisten für diese Störung und ihre Behandlung.*

Frédéric Fanget: *Toujours mieux! Psychologie du perfectionnisme*. Paris (Odile Jacob) 2010

▹ *Ein praktisches Buch, das sehr nützlich ist, um eine der störenden Dimensionen der zwanghaften Persönlichkeit anzugehen.*

Fachbücher

Alain Sauteraud: *Les Troubles obsessionnels-compulsifs. Le manuel du thérapeute*. Paris (Odile Jacob) 2005

▹ *Ein ausgezeichnetes Handbuch für Angehörige der Heilberufe und motivierte Leser.*

Anne-Hélène Clair / Vincent Trybou: *Comprendre et traiter les TOC. Données actuelles et nouvelles perspectives pour le trouble obsessionnel compulsive.* Paris (Dunod) 2. Aufl. 2019

▹ *Die Beschreibung einer eigenständigen therapeutischen Methode für obsessionelle Persönlichkeiten, die auch an Zwangsstörungen leiden.*

Wissenschaftliche Aufsätze

J. S. Abramowitz et al.: »New directions in the cognitive-behavioral treatment of OCD: Theory, research, and practice«. In: *Behavior Therapy*, 2018, 49, S. 311–322

A. Asnaani et al.: »The effect of treatment on quality of life and functioning in OCD«. In: *Comprehensive Psychiatry*, 2017, 73, S. 7–14

SCHIZOIDE PERSÖNLICHKEITEN

Wissenschaftliche Aufsätze

M. L. Cook et al.: »On the continuity between autistic and schizoid personality disorder trait burden. A prospective study in adolescence«. In: *The Journal of Nervous and Mental Disease*, 2020, 208 (2), S. 94–100

C. Wang et al.: »Inhibitory brainstem reflexes under external emotional-stimuli in schizoid and histrionic personality disorders«. In: *Personality and Individual Differences*, 2020, 158 (1), https://doi.org/10.1016/j.paid.2020.109843

VERHALTENSWEISEN VOM TYP A

Populärwissenschaftliche Bücher

Dominique Servant: *Soigner le stress et l'anxiété par soi-même.* Paris (Odile Jacob) 2003

Frédéric Chapelle / Benoît Monié: *Bon stress, mauvais stress: mode d'emploi.* Paris (Odile Jacob) 2007

Charly Cungi: *Savoir gérer son stress en toutes circonstances.* Paris (Pocket) 2010

Dominique Servant: *Plus serein. Abécédaire du stress et de l'équilibre intérieur par soi-même.* Paris (Odile Jacob) 2016

▹ *Vier gute praktische Handbücher, um Persönlichkeiten vom Typ A zu helfen, ihren Stress zu regulieren.*

Patrick Légeron: *Le Stress au travail. Enjeu et santé.* Paris (Odile Jacob) 2015

▹ *Typ-A-Persönlichkeiten sind bei der Arbeit sehr leistungsfähig, aber oft auf Kosten ihrer Gesundheit. Beschreibungen und Problemlösungen von einem der besten französischen Spezialisten auf diesem Gebiet.*

Fachbücher

Robert Dantzer: *L'Illusion psychosomatique.* Paris (Odile Jacob) 2001

Henri Laborit: *Éloge de la fuite.* Paris (Gallimard) 1985

▹ *Zwei Klassiker zum Thema Stress. Das erste konzentriert sich auf die Biologie, das zweite hat eine eher soziologische Perspektive auf das Thema.*

Wissenschaftliche Aufsätze

T. M. Dembrovski et al.: »Antagonistic hostility as a predictor of coronary heart disease in the multiple risk factor intervention trial«. In: *Psychosomatic Medicine,* 1989, 51, S. 514–522

R. H. Rosenman et al.: »Coronary heart disease in the Western Collaborative Group Study. Final follow-up experience of 8 ½ years«. In: *Journal of the American Psychological Association,* 1975, 233 (8), S. 872–877

DEPRESSIVE PERSÖNLICHKEITEN

Populärwissenschaftliche Bücher

Michael Addis / Christopher Martell: *Overcoming depression one step at a time: the new behavioral activation approach to getting your life back.* Oakland, CA (New Harbinger Publications) 2004

▹ *Ein gegen Prokrastination, Hemmungen, Grübeleien und Vermeidungsstrategien hilfreiches Buch – kurz, gegen all die kleinen alltäglichen Fallen, in die depressive Persönlichkeiten oft tappen.*

E. M. Cioran: *Syllogismen der Bitterkeit.* Frankfurt/M. (Suhrkamp) 1995

▹ *Eine Sammlung von finsteren und beißenden Aphorismen, die das Universum einer depressiven Persönlichkeit vor unseren Augen erstehen lassen. Geschrieben von einem Autor, der meinte, das Leben sei eine Geschmacksverirrung! Eine Lektüre, die letztendlich aber eher anregend als deprimierend ist.*

Cesare Pavese: *Das Handwerk des Lebens. Tagebuch 1935–1950.* Frankfurt/M. (Suhrkamp) 1974

Fritz Zorn: *Mars.* München (Kindler) 1977

▹ *Zwei in der Ich-Form gehaltene Berichte von depressiven Persönlichkeiten, von denen man sich nicht inspirieren lassen sollte (der erste Autor nahm sich das Leben, der zweite starb an Krebs) – bestenfalls sollte man sie als Gegenmodelle verstehen.*

Andrew Solomon: *Saturns Schatten: die dunklen Welten der Depression.* Frankfurt/M. (Fischer) 2019

▹ *Dieses voluminöse und spannende Buch, sowohl persönliche Geschichte als auch wissenschaftliche Untersuchung, bietet einen umfassenden Überblick über alle Aspekte der Depression: ihre biologischen, psychologischen oder sozialen Ursprünge, ihre verschiedenen Erscheinungsformen und die Behandlungsmöglichkeiten.*

Fachbücher

Aaron Beck: *Cognitive therapy and the emotional disorders.* New York (International Universities Press) 1976

▹ *Ein Handbuch zur kognitiven Therapie, die für die Arbeit an den negativen und defätistischen Gedanken depressiver Persönlichkeiten weiterhin sehr nützlich ist.*

Franck Bellivier / Emmanuel Haffen (Hg.): *Actualités sur les maladies dépressives.* Paris (Lavoisier) 2018

▹ *Ein Nachschlagewerk zu allen möglichen Schattierungen depressiver Störungen.*

Wissenschaftliche Aufsätze

D. N. Klein: »Depressive personality: Reliability, validity, and relation to dysthymia«. In: *Journal of Abnormal Psychology,* 1990, 99, S. 412–421

D. N. Klein / G. A. Miller: »Depressive personality in non-clinical subjects«. In: *American Journal of Psychiatry*, 1993, 150, S. 1718–1724

K. A. Phillips et al.: »A review of the depressive personality«. In: *American Journal of Psychiatry*, 1990, 147, S. 830–837

DEPENDENTE PERSÖNLICHKEITEN

Populärwissenschaftliche Bücher

Géraldine Prévot-Gigant: *50 exercices pour sortir de la dépendance affective. Pour ne plus vivre uniquement par le regard des autres.* Paris (Eyrolles) 2015

▹ *Ein kleines, praktisches Handbuch mit konkreten Alltagsübungen, das eine sehr gute Möglichkeit bietet, sich selbst zu testen und seine Vorsätze zu festigen.*

François-Xavier Poudat: *La Dépendance amoureuse.* Paris (Odile Jacob) 2009

▹ *Ein Buch, das sich eher auf die Dependenz in Liebesbeziehungen konzentriert, uns aber deutlich daran erinnert, dass das Problem bei der Abhängigkeit in Liebesdingen eher von der Abhängigkeitsstörung herrührt als von der Liebe!*

Rébecca Shankland / Christophe André: *Ces liens qui nous font vivre. Éloge de l'interdépendance.* Paris (Odile Jacob) 2020

▹ *Die Abhängigkeit von anderen ist unvermeidlich, und es ist gefährlich zu glauben, dass man absolut frei von Bindungen leben könnte. Aber die »positive Interdependenz«, die von den Autoren dieses Buches verteidigt wird, besteht darin, dass man seine vielfältigen Abhängigkeitsbindungen akzeptiert und sie eher noch vermehrt, statt sie zu verringern oder zu vermeiden. Zudem lädt das Buch uns dazu ein, die Augen zu öffnen für das, was wir den anderen bringen.*

Sylvie Tennenbaum: *Vaincre la dépendance affective. Pour ne plus vivre uniquement par le regard des autres.* Paris (Albin Michel) 2010

▹ *Verständliche Erklärungen und Ratschläge, auch wenn man kein Experte in Sachen Psychologie ist.*

Fachbücher

Michael Balint: *Angstlust und Regression.* Stuttgart (Klett-Cotta) 4. Aufl. 1994

▹ *Eine originelle psychoanalytische Reflexion über die Mechanismen der Dependenz und der Angst vor Dependenz.*

Nicole und Antoine Guédeney: *L'Attachement. Approche théorique.* Paris (Masson) 2016

▹ *Ein weiteres Handbuch, das die Zusammenhänge zwischen gestörten Bindungen in der Kindheit und den Merkmalen der erwachsenen dependenten Persönlichkeit beleuchtet.*

Gwénolé Loas: *Psychopathologie de la personnalité dépendante.* Paris (Dunod) 2006

▹ *Ein Handbuch für Angehörige der Heilberufe, in dem untersucht wird, welche Mechanismen der Abhängigkeitsstörung zugrunde liegen und welche therapeutischen Möglichkeiten es gibt. Es zeigt auch auf, in welchem Maße dependente Persönlichkeiten gefährdet sind, Süchte und Essstörungen zu entwickeln.*

Blaise Pierrehumbert: *Le Premier Lien. Théorie de l'attachement.* Paris (Odile Jacob) 2003

▹ *Eine wissenschaftliche Darlegung der Ursachen vieler Formen von Abhängigkeit – nämlich der Bindungsstörungen.*

Wissenschaftliche Aufsätze

R. Feldman et al.: »Maternal-preterm skin-to-skin contact enhances child physiologic organization and cognitive control across the first 10 years of life«. In: *Biological Psychiatry*, 2014, 75, S. 56–64

J. C. Morey: »Personality disorders in DSM III and DSM IIIR: Convergence, coverage and internal consistency«. In: *American Journal of Psychiatry*, 1988, 145, S. 573–577

J. H. Reich et al.: »Dependent personality associated with phobic avoidance in patients with panic disorder«. In: *American Journal of Psychiatry*, 1987, 14 (3), S. 323–326

PASSIV-AGGRESSIVE PERSÖNLICHKEITEN

Wissenschaftliche Aufsätze

O. Laverdière et al.: »Interpersonal problems associated with passive-aggressive personality disorder«. In: *The Journal of Nervous and Mental Disease*, 2019, 207 (10), S. 820–825

J. Magnavita: »The treatment of passive-aggressive personality disorder: A review of current approaches. Partie 1«. In: *International Journal of Short-Term Psychotherapy*, 1993, 8, S. 29

J. McCann: »Passive-aggressive personality disorder: A review«. In: *Journal of Personality Disorders*, 1988, 2 (2), S. 170–179

S. Wetzler / L. Morey: »Passive-aggressive personality disorder: The demise of a syndrome«. In: *Psychiatry*, 1999, 62, S. 49–59

VERMEIDEND-SELBSTUNSICHERE PERSÖNLICHKEITEN

Populärwissenschaftliche Bücher

Christophe André / Patrick Légeron: *Bammel, Panik, Gänsehaut: die Angst vor den anderen.* Berlin (Aufbau) 2001

▹ *Geschrieben für vermeidend-selbstunsichere und an Sozialangst leidende Personen, ist dieses Buch inzwischen ein Klassiker.*

Marti Olsen Laney: *Die Macht der Introvertierten: der andere Weg zu Glück und Erfolg.* Bern (Hogrefe) 2. Aufl. 2016

▹ *Die Tatsache, eher introvertiert zu sein und kein großes Bedürfnis nach intensiven sozialen Kontakten zu haben, ist nicht immer pathologisch. Darauf weist uns dieser interessante Essay hin.*

Chantal Joffrin Le Clerc / Franck Lamagnère: *Je n'ai plus peur du jugement des autres. Cahier d'exercices d'assertivité.* Paris (Odile Jacob) 2014

Charly Cungi: *Savoir s'affirmer en toutes circonstances.* Paris (Pocket) 2011

Frédéric Fanget: *Affirmez-vous! Pour mieux vivre avec les autres.* Paris (Odile Jacob) 2. Aufl. 2011

Frédéric Fanget: *Osez! Thérapie de la confiance en soi.* Paris (Odile Jacob) 2006

▹ *Vier praktische und hilfreiche Handbücher für vermeidend-selbstunsichere Persönlichkeiten, die ihre sozialen Kontakte verbessern wollen.*

Fachbücher

Frédéric Fanget / Bernard Rouchouse: *L'Affirmation de soi. Une méthode de thérapie.* Paris (Odile Jacob) 2007

▹ *Ein Klassiker mit vielen therapeutischen Übungen, die auf Rollenspielen basieren.*

Wissenschaftliche Aufsätze

I. Olsson / A. A. Dahl: »Avoidant personality problems – Their association with somatic and mental health, lifestyle, and social network. A community-based study«. In: *Comprehensive Psychiatry*, 2012, 53 (6), S. 813–821

A. Snir / E. Bar-Kalifa: »Affective instability as a clinical feature of avoidant personality disorder«. In: *Personality Disorders: Theory, Research, and Treatment*, 2017, 18 (4), S. 389–395

F. A. Torvik et al.: »Longitudinal associations between social anxiety disorder and avoidant personality disorder: A twin study«. In: *Journal of Abnormal Psychology*, 2016, 125 (1), S. 114–124

A. Weinbrecht / L. Schulze / J. Boettcher et al.: »Avoidant personality disorder: A current review«. In: *Current Psychiatry Reports*, 2016, 18, S. 29

SADISTISCHE PERSÖNLICHKEITEN

Wissenschaftliche Aufsätze

J. Brown: »Sexual sadism disorder: An introduction for mental health professionals«. In: *Forensic Scholars Today*, 2018, 4 (1)

R. A. Plouffe et al.: »The assessment of sadistic personality: Preliminary psychometric evidence for a new measure«. In: *Personality and Individual Differences*, 2017, 104, S. 166–171

B. Trémolière / H. Djeriouat: »The sadistic trait predicts minimization of intention and causal responsibility in moral judgment«. In: *Cognition*, 2016, 146, S. 158–171

MULTIPLE PERSÖNLICHKEITEN

Populärwissenschaftliche Bücher

Daniel Keyes: *Die Leben des Billy Milligan: die komplizierte, schockierende und wahre Lebensgeschichte eines Mannes, in dessen Gehirn 24 Persönlichkeiten nebeneinander leben – eine davon ist ein Verbrecher.* München (Heyne) 2. Aufl. 1995

▹ *Die kaum fiktional ergänzte Biographie einer historisch bezeugten multiplen Persönlichkeit mit 24 Gesichtern. Der Autor ist zwar Psychologe, beleuchtet diese Persönlichkeitsstörung aber, ohne theoretisch abzuschweifen.*

Fachbücher

Ian Hacking: *Multiple Persönlichkeit. Zur Geschichte der Seele in der Moderne.* Frankfurt/M. (S. Fischer) 1996

▹ *Eine kritische und historische Analyse des Konzepts der multiplen Persönlichkeit, das in den letzten zwei Jahrhunderten bereits mehrere Phasen des Aufschwungs und Niedergangs erlebt hat.*

Jo Ringrose: *Understanding and Treating Dissociative Identity Disorder (or Multiple Personality Disorder).* London (Routledge) 2018

▹ *Das wahrscheinlich beste Handbuch über die Behandlung dieser Persönlichkeitsstörung, die oft mit traumatischen Erlebnissen in der Vergangenheit verbunden ist.*

Wissenschaftliche Aufsätze

M.J. Romero-López: »A review of the dissociative disorders: From multiple personality disorder to the posttraumatic stress«. In: *Anales de Psicología,* 2016, 32 (2), S. 448–456

URSACHEN FÜR DIE HERAUSBILDUNG SCHWIERIGER PERSÖNLICHKEITEN

Populärwissenschaftliche Bücher

Judith Rich Harris: *Ist Erziehung sinnlos? Warum Kinder so werden, wie sie sind.* Reinbek bei Hamburg (Rowohlt) 2002

▹ *Die Infragestellung eines seit Langem bestehenden Dogmas in der Psychologie: Die Autorin bestreitet den übermächtigen Einfluss der Eltern auf die Persönlichkeit ihrer Kinder. Bei Weitem wichtiger, als wir denken, sind laut der Autorin der Einfluss der Gene, der anderen Kinder und der Gesellschaft.*

Fachbücher

Dragoslav Miric: *Évolution et troubles de personnalité.* Brüssel (Mardaga) 2012

▹ *Eine interessante Abhandlung, die, beruhend auf den Theorien der evolutionären Psychiatrie, zeigt, welche wichtige Rolle letztlich schwierige Persönlichkeiten im Laufe der Evolution für die menschliche Spezies gespielt haben, indem sie ihr halfen, bestimmte Entdeckungen zu machen oder das Funktionieren von Gesellschaften zu organisieren.*

Wissenschaftliche Aufsätze

T. J. Boucherd / D. T. Lykken / M. McGue / N. Segal / A. Telegen: »Sources of human psychological differences«: The Minnesota Study of Twins Reared Apart. In: Science, 1990, 250 (4978), S. 223–228

K. L. Jang / P. A. Vernon: »Genetics«. In: W. J. Livesley, R. Larstone (Hg.): *Handbook of Personality Disorders,* New York (The Guilford Press) 2018, S. 177–195

▹ *Stellt in der »Bibel« der Persönlichkeitsstörungen den aktuellen Kenntnisstand zu dieser Frage dar.*

K. S. Kendler et al.: »The structure of genetic and environmental risk factors for DSM IV personality disorders: A multivariate twin study«. In: *Archives of General Psychiatry,* 2008, 65 (12), S. 1438–1446

W. J. Livesley et al.: »Phenotypic and genetic structure of traits delineating personality disorders«. In: *American Journal of Psychiatry,* 1998, 55 (10), S. 941–948

PSYCHOTHERAPIE UND VERÄNDERUNG

Populärwissenschaftliche Bücher

James Clear: *Die 1% Methode: minimale Veränderung, maximale Wirkung: mit kleinen Gewohnheiten jedes Ziel erreichen.* München (Goldmann) 2020

▹ *Ein leicht zugängliches Buch, das erklärt, wie man große Verhaltens- und Persönlichkeitsveränderungen erreicht, indem man kleine Gewohnheiten allmählich in seinen Alltag integriert.*

Jean Cottraux: *La Répétition des scénarios de vie.* Paris (Odile Jacob) 2003

▹ *Warum machen wir immer wieder die gleichen Fehler? Was treibt uns an, immer wieder das Gleiche zu tun, obwohl es eigentlich nicht zu uns passt? Und wie können wir das ändern? Solche sehr nützlichen Fragen werden in diesem Buch behandelt.*

Stéphanie Hahusseau: *Comment ne pas se gâcher la vie.* Paris (Odile Jacob) 2003

▹ *Ein Selbsthilfebuch aus der Feder einer französischen Spezialistin für Schematherapie. Es untersucht alle toxischen Überzeugungen und bietet angemessene Lösungen an.*

Peter D. Kramer: *Glück auf Rezept. Der unheimliche Erfolg der Glückspille Fluctin.* München (Kösel) 1995

▹ *Das Buch eines Psychoanalytikers, der selbst von der Wirkung eines Medikaments überrascht war. Es handelt sich um einen außerordentlich umfassenden und spannenden Essay über depressive und vermeidend-selbstunsichere Persönlichkeiten und die Mechanismen der Veränderung. Viel subtiler, als es der Titel vermuten lässt.*

Nicolas Marquis (Hg.): *Le Changement personnel. Histoires, mythes et réalités.* Auxerre (Éditions Sciences humaines) 2015

▹ *Ein leicht zugänglicher wissenschaftlicher Überblick, der die psychologischen Erkenntnisse über persönliche Veränderungen darstellt.*

Jacques Van Riller: *La Nouvelle Gestion de soi. Ce qu'il faut faire pour vivre mieux.* Brüssel (Mardaga) 2012

▹ *Ein regelmäßig auf den neuesten Stand gebrachter Abriss der Mechanismen persönlicher Veränderung. Mit wissenschaftlichen Quellen und praktischen Anwendungen.*

Jeffrey Young / Janet Klosko: *Sein Leben neu erfinden: wie Sie Lebensfallen meistern.* Paderborn (Junfermann) 2006

- *Ein Selbsthilfebuch nach angelsächsischer Art, das sich den Grundüberzeugungen der schwierigen Persönlichkeiten und ihrer Weltsicht widmet.*

Fachbücher

Jean Cottraux / Ivy Blackburn: *Psychothérapies cognitives des troubles de la personnalité.* Paris (Masson) 2006

- *Analyse der Persönlichkeitsstörungen nach kognitiven Ansätzen mit Diagnosebeispielen und einer Beschreibung der Therapien.*

François Roustang: *Comment faire rire un paranoïaque.* Paris (Odile Jacob) 2000

- *Eine spannende Reihe von Reflexionen über den Veränderungsprozess bei der Psychotherapie und die Konzepte der Psychoanalyse. Der Autor ist ein unabhängiger Psychoanalytiker.*

Jeffrey E. Young / Janet S. Klosko / Marjorie E. Weishaar: *Schematherapie: ein praxisorientiertes Handbuch.* Paderborn (Junfermann) 2005

- *Ein Handbuch für Ärzte und Psychologen, das einen modernen, integrativen Ansatz zu den Persönlichkeitsstörungen verfolgt.*

Wissenschaftliche Aufsätze

N. De Klerk et al.: »Schema therapy for personality disorders: A qualitative study of patients' and therapists' perspectives«. In: *Behavioural and Cognitive Psychotherapy*, 2017, 45 (1), S. 1–15

J. R. Keefe et al.: »In cognitive therapy for depression, early focus on maladaptive beliefs may be especially efficacious for patients with personality disorders«. In: *Journal of Consulting and Clinical Psychology*, 2016, 84 (4), S. 353–364

L. Marwood et al.: »Meta-analyses of the neural mechanisms and predictors of response to psychotherapy in depression and anxiety«. In: *Neuroscience and Biobehavioral Reviews*, 2018, 95, S. 61–72

J. C. Muran et al.: »The effect of alliance-focused training on a cognitive-behavioral therapy for personality disorders«. In: *Journal of Consulting and Clinical Psychology*, 2018, 86 (4), S. 384–397

J. Paris: »Estimating the prevalence of personality disorders in the community«. In: *Journal of Personality Disorders*, 2010, 24 (4), S. 405–411

F. Post: »Creativity and psychopathology: A study of 291 world-famous men«. In: *British Journal of Psychiatry*, 1994, 165, S. 22–34

C. W. Slotema et al.: »Feasibility of EMDR for posttraumatic stress disorder in patients with personality disorders: A pilot study«. In: *European Journal of Psychotraumatology*, 2019, 10 (1), https://doi.org/10.1080/20008198.1614822

S. M. Sotsky et al.: »Patients predictors of response to psychotherapy and pharmacotherapy: Findings in the NIMH treatment of depression collaborative research program«. In: *American Journal of Psychiatry*, 1991, 148, S. 997–1008

C. D. J. Taylor et al.: »Does schema therapy change schemas and symptoms? A systematic review across mental health disorders«. In: *Psychology and Psychotherapy: Theory, Research and Practice*, 2017, 90, S. 456–479

A. C. Videler et al.: »Schema therapy for personality disorders in older adults: A multiple-baseline study«. In: *Aging and Mental Health*, 2018, 22 (6), S. 738–747